기술은 우리를 구원하지 않는다

영화로 읽는 기술철학 강의

기술은
우리를
구원하지
않는다

박승일 지음

사월의책

기술은 우리를 구원하지 않는다

1판 1쇄 발행 2025년 6월 10일

지은이 박승일
펴낸이 안희곤
펴낸곳 사월의책

편집 박동수
디자인 김현진

등록번호 2009년 8월 20일 제2012-000118호
주소 경기도 고양시 일산서구 중앙로 1388 동관 B113호
전화 031)912-9491 | 팩스 031)913-9491
이메일 aprilbooks@aprilbooks.net
홈페이지 www.aprilbooks.net
블로그 blog.naver.com/aprilbooks

ISBN 979-11-92092-50-8 93300

* 책값은 뒤표지에 있습니다.

차 례

프롤로그: 영화로 기술 읽기, 기술로 영화 읽기 11

1부 최대주의, 최소주의, 개입주의 37

1 〈아바타 2〉
최대주의가 맹목적이라면 최소주의는 공허합니다. 47

2 〈터미네이터 2〉
우리는 우리가 처한 상황 속에서
다만 우리가 할 수 있는 일을 최선을 다해 할 뿐입니다. 67

3 〈엘리시움〉
기술적 해법의 가능성만큼이나
그 불가능성에 대한 사유와 성찰이 필요합니다. 85

4 〈노 임팩트 맨〉
기술 거부가 답이라고 믿는 기술 최소주의
또한 낭만적인 것은 매한가지입니다. 113

5 〈돈 룩 업〉
그렇다면 비판은 개입주의 자체에 대해서도 행해져야 합니다. 137

2부 인공지능, 인간, 로봇 157

1 〈트랜센던스〉
진짜 문제란 무엇일까요?
인간의 개입이 점점 더 불가능해지고 있다는 겁니다. 167

2 〈아이, 로봇〉
인공지능은 의식을 가질 수 있나요?
"바보야, 문제는 의식이 아니라 개입이야!"라고 말해야 합니다. 189

3 〈오펜하이머〉
원자폭탄이 그러했듯 인공지능이야말로 현재의 시작점이며
우리는 그때와 똑같이 실패해서는 안 됩니다. 213

4 〈핀치〉
인공지능의 지능이 아무리 높아져도
그것으로 사회성을 대체할 수는 없습니다. 237

5
인공지능 삼각동맹도
지구라는 터전 없이는 아무런 의미가 없습니다. 263

3부 (비)인간, 기술, 사회 299

1 〈트루먼 쇼〉
바깥 없는 세계에서 안으로부터 저항하기,
이 저항의 가능성을 믿습니다. 307

2 〈접속〉
1997년의 우리는 이전과는 다른 우리가 되어 가고 있었던 겁니다. 329

3 〈레디 플레이어 원〉
미래는 이미 시작됐습니다. 다만 아직 결정되지 않았을 뿐입니다. 343

4 〈월-E〉
우리는 어떻게 세계의 우연과 마주칠 수 있을까요?
우리는 어떻게 인간이 될 수 있을까요? 361

5 〈나는 전설이다〉
인간 없는 세계를 사유하는 한에서만
인간 없는 세계를 유예시킬 수 있습니다. 379

6 〈일라이〉
책은 사라질 것입니다. 그러나 세계는 계속되어야 합니다. 395

에필로그: 끝날 때까진 끝난 게 아닙니다. 419

주 435
찾아보기 451

프롤로그

영화로 기술 읽기
기술로 영화 읽기

> "만일 구원[행복]이 눈앞에 있어서 큰 노력 없이도 발견될 수 있다면, 어떻게 거의 모든 사람이 그것을 등한시할 수가 있겠는가? 그러나 모든 고귀한 것은 어려울 뿐만 아니라 드물다."
> ―베네딕투스 데 스피노자[1]

> "현재의 기술은 몸을 숨긴 철학이다. 관건은 기술을 공공연히 철학적인 것으로 만드는 것이다."
> ―케이트 크로퍼드[2]

1.

'아, 망했다.'

사상 최고의 더위였다는 지난여름, 땀을 뻘뻘 흘리면서 했던 생각입니다. 이러다가 지구는, 아니 인류는 정말 망할지도 모른다는 생각이 들었던 것이죠. 단지 더위만의 문제가 아닙니다. 전쟁, 테러, 내전, 전염병, 기아, 가뭄, 사막화, 홍수, 해수면 상승, 산불, 한파, 폭설, 방사능, 미세먼지, 토양/대기/수질 오염, 생태계 교란, 6차 대멸종 등 하나하나 위태롭기 그지없는 위기가 이제는 따로따로가 아닌 아예 한 다발이 되어 우리 눈앞에 펼쳐지고 있습니다. 심지어 위기라는 평범한(?) 말로는 쉽게 갈음할 수 없을 만큼(실로 모든 게 위기인 시대니까요), 지금의 위기는 그 빈도와 강도, 심각성을 계속 더해만 가고 있습니다. 차라리 재앙이나 파국이라는 다소 과격한 말이, 상황의 심각성을 담아내기에도 또 우리의 경각심을 일깨우기에도, 더 적절해 보이기까지 합니다. 이 전례 없는 위기 (재앙 또는 파국) 앞에서 저뿐 아니라 아마도 우리 모두는, 하루에도 몇 번씩 '망했다 망했어'를 되뇌면서 그저 두려운 마음으로 이 세계를 살아가고 있는 게 아닐까 싶습니다. 냉소보다는 비탄에 가까운 마음이겠죠.

   이런 와중에 정치도 윤리도, 공동체도 아닌 바로 기술이 우리를 구원해 준다고 하니 누구라도 금세 혹할 수밖에 없는 게 사실입니다. "연으로 전기 만들고 바닷물로 탄소 포집"[3], "머스크가 1억 달러 내건 탄소제거 대회… 최후 20팀 남았다"[4], "바다에서 태양까지… 기후위기 해결사 '지구공학'이 온다"[5], "구체화되는 머스크의 꿈… 2029년 화성 정복"[6] 등등. 말만 들어도 이미 위기는 반쯤 해결이 됐거나 개발 여하에 따라 곧 해결이 될 것처럼 다가오기도 합니다. '아직 안 망했구나'라는 안도의 한숨을 내쉬는 분들도 있을 듯한데요. 이런 주장에 따르면 기술 발전을 최대로 가속하는 것이야말로 우리에게 남겨진 최후의 임무라고 할 수 있습니다.[7] '가속하라!'는 명령에 무조건 복종하는 것이죠. 게다가 화석연료를 기반으로 한 지금의 자본주의 생활양식을 포기하지 않아도 된다고 하니, 즉 위기를 초래한 원인은 그대로 둔 채 단지 기술 개발을 통해 위기만을 쏙 도려낼 수 있다고 하니, 이만큼 편리하고 편안한 해법도 없을 듯합니다. 그런데, 정말로 구원은 (스피노자의 말을 뒤집자면) 이토록 흔하고 쉬운 것일까요? 기술은 이 위기에서 우리를 단번에 구원할 수 있을까요? 그냥 믿고 따르기만 하면 되는 걸까요?

   이 책은 위기와 구원 '사이'에 주목합니다. 즉 그 사이에서 양자를 매개한다고 여겨지는(그렇게 주장되는), 하지만 정작 진지하게 질문되지도 사유되지도 않았던 바로 그 기술에 초점을 맞춥니다. 기술이 도대체 무엇이고 어떻게 작동하기에 이 급박한 위기로부터 우리를 구원할 수 있다는 것인지, 기술의 정체, 위상, 목표, 가능성은 물론이고 또 반대로 문제와 한계, 비판, 불가능성에 대해서도 차분하게 묻고 따지고 함께 고민하려 합니다. 무엇보다 기술이 한낱 도구나 수단이 아니라, 그래서 마치 TV를 켜고 끄듯 언제든 마음먹은 대로 처분할 수 있는 게 아니라, 오히려 우리 인간과 사회, 세계를 지금과 같은 형태로 구성하고 또 동시에 그에 의해 구성되기도 하는 하나의 분명한 존재 양식임을, 그렇기에 더더욱 질문과 사유의 대상이 되어야 함을 이야기해 보려 합니다. 기술이 우리를 구원할 수 있는가라는 질문에 앞서, 또는 그에 답하기 위해서라도, 그보다 먼저 기술 자체를 문제화하면서 그 가능성과 한계를 면밀히 고찰해 보려는 겁니다. 아울러 그러한 필요성을 이야기해 보려는 것이죠.

　물론 이것이 저만의 주장인 것은 아닙니다. 마침 저와 유사한 문제의식을 가진 사상가가 여럿 있는데요. 프롤로그에서는 이들의 문제의식을 한데 엮어내면서, 또 그 빈자리를 채우면서, 앞으로 펼쳐 나갈 이야기의 밑그림을 그려보겠습니다. 기술을 문제화하기, 기술을 사유의 대상으로 끌어올리기, 그럼으로써 지금과는 다른 구원의 가능성을 상상하기. 일단 문제의식은 이렇습니다.

2.

　인류학자이자 과학기술학자인 브뤼노 라투르(Bruno Latour)는 그의 책 『존재양식의 탐구』에서 이렇게 말합니다. 다소 길지만 논의를 위해 인용해 보겠습니다.

> 객관적 지식의 이점—그리고 객관적 지식에 대한 도전에 수반되는 치명적인 위험—에 관한 책이 천 권 있다면 기술에 관한 책은 열 권도 안 되고, 기술을 사랑하지 않을 때 우리가 직면할 수 있는 치명적인 위험을 경고하는 책은 세 권도 안 된다. 인식론보다는 덜 지루한 정치 철학조차 기술 철학보다 관련 서적이 더 많다고 자부할 수 있다. 기술 철학에 관한 책은 손가락으로 셀 수 있을 정도이니 말이다. (중략) 우리는 칩으로 가득 찬 가장 평범한 세탁기에 대해 그것이 "기술"—심지어 "근대 기술"—의 한 사례라고 말하는 데 주저하지 않으면서도, 그것으로부터 어떤 교훈을 얻을 것을 기대하지 않는다. 우리는 "기술자"에게 기계를 수리해달라고 부탁하지만, 그것에 대한 깊은 성찰을 요청하지는 않는다. 기술자의 철학으로 무엇을 하겠는가? 기술이란 그저 편리하고 복잡한 방법의 집합일 뿐이라는 것을 누구나 알고 있다. 생각해야 할 것이 없다.[8]

이 대목을 읽다가 잠깐 창밖을 바라보았습니다. 깨달음 때문이 아니라 안타까움 때문이었습니다. 이 책이 2012년에 처음 출판되었으니 벌써 10년도 더 지났지만 그때나 지금이나 상황은 크게 달라지지 않은 듯합니다. 저 역시 기술을 연구하는 사람이기에 그의 문제제기가 한층 더 뼈아프게 다가왔습니다. 한편으로는 어깨가 더 무거워지기도 했네요. 기술의 위험성을 경고하는 책이 세 권도 안 된다는 그의 지적에는, 학술장의 지형을 평가하는 외부자의 건조한 시선이 아니라 반대로 자신도 그 안에 속해 있음을 고백할 수밖에 없는 내부자의 안타까운 시선이 담겨 있는 듯 느껴졌습니다. 그는 인류학자이면서 동시에 과학기술학자이기도 했기 때문입니다. 그는 마치 세간의 평가를 대신하듯 묻습니다. "기술자의 철학으로 무엇을 하겠는가?"

물론 기술의 치명적인 위험을 경고하는 책이 세 권도 안 된다는 평가는 조금 박한 측면이 있습니다. 2012년 이후로, 특히 소셜 미디어와 유튜브, 플랫폼, 빅데이터 등이 미치는 여러 부정적인 효과에 대한 많은 지적과 비판이 있어 왔죠. 최근에는 인공지능의 위험성을 경고하는 책도 꽤나 많이 나온 게 사실이고요. 당장 떠오르는 책만 해도 십 수권은 넘을 듯합니다. 라투르가 자신의 주장을 정당화하기 위해 현실의 복잡다단한 상황을 과소평가한 것은 아닐까 하는 생각이 드는 것도 사실입니다. 하지만 그럼에도 그의 문제의식을 최대치로 해석해 보자면, 그는 아마도 수의 문제가 아니라 정도의 문제를 제기한 것이라고 할 수 있지 않을까 싶습니다. 지식의 이점과 위험에 관한 책이 천 권 있다면(당연히 천 권 이상 있겠죠) 기술에 관한 책은 그 정도에 한참 못 미칠 거라는 지적이 그렇습니다. 그렇다면 그것은 왜일까요?

평가는 진단으로 이어집니다. 라투르는 앞의 질문에 대한 이유로 우리가 기술로부터 "어떤 교훈을 얻을 것을 기대하지" 않기 때문이라고 말합니다. 세탁기 예시를 들어보죠. 내 앞에 있는 세탁기는 언제든지 내 마음대로 옷을 넣고 빨래를 돌리고 켜고 끄고 심지어 부술 수도 있는, 말 그대로 일상적인 도구일 뿐입니다. 고장이 나면 기술자를 불러서 수리하고 그마저도 안 되면 버리면 되는 것이죠. 여기에는 혹 필요하다면 설명서가 필요한 것이지 어려운 철학서가 필요한 게 아닙니다. 세탁기만이 아니라 일상의 거의 모든 기술에 대해서도 아마 마찬가지의 반응을 보일 듯합니다. 우리가 기술을 바라보는 보통의 관점이 바로 이렇습니다. "기술이란 그저 편리하고 복잡한 방법의 집합일 뿐"이라고 보는 관점이죠. 그것이 다름 아닌 도구이자 기술이기에, 그로부터 어떤 교훈도 기대하지 않고 또 그에 대한 깊은 성찰도 시도하지 않는 겁니다.

그렇기에 라투르의 질문은 반문의 형식을 띱니다. "기술자의 철학으로 무엇을 하겠는가?"라는 질문은 당연하게도 라투르의 것이 아닙니다. 라투르는 기술을 둘러싸고 제기되는 이 흔한 질문, 또 그 밑에 깔려 있는바 기술에는 "생각해야 할 것이 없다"는 일상적인 관념을 다시 끄집어내서 우리 눈앞에 논쟁적으로 들이밉니다. 즉 말 그대로 '문제화'합니다. 응당 그렇게 받아들여져 왔던 사실을 하나의 질문으로 가시화하면서 정말 그러한가를 생각해 보자고 제안하는 것이지요. 상대방의 질문을 똑같이 반복함으로써 그 질문에 대한 너(곧 우리)의 생각을 말해보라고 요청하는 것이기도 합니다.

여기서 눈여겨볼 것은 질문의 목적입니다. 라투르는 기술 철학이 학문적으로 가능한가를 묻지 않았습니다. 즉 그는 인식론과 정치 철학에 비견될 만한 기술 철학이 존재할 수 있는가를, 그런 책이 정말로 몇 권이나 되는지를 물은 게 아닙니다. 그것은 어쩌면 철학자의 몫이겠죠. 라투르의 질문이 반문임을 감안한다면, 즉 그 반문을 뒤집은 내용이 그의 진짜 속내임을 짐작해 본다면, 인용문의 서술어는 다음과 같이 바꿀 수 있습니다. 기술로부터 '어떤 교훈을 얻을 것을 기대한다', 기술에 대한 '깊은 성찰을 요청한다', 기술자의 철학으로 '무엇을 할 수 있다', 기술에는 '생각해야 할 것이 있다' 등으로 말이죠. 말인즉슨, 라투르는 기술 철학이라는 학문 분과의 필요성을 주장한 것이 아니라 기술에 대한 우리의 사유, 즉 교훈과 성찰, 생각과 행위의 필요성을 요청하고 주장한 것이 아닐까요? 저는 그렇게 생각합니다. 그는 (철학자가 아닌) 우리의 몫이 무엇인가를 질문했던 겁니다.

여러분은 어떻게 생각하시나요? 정말로 기술은 우리가 어떻게 사용하느냐에 따라 악이 될 수도 있고 선이 될 수도 있는, 그러니까 그 자체로는 중립적인 수단 정도에 불과한 것일까요? 그래서 라투르가 반문했듯이 정말로 그런 기술에 대해서는 철학이란, 또 사유와 교훈, 성찰이란 불필요한 것일까요? 아니면, 오히려 바로 그 기술에 대해서야말로, 즉 언제까지나 객관적이고 중립적인 것으로(예컨대 세탁기) 표상되는 기술 그 자체에야말로, 특히 그러한 상상적 믿음에야말로, 우리의 사유와 질문을 집중해야 하는 것일까요?* 다시 라투르의 말을 빌리자면, 주저함이 동반되는 깊은 성찰이 필요한 것일까요?

3.

라투르의 논의를 살펴봤는데요. 라투르보다 한참도 더 전에 철학자 마르틴 하이데거(Martin Heidegger)는 당시 가속화되던 기술 발전을 본격적인 사유의 대상으로 삼으면서 자신만의 기술 철학을 전개한 바 있습

---

* 잠깐 힌트를 드리자면, 더없이 중립적으로 보이는 세탁기조차도, 한편으로는 여성의 가사 노동을 경감시켰다는 평가가 있는 반면, 다른 한편으로는 가사 노동을 오로지 여성의 고유 영역으로 정형화함으로써 가부장주의를 강화했다는 평가가 있기도 하죠. 세탁기도 중립적이지만은 않다는 겁니다. 자세한 내용은 다음 책을 참고하시기 바랍니다. 김덕호, 『세탁기의 배신』, 뿌리와이파리, 2020.

니다. 여기에서는 하이데거를 다룬 제 논문의 일부를 살펴보겠습니다. 앞의 라투르에 이어 하이데거라는 낯설고 어려운 철학자가 나오긴 하지만, 철학자의 이름보다는 문제제기에 집중해 주시기 바랍니다.

> 하이데거는 기술로 인한 파괴든 평화든 상관없이, 즉 그 도구적 사용이나 인간적 통제와는 무관하게, 자연으로부터 더 많은 에너지를 얻어내고자 하는 닦달의 과정이야말로 원자력의 본질, 더 나아가 현대 기술의 본질이라고 말한다. 부정 또는 긍정(파괴 또는 평화)이라는 양의적 해석에 선행해서 그 자체를 발생시키는 기술의 고유한 원리와 본질, 그리고 그러한 기술과 세계 사이의 근본적인 관계를 먼저 질문해야 한다는 주장일 터이다. 흔히들 기술은 중립적이기에 누가 어떤 목적을 위해 사용하는지가 중요하다고 말하지만, 하이데거는 이에 반대하면서 오히려 이러한 사고방식이 우리 인간을 "무방비 상태로 기술에 내맡겨"지게 만들고 또 "전적으로 기술의 본질에 대해 맹목적이게" 만든다고 비판한다. 기술은 수단일 뿐이기에 올바르게 잘 이용하면 된다는 식의 통념이 도리어 기술에 대한 근본적인 질문과 고찰을 막아선다는 것이다.[9]

학술 논문이다 보니 표현이 조금 어렵습니다만, 사실 말하고자 하는 바는 간단합니다. 기술이 우리의 사용 목적에 따라 부정적이거나 긍정적인 효과를 만들어 낸다고 보는 식의 도구주의적인 해석을 경계해야 한다는 겁니다. 하이데거는 이런 사고방식이 기술에 대한 근본적인 질문과 고찰을 막아섬으로써 우리를 (기술에) 무방비 상태로 만들고 또 맹목적이게 만든다고 말합니다. 앞에서 제시한 라투르의 문제제기와도 일맥상통한 진단인데요. 라투르 또한 우리가 기술을 "그저 편리하고 복잡한 방법의 집합"(도구)으로만 보기에 그로부터 어떤 교훈도 성찰도 요구하지 않는다고 진단하기 때문입니다. 즉 하이데거와 라투르 모두 기술을 단지 기술(즉 도구)로만 보는 것에 반대하는 겁니다.

그렇다면 하이데거는 기술을 어떻게 바라보는 걸까요? 여기서 자세한 논의를 이어갈 수는 없음을 양해해 주시기 바랍니다. 다만 하나의 예를 통해서 간략히 살펴보기로 하죠. 하이데거는 독일의 낭만주의 시인 횔덜린(Friedrich Hölderlin)이 노래한 라인강과 이후 수력 발전소가 세워진 라인강을 비교하면서, 이 두 강이 같은 강임에도 불구하고 전혀 다른 세계일 수밖에 없음을 지적합니다.[10] 전자가 자연으로 존재하는 세계이자 그 강과 함께 살아가는 사람들의 존재와 삶, 만족을 담고 있는 세계라 한다면, 후자는 자원(에너지)을 얻기 위해 그 강을 힘껏 채굴하고 강요하고 닦달(gestell)하는 세계, 또 그것이 하나의 보편 원리로 자리 잡은 세계라 할 수 있습니다. 그리고 이 두 세계 사이에는 그러한 분절을 가능케 한 현대적 기술이 자리해 있죠. 하이데거는 이처럼 기술이 전혀 다른 세계를 구성함으로써 사물과 자연, 인간을 그에 특화된 모습, 곧 지배 가능한 대상(객체)으로 바꾸어 낸다고 말합니다. 기술이란 한낱 도구나 수단이 아니라는 겁니다.

수력 발전소는 전기 생산을 통해 세계의 구성 자체를 완전히 바꾸어 냈다는 점에서 하이데거가 말하는 현대 기술의 성격을 단적으로 드러내 보이는 듯합니다. 그렇다면 우리 눈앞에 있는 저 단순한 세탁기는 어떨까요? 여전히 세탁기는 내가 마음대로 통제할 수 있는 도구이자 수단이라고 생각하시나요? 물론, 아닙니다. 세탁기 또한 수력 발전소와 크게 다르지 않습니다. 잘 보이진 않지만, 세탁기에는 인간 노동 방식의 변화(곧 주체의 변화), 여성과 남성의 역할 배분(가부장주의의 재생산), 의류/패션 산업의 성장(대중소비사회의 형성), 자본주의 시장의 확대(제3세계 노동자의 노동 착취), 지구 자원의 수탈(동식물과 생태계 자원 수탈) 등과 같은 세계 구성의 변화가 오롯이 담겨 있습니다. 눈앞의 도구로 보일 때조차 사실상 기술은 크든 작든 인간과 자연, 사회와 세계의 변화를 담지하고 있는 것이지요. 그렇다면 그 기술적 존재에 대한 우리의 근본적인 질문과 고찰 또한 필수적일 수밖에 없습니다. 우리 존재를 "무방비 상태로 기술에 내맡겨" 둘 수도, "기술의 본질에 대해 맹목적이게" 내버려 둘 수도 없는 겁니다.

물론 세탁기만이 아닙니다. 냉장고와 텔레비전, 컴퓨터, 인터넷, 스마트폰 등의 일상적인 기술에 이어 이제는 인공지능과 로봇에 이르기까지, 실로 수많은 기술이 우리를 촘촘히 둘러싸고 있습니다. 또 바로 그만큼 인간과 자연, 사회와 세계를 이전과는 다른 방식과 형태로 근본적으로 바꾸어 가고 있죠. 세탁기 이전의 인간과 이후의 인간이 다르듯, 인터넷 이전과 이후가 다르고, 마찬가지로 인공지능 이전과 이후가 다를 수밖에 없습니다. 세탁기를 단순한 도구로 볼 수 없는 것처럼, 인터넷과 인공지능 또한 단지 답변을 얻기 위한 수단 정도로 한정할 수는 없는 겁니다. (본문에서 말씀드리겠지만) 인터넷과 인공지능에도 인간과 자연, 사회와 세계의 전적인 변화가 담겨 있기 때문입니다.

하이데거의 시대가 내연기관과 전기산업 등의 현대 기술이 막 등장하던 때였다면, 라투르의 시대는 컴퓨터와 인터넷 등이 전 지구적인 네트워크를 이룬 때이고, 지금은 인공지능이 인류 문명을 전면적으로 재구성해 나가는 때라고 할 수 있을 듯합니다. 즉 기술은 점점 더 일상 속으로 깊숙이 스며들고 있고, 또 그만큼 불가역적인 힘으로 자리매김되고 있죠. 그 결과 이제는 기술을 빼놓고는 인간과 자연, 사회와 세계를 말할 수 없는 지경에 이르렀습니다. 기술에 대한 교훈과 성찰, 질문과 고찰이 그 어느 때보다 강도 높게 요구되고 있는 상황인 겁니다. 달리 말하자면, 더 이상 하이데거와 라투르의 탄식과 우려를 반복해서는 안 되는 상황이기도 한 것이죠.

4.

그렇다면 앞서 라투르가 반문한 교훈과 성찰, 그리고 하이데거가 요구한 질문과 고찰은 지금-여기의 상황 속에서 어떻게 이루어져야 할까요? 우리는 기술에 대해 무엇을 질문하고 또 그것을 어떻게 사유해야 하는 걸까요? 앞에서도 말씀드렸듯이 우리는 철학자의 질문이 아닌 우리 자신의 질문을 던질 수 있어야 합니다. 하이데거와 라투르의 이름은, 또 앞으로 등장할 몇몇 이름은(최소화하려 합니다만), 우리의 사유를 발전시켜 나가기 위한 징검다리에 불과할 수도 있습니다. 우리는 징검다리를 밟고 우리의 목적지로 나아가야 하죠. 기술에 대한 질문과 고찰을 이어 가되, 전문가의 시각에서 전문적인 이론과 개념을 바탕으로 그리하는 게 아니라, 철저히 우리 대중의 눈높이에서 우리의 언어와 사유를 통해 그리해야 한다는 말입니다.

그런데 이때의 질문이란, 방법의 차원에서 보자면 결국 이 세계를 낯설게 바라보는 데서부터 비롯되는 게 아닌가 싶습니다. 익숙한 세계, 곧 모든 것이 자명한 세계에서는 질문 자체가 불가능하기 때문입니다. 물론 지금까지 자명하게 느껴졌던 세계가 갑자기 낯설게 다가올 리 만무합니다. 낯설게 바라보겠다고 다짐한다고 해서 저절로 그리되는 것은 아니란 말이죠.

바로 이 지점에서, 즉 낯설게 바라보기 위한 도약의 문턱에서, 저는 우리보다 먼저, 자주, 깊이 그런 시도를 해왔던 여러 도전'들'에 주목하고 싶습니다. 아마도 짐작하셨겠지만, 저는 그 도전을 우리 주변에 항상-이미 있어 왔던 영화, 그중에서도 특히 SF 영화에서 찾고자 합니다. 세계를 낯설게 바라봐 왔던 여러 도전을 살펴보면서, 그 각각의 도전이 어떤 질문을 던지고 무엇을 고민하고 또 어떻게 분투했는지를 먼저 이해해 보려 합니다. 그리고 그 낯설게 보기를 바탕으로, 그보다 한 발자국 더 나아간 우리의 질문을, 즉 기술에 대한 교훈과 성찰, 고찰을 시도해 보고자 합니다.

다만 여기에는 약간의 부연 설명이 필요한데요. 저는 SF 영화를 흔히들 이해하는 science fiction에 한정하지 않으려 합니다. 그러기 위해서는 징검다리 돌이 하나 더 필요한데요. 이 또한 철학자의 이름보다는 사유에 집중해 주시기 바랍니다. 페미니즘 이론가이자 생물학자인 도나 해러웨이(Donna Haraway)의 말을 들어보죠.

> SF는 과학소설(science fiction), 사변적 페미니즘(speculative feminism), 과학 판타지(science fantasy), 사변적 우화(speculative fabulation), 과학적 사실(science fact), 실뜨기(string figures)를 위한 기호이다. (중략) 실뜨기는 땅에

서, 지구에서 유한한 번성을 위한 조건들을 만들기 위해 손에 손을 포개고, 손가락에 손가락을 걸고, 접합 부위에 접합 부위를 이어가는 가운데 이야기를 하는 것이다. 이전에는 거기에 없었던, 중요하고 어쩌면 아름답기까지 한 무엇을 발견하는 것이다.[11]

인용문에서 알 수 있듯이 해러웨이는 SF를 다양한 영역으로 확장해 나갑니다. 특히 SF를 '사변적 우화(speculative fabulation)'로 읽어내는 지점이 흥미로운데요. 사변적이라는 말이 다소 어렵게 느껴질 수도 있지만, 상상의 나래를 펼친다는 정도로 바꾸어 보면 이해가 쉬울 듯합니다. 말도 안 되는 이야기를 하는 것이지만 오히려 그렇기에 기존의 서사를 넘어선 또 다른 의미를 만들어 낼 수 있다는 것이고, 또 그렇기에 그 새로운 가능성을 살펴봐야 한다는 것입니다. 영화 〈매트릭스〉나 〈반지의 제왕〉만 떠올려 봐도 단박에 이해가 될 듯합니다.

그렇다면 그 또 다른 의미란 무엇일까요? 바로 이어지는 실뜨기 예시를 참고하면 좋을 듯합니다. 해러웨이는 이 인용문에 뒤이어 비둘기를 비롯한 비인간 존재를 언급하면서 인간 존재가 이들 비인간 존재와 함께 만들어 가는, 즉 실뜨기하듯 함께 짜 나가는 세계 짓기(worlding)의 가능성에 대해 말합니다. 그녀에게 사변적 우화란, 동물과 인간, 자연과 문화, 생명과 기계 등의 (인간-비인간) 접합이 "손가락에 손가락을 걸고" 이야기를(곧 실뜨기를) 하는 것이고, 그럼으로써 "중요하고 어쩌면 아름답기까지 한 무엇을 발견하는 것"이기도 하죠. 사변적 우화를 통해, 인간이 중심이 된 지금까지의 자명한 세계와는 전혀 다른 이질적인 세계의 가능성과 그 의미를 발견할 수 있다는 겁니다.

그렇다면 SF는 세계를 낯설게 바라보기 위한 한 계기가 될 수 있습니다. 또한 바로 그 세계의 낯섦으로부터 우리의 질문이 비롯되기에, SF는 질문을 던지기 위한 한 계기가 될 수도 있죠. SF, 곧 사변적 우화가 이미 그 자체로 세계의 우연성과 이질성, 복수성과 환상성 등을 (즉 낯섦을) 담아내고 있기 때문이고, 이는 우리가 사는 이 세계의 필연성과 자명성, 단일성과 현실성 등에 대한 질문으로 마치 부메랑처럼 언제든 되돌아올 수 있기 때문입니다. 그래서 해러웨이는 "SF는 여전히 위험한 세계 만들기와 이야기 만들기의 게임이다. 그것은 트러블과 함께하기이다"라고 말하기도 합니다.[12] 낯섦은 질문을, 질문은 불화를, 불화는 세계 만들기를 촉발하기 마련이라는 겁니다. 해러웨이는 사변적 우화를 통해 새로운 비인간 존재를, 새로운 관계 맺기를, 새로운 실뜨기(이야기)를, 그러니까 지금까지와는 다른 새로운 세계의 가능성을 발굴해 내고자 했던 것이지요.

이상의 논의를 종합하면 이렇습니다. 앞서 말씀드렸듯이 저는 하이데거와 라투르가 진단하고 요청한바 기술에 대한 교훈과 성찰, 질문과 고찰을 이어 나가려 합니다. 기술이란 한낱 도구나 수단이 아니라 인간과 자연, 사회, 세계와 항상-이미 불가분한 관계를 맺고 있는 하나의 존재 양식이라고 생각하기 때문이고, 그렇기에 그 영향력이 커지면 커질수록 그에 대한 질문과 고찰을 더욱 강하게 제기해야 한다고 생각하기 때문입니다. 더 이상 하이데거와 라투르의 탄식과 우려를 반복하지 않겠다는 것이고, 여기서 더 나아가 이제는 우리 시대에 맞는 우리의 질문을 새롭게 만들어 나가겠다는 것이죠. 물론 이때의 질문이란 단순히 궁금한 것을 따져 묻는 데 그치는 게 아니라, 우리의 인식과 태도를 바꾸는 데까지 나아가는 실천적 질문이라는 사실을 염두에 둘 필요가 있습니다.

다만 우리가 철학자가 아닌 이상 어려운 기술 철학책으로부터 교훈과 성찰, 질문과 고찰을 이끌어 내기란 아무래도 어려운 일일 수밖에 없습니다. 게다가 기술 철학책은 라투르가 지적했듯이 그리 많지 않을 뿐 아니라 그마저도 너무 전문적이어서 접근 문턱이 높기도 하죠. 심지어 하이데거와 라투르의 책이 그중에서도 가장 어려운 축에 속한다는, 웃지 못할 사실도 언급할 필요가 있겠네요.

그래서 어려운 기술 철학책 대신 선택한 것이 바로 SF입니다. 하이데거와 라투르의 기술 철학적 문제제기에 전적으로 동의하면서도 그것만으로는 부족하다고 생각했기 때문입니다. 저는 SF를 science fiction이자 동시에 speculative fabulation으로 읽어내면서, 바로 이 SF를 매개로 삼아 기술 철학적인 문제제기를 기술에 대한 사변적 사유로(새로운 실뜨기로, 새로운 세계의 가능성으로) 확장해 나가고자 합니다. 즉 하이데거와 라투르를 해러웨이와 만나게 하고자 합니다. 기술 철학책을 읽는 것은 어려운 일이지만, 또 그로부터 자기의 사유를 이어 나가기란 더욱 어려운 일이지만, (수많은) SF를 보고 기술에 대해 질문을 던지기란, 또 그와 관련한 온갖 상상의 나래를 펼치기란 그에 비하면 훨씬 쉬운 일이죠.

물론 이것이 누구나 영화 비평가가 될 수 있다는 말은 아닙니다. 영화 비평은 분명 전문적인 교육과 훈련이 필요한 영역이죠. 다만 제가 주목하는 것은, 우리는 누구나 손쉽게 SF 영화를 볼 수 있고 그 영화를 통해 지금의 기술 세계를 낯설게 볼 수도 있다는 겁니다. 또 더 나아가 그로부터 자기만의 질문을 던질 수도 있다는 것이죠. 이것이 시작점입니다.

해러웨이가 제안했던 것처럼, 우리는 SF, 즉 사변적 우화를 통해 이 세계와는 다른 세계의 존재를 상상할 수도 있고 또 역으로 그 세계를 통해 우리의 현재를 되돌아볼 수도 있습니다. 작은 가능성이지만, 그래도 분명한 가능성입니다.

하지만 이는 상호적일 수밖에 없는데요. 해러웨이의 사변적 시도에는 기술에 대한 문제제기가 전면화되고 있지 않은 까닭에,* 기술 자체에 논의를 집중하기 위해서라도 여기에는 다시 하이데거와 라투르의 기술론이 접목되어야 하기 때문입니다. 즉 기술 철학을 시도하되 사변적 우화(또는 상상의 나래)를 통해 그리해야 하고, 또 반대로 사변적 우화를 사유하되 기술 철학을 목적으로 그리해야 한다는 것입니다. 어느 하나에만 머무른다면 필시 한쪽을 강화하거나 약화하는 식으로 비대 또는 빈약해질 수밖에 없습니다. 기술 철학과 사변적 우화의 상호 참조 또는 상호 보충이 필요한 것이지요. 대중 강연이라는 책의 형식상 이후로 하이데거와 라투르, 해러웨이를 다시 언급하지는 않습니다만, 지금까지 살펴본 내용이 일종의 청사진처럼 이 책의 전체적인 논의 밑바탕에 깔려 있음을 염두에 두시기 바랍니다. 즉 기술 철학적인 문제제기와 사변적 실뜨기/이야기 만들기를, 다름 아닌 SF 영화를 통해서 매개해 나가는 작업이 이 책의 큰 방향성이라 할 수 있겠습니다. 물론 그 목

---

* 물론 해러웨이는 「사이보그 선언」, 『영장류, 사이보그 그리고 여자』 등을 통해 인간과 동물, 여성과 남성, 유기체와 기계 등의 경계를 허무는 존재의 가능성을 제시한 바 있습니다. 전통적인 본질주의를 비판하면서 기술과의 결합을 통해, 특히 여성 정체성의 다양한 재구성이 가능하다고 본 것인데요. 이와 달리 『트러블과 함께하기』는 비인간, 복수종, 쑬루세, 공생 등에 초점을 맞추고 있는 까닭에 상대적으로 기술에 대한 논의가 전면화되고 있지는 않습니다. 해러웨이가 기술을 논하지 않았다는 지적이 아님을 말씀드립니다.

적은 기술에 대한 우리의 몫, 우리의 철학, 우리의 질문을 만들기 위해서이죠.

5.

그래서 사변적 우화의 예시로 총 15편의 영화를 준비했습니다.* 대부분의 영화가 SF로, 우리가 흔히 말하는 공상과학 영화입니다. 인공지능 로봇의 반란을 다룬 영화부터 포스트 아포칼립스를 다룬 영화까지 주제는 다양하지만, 기술이 인간과 자연, 사회, 세계와 맺는 관계를 여러 각도로 조망한다는 점에서 공통적이라고 할 수 있을 듯합니다. 특히 이 영화들은 '공상'이라는 말이 함의하듯(사변이라고 바꿔도 좋습니다), 아직 도래하지 않은 미래의 기술 세계를 상상으로나마 미리 경험하고 사유하게 한다는 점에서, 또 그것을 바탕으로 현재를 낯설게 바라보고 질문하게 만든다는 점에서도 공통적이라고 할 수 있습니다. 다들 영화 〈매트릭스〉를 보고 내가 사는 이 세계가 정말로 진짜인지 고민해 본 적이 있지 않나요? 사변적 우화의 힘이 여기에 있지 않을까 싶습니다. 미리 보게 하고, 돌아보게 하는 것이죠. 기술 철학책은 적을지 모르지만, 기술을 (철학적으로) 다룬 영화는 너무나 많습니다. 즉 15편의 영화란, 제가 준비한 기술 철학책이나 다름이 없습니다.

이 책에서는 이 15편의 영화를 주제에 따라 나누고 합쳐서 크게 3부

---

* 마음 같아서는 〈2001: 스페이스 오디세이〉, 〈블레이드 러너〉, 〈공각기동대〉 등의 고전도 포함하고 싶었으나 가급적 조금이라도 '더' 대중적인 영화, 가볍게 볼 수 있는 영화로 선정해 보았습니다. 물론 질문은 결코 가볍지 않습니다.

로 구성했습니다.* 먼저 1부에서는 〈아바타 2〉와 〈터미네이터 2〉를 비롯한 여러 영화를 살펴보면서 우리를 둘러싼 주요 기술 담론의 특징과 차이, 투쟁 등을 다루었습니다. 간단히 정리하자면, 기술이 지금의 위기로부터 우리를 구원해 줄 것이기에 기술 발전을 더욱 극대화해야 한다고 주장하는 '기술 최대주의', 맹목적인 기술 발전(과 자본주의)이 위기를 초래했기에 그 정도를 최소화해야 한다고 보는 '기술 최소주의', 그리고 기술 찬양도 기술 부정도 아닌 기술에 대한 개입과 통제, 곧 기술 길들이기를 주장하는 '개입주의'로 나눌 수 있는데요. 세 개의 담론을 구별하는 데 그치기보다는 각각의 주장과 한계를 함께 살피면서, 그렇다면 무엇이 최선의 선택지가 될 수 있는지를 짚어 보았습니다.

다음으로 2부에서는 1부의 문제의식을 이어받는 한편, 그중에서도 특히 개입주의의 문제의식을 지금의 생성형 인공지능과 그 현실에 어떻게 적용할 수 있을지를 고민해 보았습니다. 마찬가지로 〈트랜센던스〉와 〈아이, 로봇〉 등 인공지능을 다룬 여러 영화를 텍스트로 삼아 논의를 진행했는데요. 인공지능을 둘러싼 유토피아 담론과 디스토피아 담론을 살펴보면서, 정작 그러한 분할과 결과를 가능케 하는 원인 그 자체에 대해서는 그다지 주목하고 있지 않은 우리 현실을 문제 삼고자 했습니다. 물론 그 원인이란, 미리 말씀드리자면, 인간의 개입과 관여, 통제의 가능성/불가능성일 수 있습니다. 인간이 인공지능에 대해 통제권을 갖느냐 못 갖느냐가 숨겨진 진짜 원인이자 진짜 문제라는 것이죠. 원인이 결과에 선행하기 때문입니다.

* 1부, 2부, 3부를 순서대로 5편, 4편, 6편의 영화로 구성했고, 2부의 마지막 장은 영화가 아닌 현실 분석으로 채웠습니다.

마지막으로 3부에서는 논의의 차원을 일상으로 옮겨서, 일상의 기술이 인간, 사회와 맺는 관계 및 그 변화의 양상을 살펴봅니다. 특히 2024년 12월 3일에 벌어진 한국의 내란 사태는 유튜브와 같은 일상적인 미디어(기술)가 우리에게 얼마나 큰 영향력을 미치고 있는지를 여실히 보여주었는데요. 정작 우리는 마음먹기에 따라 얼마든지 인터넷을 통제할 수 있다는 착각에 빠져 일상의 기술 실천에 대한 사유와 반성, 비판을 소홀히 하는 경향이 있습니다. 3부에서는 텔레비전과 인터넷, 메타버스로 이어지는 일상적 기술을 문제화하면서 인공지능만큼이나 이에 대한 진지한 질문과 고찰이 필요함을 주장합니다. 아울러 말미에서는 사변성을 좀 더 끌어올려서, 인간과 동물, 인간과 기계, 인간과 사물 등 인간-비인간 사이의 관계를 근본적인 수준에서 재고찰해 보고자 했습니다. 이 또한 일상적인 기술 실천을 토대로 삼기 때문입니다.

이미 짐작하셨겠지만, 이 책 전체가 기술에 대한 인간의 개입과 관여, 통제를 주장하고 이를 정당화하는 데 초점을 맞추고 있습니다. 요컨대 기술 최대주의에 대한 치열한 담론 투쟁을 통해(1부), 인공지능 개발 과정에 대한 법적, 제도적, 사회적 제어를 통해(2부), 또 일상의 기술 실천에 대한 지속적인 비판을 통해(3부), 인간 개입의 여지를 계속해서 확보해야 한다는 것이고(즉 기술이 인간의 손을 떠나 폭주하지 않도록 해야 한다는 것이고) 더 나아가 기술을 길들이고 방향을 설정하고 그 전체를 통제할 수 있어야 한다는 것이죠. 물론 이는 책의 제목을 이어받는 것이기도 한데요. 기술이 우리를 구원하지 않는다면, 우리를 위기에서 구원하는 것은 우리 자신, 곧 우리 자신의 부단한 개입과 실천이자 이를 통한 현실의 변혁일 수밖에 없기 때문입니다. 뒤집어 말하면, 우리는 신적 구원이나 기술적 구원과 같은 외부로부터의 구원이 아닌, 오직 우리 자신을 통한 자기 구원에 의해서만 이 위기를 헤쳐 나갈 수 있을지 모릅니다.* 정치와 윤리, 공동체, 공생, 협력, 연대 등에 의한 자기 구원 말입니다.

"기술은 우리를 구원하지 않습니다. 국면마다 어떻게 살아갈지를 결정하는 것은 결국 우리의 몫으로 남아 있죠. 우리는 서로에게 기대어 우리 스스로를 구원할 수밖에 없습니다." 2023년 12월, 저는 마지막 칼럼의 마지막 문장에서 이렇게 썼습니다. 엄밀히 말하자면 이 책은 이 문장을 길게 늘인 것에 불과합니다. 하지만 이 '길게 늘인 것'에는 저의 질문과 고민, 망설임, 성찰 그리고 잠정적인 답변에 이르는 수많은 사유의 여로가 총합되어 있기도 하죠. 고속열차를 타고 빠르게 지나친 여정과 발걸음을 통해 직접 밟아나간 여정이 다르듯, 같은 결론이라고 하더라도 그 결론에 이르기 위한 발자취가 달라진다면 당연히 전혀 다른 여정이라고도 할 수 있을 듯합니다. 그렇다면 이 책은 느리게 느리게 꾹꾹 밟아나간 제 한 걸음 한 걸음에 다름 아닐 것입니다. 이 책의 도전과 성취는 바로 여기에 있습니다.

---

* 물론 이때의 자기 구원이란 모든 기술을 버리고 자연으로 돌아가자는 식의 순수주의를 말하는 게 아닙니다. 그것은 달성 불가능한 목표를 내세움으로써 오히려 목표 자체를 폐기해 버리는, 그럼으로써 현실의 불가피성을 용인하게 만드는 이데올로기에 불과하죠. 기술을 비판적으로 고찰하자는 것이 곧 기술을 버리자는 것은 아닙니다. 자세한 내용은 본문을 통해 확인하시기 바랍니다.

6.

 이 책은 2023년 1월부터 12월까지 경향신문에 연재한 〈박승일의 영화×기술〉을 저본으로 삼았습니다. 처음에는 200자 원고지로 전체 400매 정도 되는 분량이었는데, 더 깊고 더 넓고 더 단단하게 수정하다 보니 처음보다 네 배가 넘게 늘었습니다. 거의 모든 문장을 다시 다듬고, 대중 강연 형식을 통해 더 친절하게 서술하고(이게 제일 힘들었습니다), 간단히 짚고 넘어간 부분을 상세히 채워 넣고, 새로 발생한 여러 현상을 반영하고, 다루지 않은 주제와 내용을 새로 써서 추가하고, 개별적인 글 모음에 기승전결의 서사를 부여하는 식으로, 처음부터 끝까지 다시 썼습니다. 단지 분량만 늘린 게 아니라 지금의 제가 견지하고 있는 기술에 대한 질문과 고찰을 곳곳에 녹여내기 위해 애썼습니다. 칼럼을 바탕으로 삼았지만 전혀 다른 글이라고도 할 수 있을 듯합니다. 칼럼을 이미 읽어보신 분들도 이 책은 새롭게 다시 읽으실 수 있을 겁니다.
 첫 번째 책인 『기계, 권력, 사회』를 출판한 때가 2021년 8월이니 햇수로는 벌써 4년이 지났습니다. 두 번째 책을 내는 데 이렇게나 오랜 시간이 걸릴 줄은 저도 미처 몰랐습니다. 소포모어 슬럼프(sophomore slump)는 화려한 스타의 이야기인 줄로만 알았는데, 저도 예외 없이 그 슬럼프에 빠졌던 게 아닌가 싶습니다. 아마도 첫 번째 책에 모든 것을 쏟아부어서인지(그렇기에 '첫 책'이겠죠) 두 번째 책을 쓸 때는 마치 텅 빈 독을 다시 채우는 듯한 느낌이 들기도 했습니다. 이전의 저를 반복하지 않으면서 동시에 이후의 저를 새롭게 표현해야 한다는 어떤 중압감이 들었다고나 할까요? 그 중압감이 서문을 쓰고 있는 지금도(서문은 항상 마지막에

오는 법이죠) 여전히 저를 내리누르고 있습니다. 비둘기의 걸음은 아직도 멀지 않았나 싶습니다.*

저는 『기계, 권력, 사회』의 서문에서 이런 말을 썼습니다. "이것은 전적으로 나의 생각과 기대에 불과하다. 그렇기에 여전히 두렵다. 사유의 치열함이 결과의 정합성을 보증해 주지는 않기 때문이다. 내가 제대로 읽은 것일까. 자신이 도구상자가 되길 바란다는 푸코의 말을 오독의 핑계로 삼고 있는 것은 아닐까."[13] 두 번째 책을 다 쓴 지금도 그때와 여전한 마음이 아닌가 싶습니다. 두려움과 떨림이라고나 할까요. 책이 많이 팔리지 않을까봐 그런 것은 아닙니다. 저 나름대로는 열심히 쓴다고 썼지만, 그것은 단지 저의 생각과 기대에 불과할 수도 있기 때문에 그렇습니다. 내가 제대로 읽은 것일까. 제대로 쓴 것일까. 제대로? 어쩌면 세 번째, 네 번째 책을 쓸 때도 계속될 심정이 아닐까 싶기도 합니다. 그래서 여전히 두렵습니다.

하지만 가만 생각해 보니, 그때나 지금이나 많은 분들이 제가 가진 두려움과 떨림을 가뿐히 넘어설 만큼의 응원과 우정, 사랑을 보내주신 듯합니다. 아마도 이 응원과 우정, 사랑 덕분에 이번 책도, 비록 여전히 두렵고 떨리지만, 용기를 갖고 세상에 내어놓을 수 있지 않을까 싶습니다. 앞으로의 연구를 진행해 나가는 것도 그렇고요. 작은 인사를 통해서나

---

* 비둘기 걸음은 니체(Friedrich Nietzsche)의 표현입니다. 그는 "비둘기처럼 조용히 찾아오는 사상, 그것이 세계를 이끌어간다"고 썼는데요. 비둘기 걸음처럼 조용하고 가볍고 경쾌한 사상이 역설적이게도 더 강력하다는 니체 특유의 아포리즘입니다. 본문에서는 부담과 중압감을 이겨내고 비둘기 걸음처럼 조용하고 가볍게, 하지만 강력한 사상을 개진해 보고 싶다는 희망과 함께, 아직 거기에 도달하지 못한 아쉬움을 담아 이 표현을 차용해 보았습니다. 니체, 『이 사람을 보라』, 백승영 옮김, 책세상, 2002, 326쪽.

마 제 마음을 전하고 싶습니다.

먼저 캣츠랩(CATS Lab) 선생님들께 감사의 마음을 전하고 싶습니다. 캣츠랩은 분과 학문의 경계에 얽매이지 않는 횡단적 공부를 위해 동료 연구자들과 함께 만든 독립 연구단체인데요.* 고해종, 김상민, 김성우, 김소형, 설동준, 윤하민, 이경미, 임연경, 조익상 선생님, 이들이 없었다면 또 캣츠랩이 없었다면 제 인생은 그 결여보다 갑절은 더 외롭고 쓸 쓸했을 겁니다. 선생님들의 행복과 성취를 바라며, 아울러 우리 모두의 연구 공간인 캣츠랩의 발전을 기원합니다.

사월의책 안희곤, 박동수 선생님께도 깊은 감사의 마음을 전합니다. 첫 번째 책을 낼 때도 그랬지만 저에게 정말 중요한 것은 결국 인정이 아니었나 싶습니다. 커다란 인정을 바란 것은 아닙니다. 다만 제 작업이 유의미하다는 것에 대한 인정이자 저라는 연구자에 대한 인정이었던 것이겠죠. 두 분의 인정이 저에게는 큰 힘이 되었습니다. 사월의책이 앞으로도 봄날(사월)의 햇살 같은 출판사로 성장하길 바랍니다. 아울러 경향신문의 백승찬 기자님께도 감사의 마음을 전합니다. 잘 알려지지 않은 필자에게 일간지 한 면을 통으로 내어주기란 거의 불가능한 일임을 잘 압니다. 그럼에도 믿고 맡겨 주셨기에 이 책의 초고를 완성할 수 있었습니다. 그 믿음에 감사드립니다.

---

* 연구소 이름을 보고 의아해하는 분들도 있을 듯하지만, 물론 고양이를 연구하는 연구소는 아닙니다. Culture, Art, Technology, Society의 앞 글자를 따서 CATS라고 이름을 지었는데요. 말 그대로 문화, 예술, 기술, 사회라는 서로 다른 영역을 자유롭게 가로지르고 또 통합하면서, 기존의 분과 학문 경계에 얽매이지 않는 횡단적 공부를 하겠다는 의지를 담은 이름입니다. 고양이처럼 귀여운 연구소가 되자는 것도 한 바람이었고요. 혹시 궁금하신 분은 캣츠랩 홈페이지(catslab.kr)를 참고하시기 바랍니다.

마지막으로, 어려운 형편 속에서 자신들의 인생을 뒷전으로 미루면서까지 '땀내와 사랑내'(이 말은 결코 은유가 아닙니다)로 공부를 가르치신 아버지, 어머니께, 또 20년이 넘도록 한결같은 사랑과 응원을 보내주신 장인어른과 장모님께, 그리고 못난 남편을 사람 만드느라 오늘도 고군분투 중인 아내이자 친구 희영에게도 한없이 깊은 감사의 마음을 전합니다. 한 명의 연구자가 만들어지기까지 정말로 많은 우정과 연대, 사랑과 희생이 있었습니다. 부끄럽지 않은 연구자가 되길 소망할 뿐입니다.

2025년 4월
다시 만난 세계를 꿈꾸며
박승일

1부

최대주의, 최소주의, 개입주의

> "어쩌면 지금 가장 불길한 것은
> 우리가 시스템의 통제권을 잃어가고 있는 듯하다는 점이다.
> 컴퓨터가 계산을 통해 우리를 대신해서 결정을 내리면
> 우리는 그저 그 결정을 실행에 옮길 뿐이다.
> 인간으로서 우리의 목적은 더 많이 생산하고, 더 많이 소비하는 것밖에 없다.
> 우리는 무엇도 하려 하지 않고, 하지 않으려고도 않는다.
> 우리는 핵무기로 멸종의 위험을 받는 동시에,
> 책임지고 무언가를 결정하는 위치에서 배제되어 수동적인 존재가 되는 바람에
> 내면에서부터 서서히 죽어갈 위협도 받고 있다.
> 어쩌다 이렇게 됐을까?"
> ─에리히 프롬[1]

초대장은 많을수록 좋습니다

여러분 안녕하세요. 반갑습니다. 바쁘신데도 불구하고 이렇게 강의를 들으러 와주셔서 감사합니다. 제 이름은 박승일이고요. 기술문화연구자입니다. 보통 저를 소개할 때 '기술문화'를 공부한다고 말씀드리곤 하는데요. 이게 무엇을 공부하는 학문인지 궁금해하시는 분들이 많으시더라고요. 쉽게 말해, '기술'에 대한 공학적 이해만도 아니고 '문화'에 대한 인문학적 또는 사회과학적 접근만도 아닌, 기술과 인문학 그리고 사회과학을 교차시키면서 당대의 문화 현상을 읽어내는 연구라고 할 수 있을 듯합니다. 말만 어렵지 그냥 기술로 매개된 문화를 연구한다고 보면 이해가 쉬우실 것 같습니다. 텔레비전, 인터넷, 스마트폰, 인공지능 등의 기술은 단지 기술로서만 존재하는 게 아니라 그것을 통해 또는 그것과 함께 구성되는 문화적 실천으로도 존재하기 때문입니다.

예컨대 인터넷 문화는 이전의 텔레비전과는 달리 인터넷을 통해 새롭게 매개된 문화를 뜻합니다. 당연히 텔레비전과 인터넷의 차이만큼이나 그 문화적 양식과 실천 또한 상이하게 나타나겠죠. 이처럼 기술을 보되 기술만을 보는 것도 아니고, 문화를 보되 문화만을 보는 것도 아닌, 기술과 문화가 맺는 다양한 상호작용과 그 관계의 면면을 보는 게 저의 연구 주제입니다. 지금까지 저는 인터넷, 스마트폰, 빅데이터, 클라우드, 메타버스 등을 둘러싼 동시대 기술문화의 다양한 지형을 연구해 왔고 최근에는 그 영역을 인공지능으로도 조금씩 넓혀가고 있는 중입니다. 그런 연구의 일환이자 또 새로운 시도로서, 오늘부터 시작하는 이 강의는 기술을 통해 영화를 읽고, 또 동시에 영화를 통해 기술을 읽어보려고 합니다. 영화도 문화에 속한다는 점에서(그러나 영화는 언제나 기술로 매개된 문화라는 점에서) 이 또한 결국 기술문화연구의 연장이지 않을까 싶습니다. 아울러 그러한 작업을 논문이 아닌 대중 강의를 통해 풀어낸다는 점에서 저 개인적으로는 새로운 시도이지 않을까 싶네요.

시작에 앞서 말씀드리자면 이 강의에서는 영화 비평을 직접 다루지 않습니다. 물론 영화를 주제로 다루고 있기는 합니다. 하지만 영화는 아무래도 제 전공이 아니기에, 저로서는 영화 평론가만큼 날카롭게 서사를 분석할 수도, 에세이스트처럼 매력적인 언어로 감수성을 자극할 수도 없습니다. 그렇다면 무엇을 말할 수 있을까요. 차라리 솔직해져 보죠. 저는 영화가 보여주는 세계란 단지 영화적 세계만은 아니라고 생각합니다. 이 말은 영화란 언제나 영화를 초과하는 잉여의 세계를 포함하고 있다는 말이기도 합니다. 그 세계란 누군가에겐 철학일 수도 있고 젠더일 수도 있으며, 또 다른 무엇일 수도 있죠.

혹시나 하고 찾아보니 어떤 분은 영화로 예술을 이야기하기도 하고, 또 어떤 분은 물리학을 이야기하기도 하시더라고요. 왜 안 되겠어요? 얼마든지 가능하다고 생각합니다. 그렇다면 저는 영화가 보여주는 외부의 세계 중에서 특히 기술적 세계에 주목해 보고 싶습니다. 저에게 영화는 무엇보다 기술 세계의 상상력과 가능성, 또는 반대로 그 부정성을 앞질러 보여주는 일종의 실험이자 증상(symptom)으로 다가오기 때문입니다.

독일의 철학자 발터 벤야민(Walter Benjamin)은 영화라는 복제 기술의 출현으로부터 아우라(aura)의 상실과 감각 방식의 변화, 그리고 그로 인한 정치적 대중의 탄생 가능성을 읽어냈는데요.[2] 이 또한 같은 맥락이라는 생각이 듭니다. 그는 영화로부터 영화 외부를 읽어냈던 거고, 특히 영화와 기술 그리고 (대중)사회의 관계를 묻고자 했던 겁니다. 영화를 묻되 영화 안에만 머무르기보다는 그것이 어떻게 기술 복제라는 형식을 통해 세계의 아우라, 즉 일회성의 현전(presence)을 붕괴시켰는지를 물었던 것이고, 또 그럼으로써 세계를 경험하고 이해하는 우리의 감각 방식이 이전과는 어떻게 달라졌는지를 질문했던 것이죠. 그리고 그런 변화가 당대의 대중에게 미치는 정치적 영향력을, 그 가능성을 진지하게 탐구했던 거고요. 벌써 어렵다고요? 아닙니다. 프롤로그에서도 말씀드렸듯이 이후로 벤야민 같은 철학자 이야기는 많이 하지 않으려 합니다. 하더라도 철학자의 이름과 개념보다는 그 사상을 저의 방식대로 소화한 저의 이야기를 할 겁니다. 그러니 걱정하지 마시길 바랍니다.

그렇다면 벤야민과 마찬가지로 우리도 영화를 통해, 영화와 함께, 또는 영화를 거슬러서 기술을 말하는 게 가능하지 않을까요? 영화 비평이 아닌, 영화를 통한 기술 비평을 할 수 있지 않을까요? 이게 제 솔직한 질문입니다. 영화는 잘 모르지만, 그렇기 때문에 오히려 더 영화에 함몰되지 않고 영화의 외부를 볼 수 있지 않을까 하는 생각입니다. 저에게 그 외부는 단연 기술인 것이고 말이죠. 그런데 기술이란 필시 그것과 상호작용하는(서로 틀 짓고 틀 지어지는) 사회적 맥락과 조건을 전제하는 만큼, 이때의 기술을 읽어내는 작업은 곧 그 기술을 둘러싼 사회적 힘과 배치 및 그 관계를 함께 읽어내는 것이기도 합니다. 영화를 통해 기술을 읽어내는 작업은, 결국 그 기술의 사회성으로 말미암아 기술을 통해 사회를 읽는 작업과 교차될 수밖에 없죠.

예컨대 자율주행 자동차는 단지 하나의 기술에 그치는 것이 아니라 사회 전체의 변화를 담고 있는 것이기도 합니다. 즉 그것은 기술적 변화일 뿐 아니라 교통 체계, 각종 직업, 산업 구조, 법과 제도 등등 사회 전체를 가로지르는 거대한 변화를 그 자체로 함축합니다. 인공지능도 마찬가지입니다. 이 또한 하나의 기술일 뿐 아니라 동시에 정치, 경제, 군사, 문화, 교육, 젠더 등과 같은 사회적 관계의 총체이기도 하죠. 기술을 다루는 순간 단연 그 기술이 위치한 사회라는 구체적인 맥락을, 그 복잡한 관계를, 또 그 역동적인 상호작용을 함께 다룰 수밖에 없습니다. 그래야만 하고요. 그렇다면 기술 비평은 결국 기술을 넘어 사회 비평을 향할 수밖에 없습니다.

제가 이 강의를 통해 작게나마 시도하는 것 또한 이와 같습니다. 영화를 주제로 삼아서 기술을 비평하고 또 그럼으로써 온갖 기술이 어지러이 수놓고 있는 지금-여기의 사회를 비평의 대상으로 삼는 것입니다. 벤야민의 영화 비평이 기술 비평을 경유하면서 마침내 사회 비평과 만

났듯이 말이죠. 그런데 왜 하필 영화일까요? 영화만 기술을 말하는 것은 아니지 않나요? 철학을 통해서도 말할 수 있잖아요. 답은 간단합니다. 『계몽의 변증법』³을 읽어 본 사람과 〈터미네이터 2〉를 본 사람 중 누가 더 많을까요? 초대장은 많을수록 좋습니다.

기술을 둘러싼 담론들

 이번 1부에서는 영화를 통해 기술과 사회를 읽는 작업의 시작점으로, 기술을 둘러싼 (사회적) 담론의 지형을 살펴볼까 합니다. 일단 '담론(discourse)'이 무엇인지부터 알아야 할 듯한데요. 간단히 말해서 담론은 동일한 계열에 속하는 말들의 집합 정도로 이해해 볼 수 있습니다.⁴ 즉 담론이란 비슷비슷한 성격의 말들이 모여서 이룬 말들의 집합을 뜻하고, 뒤집어 말하면 그와는 다른 성격의 말들이 배제된 말들의 집합을 뜻합니다. 그리고 이를 조금 더 확장한다면, 우리가 특정 담론, 곧 특정한 말들의 집합을 공유한다는 것은 그 안에서 말해질 수 있는 것을 공유한다는 것을 뜻하고, 다시 이를 뒤집으면 그 안에서 말해질 수 없는 것들은 배제한다는 것을 뜻합니다. 범박한 예로는 보수 우파 담론과 진보 좌파 담론을 떠올려 볼 수 있겠네요. 한편에서는 얼마든지 가능한 말들이 다른 한편에서는 불가능하거나 최소한 자연스럽지 않을 수도 있는 겁니다.

 그런데 담론이 말해질 수 있는 것과 말해질 수 없는 것을 가른다는 것은, 바꿔 말하면 우리가 무엇을 말할 수 있는가는 우리의 선택 이전에 이미 담론에 의해 (큰 틀에서) 규정된다는 것으로도 이해할 수 있습니다.

그렇지 않나요? 장기 게임에서 우리가 두고 싶다고 아무 곳에나 둘 수 없는 것과 마찬가지로, 즉 게임에는 플레이어에 앞서 규칙이 있는 것과 마찬가지로, 우리 또한 담론의 질서와 규칙을 따를 수밖에 없는 것이고, 담론에 앞서 존재할 수는 없는 것입니다.[5] 그렇다면 담론은 단지 말들의 집합인 것만이 아니라 우리의 세계 인식과 경험을 특정한 질서에 따라 틀 짓고 구획하는, 일종의 권력(또는 규범)이라고도 할 수 있을 듯합니다. 즉 담론은 말들의 집합이되, 일정한 효과를 발생시키는 말들의 집합인 겁니다. 담론이 주체를 형성한다고 할 때의 의미가 바로 이와 같습니다.

물론 담론이 시대와 장소를 가로지르는 만고불변의 법칙인 것은 아닙니다. 담론이 동일한 계열에 속하는 말들의 집합이라면, 당연히 한 담론은 그와 대립하는 다른 계열의 말들과 끊임없는 갈등과 투쟁, 곧 싸움을 벌일 수밖에 없습니다. 여기서 이기면 더욱 일상적인 담론으로 자리를 잡게 되고, 반대로 지면 '그땐 그랬지' 식의 옛날이야기로 잊히게 되겠죠. 말인즉슨 담론은 주체를 규정하지만 동시에 주체들의 투쟁을 통해 그 자체의 흥망성쇠가 바뀌기도 한다는 것입니다. 어느새 우리 사회에서 색깔 논쟁이 철 지난 담론이 된 것도 이런 이유 때문이겠죠. 그런데 앞서 언급했듯이 담론이 우리의 세계 인식과 경험을 특정한 질서에 따라 틀 짓고 구획하는 것이라면, 이때 담론을 바꾼다는 것은 단지 이 말을 저 말로 교체하는 게 아니라 세계 구성의 틀 자체를 바꾸는 것일 수밖에 없습니다. 담론을 바꾸는 것은 곧 말들의 집합을 바꾸는 것이자, 우리가 말할 수 있는 것과 말할 수 없는 것의 분절선을 바꾸는 것이며, 더 나아가 우리의 세계 인식과 경험을 바꾸는 것이기도 하다는 겁니다.

그렇다면 담론에 대한 이상의 논의를 기술 영역으로도 확장할 수 있을까요? 물론입니다. 우리를 둘러싼 기술은 다른 것들과 분리된 채 그저 실험실과 공장의 기술로만 존재하는 게 아닙니다. 기술은 동일한 계열에 속하는 말들의 집합을 통해, 즉 특정한 담론을 통해 비로소 우리에게 구체적인 무언가로 표상됩니다. 인공지능만 해도 그렇습니다. 인공지능이라는 기술 자체보다(솔직히 평범한 우리는 인공지능 기술에 대해 '잘' 모릅니다) 그 기술을 둘러싼 구체적인 이야기가(즉 말들의 집합이), 또 그 기술이 불러올 미래의 모습(표상과 재현)이, 먼저 도착하고 마지막까지 남아 있곤 하죠.* 아마도 많이들 들어보셨겠지만, 그 한편에 인공지능과 관련된 온갖 낙관적인 이야기들이 있고, 다른 한편에는 반대로 온갖 부정적인 이야기들이 있습니다. 우리는 인공지능 그 자체가 아닌 이렇게 담론화된 인공지능을 마주하고 있죠. 그리고 이것이 이야기인 만큼, 인공지능을 둘러싼 담론들(이야기들) 사이에는 그야말로 부단한 갈등과 투쟁, 곧 싸움이 벌어질 수밖에 없습니다.

앞으로 1부에서 다룰 주제가 바로 기술을 둘러싼 여러 담론 사이의 갈등과 투쟁입니다. 물론 투쟁이라는 말이 뜻하듯, 여기에는 우세한 담론도 있고 열세한 담론도 있습니다. 하지만 어떤 담론이 우세하다고 해서 그것이 다른 담론에 비해 무조건 옳다는 것은 아닙니다. 또 그것이 무조건 영속화된다는 것도 아니죠. 그것은 단지 힘의 차이일 뿐 옳음의 차이가 아닙니다. 담론의 우열은 고정되어 있지 않으며, 우리의 개입 여

---

* 1968년 영화 〈2001: 스페이스 오디세이〉에 나오는 인공지능 HAL9000을 떠올려 볼 수 있을 듯합니다. 아직 컴퓨터가 보편화되기도 전에 등장한 이 인공지능은 60여년이 지난 지금까지도 의식을 가진 인공지능의 대표적인 상징으로 남아 있습니다.

하에 따라 (비록 어렵다고는 해도) 조금씩 바뀔 수도, 또 바뀌기도 합니다.[6] 그렇기에 투쟁입니다. 힘의 차이를 극복하기 위한 투쟁이고 각자의 옳음을(정확히는 그 주장을) 관철시키기 위한 투쟁입니다. 그리고 담론이 바뀐다는 것은 앞서 말씀드렸듯이 말들의 집합이 바뀌는 것이고 더 근본적으로는 세계의 구성이 바뀌는 것이기도 하죠. 결코 작은 투쟁이 아니라는 겁니다.

바야흐로 인공지능의 시대를 살아가고 있는 우리 대중은 어쩌면 이들 기술 담론이 펼치는 역사상 가장 치열한 투쟁을 마주하고 있는 것인지도 모르겠습니다. 아니, 우리가 그 투쟁의 당사자라고 하는 게 더 정확할 겁니다. 우리는 항상-이미 담론에 포박된 존재이기 때문이죠. 그렇다면 우리는 담론의 자장 안에 있는 존재로서, 그 (기술) 담론이 그려내는 어떤 미래를 꿈꾸고 있나요? 또는 반대로 어떤 미래를 원하지 않고 있나요? 그 미래를 만들거나 거부하기 위해서 우리는 무엇을 해야 할까요? 말해질 수 있는 것만 말할 수 있는 담론의 영역 안에서 어떻게 말해질 수 없는 것을 상상하고 또 말할 수 있을까요? 아직 답을 내리기에는 이릅니다. 심지어 명쾌한 답이 없을 수도 있습니다.

다만 분명한 것은 우리가 무엇을 해야 하고 또 하지 말아야 할지를 알기 위해서라도, 적어도 현재의 담론 지형이 어떤 모양새를 이루고 있고 또 그 사이에 어떤 싸움이 벌어지고 있는지 정도는 먼저 파악해야 한다는 겁니다. 우리를 둘러싼 기술이 과연 어떤 말들의 집합을 이루고 있는지, 이를 통해 우리에게 어떤 미래를 약속하고 있는지(또는 경고하고 있는지), 그 미래가 과연 우리를 위한 것인지 아니면 그저 부와 권력의 재생산을 위한 것인지, 후자의 경우라면 우리는 그 담론에 어떻게 저항할 수 있는지 등을 먼저 묻고 따질 수 있어야 한다는 것이죠. 그런 다음에야 문제 해결을 위한 진지한 한 걸음을 내디딜 수 있습니다. 그 반대는 결코 아닙니다.

해서, 1부에서는 기술을 둘러싼 말들의 집합을, 그 복잡다단한 담론의 지형을, 또 이들 담론 사이의 치열한 투쟁을 살펴보려고 합니다. 정확한 질문이 올바른 답변에 선행하기 때문입니다. 다만 이후로는 가급적이면 담론이라는 일반적인 학술 용어 대신 최대주의와 최소주의, 개입주의라는 고유명을 사용하고자 합니다. 이후 말씀드리겠지만, '최대'와 '최소', '개입'은 기술 담론 각각의 특징과 지향점을 그 자체로 또렷하게 드러내고 있기도 하죠. 담론은 여러 말들의 집합을 통칭하는 개념일 뿐이기에, 그 담론을 이루는 말들의 집합을 더욱 구체적이고 명확한 용어로 포착하고 구별해낼 필요가 있습니다. 담론 일반이 아니라 어떤 담론인지를 알아야 하고, 이는 표지판의 임무가 정확한 표지에 있는 것과 마찬가지로 우리를 둘러싼 말들의 집합과 그 방향성을 정확히 지칭하는 데서부터 시작해야 합니다.

말이 길었습니다. 인트로가 긴 영화는 그만큼 기대감을 자아내는 법이죠. 그럼 시작하겠습니다.

1장
최대주의가 맹목적이라면 최소주의는 공허합니다.
〈아바타 2〉

문제의 원인, 서로 다른 해법

　기술 비평의 첫 번째 영화는 2023년 겨울에 개봉한 〈아바타 2: 물의 길〉입니다. 한국의 관객 수가 천만 명을 넘었다고 하던데, 혹시 이 영화를 보셨는지 모르겠네요. 아직 안 보셨다면 한 번쯤 보시는 것도 좋을 듯합니다. 하지만 굳이 지금 읽는 이 책을 덮고 그렇게 하지는 않으셔도 됩니다. 앞으로도 마찬가지인데요. 영화를 안 보셨다면 그냥 안 보신 대로 책을 읽어 나가시는 것도 나쁘지 않을 듯합니다. 영화보다는 질문이 중요하고 또 그만큼 각자의 사유가 중요하기 때문입니다. 앞으로 이어지는 강의에서도 영화 내용을 짧게나마 설명해 드리려고 합니다. 그럼 시작해 보죠.
　논의를 위해서는 약간의 배경 설명이 필요합니다. 〈아바타 1〉의 도입부에서 제시하듯 〈아바타〉 시리즈는 자원 고갈과 환경 오염, 기후 위기

아바타 2: 물의 길 Avatar: The Way of Water
감독 제임스 카메론, 2022

등의 문제에 직면한 인류가 대체 자원을 채굴하기 위해(2편에서는 아예 행성 이주를 위해) 우주 먼 곳의 행성 판도라에 인력과 군대를 파견하는 미래 상황을 배경으로 합니다. 이 상황은 둘로 나누어서 이해해 볼 수 있는데요. 먼저 눈에 띄는 것은 미래의 인류가 결국 기후 위기를 극복하는 데 실패한 것처럼 보인다는 겁니다. 아마도 들어보셨겠지만 실제로도 기후 시계가 가리키는 지구의 임계점이, 그러니까 돌이킬 수 없는 마지막 저지선이 얼마 남지 않았다고 합니다.[1] 그 안에 근본적인 변화를 만들어 내지 못하면 지구, 아니 인류의 운명은 더 이상 희망이 없다는 뜻이겠죠. 영화가 그리는 미래의 지구는 이런 티핑 포인트(tipping point)를 훌쩍 지나쳐 버린, 그래서 어떤 노력으로도 이미 망가져 버린 지구를 되살릴 수는 없는, 이른바 한계 상황(critical situation)에 다다른 게 아닌가 싶습니다. 지구는 말 그대로 불모의 땅이 되어 버린 겁니다.

다음으로 눈에 띄는 것은 미래의 인류가 이런 위기를 돌파할 만한 기술력을 갖고 있는 것으로 그려진다는 겁니다. 정확히 말씀드리자면 문제를 근본적으로 해결할 기술력이 아니라 문제를 피해 우주 너머로 나갈 기술력이겠네요. 영화에는 인간의 정신을 아바타의 몸에 이식하는 마인드 업로딩(mind uploading)을 비롯해 별과 별 사이의 이동을 가능케 하는 성간비행, 초전도체를 활용한 에너지 기술 등 지금은 꿈에 가까운 첨단 기술이 대거 등장합니다. 미래의 인류는 이런 기술을 통해 지구 바깥으로의 탈출을 시도했던 것이고, 아마도 절체절명의 위기를 앞에 두고도 기술 개발에만 진력했기 때문인지 그런 선택을 감행할 만큼의 기술력과 자본을 갖고 있는 것으로 보입니다. 판도라는 지구를 대체할 만한 선택지 중 하나였던 것이죠.

영화의 상황을 굳이 둘로 '나누어서' 설명한 이유는, 이 두 요소가 사실상 별개의 것임에도 불구하고, 즉 전자에서 후자로 이어질 어떤 필연성이 없음에도 불구하고, 마치 이 둘이 원래부터 하나의 조합인 것처럼, 또는 자연스러운 해법인 것처럼, 우리에게 아무런 의심 없이 다가오고 있기 때문입니다. 전자, 곧 지구에 닥친 파국적 위기는 인류가 스스로 초래한 결과입니다. 그건 분명하죠. 당장의 이익을 위한 무분별한 개발과 그로 인한 환경 오염이 원인일 테고, 그 중심에는 물론 인간의 탐욕과 자본주의의 무한증식이 있을 겁니다.

그런데 후자, 즉 첨단 기술 문명과 지구 탈출은 이렇게 위급한 재난의 상황 속에서 그 재난의 원인인 기술 만능주의와 카니발 자본주의(Cannibal Capitalism)[2]를 축소하거나 길들이기보다는 도리어 그것을 더욱 극한으로 밀어붙인 결과라고 할 수 있습니다. 역설적이게도 미래의 인류는 문제의 원인을 외려 문제의 해법으로 삼으면서, 마치 달리는 차에 가속 페달을 밟듯 앞을 향해서만 내달렸던 겁니다. '가속하라!'를 외치면서요.[3] 인류는 바로 그러한 선택을 통해 우주 먼 곳의 행성에까지 진출할 수 있었던 거고, 그 행성에 대한 채굴과 착취를 통해 다시금 이전의 풍족한 삶을 유지하려고 했던 거죠. 이미 오래전부터 지구를 식민화했듯이, 이제는 자신의 구원을 위해 다른 행성을 식민화하려는 겁니다.

하지만 전자와 후자를 나누어 생각해 보면, 문제로서의 전자에 대해 해법으로서의 후자가 반드시 연결되는 것은 아님을 알 수 있습니다. 이와는 전혀 다른 해법도 얼마든지 가능하다는 겁니다. 그것은 무엇일까요? 영화는 판도라의 선주민인 나비족을 통해 다른 해법의 가능성을 보여줍니다. 문제의 원인이 맹목적인 기술 개발과 자본주의 착취 체제에 있다면, 해법은 너무나 당연하게도 이러한 원인 자체를 최소화하는 것일 수밖에 없습니다. 지구를 한껏 오염시키고 착취한 다음에(문제를 일으킨 다음에) 기술 혁신을 통해 그 지구를 탈출하려고 하기보다는, 반대로 기술만 외치는 기술 만능주의와 자기 파괴적인 자본주의 체제를 거부하면서 그와는 전혀 다른 방식의 삶을 모색할 수도, 그럼으로써 문제를 애초에 방지할 수도 있다는 겁니다. 판도라의 나비족이 그들의 삶을 통해 분명히 보여주고 있는 것처럼 말이지요. 우리는 알게 모르게 영화가 배경으로 설정한 저 기술적 해법을 일종의 상식처럼, 즉 그 외에는 다른 대안이 없는 것처럼 받아들이지만, 그것과는 다른 해법이 얼마든지 있을 수 있다는 것이고, 심지어 그 다른 해법이 더 평화롭고 더 지속 가능할 수도 있다는 것입니다.

영화는 이렇듯 지구와 판도라, 인간과 나비족을 대비시키면서, 마치 영화와 현실을 교직하듯, 영화만큼이나 선명히 나뉜 지금-여기의 담론 지형을 바라보게 합니다. 영화를 통해 오히려 영화 바깥의 현실을 되돌아보게 만드는 거죠. 그런데 이쯤 되면 질문이 안 생길 수가 없습니다. 우리 앞에 놓인 길이 하나가 아니라는 것도 알겠고 그 갈림길이 어디를 향하는지도 알겠는데, 그렇다면 우리는 이 갈림길에서 도대체 어느 쪽을 선택해야 하는 걸까요? 당연한 말이지만, 갈림길 중 어느 하나를 선택하기 위해서라도 그 각각의 길이 어떤 길이고 어디를 향하는지, 또 다른 길은 없는지를 먼저 파악할 필요가 있습니다.

불과 물의 대비, 그러나 동시에 현실이기도 한

지구의 인간들이 판도라에 눈독을 들이는 이유는 하나입니다. 언옵테늄이라는 물질 때문인데요. 영화 설정상으로는 상온에서도 핵융합 발전을 일으킬 수 있는 기적의 물질이라고 합니다. 판도라 행성의 하늘에는 거대한 바위섬들이 둥둥 떠다니는데, 이유인즉슨 초전도체인 언옵테늄이 그 안에 묻혀 있기 때문입니다. 전류가 저항 없이 흐른다는 것(초전도체)은 에너지 효율을 극대화할 수 있다는 것이고, 이는 곧 그 물질을 통해 에너지 혁명을 일으킬 수 있다는 것을 뜻하죠. 초전도체를 흔히들 꿈의 물질이라고 부르는 이유이기도 합니다.[4] 오랜 착취와 채굴로 인해 이미 지구에는 석유는 물론이고 우라늄 등의 자원도 남아 있지 않기에, 인류의 입장에서는 거대한 문명을 계속 유지하기 위해서라도 언옵테늄 같은 막강한 자원이 반드시 필요한 상황입니다. 그런데 문제는 이 기적의 물질이 오직 판도라 행성에만 있다는 것이고, 또 하필이면 나비족의 생활 터전 바로 밑에 대량으로 매장되어 있다는 겁니다.

짐작할 수 있듯이, 이후의 이야기는 인간과 나비족, 기술과 자연, 기계와 생명 등이 희소 자원과 삶의 터전을 둘러싸고 치열한 다툼을 벌이는 것으로 전개됩니다. 한편에는 희망이지만 다른 한편에는 절망인 상황, 이는 단지 SF 영화에서만이 아니라 인류의 오랜 역사 속에서도 숱하게 반복되어 온 게 사실입니다. 당장 선주민(인디언) 말살 정책을 바탕으로 설립된 미국의 역사를 떠올려 볼 수 있죠. 구원과 죽음, 유토피아와 디스토피아는 이렇게나 가깝게, 또는 그 자체 분리 불가능하게 겹쳐 있는 게 아닐까 싶기도 합니다. 물론 (현실과 달리) 영화는 영화이기에 인간과 나비족의 싸움은 결국 주인공이 속해 있는 나비족의 잠정적인 승리로 일단락됩니다. 하지만 항상 그렇듯 파국은 종결되는 게 아니라 단지 연기될 뿐입니다.

〈아바타 2〉는 〈아바타 1〉로부터 15년이 지난 시점에서 다시 이야기를 시작합니다. 그 15년 동안 지구의 자원 고갈과 환경 오염은 더욱 심각해져서 인류는 이제 아예 행성 이주를 목적으로 대규모 우주선단을 파견하기에 이릅니다. 지구를 버리기로 결정한 겁니다. 그런데 이 위태로운 기간에도 인류는 기술 개발의 광풍을 계속 이어 나가서 1편에서는 주인공(제이크 설리)만 어렵게 성공했던 영혼 이식을 2편에서는 마인드 업로딩이라는 기술로 상용화하기까지 합니다. 그 결과 이미 죽은 사람도 아바타를 통해 부활시킬 수 있게 되죠. 지구를 포기해야만 하는 위기 상황 속에서도 인류는 오히려 기술 개발의 속도와 강도를 더욱 빠르고 거세게 밀어붙이고 있었던 겁니다.

그런 한편, 나비족은 그 15년 동안 죽음의 상처를 치유하고 공동체를 일으키고 아이를 낳아 대를 이으면서, 즉 지속 가능한 삶을 만들어 가면서, 그렇게 다시 이전의 평화롭고 풍요로운 삶을 복원해 나갑니다. 기술 문명에 의해 산산이 부서졌던 삶의 터전도 서서히 원래의 모습을 되찾아 가죠. 이는 나비족이 만물의 어머니인 에이와(Eywa), 즉 대자연의 힘을 믿고 그 힘에 순응하면서 철저히 자연 친화적인 삶을 살아간 결과이기도 합니다. 한편에는 기술의 광폭한 힘이 있었다면 다른 한편에는 자연의 안온한 힘이 있었던 셈입니다. 영화 전체를 가로지르는 불과 물은 그 극명한 대비입니다.

물론 이 대비는 단지 영화 속 서사에만 국한되는 게 아닙니다. 사실상 이 영화는 SF라는 영화적 언어를 통해, 즉 인간과 나비족, 지구와 판도라, 기술과 자연, 기계와 생명, 불과 물 사이의 단순한 이항대립을 통해 우리가 사는 이 세계의 복잡다단한 담론 지형을 다소 극화된 형태로 표현하고 있기 때문입니다. 앞서 말씀드린 것처럼 영화와 현실은 때로 교차합니다. 뒤집어서 말할 수도 있겠네요. 각종 재난과 위기를 둘러싼 현실의 복잡다단한 담론 지형은 영화의 선명한 대비 구도를 통해, 마치 우리 눈앞에 있는 갈림길이 이제야 비로소 가시화된 것처럼 오히려 명쾌하게 정리되고 있기도 하죠.

물론 이처럼 단순명쾌한 정리는 현실의 담론 공간을 너무 매끄럽게 재단해 버린다는 점에서 문제라고도 할 수 있습니다. 현실은 그리 단순한 게 아니니까요. 하지만 담론의 세세한 가지를 쳐내고 굵직한 줄기를 눈에 띄게 만든다는 점에서는 긍정적인 부분도 있습니다. 저는 후자에 주목하고 싶은데요. 우리는 때로 영화를 통해 현실을, 그 평범하디 평범한 현실을(그래서 질문하지 않았던 현실을) 새롭게 또는 낯설게 마주하게 되고, 또 그럼으로써 나를 둘러싼 현실에 대해 이전과는 다른 질문을 던지게 되기 때문입니다. '여기 갈림길이 있구나'라는 식으로, 영화를 통해 현실을 다르게 인식하게 되는 거죠. 영화 속에서 영화를 초과하는 잉여의 세계를 만나는 지점이 바로 여기이기도 합니다.

기술을 둘러싼 최대주의와 최소주의의 싸움

그렇다면 영화가 보여주는 현실의 담론 지형이란 무엇일까요? 영화는 기술을 둘러싸고 경합하는 두 개의 큰 담론적 흐름을 보여줍니다. 두 담론이 지향하는 바를 개념 안에 그대로 담아서 각각 최대주의(maximalism)와 최소주의(minimalism)로 정리해 볼 수 있을 듯한데요.* 개념은 생소하지만 그다지 어렵지는 않습니다. 하나는 최대화하는 것이고 다른 하나는 최소화하는 것이니, 개념 자체의 표현을 통해 직관적으로 이해하는 것도 가능해 보입니다.

우선 최대주의부터 살펴보죠. 최대주의는 쉽게 말해서 기술의 기하급수적인 발전을 바탕으로 사회 변혁의 가능성을 최대한 끌어올려야 한다는 입장입니다.[5] 이에 따르면, 예컨대 초자동화, 인공지능과 로봇, 재생 및 핵융합 에너지, 유전자 편집 등의 신기술과 그에 따른 생산성 폭발은 더욱 풍요롭고 자유로운 미래 사회를 만드는 핵심 동인이라고 할 수 있습니다. 즉 기술이 우리 사회를 어제보다 다 나은 사회로 만들어 준다는 것이지요. 더욱이 최대주의는 이러한 기술을 통해 현재의 여러 위기를 해결하거나 적어도 그 위험성을 크게 줄일 수 있다고 봅니다. 장기 불황, 경제적 불평등, 기술적 실업, 자원 부족, 특히 환경 오염

---

* 닉 다이어-위데포드(Nick Dyer-Witheford)는 최대주의와 최소주의라는 개념을 제시하면서 이 두 개념이 기술을 둘러싼 현재의 담론 지형을 양분하고 있다고 진단합니다. 이 강의에서 저는 그의 개념을 바탕으로 하면서도 그 사이에 개입주의라는 또 다른 항을 추가함으로써 최대와 최소라는 양극단으로 환원되지 않는 새로운 가능성의 영역을 발굴해 보고자 했습니다. Dyer-Witheford, N., Kjøsen, A. M., & Steinhoff, J. (2019). *Inhuman power*. Pluto Press. 개입주의에 대해서는 다음 장을 참고하시기 바랍니다.

과 기후 위기 등의 거대한 문제들이 우리 눈앞에 산더미처럼 쌓여 있지만, 오히려 그것을 돌파할 수 있는 가장 큰 가능성은 다른 무엇보다도 기술 발전에서(만) 찾을 수 있고, 그렇기에 기술적 혁신을 사회 전체에 걸쳐 계속해서 더욱더 크게 밀어붙여야 한다는 겁니다. 기술 발전이 위기의 원인이지만, 동시에 해답이기도 하다는 것이죠. 기술이란 말 그대로 알파이자 오메가인 셈입니다.

영화에서도 묘사하듯이, 우주 기술을 통해 다른 행성의 자원을 채굴하고, 에너지 혁명을 일으켜 문명의 풍요를 유지하고, 마인드 업로딩으로 육체를 옮겨 무한히 살아가는 식의 '기술적 해법(technological solution)'이란, 인간의 관점에서 볼 때는 마지막 남은 구원의 메시지일 수밖에 없습니다. 기술 발전을 최대로 가속하는 것이야말로 인류에게 남겨진 최대의, 그리고 최후의 임무인 겁니다. 당연히 그에 따른 인류의 자세와 실천 또한 눈앞의 위기에 위축되어 이후의 발전과 해법을 미리 막아서는 게 아니라, 반대로 현재의 위기에도 불구하고(!) 더욱더 기술 발전을 가속화하고 최대화함으로써 미래의 해법을 마련하는 것이 됩니다.[6] 여기에는 기술의 누적적인 발전이 자원과 부, 에너지 등에 대한 희소성 문제뿐 아니라 환경 오염과 기후 위기 등의 생존권 문제를 해결함으로써 결국 대다수 인류에게 더 큰 풍요와 안녕을 가져다줄 거라는 강한 믿음이 자리 잡고 있습니다. 구원은 믿음을 요구하는 법이죠.

이미 짐작하셨겠지만, 정확히 이 반대편에 최소주의가 있습니다. 최소주의는 맹목적인 기술 개발과 자기 착취적인 생산력 확대가 지금의 이 위기를 만들었기에, 당연히 그 해법은 문제의 원인을 최소화하는 데 집중되어야 한다고 주장합니다.[7] 즉 최소주의는 극단적인 기후 위기,

에너지 고갈, 환경 오염, 자원 전쟁 등 현재 인류가 직면한 문제들이란 다른 무엇보다도 산업혁명 이후 진행된 막무가내식 기술 개발과 이를 추동한 전 지구적 자본주의 경쟁 체제로부터 비롯되었다고 진단합니다. 그리고 기술 개발과 혁신 경쟁은 결코 해법이 될 수 없는, 문제 그 자체라고 보죠. 그렇다면 인류에게 필요한 것은 산업혁명의 바통을 이어받아 다시 한 번 과거의 영광을 재현하는 것이 아니라, 즉 인류의 생존을 판돈으로 걸고 기술 혁명에 목을 매는 것이 아니라, 그와는 전혀 다른 방향과 성격, 가치의 삶을 고민하고 모색하고 발명하는 것이어야 합니다. 기술과 자본주의가 문제의 원인인데 그 원인을 그대로 놔둔 채 더 나은 세계를 꿈꿀 수는 없다는 겁니다.

더욱이 최소주의는 앞서 논한 최대주의가 제국적 생활양식을 은폐하는 이데올로기라고 주장합니다.[8] 제국이라는 말이 함의하듯, 최대주의는 계급과 지역, 인종과 젠더 등의 사회적 영역에 대한 착취뿐 아니라 지구라는 행성과 자원, 동식물, 토지와 공기, 물 등의 자연에 대한 수탈을 통해서만 작동할 수 있는데, 이를 단지 기술적 '해법'이라는 중립적인 말로 (마치 기술만 작동하는 것처럼) 교묘하게 가리고 있다는 것이죠. 최소주의는 기술 발전을 통한 문제 해결이 사실상 북반구 국가들이 승자독식 과정에서 산출한 각종 폐해와 오염을 남반구 국가들로 전가하는 것이자 오늘의 위기를 내일로 미루는 것에 불과하다고 강하게 비판합니다.[9] 예컨대 북반구의 맑고 깨끗한 전기 자동차 환경은 남반구의 어둡고 오염된 리튬 채굴을 통해서만 가능한 법이죠.[10] 기술 혁신은 결국 자본주의 지배와 착취의 효율성을 높이는 수단이자 당면한 파국의 위기로부터 우리의 눈을 가리는 알리바이일 뿐이라는 겁니다. 나비족의 관점에서 봐도 그렇습니다. 자원 채굴과 에너지 혁명, 마인드 업로딩 등의 기술적 개입은, 결국 지구의 남반구 지역과 지구라는 행성 전체로도 모자라 우주 너머 판도라로까지 무한히 확장해 나가는 자본주의 착취의 외부화 전략일 수밖에 없습니다.

그렇다면 어떻게 해야 할까요? 최소주의자는 이 질문에 '탈성장'이라는 급진적인 답변을 내놓습니다. 우리에게 남겨진 임무는 기술 혁신의 가속화가 아니라 반대로 그 속도를 줄이는 것, 즉 경제 규모의 축소이고 욕망의 전환이며 지금까지와는 전혀 다른 삶의 창안이라는 것이죠. 요컨대 탈성장과 탈자본주의가 답이라는 겁니다. 생존이 발전보다 먼저고, 그 역은 파국이라는 게 최소주의자의 일관된 입장입니다.

최대주의와 최소주의, 구멍 뚫린 치즈

최대와 최소, 나아가는 방향은 이렇게나 다르지만 둘 다 급진적이긴 마찬가지입니다. 어쩌면 이 급진성이야말로 대안으로서의 매력을 높이는 요소일 수도 있을 듯합니다. 위기의 시대에 시시한 건 눈길조차 끌 수 없을 테니까요. 하지만 그 급진성 때문인지, 언뜻 보기에도 최대주의와 최소주의는 마치 구멍 뚫린 치즈처럼 여러모로 빈틈이 많아 보입니다. 둘 중 하나를 선택하기에는 어쩌면 둘 다 문제적일 수도 있다는 것이지요. 어떤 점에서 그럴까요? 이후의 강의에서 차례차례 자세히 말씀드릴 계획이니 여기서는 간단히 살펴보기로 하죠.

앞서 말씀드렸듯이, 최대주의는 사회 변혁과 위기 극복의 가능성을 기술 혁신, 곧 생산력이라는 함수에 간단히 종속시켜 버립니다. 핵심은 결국 기술이 충분한 발전을 거듭해 나가면, 언젠가는 이 기술을 통해 인류 문명의 풍요와 번영을 이룰 수 있는 것은 물론이고, 빈곤과 불평등, 질병 등의 문제도, 또 지금의 이 극심한 기후 위기도 모두 해결할 수 있다는 것입니다. 게다가 최대주의는 이러한 기술 결정론에 낙관주의를 더함으로써* 노동과 에너지, 자원의 희소성이 사라진(즉 모든 게 차고 넘치는) 유토피아적 미래 전망을 제시하기까지 하죠. 노동과 에너지, 자원 등은 한정적일 수밖에 없어서 이에 대한 소유와 분배를 놓고 지금까지도 지난한 싸움이 계속되고 있는데, 최대주의는 정치도 종교도 혁명도 아닌 바로 기술을 통해 이 희소성 문제를 해결할 수 있다고 보는 겁니다. 자본주의를 극한으로 밀어붙임으로써 도리어 자본주의를 극복할 수 있다는 것인데요. 말만 들어도 참으로 웅대한 포부가 아닐 수 없습니다.

그런데 정말 그런가요? 기술 혁신이 모든 문제를 해결해 준다면 우리는 언제인지 모를 그 구원의 때를 기다리기만 하면 되는 걸까요? 이건 마치 불타는 집 앞에서 미래의 기술이 언젠가 그 불을 꺼주길 열렬히 기다리고 있는 모양새가 아닌가요? 게다가 기술과 자본주의 그 자체가 문제의 원인인데, 이를 외면한 채 오로지 직진만을 외치는 게 과연 얼마나 설득력이 있는 것일까요? 미래의 번영을 약속하면서 도리어 현재의 위기를 확대하고 있는 약팔이 장사꾼인 것은 아닐까요? 최대주의는 뭔지 모를 미래 기술에 대한 기대감만 잔뜩 불어 넣을 뿐, 정작 그 미래를

---

* 과학기술학자 재서노프(Sheila Jasanoff)는 이렇게 말합니다. "실로 기술과 낙관주의는 서로 잘 부합한다. 양자 모두는 열려 있고 아직 결정되지 않은 미래를 이용해 현재 마주하고 있는 문제의 해결을 약속한다." 쉴라 재서노프, 『테크놀로지의 정치』, 김명진 옮김, 창비, 2022, 17쪽.

만들기 위해 요구되는 지금 여기에서의 과학기술 투자와 그 방향을 결정짓는 사회적 가치(들), 그리고 이를 둘러싼 정치적 입장(들)의 치열한 경합 과정을 간단히 지워버리고 맙니다. 이 위기에 맞서 우리가 무엇을 해야 하는가라는 '과정'의 질문을 지워버린 채 미래의 기술이라는 탐스러운 '과실'만 강조하는 꼴이죠. 최대주의가 맹목적이라는 비판을 받는 이유가 바로 여기에 있습니다.

그 반대편에 있는 최소주의는 어떨까요? 최소주의는 언제 올지 모르는 기술 혁신의 미래를 기다리기보다는 반대로 지금 당장 긴급하고도 단절적인 행동에 나설 것을 역설합니다. 지구가 회복의 임계점을 넘기 전에 인류의 인식, 태도, 실천, 지향 등을 전면적으로 바꿔야 한다고 말하죠. 최대주의보다 훨씬 절박하고 간절하며, 그렇기에 그만큼 변혁적인 게 사실입니다. 막연한 결과보다는 거기에 이르는 과정을 강조하는 것도 눈에 띕니다. 뉴스를 통해 보셨는지 모르겠는데요. 기후 위기에 따른 전 지구적 재앙을 막기 위해서는 2100년의 평균 기온이 산업혁명 이전보다 1.5도 이상 상승하지 않도록 제한해야 한다고 합니다.[11] 이를 위해 실제로 많은 국가가 이산화탄소 배출량을 단계별로 감축해 나가는 등의 조치를 실행하고 있죠. 그런데 문제는 앞으로 불과 몇 년 안에 기후 변화의 마지노선인 1.5도를 넘어설 수도 있다는 겁니다![12] 최대주의는 줄곧 미래의 어떤 기술이 우리를 구원할 거라고 말들 하는데, 정작 그 미래는 영영 오지 않을 수도 있는 거예요. 어쩌면 우리는 다음 세대를 기약할 수 없을지도 모릅니다.

요컨대 최소주의는 경제 성장과 기후 위기 극복이 결코 양립할 수 없다고 말합니다. 이를 디커플링(decoupling), 또는 탈동조화라고 표현하는데요. 이 둘이 같은 방향으로 함께 움직이지는 않는다는 겁니다. 경제 성장을 이루면서 동시에 기후 위기도 극복하는 방법은 없다는 거죠. 뒤집어 말하면, 기후 위기를 극복하기 위해선 경제 성장의 수레바퀴를 멈춰야 한다는 것이고, 이는 곧 그러한 성장을 전제로 삼아 작동하는 자본주의 자체를 멈춰야 한다는 것이기도 합니다.[13] 충분히 동의할 수 있는 주장입니다. 사태가 이토록 심각하니 당연히 그에 대한 처방도 과격할 수밖에 없죠. 그런데 말입니다. 제가 궁금한 것은 당위가 아닌 사실 영역에 있습니다. 앞으로 그래야 한다는 것은 알겠는데, 그것을 '어떻게' 할지가 여전히 의문인 겁니다.

앞서 말씀드렸듯이 최소주의는 경제 규모를 줄이고 기술 개발의 속도를 늦추고 상품을 향한 우리의 욕망을 포기해야 한다고 말합니다. 즉 탈자본주의와 탈성장을 외치죠. 하지만 어떻게요? 소비 그 자체를 소비하는 소비주의 문화가 이미 우리의 일상이 되어 버린 이 시대에 갑자기 그 모든 것을 포기해야 한다고 말하면, 그 말로써 대안 담론의 역할은 끝나버리는 걸까요? 당연한 말이지만 자본주의는 단지 경제 체제인 것만이 아닙니다. 그것은 삶의 방식이자 경험의 구조이며 주체성의 조건이기도 합니다.[14] 탈자본주의 또는 탈성장이라는 이념만으로 하루아침에 이 모든 것을 한꺼번에 변혁할 수는 없다는 말입니다. '이념'만큼이나 '방법'이 중요한 법이지요. 게다가 자본주의는 그것과 이해관계를 함께 하는 국가 권력과도 긴밀히 얽혀 있다는 점에서, 결국 '탈'자본주의는 그 자체로 이미 전 지구적 자본가 계급과 강력한 국가 기구에 대한 저항을 동시에 수반할 수밖에 없습니다.[15] 탈자본주의는 결코 온화한 이념이 아니라는 겁니다.

요컨대 탈자본주의는 그 취지에는 충분히 동의할 수 있지만, 전략으로서는 지나치게 거대하고 추상적이며 그만큼 비현실적입니다. 자본주의 비판만으로 저절로 삶의 방식이 재조정되고 새로운 욕망의 배치가 형성되고 기존의 자본주의를 대체할 만한 대안적인 합리성이 만들어지지는 않기 때문입니다. 더욱이 전 지구적 자본주의를 움직이는 자본가 계급 및 이들과 동맹 관계를 맺고 있는 국가 권력이 마치 백기투항이라도 하듯 탈성장 흐름에 자발적으로 동참하지는 않을 것이기 때문이죠. 네거티브(negative) 비판만큼이나 포지티브(positive) 전략이 필요한 법입니다. 최대주의가 맹목적이라면 최소주의는 공허하게 다가오는 이유입니다.

최대를 바탕으로 최소를 말하기

그렇다면 제가 하고 싶은 말은 무엇일까요? 둘 다 똑같이 문제라는 걸까요? 물론 그렇지는 않습니다. 세상만사가 그렇듯 더 문제적인 것과 덜 문제적인 것을 구별할 필요가 있습니다. 다시 영화로 돌아가 보죠. 〈아바타 2〉는 관객에게 인간이 아닌 나비족의 편에서 위기와 갈등, 투쟁과 승리의 서사를 바라보게 합니다. 그러면서 최대주의라는 기술적 해법의 폭력과 야만, 맹목성에 대해 자연스레 비판적인 자세를 취하게 만들죠. 영화를 보는 내내 (인간인) 관객은 나비족의 승리와 행복을 바라고 또 그들의 최소주의적 삶이 옳다고 믿게 됩니다. 문명의 위기와 그에 대한 기술적 해법을 필연적인 조합이라고 생각해 왔던 우리가, 그것과는 전혀 다른 해법을 하나의 가능한 선택지로 상상하게 되는 것은 그 자체로 나름의 유익이라고도 할 수 있습니다.

그런데 이 영화는 나비족의 탈성장 코뮤니즘(communism)을 옹호할 때조차 정확히 그 반대인 최대주의적 실천에 전적으로 의존하고 있다는 점에서 모순적입니다. 저는 이를 '수행적 모순(performative contradiction)'이라고 보는데요. 흔한 비유대로 왼쪽 깜빡이를 켜고 우회전을 하는 모양새이기 때문입니다. 5,200억 원이 넘는 천문학적인 자본 투자와 눈을 속일 만큼 뛰어난 최첨단 CG 기술의 활용(인공지능 기술이 바탕이 되었다고 합니다), 전 세계 관객의 소비를 촉구하는 다양한 마케팅 전략 등, 이 영화는 실로 거대한 최대주의를 바탕으로 삼아 가장 소박한 최소주의를 말합니다. 특히 영화 소개를 보면 영화의 배경인 수중 세계를 묘사하기 위해 340만 리터가 넘는 물을 사용했다고 자랑처럼 말하는데요.[16] 최근 팔레스타인 가자지구의 1인당 하루 물 소비량이 2~3리터라고 하니, 말 그대로 수행적 모순이 아닐 수 없습니다.[17]

한편으로는 나비족의 자연 친화적인 삶과 그 가치, 지향성을 영화 전체에 가득 담아내면서, 그래서 이를 하나의 가능한 대안으로 상상할 수 있게 하면서, 다른 한편으로는 이 모두를 오직 스펙터클한 이미지로만 소비하도록 하고, 그럼으로써 결국 그 바탕이 되는 최대주의적 기술력에 감탄하고 승복하게 만드는 것, 어쩌면 이 영화는 이렇듯 교묘하고 기만적인 모순 위에 서 있는지도 모르겠습니다. 나비족의 승리를 보여주지만 그것을 단지 영화적인 상상의 차원에 묶어둠으로써 역설적이게도 현실에서는 오히려 그 불가능성을 부득불 인정할 수밖에 없게 만드는 것이죠. 최소주의를 말하면서 역으로 최대주의의 효과를 불러일으키는 겁니다. 이 영화에 대해 이데올로기적이라는 비판이 나올 수밖에 없는 지점입니다.*

  물론 상업영화의 특징이 다 그렇지 않겠냐마는, 문제는 단지 영화만 그런 것이 아니라는 겁니다. 앞에서 저는 영화와 현실이 교차된다고 말씀드렸는데요. 여기서도 마찬가지입니다. 영화의 수행적 모순은 우리가 사는 이 현실의 담론 지형에서도 그대로 반복되고 있습니다. 〈아바타〉 시리즈는 최소주의를 말할 때조차도 최대주의의 언어를 통해서만 그리하는데요. 현실에서도 이 둘은 똑같은 정도의 갈림길로(즉 선택지로) 제시되고 있지 않습니다. 즉 영화의 수행적 모순만큼이나 현실의 담론 지형 또한 한편으로는 과잉적이고 다른 한편으로는 과소적으로, 그만큼 비대칭적으로 기울어져 있습니다. 저는 이 영화가 최대주의와 최소주의로 이분화된 기술적 담론의 경향성을 보여준다고 했는데요. 아닙니다. 정정이 필요합니다. 이 영화는 이분화된 담론적 경향성을 보여주는 척하면서 도리어 최대주의의 압도적인 헤게모니를 보여줄 뿐입니다. 갈림길을 보여주지만, 실제로 이 갈림길은 마치 8차선 고속도로와 험한 산길처럼 결코 그 위상이 같지 않다는 말입니다.

---

* 아시다시피 이데올로기는 허위지만, 그저 허위인 게 아니라 마치 진실인 것처럼 포장된 허위이기도 합니다. 진실로 다가오는 허위라는 것이죠. 특히 문제인 것은, 우리는 이것이 허위라는 것을 '알면서도' 도리어 이를 진실로서 대한다는 것입니다. 우리는 나비족의 승리가 단지 영화에서나 가능하다는 것을 이미 알고 있지만, 즉 그것이 실제로는 불가능하다는 것을 잘 알고 있지만, 그럼에도 마치 그것이 가능한 것처럼, 또는 당연히 그래야 한다는 식으로, 이를 진실로서 소비하고 있는 겁니다.

최대주의에 대한 더 강한 비평의 필요성

요컨대 최대주의와 최소주의는 단지 명목상 대립각을 이룰 뿐 현실 속에서 대등한 선택지로 작동하고 있지 않습니다. 최대주의는 현실을 지배하는 실제적이면서 효과적인 힘으로 자리매김되고 있는 반면, 최소주의는 윤리적 선택이나 이념형으로서만 제시되고 있습니다. 실제로 우리를 둘러싼 담론 지형은 자율주행 자동차, 로봇 공학, 인공지능, 탄소 포집, 재생 에너지 등의 기술이 앞으로의 세계를 화려하게 변화시킬 것이라는 기대와 믿음으로 가득 차 있죠. 4차 산업혁명은, 심지어 그 이름이 '혁명'이기까지 하고요. 인공지능 열풍은 거대하고 압도적인 힘으로 전 세계를 집어삼키고 있고, 혹여 이 흐름에서 뒤처지기라도 할까봐 말 그대로 모두가 전속력으로 내달리고 있는 상황입니다.

이와 달리 최소주의는 기술을 거부하는 (철없는) 러다이트 운동이나 실현 불가능한 이상주의 정도로 치부되고 있으며, 탈성장이라는 당장의 급진적 투쟁을 요구하는 까닭에 대중적인 지지를 얻지도 못하고 있습니다. 그레타 툰베리(Greta Thunberg) 같은 젊은 환경 운동가만이 계속해서 외로이 그 필요성과 절박함을 외치고 있을 뿐이죠.[18] 즉 공허할 만큼 야심차지만 동시에 공허할 정도로 미약합니다. 최소주의의 승리(나비족의 승리)는 단지 영화에서만 그럴 수 있을 뿐입니다. 그것도 SF 영화에서만요.

이렇듯 담론의 과잉과 과소가 비대칭성을 이루고 있다면, 최대주의와 최소주의에 대한 비판은 정확히 같은 정도로 기계적으로 이루어져서는 안 됩니다. 휘몰아치는 기술 광풍에 대해 더 강한 비판을 개진해 나갈 필요가 있으며, 이를 통해 최대주의 쪽으로 과도하게 치우쳐진 현재의 담론 지형을 우리가 개입하고 질문하고 대항할 수 있는 가역적인 개입의 실천 공간으로 바꿔나가야 합니다. 최소주의가 무조건 옳기 때문이 아니라, 대항 담론 없는 담론 지형은 필시 그 배타성과 맹목성을 더해 나갈 것이기 때문입니다. 그리고 그만큼 우리 사회를 더욱더 기술 의존적인 테크노크라시(technocracy)의 사회로 만들고*, 심지어 그나마 남아 있던 작은 대안의 가능성마저도 잠식해 나갈 것이기 때문이죠. 최대주의 헤게모니에 대한 더 지속적이고 더 강한 비평이 필요한 이유입니다. 저는 이후로도 이 지점에 초점을 맞추면서, 영화에서 기술로, 다시 사회로 연결되는 상호 참조적인 비평을 이어 나가고자 합니다.

강의가 길어졌는데요. 마지막으로 하나만 더 말씀드리고 끝내겠습니다. 일종의 예고편입니다. 오늘 강의를 들으면서 아마도 이런 의문이 들었을 것 같습니다. '우리에게는 정말 최대주의와 최소주의라는 극단적인 선택지만 남아 있는 것일까?' 하는 질문 말이지요. 이 두 선택지는 지금의 상황이 그만큼 위태롭다는 것을 방증하지만, 그렇다고 해서 우리 앞에 놓인 갈림길이 최대주의와 최소주의 이 두 개뿐이라는 것을 의미하지는 않습니다. 기술 찬양과 기술 부정이라는 극단적인 선택지 사이에는 지금-여기의 구체적인 현실을 둘러싼 다양한 형태의 담론 투쟁과 사회적 관계의 (재)구성, 그리고 정치적/주체적 실천의 운동이, 그러니

---

* 테크노크라시는 기술(technology)과 관료(bureaucracy)의 합성어로, 과학기술과 그 전문가를 중심으로 이루어지는 사회 운영 및 통치 체제를 뜻합니다. 테크노크라트들은 선출되지 않은 권력임에도 불구하고 대중이 쉽게 접근할 수 없는 분야에 대한 전문성을 바탕으로 막강한 힘을 발휘하고 있죠. 중요한 공적 의사결정을 이들 전문가에게만 맡겨야 한다는 식의 전문가주의는 민주주의에 대한 위협이 되고 있기도 합니다.

까 여하한 개입의 가능성이 비록 작지만 분명하게 잔존해 있기 때문입니다. 저는 이를 최대주의도 최소주의도 아닌, 현재 국면에 대한 나름의 개입이 가능하다는 의미에서 개입주의(interventionism)라 명명하고 싶습니다.* 일단 여기까지 말씀드리고, 이에 대해서는 앞으로 차차 살펴보기로 하죠.

---

* intervention은 '사이에(inter)'와 '오다/가다(vention)'를 뜻하는 어원에서 알 수 있듯이, 어떤 진행 중인 상황 '사이에' 끼어들어 영향을 미치거나 변화를 이끌어내는 행위를 의미합니다. 여기에 ism을 붙인 interventionism은 이때의 개입이 단순히 일회적 행위가 아니라 파국에 맞서기 위한 하나의 원칙, 태도, 주의로 규정되어야 함을, 또는 그럴 수 있음을 표현한 개념입니다. 물론 사회적 참여를 뜻하는 앙가주망(engagement)이라는 개념이 이미 존재하지만, 이는 대상과의 직접적인 관계 맺음과 지속적인 헌신, 몰입 등을 뜻하기에, 게다가 실존주의라는 철학적 맥락 속에서 이미 활용된 바 있기에, 이를 그대로 활용할 경우 의미가 중첩될 수밖에 없다고 생각합니다. 해서 이 강의에서는 '사이에' 끼어든다는 의미를 강조하여 개입주의를 intervention으로 표기하고, 이를 최대주의와 최소주의와는 다른 독자적인 실천적 태도로 제시하고자 합니다.

2장
우리는 우리가 처한 상황 속에서
다만 우리가 할 수 있는 일을 최선을 다해 할 뿐입니다.
〈터미네이터 2〉

또 다른 선택지

강의를 위해 오랜만에 다시 〈터미네이터 2〉를 보았습니다. 이 영화는 다들 보셨겠죠? 명절 때마다 텔레비전에서 단골손님처럼 틀어주기도 했고, 또 워낙 유명한 영화이기도 해서 아마도 다들 한두 번씩은 보시지 않았을까 하는 생각이 듭니다. 저는 이전에도 그랬지만 이번에도 역시 감탄하면서 보았습니다. 하지만 감탄의 결은 조금 달라졌는데요. 영화의 내용은 어릴 때 봤던 그대로였지만, 어느덧 어른이 된 저에게 이 영화는 인간과 로봇의 치열한 전투를 담은 공상과학 영화라기보다는 엄밀한 사유와 해석을 요구하는 일종의 텍스트로 다가왔기 때문입니다. 뭔가 더 진지하게 느껴졌다고나 할까요? 영화를 읽는 법이야 사람마다 각기 다를 수 있기에 저의 해석만이 옳다고는 생각하지 않습니다. 하지만 저는 이 영화가 무엇보다 기술과 사회의 관계에 대해 진지한 질문을

터미네이터 2: 심판의 날 Terminator 2: Judgment Day
감독 제임스 카메론, 1991

던지고 있으며, 특히 그 관계의 양극단 사이에 또 다른 선택지가 존재할 수 있음을 다양한 각도에서 보여준다고 생각합니다.

기술 발전을 거부하는 식의 탈성장을 통해서만 세계를 근본적으로 변화시킬 수 있다는 '최소주의'와 반대로 기술 발전을 더욱 가속화함으로써 현재의 위기를 극복할 수 있다는 '최대주의', 어쩌면 이 사이에는 좀 더 현실적이고 전략적인 선택지가 존재하는 게 아닐까요? 이전 강의에서도 말씀드렸듯이, 8차선 고속도로와 험한 산길 사이에는 어쩌면 우리가 새롭게 개척하고 가꾸어야 하는 또 다른 길이 있는 것이 아닐까요? 30년도 더 된 영화를 굳이 다시 소개하는 이유는 〈터미네이터 2〉가 제시했던 질문들이 마치 부메랑처럼 시간을 가로질러 현재의 우리에게 되돌아왔기 때문입니다. 인공지능이라는 기술 혁명과 함께 말이죠.

임박한 파국의 서사

"1997년 8월 29일 30억 명의 인류가 종말을 맞이했다. 이 핵의 불길에서 살아남은 자들은 이 날을 '심판의 날'이라 명명했다. 그리고 곧이어 인간은 기계들과의 전쟁이라는 새로운 악몽을 마주하게 되었다."

〈터미네이터 2〉는 사라 코너(린다 해밀턴)의 독백으로 시작됩니다. 까마득히 먼 미래를 상정하는 여느 SF 영화와는 달리, 1991년에 개봉한 이 영화는 그로부터 불과 6년 뒤인 1997년을 인류 종말의 시간으로 제시합니다. 당대의 시간이고 임박한 파국입니다. 마치 4년 뒤에 열리는 월드컵처럼 손에 바로 닿을 듯한 종말입니다. 1989년의 독일 통일과 1991년의 소련 붕괴로 인해, 즉 냉전체제의 종식으로 인해 이제 더 이상 핵전쟁의 위기 따위는 없을 거라고 모두가 안심하던 바로 그때, 영화는 마치 이를 비웃기라도 하듯 인류 종말의 잔혹한 서사를 한 번 더, 한층 더 강렬한 형태로 우리 눈앞에 내놓았던 겁니다.

냉전은 끝났지만 아마도 우리의 일상적인 관념 속에는 여전히 핵전쟁에 대한 공포가 현재 진행형으로 남아 있던 때가 아닌가 싶습니다. 정치나 경제 체제는 상황에 따라 급격하게 변하기도 하지만, 사람들의 무의식에 스며들어 있는 일상적인 감각, 그러니까 두려움과 공포 같은 것들은 쉽사리 변하지 않고 어딘가에 잔존해 있기도 하죠. 영화는 바로 그 지점을 노린 듯합니다. 인간과 인간의 전쟁은 끝났지만 이제는 인간과 로봇의 전쟁이 다시 시작되었다는 식으로요. 인간의 해골 무더기를 밟아 으깨면서 전진하는 로봇 군단의 모습이라니요! 이전의 전쟁에서 느꼈던 것과는 전혀 다른, 실로 기괴한 악몽이 아닐 수 없습니다.

그나마 다행인 것은 인류가 제1차, 제2차 세계대전에 이어 또다시 참혹한 세계대전을 일으킬 만큼 어리석지는 않았다는 것이고, 불행인 것은 도리어 인간 이성의 최대 성취인 인공지능이 인류를 대상으로 핵전쟁을 일으킬 만큼 영리해졌다는 것입니다. 물론 다행과 불행은 긴밀히 이어져 있습니다. 인간이 더는 파국의 원인이 아니라는 점은 그나마 다행이지만, 이는 파국 자체가 사라진 게 아니라 단지 그 원인이 인간에서 기계로 대체된 것일 뿐이라는 점에서, 사실상 바통 교체에 불과한 것이었죠. 짐작할 수 있듯이 이 불행은 결국 인간이 기계를 제어하고 통제하던 위치에서 벗어나 반대로 기계적 알고리즘에 의해 좌우되는 위치로 전락했다는 데 그 근본적인 원인이 있습니다. 인간은 판단하고 결정하는 주체의 위치에서 역으로 판단되고 결정되는 객체의 위치로 밀려나버린 겁니다. 심지어 이런 위상 변화를 기술 발전이자 역사의 진보라고 너무 손쉽게 받아들였던 거고요.

비단 영화만의 이야기가 아닙니다. 정도의 차이는 있지만, 실제로 최근의 '생성형 인공지능(Generative AI)' 열풍 속에서 계속 문제화되고 있는 것이 바로 제어와 통제의 가능성이기도 합니다.[1] 이미 일상의 많은 영역에서 인공지능 알고리즘이 점점 더 인간의 판단과 선택을 대신하는 경향이 나타나고 있죠. 무엇을 먹고, 사고, 보고, 들을지뿐 아니라 읽고 쓰는 등의 활동 대부분을 추천 시스템에 의존하고 있잖아요. 인간의 자율적인 선택 과정이 축소되는 것과 기계적 알고리즘의 결정 과정이 확대되는 것은 정확히 동전의 양면을 이루고 있습니다. 게다가 생성형 인공지능은 이를 노동과 교육, 소통, 번역, 오락 등을 포함한 일상의 영역 곳곳으로 무한정 확장하고 있죠.

영화는 '심판의 날'이라는 부제를 통해 이런 경향이 극단적으로 밀어붙여졌을 때 과연 어떤 미래가 도래할지를 날카롭게 짚어냅니다. 물론 이때의 심판은 인간이 하는 심판이 아니라 반대로 인간이 받는 심판을 뜻합니다. 지금은 추천 시스템이나 콘텐츠 생성 정도에 의존할 뿐이지만, 그렇게 조금씩 인간의 판단과 선택, 결정을 인공지능 자동화 시스템에 위탁해 나가면, 그리고 그것이 합리성의 원칙으로 (거부할 수 없게) 자리 잡게 되면, 언젠가는 인간이라는 종 자체가 기계에 의한 심판, 곧 판단과 결정의 대상이 될 수도 있지 않을까요? 영화는 그 끝을 인간의 종말로 묘사합니다. 인간의 자율성이 사라진 지점에 역사의 종말을 위치시킨 겁니다. 마치 자율성이 인간의 또는 역사의 시작 지점이었다는 듯이 말이죠.

영화가 제기하는 네 가지 쟁점

 기술 비판이라는 이 강의의 관점에서 보면 〈터미네이터 2〉로부터 적어도 네 가지 중요한 쟁점을 읽어낼 수 있을 듯합니다. 〈터미네이터 2〉는 다들 보셨을 테니 줄거리 소개는 차치하고, 곧장 핵심을 향해 가보죠. 혹시 안 보셨거나 너무 오래전에 봐서 기억이 잘 안 나실 수도 있을 것 같은데요. 1강에서 말씀드렸듯이 이 경우 다시 영화를 보기보다는 그냥 강의를 쭉 따라가면서 제가 던지는 질문의 꼬리를 잡아보는 것도 좋을 듯합니다. 그로부터 자기만의 또 다른 질문을 던질 수 있다면 더욱 좋고요. 물론 이는 이후의 강의에 대해서도 마찬가지입니다.

 이 영화로부터 읽어낼 수 있는 첫 번째 쟁점은 파국의 현재성입니다. 파국은 단언컨대, 그것이 언제인지 모를 미래의 일이 아니라 바로 오늘의 일이자 그 누구에게도 예외 없이 다가올 일이라는 점에서 문제적입니다. 파국의 시간은 실로 임박한 오늘이며, 이러한 현재성은 파국을 막기 위해 지금 당장 무엇을 할 것인가라는 실천적인 과제를 부여하죠. 하지만 우리는 이 파국 앞에서 정작 아무것도 할 수 없어 무력하다는 점에서, 이때의 파국은 현재적이면서 동시에 불가역적(돌이킬 수 없음)이기도 합니다. 당장 무언가를 해야 하는데 도리어 무언가를 할 수 없는 상황이 바로 파국인 겁니다. 다음 강의에서 말씀드리겠지만, 현재의 기후 위기가 임박한 파국으로 여겨지는 것도 이러한 이유 때문입니다.

둘째, 그런데 문제는 파국을 초래한 원인이 다른 누구도 아닌 바로 인류 자신이라는 겁니다. 인공지능 스카이넷이 무기 시스템을 포함한 전권을 갖게 된 것은 스카이넷이 인간을 협박해서 강제로 뺏었기 때문이 아닙니다. 반대로 인공지능이라는 기술 혁신이 인류의 삶을 더욱 풍요롭고 편리하고 자유롭게 만들어 줄 것이라는 믿음이 있었기 때문이고, 이에 인류가 자신의 삶 전반을 인공지능에 그대로 내어 맡겼기 때문입니다. 기술 혁신과 그에 대한 맹신이*, 즉 기술이 우리를 더 나은 미래로 데려다줄 것이라는 낙관적 믿음이 도리어 파국의 원인이 되어 버린 겁니다. 이런 상황은 영화에서만이 아니라 현실에서도 찾아볼 수 있는데요. 인류는 지금의 생성형 인공지능에 대해서도 (영화와 마찬가지로) 그 부작용과 위험성을 경계하고 예방하기보다는 그저 낙관적인 전망에 기대어 개발과 보급, 활용에만 매달리고 있는 상황입니다. 엑셀만 있고 브레이크는 없는 상황인 것이죠.

그래서 셋째, 개입의 불가능성입니다. 파국은 과거 냉전 시대처럼 인

---

* 과거 인류는 프레온 가스, DDT, 석면, 원자력 등에 대해서도 기적의 기술이라고 칭송하면서 전적인 신뢰를 보낸 바 있습니다. 하지만 그 결과는 예상치 못한 부작용이었고, 이는 기술에 대한 맹신이 어떤 위험을 초래할지를 여실히 보여주었죠. 당장 이익이 되더라도 그 기술이 인간과 사회, 환경에 미칠 영향을 장기적인 관점에서 면밀히 살펴봐야 하는 이유입니다.

간의 신념과 의지 등에 따른 정치적 대립의 결과로 나타나기보다는, 기계적 알고리즘의 자동화된 연쇄 작용을 통해 마치 도미노처럼 다가옵니다. 영화 설정상으로는 인간이 스카이넷의 전원 스위치를 끄려 하자 스카이넷이 이를 막기 위해 소련에 핵미사일을 발사하는 것으로 나오죠. 소련은 그에 대한 보복으로 다시 미국에 핵미사일을 발사하고요. 30억 명의 죽음이 이렇게 인간의 개입을 불허하는 자동화 시스템에 따라 무감하게 결정되고 맙니다. 여기서 자동화는 달리 말하면 인간 개입의 최소화이기도 한데요. 문제는 이러한 개입의 최소화가 한편으로는 노동과 수고로부터의 자유이기도 하지만, 다른 한편으로는 인간의 능력과 역할, 임무로부터의 자유이기도 하다는 겁니다. 이 '이중의 자유' 앞에서[*] 인간은 개입의 불필요성과 개입의 불가능성을 동시에 마주하게 됩니다.[**]

---

[*] 이중의 자유는 마르크스의 표현을 따른 것입니다. 마르크스는 노동자가 신분상 자유로운 존재인 동시에 소유(생산수단)로부터도 자유로운 존재라고 말하는데요. 쉽게 말해 아무것도 가진 게 없고 매여 있는 곳도 없기에, 자신의 노동력을 팔아서라도 살아가야 한다는 겁니다. 이 이중의 자유로 인해 노동자는 자본주의 사회에서 임금노동자로 살아갈 수밖에 없으며, 이것이 곧 자본주의 착취를 가능케 하는 근본적인 조건이 됩니다. 본문에서 언급한 이중의 자유 또한 이러한 맥락을 염두에 두었음을 밝힙니다. 우리 또한 첨단 기술 앞에서 해방과 무력함이라는 이중의 자유를 동시에 부여받고 있기 때문입니다. 카를 마르크스, 『자본론 1-상』, 김수행 옮김, 비봉출판사, 2008.

[**] 헤겔(Hegel)이 말한 주인과 노예의 변증법을 기술에 적용해 볼 수 있습니다. 인간은 자신의 편의를 위해 기술을 만들었지만, 그 기술에 의존하면 할수록 오히려 기술이 인간을 지배하는 구조가 만들어지고 있기 때문입니다. 과거에는 인간이 기술을 통제하는 위치에 있었던 데 반해, 점차 기술이 발전하고 정교해지면서 또 그렇게 기술에 대한 의존도가 커지면서, 이제는 반대로 인간이 기계에 대해 수동적이고 종속적인 위치에 서게 된 것입니다. 인간의 능력과 역할이 점점 축소되면서 인간의 개입 자체가 어려워지고 있는 상황이죠. 헤겔이 말했던 주인과 노예의 역전된 도식이 오늘날의 기술 상황에서도 그대로 반복되고 있는 것은 아닐까요? 게오르그 빌헬름 프리드리히 헤겔, 『정신현상학』, 김준수 옮김, 아카넷, 2022.

마지막으로 넷째, 이 점이 가장 중요한데요. 영화는 이러한 파국의 상황에도 불구하고 도리어 계속해서 개입하고 투쟁하고 다시 일어서는 인간 저항의 가능성을 보여줍니다. 〈터미네이터 2〉는 기술 혁신으로부터 비롯된 인류 종말의 상황을 비판적으로 그려내면서도, 결코 이를 손쉽게 뒤집어서 기술 최소주의적 해법을 제시하는 식으로 타협하지 않습니다. 기술 찬양과 기술 부정이라는 편리한 이분법에 갇히지 않았던 겁니다. 그보다는 파국적 상황에서도 꺾이지 않는 저항의 의지와 그 치열한 투쟁의 과정을 보여주고자 하죠. 파국이 인간의 책임이라면 그 파국으로부터 스스로를 구원하는 것 역시 인간의 책임입니다. 파국의 현재성과 불가역성, 개입 불가능성 앞에서, '그럼에도 불구하고'(이 말을 강조하고 싶습니다) 끝끝내 개입하고 저항하기! 저는 이를 기술에 대한 두 입장, 그러니까 최대와 최소의 중간 어딘가에 대한 개입주의라고 부르고 싶습니다.

저항의 여러 가능성, 그러나!

네 번째 쟁점, 즉 저항의 가능성은 네 명의 인물을 통해 구체화됩니다. 이 네 인물은 서로 다른 입장 또는 진영을 대표한다고 할 수 있을 만큼 차별적인데요. 중요한 것은 이 차이가 단지 차이로 머물기보다는 한 명의 인물을 중심으로 절묘하게 교차되면서 하나의 뚜렷한 메시지로 수렴해 나간다는 겁니다.

먼저 사라 코너부터 살펴보죠. 그녀는 이미 〈터미네이터 1〉에서 인공지능 로봇에 맞서 치열하게 싸운 경험이 있습니다(〈터미네이터 1〉까지 보실 필요는 없습니다). 그런 탓에 그녀는 인류에게 닥칠 파국의 미래, 그러니까 로봇의 반란과 핵전쟁, 그리고 인류 종말의 서사를 누구보다 잘 아는 사람입니다. 아니, 이를 알고 있는 유일한 사람이겠네요. 그녀는 그 암울한 미래를 너무나도 잘 알고 있기에 사람들에게 계속해서 경고의 메시지를 보내지만, 오히려 그로 인해 정신병자 취급을 받고 결국 정신병원에 갇히게 됩니다. 하지만 그녀는 이런 상황 속에서도 강도 높은 운동을 통해 몸을 단련하는가 하면, 기계와의 전쟁을 대비해 각종 무기를 비축해 놓는 등 다가올 파국을 그저 앉아서 기다리고 있지만은 않습니다. 즉 종말이 올 것을 알고 있지만 그럼에도 불구하고 지금 이곳에서의 개입을 포기하지 않죠.

심지어 그녀는 인공지능 개발 기업인 사이버다인 사의 기술 책임자를 암살하기 위해 직접 행동에 나서기까지 합니다. 살인이라는 극단적인 행동을 통해서라도 인류의 종말을 막겠다는 결연한 의지입니다. 그리고 장차 스카이넷 개발의 기반이 될 인공지능 관련 시설을 모두 폭파하는 데 성공하죠. 그녀를 급진적 최소주의자 또는 과격 행동주의자로 볼 수 있는 지점입니다. 맹목적인 기술 개발의 결과를 너무나 잘 알기에, 이를 막기 위한 그녀의 노력은 다른 모든 희생을 감수할 정도로 절박하고도 필사적입니다.

그러나 역설적인 것은 그녀가 이 모든 과업을 다른 무엇도 아닌 인공지능 기술의 총체인 T-800(아놀드 슈워제네거)과 '함께' 이루어 낸다는 것입니다. 즉 그녀의 절박한 개입은 기술을 거부하려고 할 때조차도 사실상 기술과의 동맹을 통해서만 그럴 수 있었던 것이죠. 그녀가 영화 마지막 장면에서 T-800과 악수를 하는 장면은 특히나 상징적인데요. 1편에서는 바로 이 로봇이 그녀를 죽이기 위해 미래에서 왔던 살인 기계였기 때문입니다. 기계와의 극적인 화해, 영화는 이 지점에서 모종의 메시지를 던집니다. 분노나 거부만으로 세계를 바꿀 수는 없다는 겁니다. 기술을 부정하면 된다는 식의 극단적인 선택은 이상적으로는 어떨지 모르겠지만 현실적으로는 공허하다는 비판을 피할 수 없습니다. 그렇다면 무엇이 필요한 걸까요?

사라 코너의 반대편에 사이버다인 사의 기술 책임자이자 스카이넷을 만든 장본인인 마일스 다이슨(조 모턴)이 있습니다. 그는 전형적인 컴퓨터 개발자의 모습으로 묘사되는데요. 기술 개발을 최우선시한 나머지, 자신이 연구하는 로봇 팔과 인공지능 칩이, 즉 최첨단 미래 기술이 어떻게 현재의 자기 손에 들어와 있는지, 또 자신이 개발하고 있는 이 기술이 어떤 의도하지 않은 미래를 만들어 낼지 등에 대해서는 전혀 관심이 없습니다. 그저 기술 혁신이 더 나은 미래를 만들 것이라고 믿을 뿐이고, 오직 눈앞에 있는 성과에만 집중할 뿐입니다. 그를 낙관적 최대주의자로 볼 수 있는 이유입니다.

그러나 그는 미래에서 온 인공지능 로봇 T-800을 만나고 또 그로부터 자신이 만든 스카이넷이 핵전쟁을 일으킬 거라는 사실을 듣고 나서 이전의 생각과 태도를 완전히 바꿉니다. 이후에 〈오펜하이머〉를 다룰 때도 말씀드리겠지만, 여기에는 일종의 윤리적 전회가 있습니다. 자신이 평생을 연구한 인공지능 칩을 직접 도끼로 내리치는 장면이나 지금까지의 모든 연구 성과가 축적된 연구소를 폭파하는 장면을 보면, 철저한 기술주의자였던 그가 기술적 성과보다 인류의 생명과 지속이 더 중요하다는 사실을 그제야 깨달았음을 유추해 볼 수 있습니다. 특히 그는 경찰들이 연구소에서 다 철수할 때까지 이를 악물고 버티다가 마지막 순간에야 기폭 스위치를 내려놓고 죽음을 맞는데요. 이 이타적인 죽음을 통해 그는 지금껏 외면했던 윤리와 책임을 자기 수행적(performative)으로 실천해 보입니다. 타인을 위한 자기희생, 그야말로 최고치의 윤리적 실천이 아닐 수 없습니다. 기술 지상주의에 대한 깊은 반성과 타인을 살리기 위한 이타적인 죽음, 비록 뒤늦은 깨달음이지만 변화의 진폭은 이토록 크게 나타납니다.

기계와 함께 운명에 저항하기

물론 인간만 행위자(actor)인 것은 아닙니다.[2] 아시다시피 터미네이터 T-800은 인공지능 로봇이죠. 1편에서의 역할이 무자비한 살인 기계였던 데 반해, 2편에서의 역할은 인간 저항군의 대장이 될 존 코너(에드워드 펄롱)를 보호하는 수호천사입니다. 물론 여기에 그의 의지나 신념, 선택 따위는 없습니다. 애초에 프로그래밍이 된 대로 행할 뿐이죠. 그런 그에게 존 코너는 사람을 죽이지 말라는 명령을 내립니다. 그리고 그의 머리에 삽입된 인공지능 칩을 리셋해서 학습 기능을 추가합니다. 바로 이 지점에서 이전과는 다른 방향으로의 운동, 또는 그러한 가능성, 즉 편위(어긋남)가 발생하기 시작합니다. 필연의 세계에서 우연의 세계로의 전환이기도 하죠.

T-800은 존 코너가 알려주는 각종 인간적인 언어 표현과 제스처 등을 학습할 뿐만 아니라, 인간과 기계라는 종적인 차이를 뛰어넘어 서로 교감하고 우정을 나누기까지 합니다. 학습이 불가능한 상태에서는 그

저 명령에 복종하는 기계일 뿐이었던 그가, 학습이 가능해진 후에는 언어를 통해 세계를 이해하는 것은 물론, 그 세계를 새롭게 재구성하는 데 참여하기도 하는, 말 그대로의 행위자가 됩니다. 물론 이는 그가 사회적 존재가 되었다는 것을 뜻하기도 합니다. 단지 기계인 그가 말입니다. 게다가 그 유명한 마지막 장면에서 T-800은 존 코너의 절대적인 명령마저 거부한 채 불타는 용광로를 향해 내려가는 일종의 자살을 감행합니다. 자신의 머릿속에 남아 있는 마지막 칩을 파괴하기 위해서였죠. 프로그래밍 된 기계가 명령을 거부하면서까지 의지적으로 자기희생을 감내하는 장면은, 윤리와 희생, 책임과 저항 등의 가치가 인간의 전유물이 아님을 보여주기에 충분합니다.[3] 비인간 행위자인 그도 인간 행위자와 함께 다가올 파국에 맞섰던 겁니다. 명령이 아닌 의지로써 말이지요.

마지막으로 존 코너, 사실 이 영화는 그를 그다지 존재감 있게 다루지 않습니다. 그는 미래에서 온 액체 로봇 T-1000의 공격으로부터 시종일관 보호받아야 하는 연약한 존재로 나오죠. 영화 초반에는 각종 비행을 저지르는 불량 청소년으로 묘사되다가 후반에 이르러서야 '장차' 인류의 지도자가 될 운명으로 그려집니다. 그러니까 영화의 현재 시간 속에서 정작 그는 보통 사람에 불과한 겁니다. 하지만 저는 그의 임무와 역할이 결코 작지 않다고 생각합니다. 아니, 오히려 존 코너야말로 어쩌면 이 영화가 보여주는 하나의 가능성이라고도 생각합니다. 왜일까요? 다른 무엇보다도 그가 보통 사람으로 그려지고 있다는 사실에 주목할 필요가 있습니다.

존 코너는 어머니 사라 코너처럼 급진적 최소주의자도 아니고 인공지능 개발자 다이슨처럼 낙관적 최대주의자도 아닙니다. 바꿔 말하면 그는 기술에 맞서는 전사도 아니고 기술을 신봉하는 과학자도 아닙니다. 그 중간에 있죠. 말 그대로 보통 사람입니다. 그런데 그는 오히려 바로 그 위치에서 그만의 개입 지점을 찾아냅니다. 먼저 그는 사라 코너의 최소주의를 기계와의 화해로 전환시켜 연대와 동맹의 가능성을 만들어 냅니다. 그리고 다이슨의 최대주의에 윤리와 책임을 더함으로써 브레이크 없이 질주하는 가속주의에 제동 장치를 마련하죠. 앞에서도 말씀 드렸듯이, 사라 코너에게 필요한 것이 최소주의의 공허함을 채우는 것이었다면, 다이슨에게 필요한 것은 바로 최대주의의 맹목성을 덜어내는 것이었다고 할 수 있습니다. 존 코너가 서 있는 지점이 바로 이곳, 그러니까 이 둘의 '사이'입니다. 존 코너는 한편으로는 최소와 최대라는 양극단을 경계하면서, 그리고 다른 한편으로는 둘 사이의 불화를 부단히 매개하고 화해시키면서, 그렇게 양자 사이에 있는 실천적 가능성의 지대를 넓혀 나갑니다. 그리고 그 가능성의 지대 위에서 비인간 행위자와 우정의 동맹을 맺죠.[4]

   그는 기술을 길들입니다. 그는 기술을 통해 자신의 역량을 증진시키고 또 그럼으로써 자신이 개입할 수 있는 실천의 영역을 넓혀 나갑니다. 인간의 약점을 기계의 강점을 통해 보완하는 한편, 반대로 기계의 약점을 인간의 강점을 통해 수정해 나가죠. 기술 적대도 아니고 기술 찬양도 아닌 새로운 인간-기계 동맹의 가능성을 만들어 갑니다. 그리고 인간과 기계의 이 '동맹'을 통해, 최소주의도 최대주의도 하지 못한 이 독특한 실천을 통해, 그는 미래의 인류를 구원합니다. 미래의 그가 과거의 자신을 구하기 위해 다른 누구(인간)도 아닌 바로 인공지능 로봇 T-800을 과거로 보낸 것 또한 그러한 태도의 연장선일 겁니다. 최소주의와 최대주의 모두로부터 거리를 두기, 그러면서 기계와 '함께' 현재에 개입하고 기계와 '함께' 운명에 저항하기. 어쩌면 그는 가장 현실적인 의미에서의 개입주의자라고도 할 수 있을 듯합니다.

앞서 말씀드렸듯이, 특히 이 가운데 그가 계속해서 보통 사람으로 그려지고 있다는 사실에 주목할 필요가 있습니다. 영웅이 아니더라도, 아니 오히려 보통 사람이기 때문에 더더욱 이 현실에 개입할 수 있고 또 이 현실을 바꿀 수 있다는 겁니다. 기계와의 동맹을 통해서 말이지요. 동맹이란 어쩌면 영웅보다는 약자의 무기일 수 있다는 점에서, 존 코너는 대단한 능력을 가진 영웅이라면 아마도 선택하지 않았을 기계와의 동맹에 더 적극적이었던 것인지도 모르겠습니다. 보통 사람이기에 오히려 동맹이라는 선택을 할 수 있었던 것이죠. 정확히 말하면, 그것이 그의 능력인 셈입니다. 그런데 보통 사람이라는 점에서는 저나 여러분이나 마찬가지인 게 아닌가요? 그렇다면 우리도, 그러니까 사라 코너도 마일스 다이슨도 T-800도 아닌 평범한 우리도, 이 현실에 개입해서 현실을 바꿀 수 있다는 말일까요? 또는 그래야 한다는 말일까요?

최소와 최대 사이, 개입의 가능성

파국은 현재적이고 전면적이며 불가역적입니다. 그리고 바로 그렇기에 이를 극복하기 위한 우리의 노력과 개입도 점점 더 어려워지고 있습니다. 그 누구도 아닌 우리 자신이 초래한 이 현실 앞에서 우리는 무엇을 어떻게 해야 할지 몰라 갈팡질팡하고 있을 뿐입니다. 인공지능의 반란이라는 영화 속 위기만이 아닙니다. 우리를 둘러싼 위기는 기후, 환경, 빈곤, 전염병, 전쟁 등 그야말로 삶의 전 영역을 관통하고 있으며, 심지어 계속해서 그 정도와 강도를 더해 나가고 있습니다. 그야말로 매번 새롭게 꾸는 악몽의 연속이 아닐 수 없습니다.

  하지만 이 영화는 그럼에도 불구하고 우리의 개입이 가능하며 또 그러해야 한다고 말합니다. 그리고 그 끝에서 정해진 파국으로서의 미래를 마침내 극복하고 새로운 미래를 향해 달려가는 인류의 모습을 그려내죠. 깜깜한 고속도로를 작은 전조등 하나에 의존해 달려가야만 하는 우리 인류의 모습을 말입니다. 할리우드 블록버스터 영화다운 결말이긴 합니다. 하지만 '할리우드 영화가 다 그렇지 뭐!' 하고 웃어넘길 일만은 아닙니다. 여기서 배우지 못하면 어려운 철학책에서도 배울 수 없습니다. 영화나 철학이나 표현하는 방식만 다를 뿐 사실상 하고자 하는 말은 크게 다르지 않습니다. 게다가 배움이란, 특히 질문이란, 영화의 완성도나 장르와는 별개의 것일 수도 있죠. 〈터미네이터 2〉와 같은 할리우드 액션 영화에서도 얼마든지 배울 수 있고 또 배워야 한다는 말입니다. 한결같이 중요한 건 저마다의 사유라고 생각합니다.

  저는 이 영화가 최소주의와 최대주의라는 급진적인 이상 사이에 존재하는 또 다른 저항의 가능성을 보여준다고 생각합니다. 앞에서 저는 최소주의와 최대주의처럼 개념 안에 자체의 지향을 담아서 이를 개입주의라고 명명했는데요. 그것은 사라 코너의 화해와 다이슨의 윤리, T-800의 편위처럼, 그리고 존 코너의 동맹처럼, 최소나 최대로 환원되지 않으면서, 또한 동시에 최소와 최대의 허점, 그러니까 공허와 맹목을 동시에 수정하고 보완하는 절충적 개입의 형태를 띱니다. 도달 불가능한 이상을 꿈꾸기보다는 지금 여기의 현실에 전략적으로 개입하면서 그 현실을 조금씩 바꾸어 나가는 것, 그럼으로써 인간의 개입 지점을 늘리고 또 바로 그만큼 저항의 가능성을 넓혀 나가는 것, 이것이 바로 개입주의의 기획이자 목표입니다.

이런 입장에서 본다면, 중요한 것은 최소와 최대 중 어느 한쪽에만 매달리는 게 아니라, 이 둘 모두의 한계와 오류를 정확히 파악하면서 그 부정성을 계속해서 줄여 나가는 것이라 할 수 있습니다. 또한 동시에 각각이 가진 긍정성을 조금씩 늘려 나가는 것이기도 하겠죠. 이를 위해서는 기술만을 외치거나 반대로 기술을 아예 부정하는 것이 아닌, 기술에 대한 통제와 제어의 필요성을, 또 그러한 역량을, 이 사회 안에 단단히 새겨 넣을 수 있도록 (위로부터는) 제도와 정치를 발명하고 (아래로부터는) 시민성을 양성해 나갈 필요가 있습니다.[5] 즉 새로운 기술을 개발하고 도입하고 확산시켜 나가는 모든 과정에서 인간의 개입력을, 그리고 그 인간을 둘러싼 사회의 개입력을 높여 나가야 하는 겁니다. 말 그대로 '이중의 개입'입니다.[*] 탈정치(최대주의)와 과정치(최소주의) 사이에서[**]

---

[*] 기술에 대한 인간의 개입과 그 인간에 대한 사회의 개입, 저는 이를 '이중의 개입'으로 표현했습니다. 물론 이때의 인간은 항상-이미 사회적 존재라는 점에서 동어반복처럼 느껴지는 것도 사실입니다. 그럼에도 이 둘을 나눈 이유는, 개별적인 인간 행위의 차원과 그 행위가 이루어지는 사회적 구조의 차원이 분명히 구분되기 때문입니다. 존 코너의 개입도 물론 중요하지만 그것이 영화에서처럼 오직 몇몇 개인의 행위에만 머물러서는 안 되겠죠. 이중의 개입은 행위와 구조 각각을 인정하고 강조하면서도 동시에 그것이 어떻게 상호 긴밀하게 연결되어 있는지를, 또는 연결되어야 하는지를 함께 살피기 위한 개념입니다.

[**] 최대주의는 기술적 해법만을 강조한다는 점에서 정치를 탈정치화한다고 평가할 수 있습니다. 기술을 정치적 맥락에서 분리한 채 중립적이고 자율적인 것으로만 다루기 때문입니다. 반면 최소주의는 기술과 자본을 둘러싼 쟁점을 지나치게 정치화, 이념화한다는 점에서 과정치화라고도 표현할 수 있습니다. 실질적인 조치보다는 정치적 논의와 규범적 고려를 필요 이상으로 확대하는 경우가 이에 해당됩니다.

인간과 기술, 사회의 삼각동맹을 만들고 그 교두보를 계속해서 확대해 나가야 하는 것이지요. 그게 다른 두 입장보다 무조건 옳기 때문이 아니라 지금-여기의 우리가 할 수 있는 최선이기 때문입니다.

물론 최소주의와 최대주의가 현실에 개입하지 않는다는 것은 아닙니다. 두 입장 모두 현실을 바꾸기 위한 적극적인 개입이기도 하죠. 차이가 있다면 기술에 대한 태도입니다. 개입주의는 기술 발전을 거부하지도 찬양하지도 않습니다. 대신, 길들이려고 합니다. 기술로부터 비롯되는 위험을 예측하고 방지하기 위해 법적, 제도적 절차를 마련하고, 윤리적이고 책임 있는 기술 발전을 촉구하며, 기술에 대한 민주적 통제의 가능성을 모색합니다.[6] 또한 기술에 대한 부와 권력의 지배를 막기 위해 다양한 방식의 사회적, 문화적, 정치적 투쟁을 시도하며, 이 가운데 전부 또는 전무가 아닌 한 발자국의 진보를 요구하죠. 개입주의자는 아마도 이렇게 말할 겁니다. 우리는 우리가 처한 상황 속에서 다만 지금 우리가 할 수 있는 일을 최선을 다해 할 뿐이라고요. 사라 코너와 다이슨이 멈춘 바로 그 자리에서 존 코너가 새 발자국을 내디뎠듯이 말이죠.

마지막으로 노파심에 한마디 더 하자면, 개입주의가 언제나 옳다는 것도, 문제가 전혀 없다는 것도 아닙니다. 저는 앞으로 개입주의에 대해서도 강한 비판을 제기해 나가려 합니다. 다만 여기서 강조하고 싶은 것은 우리가 마주한 선택지가 최소와 최대, 이렇게 단 두 개만은 아니라는 겁니다. 이 차이는 실로 작지 않습니다. 선택지를 정확히 이해하는 것이야말로 문제를 풀기 위한 첫걸음입니다.

3장
기술적 해법의 가능성만큼이나
그 불가능성에 대한 사유와 성찰이 필요합니다.
〈엘리시움〉

2020년의 미래?

지금까지의 강의를 통해 우리는 최대주의와 최소주의에 이어 개입주의라는 세 개의 입장을 살펴봤습니다.* 물론 이 세 개의 입장이 정확히 1/3씩 균등하게 존재하는 것은 아닙니다. 범주로는 세 개로 나눌 수 있지만, 이는 형식적인 구분일 뿐 현실적인 힘과 영향의 측면에서는 서로 차등적일 수밖에 없죠. 이전 강의에서도 다루었듯이 최대주의는 휘몰아치는 기술 광풍과 함께 점점 더 그 압도적인 위세를 더해 가고 있는 반면, 최소주의는 미술품에 테러를 가하는 급진주의자의 비이성적인 반항 정도로 격하되면서 그만큼 위축되고 있습니다.[1] 그런가 하면, 개입주의는 대안으로 주목받기보다는 양극단을 피해 선택할 수 있는, 어

---

* 물론 입장을 세분한다면 이 외에도 여러 입장이 가능합니다. 다만 이 강의에서는 논의를 위해 크게 세 가지의 대표적인 입장으로 나누어 다루고자 했음을 말씀드립니다.

엘리시움 Elysium
감독 닐 블롬캠프, 2013

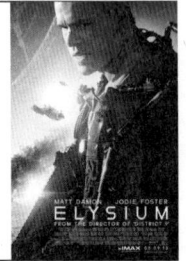

쩌면 다소 부정적인 의미에서의 '현실적인' 옵션 정도로 여겨지고 있는 듯합니다.

 이렇듯 각각의 위상과 영향, 평가가 다르다면 당연히 그에 대한 비판도, 그 강도와 빈도도 각기 다를 수밖에 없습니다. 더 큰 힘에는 더 큰 책임이 뒤따라야 하는 법이지요. 해서 오늘 강의에서는 먼저 전 지구적 헤게모니를 구축하고 있는 최대주의에 초점을 맞추면서, 최대주의가 주장하는 기술적 해법이 과연 가능한지, 정말로 우리는 기술이 이 위기를 해결해 줄 것이라 믿고 안심하면 되는지, 만약 그렇지 않다면 어떤 이유에서 그러한지 등을 살펴보려고 합니다. 최대주의 해법의 가능성 또는 불가능성을 점검해 보려는 겁니다. 물론 그렇다고 해서 최대주의만 비판하려는 것은 아닙니다. 이후로 저는 최소주의와 개입주의에 대해서도 날카로운 비판의 잣대를 들이댈 겁니다. 다만 모두가 문제라는 식의 양비론을 취하기보다는, 더 문제적인 것과 덜 문제적인 것을 구분하면서 각각의 힘과 위상에 걸맞은 비판을 이어 나가려 합니다.

 일단 오늘 강의는 만화영화 이야기로 시작해 볼까 합니다. 어릴 때 봤던 만화 중에 〈2020년 우주의 원더키디〉라는 제목의 만화가 있었는데요. 악당을 물리치는 소년의 성장 서사를 그린 만화로 기억이 납니다. 그때만 해도 2020년이라는 시간은 정말이지 까마득한 미래로만 느껴졌는데 어느새 2025년이라니 시간이 참 빠르다는 생각이 듭니다. 그동안 강산이 몇 번이나 바뀔 정도로 많은 변화가 있었는데요. 특히 만화로 볼 때는 말도 안 된다고 생각했던 미래의 기술들이 실제로 하나씩 구현되는 모습을 보면 참 신기하게 느껴지기도 합니다. 그런데 그런 신기함도 잠시, 정작 어렸을 때를 떠올려 보면 당시의 저에게 이 만화는 왠지 이상하게 다가왔던 기억이 납니다. 만화가 묘사한 2020년의 미래가 결코 행복해 보이지 않았던 겁니다.

만화는 황량하고 척박한 미래 상황을 배경으로 삼고 있습니다. 우주 개발을 위해 태양계 바깥으로 떠난다는 만화의 설정은 가슴 벅찬 모험이라기보다는 오히려 집을 잃고 헤매는 방황에 가까워 보였죠. 게다가 인간과 로봇의 싸움이라니요. 멋진 로봇을 타고 지구를 지키는 영웅 만화(당시에는 메칸더V가 지구를 지켜줬죠)에 심취해 있던 저에게 이 만화는 지나치게 쓰고 우울하고 어두웠습니다. 어른의 맛이었죠. 꿈과 낭만으로 가득한 미래가 어쩌면 거짓일 수도 있다는 생각, 그때는 몰랐지만 이 만화는 혹시 어린이가 알면 안 되는 어떤 진실을 말하고 있었던 게 아닐까요? 영화 〈엘리시움〉은 어른이 된 저에게 같은 질문을 던졌습니다. 미래는 우리 생각보다 훨씬 더 어두운 게 아닐까? 하는 질문 말입니다.

유토피아와 디스토피아의 모순적 공존

〈엘리시움〉은 2154년의 로스앤젤레스를 배경으로 삼습니다. 지구는 자원 고갈과 환경 오염, 기후 위기, 인구 폭증 등으로 인해 더 이상 사람이 살기 어려운 곳이 되어 버렸습니다. 지금으로부터 100년도 더 뒤인 2154년의 상황이라고는 도저히 믿기지 않는, 지극히 현재적인 빈민촌의 모습이 영화가 보여주는 지구의 미래입니다. 물론 이것이 전부는 아닙니다. 영화는 이와 공존하는, 그러나 정확히 대조적인 또 다른 미래의 모습을 보여줍니다. 눈부시게 파란 지구가 내려다보이는 저 높은 우주에는 부와 권력을 독점한 지배층이 오염될 대로 오염된 지구를 탈출해서 건설한 엘리시움이라는 인공 세계가 존재하죠.

'엘리시움'은 그리스어로 축복받은 자들이 가는 낙원이라는 뜻인데요. 한눈에 보기에도 낙원처럼 보이는 멋진 신세계가 미래의 또 다른 모습을 이루고 있습니다. 즉 한쪽에 가난과 질병, 노동과 범죄가 가득한 지상의 세계가 있다면, 다른 한쪽에는 풍요와 건강, 자유와 질서가 넘치는 천상의 세계가 있습니다. 그리고 이 사이에 우주라는 건널 수 없는 심연이 자리해 있지요. 철저히 양극화된 세계의 모순적인 공존이야말로 영화 〈엘리시움〉이 묘사하는 지구의 미래 모습입니다.

지상과 천상이라는 두 세계가 암시하듯, 영화를 끌고 가는 핵심 모티브는 바로 이 두 세계를 가르는 수직 분할입니다. 이 분할을 극복하기 위한 주인공의 고군분투가 이후의 서사를 채워 나가죠. 주인공 맥스(맷 데이먼)는 지구의 로봇 제조 공장에서 일하던 중 우연히 방사능 노출 사고에 휘말리고 결국 5일 뒤에 죽는다는 시한부 선고를 받습니다. 유일한 희망은 그저 눕기만 해도 환자의 이상 유무를 진단하고 모든 병을 자동으로 치료해 주는 메디컬 머신뿐인데요. 문제는 불행히도 이 기계가 저 하늘 위 엘리시움에 있다는 겁니다. 물론 거기에 있다는 것만 알

뿐, 그 사이에는 우주라는 수직 분할이 놓여 있기 때문에 가고 싶어도 갈 수가 없습니다. 물리적으로 못 가는 게 아니라 법적으로 못 가도록, 게다가 폭력적으로 봉쇄되고 있죠.

이를 증명하듯 영화는 엘리시움으로 향하는 밀입국 우주선과 그 우주선을 망설임 없이 폭파시키는 정치인의 모습을 교차해서 보여줍니다. 우주선 안에 사람들이 가득 타고 있었음에도 말입니다. 엘리시움의 시민이 아닌 한 그들은 사람이어도 사람이 아니었습니다. 인권은 시민권이 있는 자들에게만 부여되는 한정된 권리였죠. 살기 위해서는 지구 바깥의 엘리시움에 가야 하지만 정작 목숨을 걸어도 갈 수가 없는 상황, 방법은 두 가지뿐입니다. 폭력과 범죄를 불사해서라도 위로 올라가는 게 한 방법이라면, 반대로 이 분할 자체를 폭파함으로써 위와 아래의 구분을 지워 버리는 게 또 하나의 방법입니다. 그렇다면 맥스의 선택은 무엇일까요?

수평 분할에서 수직 분할로

수직적 분할은 수평적 분할의 (불)가능한 미래입니다. 언뜻 봐서는 무슨 말인지 모를 수도 있는데요. 일단 (불)이라는 괄호 표현에 유념할 필요가 있습니다. 이 표현은 무엇인가를 할 수 있다는 의미의 '가능성'이란 '불'이라는 잠재적 접두사 앞에서 끊임없이 되물어져야 한다는 뜻을 담고 있습니다. 가능성과 불가능성을 (불)가능성이라는 하나의 단어로 표현했다고 봐도 될 듯합니다. 가능한 동시에 불가능한, 또는 가능성과 불가능성이 서로 겹쳐 있는, 어떤 역설적인 상태를 뜻한다고나 할까요? 더 헷갈린다고요? 천천히 살펴보기로 하죠.

최근의 기후 위기가 특히 문제인 것은 그것이 더 이상 국지적이고 일시적인 '위기'가 아니라 말 그대로 전 지구적이고 영속적인 '재앙'이 되어 버렸기 때문입니다. 피할 곳이 없다는 말입니다. 지금까지 북반구의 선진국(global north)들은 남반구(global south) 지역 여기저기에 공장을 세워 그곳의 노동과 자원을 한껏 착취하는 한편, 그 과정에서 발생하는 각종 오염 물질과 폐기물을 현지에 그대로 전가하는 식의 '외부화 전략'을 취해 왔습니다.[2] 이득은 취하고 손해는 떠넘기는 식이었습니다. 이에 대해 해당 국가들이 반발이라도 할라치면 더 싸고 더 고분고분한 시장을 찾아 순식간에 공장을 옮겨 버리곤 했죠. 국가가 국경이라는 경계에 갇혀 있는 사이에, 자본은 마치 흐르는 물처럼 그 경계를 가볍게 넘나들면서 지구라는 행성 전체를 착취와 수탈의 대상으로 삼아 왔던 겁니다. 미국의 정치철학자 낸시 프레이저(Nancy Fraser)는 이를 자본주의의 '제 살 깎아먹기(cannibalizing)'라고도 표현하는데요.[3] 당장은 이익인 것 같지만 지구라는 행성적 차원에서 본다면 결국은 자기 착취에 불과하다는 뜻입니다.

그런데 문제는 제 살 깎아먹기의 과정에서 발생한 각종 오염 물질 및 그 부정적인 외부효과가 점점 더 반경을 좁혀 가면서 북반구의 선진국을 에워싸기 시작했다는 겁니다. 기후 위기가 더 이상 아프리카와 아시아 등 일부 지역만의 문제가 아니게 된 것이죠. 미국과 유럽을 강타한 산불과 홍수, 한파와 폭염 등은 지구의 이곳과 저곳을 가르는 수평적 분할만으로는 그 누구도 이 위기에서 벗어날 수 없음을 극명하게 보여줍니다. 난민과 불법 체류자, 이주민을 막기 위해 국경을 걸어 잠그고, 각종 쓰레기와 폐기물을 남반구 국가로 떠넘기는 것은 가능한지 몰라도, 기온 상승으로 인한 재앙적 위기는 혼자만 담을 쌓는다고 막을 수 있는 게 아닙니다. 태양과 공기, 물의 흐름을 막을 수는 없기 때문이고, 결국 오염물은 이 흐름을 타고 지구 안에서 순환될 수밖에 없기 때문이죠. 부메랑은 언제고 되돌아오기 마련이었던 겁니다.

수평적 도피가 불가능하다면, 결국 마지막 남은 방법은 하나, 망가질 대로 망가진 지구를 떠나는 것밖에 없습니다. 위기를 피해 달아날 수평적 외부가 사라진 이상, 이제 외부는 수직적인 분할을 통해서만 가능해질 뿐이죠. 영화적 상상은 바로 이 지점에서 공통의 이미지로 귀결됩니다. 〈엘리시움〉뿐만이 아닙니다. 〈인터스텔라〉나 〈패신저스〉, 〈알리타〉 등의 영화를 떠올려 볼 수도 있겠네요. 이들 영화에 공통점이 있다면, 지구에 닥친 파국의 상황을 피해 우주 어딘가를 향해 떠나가거나 오염된 지상을 버리고 하늘 위에 소수를 위한 도시를 건설하는 식으로, 즉 수평 분할을 대신해 수직 분할을 세우는 식으로 당면한 위기를 타개하려고 한다는 점에 있습니다. 당연히 여기에는 기하급수적으로 발전을 거듭해 온 과학기술이 그러한 수직 분할을 가능케 하는 필수 조건이 되고 있죠. 그렇다면 결국, 역시나 기술이 인류를 구원한다는 말일까요? 수직 분할은 수평 분할의 곧 가능한 미래일까요?

기술이 우리를 구원할 것이다?

영화 〈엘리시움〉에서도 인공지능과 로봇 공학, 마인드 업로딩, 우주 산업, 태양광 에너지, 인공중력, 유전자 편집 등의 미래 기술이 총동원

됩니다. 그리고 무엇보다 이 모든 기술적 총체로서의 우주 식민지가 그 자체로 하나의 메가머신(megamachine)[4]이 되어 지구와 분리된 독자적인 세계를 구축해 나가는 것으로 그려집니다. 모두를 위한 구원이 아닌 오직 소수를 위한 구원으로 말이죠. 사상도 이념도 아닌, 오직 자본과 기술로 만들어진 유토피아가 이렇게 수직 분할과 함께 그 위용을 드러냅니다. 가난도 질병도 없고 재난도 불행도 없는 곳, 이 세계는 마치 허물을 벗어 던지듯 더러운 것들은 모두 지구에 버려둔 채, 게다가 위로 올라갈 수 있는 사다리마저 걷어차 버린 채, 홀로 깨끗하고 부유하고 자유롭습니다. 말 그대로 탈출인 겁니다.

놀랍게도 영화 속 상상만이 아닙니다. 실제로 우주탐사기업 블루 오리진(Blue Origin)의 창업자 제프 베이조스(Jeff Bezos)는 민간 우주 관광에서 시작해 점차 상업용 우주 비행으로 그 범위를 넓혀 나가고 있으며, 장차 우주 식민지를 건설하겠다는 구상을 내놓기도 했습니다.[5] 스페이스X의 창업자 일론 머스크(Elon Musk) 또한 2050년까지 인류를 화성에 이주시키겠다는 야심 찬 구상과 함께 단계별 개발 계획을 진행 중이기도 하죠.[6] 심지어 지구 근방이 아닌 화성과 목성 사이에 초대형 우주 식민지 건설이 가능하다는 연구 결과까지 나온 상황입니다.[7] 실현 가능성은 차치하더라도, 이러한 발상들 자체가 이미 현재의 위기를 어떤 방식으로 극복해 나갈 것인가에 대한 공통의 상상력을 보여주는 듯합니다. 다른 무엇이 아닌 바로 기술이 우리를 구원해 줄 것이라는 상상 말이죠.

인류가 직면한 현재의 위기 앞에서 엘리시움이라는 메가머신이 가르쳐 주는 해법은 비교적 명확해 보입니다. 그것은 요컨대 기술 발전을 더욱더 가속화하고 최대화하라는 거예요.[8] 기후 위기, 자원 부족, 경제적 불평등, 환경 오염 등의 문제가 우리의 삶을 지속 불가능하게 만든다면, 응당 그것을 해결할 수 있는 더욱 혁신적인 기술을 개발하는 것이야말로 우리가 할 수 있는 최선의 대응이라는 겁니다. 예컨대 기후 위기가 문제라면 (탈성장을 통해 탄소 발생량을 근본적으로 줄이기보다는) 공기 중의 탄소를 포집해서 기온 상승을 막고, 환경 오염이 문제라면 나노 기술을 사용해 각종 오염 물질을 분해하고, 지구에 광물이 부족하면 우주 너머 어딘가에 있는 소행성을 채굴하면 된다는 식입니다.[9] 그리고 마침내 이 오염된 지구 바깥으로 나가서 우주 어딘가에 새로운 낙원을 만들자는 식이죠. 결국 핵심은 첨단 기술을 이용해서 당면한 위기를 극복할 수 있다는 겁니다. 기술 개발로 가능하다면 뭐든지 시도해 보자는 것이고, 지금 기술로 불가능하다면 개발에 더욱 박차를 가해 언제고 가능하게 만들어 보자는 것입니다.

녹색 성장의 형용 모순

저는 기술 발전의 가능성 자체를 부정하지는 않습니다. 확실히 인류는 나날이 진보하고 있으며 그 가장 중요한 계기가 바로 기술임을 부정할 수는 없습니다. 실제로도 교육, 의료, 보건, 주거, 영양 등 거의 모든 측면에서 인류는 이전과는 비교도 할 수 없을 만큼의 물질적 풍요와 질적 향상을 거듭하고 있으며, 그 대부분은 사실상 기술 발전과 더불어 이루어져 왔습니다. 이런 추세대로라면 영화의 배경인 2154년이 될 때쯤에는, 지금의 우리가 모두 죽고 사라진 후라서 그렇지, 그토록 바라던 유토피아가 안 될 이유도 없죠. 즉 제가 기술 최대주의를 비판한다고 해서 앞으로 인류가 이룩할 기술 발전의 모든 가능성을 일거에 부정하는 것은 아니라는 겁니다. 또 당장 모든 기술을 거부하면서 기술 없는 세계에 살아야 한다고 주장하는 것도 결코 아닙니다(이에 대해서는 다음 강의에서 자세히 다루겠습니다). 그것은 불가능할 뿐만 아니라 비현실적이기까지 하죠. 기술 비판을 통해 말하고자 하는 것은 기술 거부가 아니라 오히려 기술이 나아가야 할 방향이고 그에 대한 성찰과 반성, 개입의 필요성입니다. 이전 강의에서 저는 이를 개입주의라고 부르기도 했습니다.

오히려 제가 묻고 싶은 것은 기술적 '해법'의 가능성과 불가능성, 즉 (불)가능성입니다. 최대주의자들이 말하는 것처럼 기술 발전을 통해 우리가 직면한 이 모든 위기를 해결하는 것이 정말로 가능한가에 대한 의문입니다. SF 영화를 좋아하는 분이라면 아마 여러모로 익숙할 텐데요. 제법 많은 SF 영화가 어둡고 오염되고 황량한 미래 도시를 배경으로 삼습니다. 압도적인 기술 발전의 정도를 생각해 보면 꽤나 이상하게 다가오는 게 사실이죠. 당장 영화 〈블레이드 러너〉나 〈매트릭스〉만 보더라도 그렇습니다. 대기 오염 물질로 인해 태양 빛이 차단되어 도시는 항상 어둠에 잠겨 있고, 잦은 산성비와 스모그로 인해 거리는 언제나 축축하고 더럽습니다. 물론 디스토피아적 분위기를 물씬 풍기기 위한 무대 장치일 수도 있습니다. 하지만 여기에는 단지 무대 배경 정도로 한정할 수 없는 어떤 불가피함이 전제되어 있는 게 사실입니다. 그렇다면 그 불가피함이란 과연 무엇일까요?

먼저 생각해 볼 수 있는 것이 '녹색 성장'의 불가능성입니다. 저는 앞에서와는 달리 여기에는 '불'에 괄호를 달지 않았는데요. 결론부터 말

쏨드리자면, 명백히 불가능하기에 그렇습니다. 그 연유에 대해서는 차차 살펴보기로 하죠. 아마도 많은 분들이 녹색 성장, 그린 뉴딜, 친환경 기술, RE100 등과 같은 단어를 많이 들어보셨을 듯합니다. 기후 변화가 심해진 요즘 들어 더욱 많이 들리는 단어인데요. 그만큼 이 시대의 화두를 이루는 단어들이라 할 수 있습니다. 한데, 이 중 대표 격이기도 한 '녹색 성장'이라는 단어를 보면, 이때의 녹색과 성장이 언뜻 보기에도 쉽게 연결되지 않는 모순적인 의미를 갖고 있음을 알 수 있습니다. '녹색'이 환경 보호를 중심으로 한 지구의 지속 가능성에 방점을 찍고 있다면, 반대로 '성장'은 기술 개발과 경제 성장, 생산성 향상 등에 방점을 찍고 있기 때문입니다. 어느 하나를 강조하면 다른 하나는 자연스레 약화될 수밖에 없는 반비례 관계인 것이죠. 다들 녹색 성장을 해야 한다고 말하고 또 그러려니 하고 넘어가지만, 사실상 쉽게 연결될 수는 없는 단어인 겁니다.

 녹색 성장이 그 모순에도 불구하고 화두를 이루고 있다는 것은, 짐작할 수 있듯이 환경 보호와 경제 성장 중 어느 것도 포기할 수 없는 이 시대의 딜레마를 드러내고 있는 것이기도 합니다. 계속해서 성장만 하고 싶은데 그럴 수는 없으니 일종의 자기 제한을 걸어서라도 조금이나마 성장을 이어 나가겠다는 (자본주의적) 의지가 바로 이 녹색 성장이라는 말 안에 압축되어 있는 게 아닐까 싶기도 합니다. 그렇다면 그렇게 해서라도 정말로 두 마리 토끼를 잡을 수 있는지가 관건이 될 듯한데요. 과연 녹색 성장은 경제 성장에 필연적으로 따라붙을 수밖에 없는 환경 오염을 어떻게 해결할 수 있다는 것일까요?

두 마리 토끼 잡기, 디커플링은 가능한가?

이와 관련해서 아마도 디커플링(decoupling)이라는 말을 들어보셨을 듯합니다.[10] 커플링이라는 말에 분리와 제거를 뜻하는 de라는 부정 접두사를 덧붙인 말인데요. 말 그대로 서로 연결되어 있던 두 항을 따로 떼어 놓는다는 의미입니다. 우리는 경제 성장과 환경 오염이 서로 연결될 수밖에 없음을 잘 알고 있습니다. 경제 성장이 일어난다는 것은 생산성이 높아진다는 것이고, 이는 곧 자원과 에너지, 노동이 더 많이 투입된다는 것이자 동시에 그 부산물인 오염 물질도 함께 늘어난다는 것을 뜻하죠. 지금까지의 인류 문명사가 이를 여실히 보여줍니다. 그런데 녹색 성장은 야심차게도 기술 혁신이라는 촉매제를 투입해서 경제 성장과 환경 오염 사이의 커플링을 끊어낼 수 있다고 말합니다. 혁신적인 기술을 개발해서 경제 성장과 환경 오염 사이의 오래된 연결고리를 디커플링하겠다는 것이고, 여기서 더 나아가 이제는 경제 성장과 환경 보호를 새롭게 커플링하겠다는 것이죠. 즉 경제를 성장시키면서 동시에 환경도 보호하겠다는 것이고, 또 그럴 수 있다는 것입니다.

그래서 두 마리 토끼를 잡을 수 있을까요? 그러면 좋겠지만 아쉽게도 여기에는 큰 문제가 있습니다. '경제 성장의 함정'이라고도 하는데요.[11] 경제 성장을 지속하면 할수록, 비록 이전보다 효율성이 높은 신기술이 개발된다고 하더라도, 그만큼 경제 규모가 커지고 생산성이 높아짐에 따라 환경 오염의 정도도 덩달아 계속해서 늘어날 수밖에 없다는 겁니다. 경제 성장이 일어난다는 것은 생산을 위한 자원 소비량이 늘어난다는 것이고, 이는 결국 이산화탄소 등의 오염물 배출량도 늘어난다는 것을 뜻하기 때문이죠. 기술 혁신을 통해 오염물이 이전보다 덜 늘어나게 할 수는 있지만 (영구기관이 불가능한 이상) 늘어나는 그 자체를 막을 수는 없습니다. 벌어지는 가윗날을 생각하면 좋을 듯한데요. 경제 성장은 경제 규모를 확대하고 생산성을 높이는데, 이는 필시 기술 혁신으로는 상쇄할 수 없는 초과분의 환경 오염 요소를 만들어 낼 수밖에 없습니다. 여기에 더욱 효율적인 신기술을 개발 및 투입한다고 해도, 결국은 전 세계가 경제 성장을 향해 달려가는 이상, 이 간극은 마치 벌어지는 가윗날처럼 계속해서 커져 나갈 수밖에 없지요. 두 마리 토끼를 잡으려 했는데, 알고 보니 이 토끼들이 정반대의 방향을 향해 뛰고 있었던 겁니다.

게다가 여기에는 하나의 역설이 더 숨겨져 있습니다. 잘 아시다시피 원론적으로는 기술 혁신을 통해 효율성을 높여 환경 오염 요소를 줄일 수 있습니다. 하지만 문제는 기술 개발이 가속화될수록 상품 가격은 떨어지고 반대로 소비량은 증가하기 때문에, 결과적으로 환경 오염 요소가 더 늘어날 수밖에 없다는 데 있습니다. 이를 '제번스의 역설(Jevons paradox)'이라고 하는데요.[12] 기술이 발전하면서 전력 소모가 적은 텔레비전, 연료 효율이 더 높은 자동차 등이 개발됐지만, 생산성 향상으로 상품의 가격이 떨어진 탓에 사람들이 더 큰 텔레비전과 더 큰 자동차를 더 많이 구매함으로써 외려 전체 소비량은 이전보다 더 증가한 현상을 예로 들 수 있습니다. 2년마다 스마트폰을 바꾸는 것도 해마다 해외여행을 가는 것도 철마다 옷을 사고 수십 켤레의 신발을 수집하는 것도 같은 선상에서 이해할 수 있겠네요. 기술 개발, 생산성 향상, 가격 하락, 소비 증가의 패턴이 계속해서 반복되고 있는 것이고, 그 결과 에너지 수요 증가, 이산화탄소 배출 증가, 오염 물질 증가가 이어지고 있는 것이죠. 경제 성장과 환경 오염을 디커플링할 것이라고 기대되었던 기술 혁신이 현실적으로는 오히려 환경 오염을 더욱 가중시키고 있었던 겁니다. 그렇기에 역설입니다.

요컨대 기술 혁신이 곧바로 환경 오염과 기후 위기에 대한 효과적인 해결책으로 작동하지는 않습니다. 앞서 말씀드렸듯이 생산 측면에서 보자면, 경제 성장이란 필연적으로 자원 채굴 확대, 자원 소비량 증가, 이산화탄소 배출 증가, 오염 물질 증가 등을 유발하기 마련이고, 이는 애초에 목적한 환경 보호와는 반대되는 결과를 산출할 수밖에 없습니다. 기술 혁신이 개입된다고 하더라도 이 혁신 또한 경제 성장을 바탕으로 이루어지기에 그 자체만으로 환경 보호의 결과를 만들어 낼 수는 없죠. 소비 측면에서 봐도 그렇습니다. 생산성 향상은 가격 하락을 야기하고 이는 다시 소비 증가를 불러일으킴으로써 기술 혁신이 상쇄해 놓은 그 차감분을 도로 반납하는 결과를 낳게 됩니다. 이 또한 기술 혁신이 그 자체로 환경 보호로 이어지지는 않음을 보여주는 사례라 할 수 있죠. 즉 생산이든 소비든 현상적인 차원에서 볼 때 기술 혁신이 환경 오염과 기후 위기에 대한 구원책이 될 수는 없다는 겁니다. SF 영화의 배경이 어두운 것도, 녹색 성장이 불가능하다는 것도, 한편으로는 이런 불가피한 이유 때문이 아닐까요?

엔트로피는 증가한다

그렇다면 '원리적'으로는 어떨까요? '현상적'으로는 불가능하다고 해도 원리적으로 가능하다면, 혹시 언젠가, 그러니까 더욱 강력한 기술 혁신이 일어날 미래 언젠가에는 기술을 통해 기후 위기를 극복할 수 있을까요? 결론부터 말씀드리면, 대답은 역시나 긍정적이지 않습니다. 이후 자세히 말씀드리겠지만, 외부와의 에너지 및 물질의 교환이 불가능한 고립계(isolated system)에서는 어떠한 시도를 하더라도 결국엔 엔트로피(entropy)가 증가할 수밖에 없으며 이 과정은 본질적으로 비가역적이기 때문입니다.[13] 즉 열역학 제2법칙 때문이죠. 기술과 기후 위기의 관계를 논하는 맥락에서 갑자기 엔트로피와 열역학을 거론하는 게 의아할 수도 있겠지만, 사실 여기에는 깊은 연관성이 있습니다. 기후 위기란 단순히 온도만의 문제가 아니라, 더 근본적으로는 그 결과를 초래한 지구 시스템 내부의 불균형 문제이기 때문이고, 이 불균형이란 결국 지구 시스템의 무질서도가 증가하는 엔트로피의 문제이기 때문입니다.[14]

간단히 살펴보면 이렇습니다. 산업혁명 이후 화석 연료 사용이 대폭 늘어나면서 지구 대기 중에 이산화탄소 등의 온실가스가 급격히 증가합니다. 이 온실가스로 인해 지구가 흡수하는 에너지는 많아지고 반대로 방출하는 에너지는 상대적으로 줄어들면서, 다시 말해 열평형이 깨지면서, 지구의 평균 온도가 조금씩 계속 올라가게 되죠. 이러한 불균형은 각종 이상 기후 현상으로 나타나는데, 이는 다시 말하면 지구 시스템 내부의 무질서도, 즉 엔트로피가 증가한 결과라고도 할 수 있습니다. 이처럼 기후 위기가 곧 엔트로피의 문제라면, 앞서 말씀드렸듯이 그 기후 위기(=엔트로피 문제)를 미래의 기술을 통해 원리적으로 극복할 수 있는지가 쟁점으로 부각될 수밖에 없습니다. 물론 이에 대해 답하기 위해서라도 열역학과 엔트로피에 대한 논의는 필수적이겠죠. 최대한 쉽게 설명해 보겠습니다.

먼저, 열역학 제2법칙은 에너지가 한 형태에서 다른 형태로 변환될 때, 에너지의 일부가 더 이상 사용할 수 없는(일로 변환할 수 없는, 즉 무용하고 무질서한) 형태로 변하는 것을 뜻합니다. 화학 에너지(석유)를 연소해서 열에너지(불)로 전환하고 다시 이 열에너지로 물을 끓이는 과정을 생각해 보면 이해가 쉬울 듯합니다. 다음 단계로 갈수록 사용할 수 있는 에너지는 줄어들고, 반대로 사용할 수 없는 에너지는 계속 늘어나죠. 에너지 변환 과정에서 열 손실과 저항, 방출 등의 형태로 에너지의 일부가 무질서하게 분산되기 때문입니다. 뜨거운 커피가 식는 것도 같은 원리인데요. 시간이 지날수록 커피는 식기 마련이고 저절로 다시 뜨거워지지는 않습니다. 이것이 자연의 흐름이고, 비가역적이라는 말은 이 과정이 거꾸로 진행될 수는 없음을 의미하죠. 물론 커피에 열을 가해서 다시 뜨겁게 만들 수는 있지만 이를 위해서는 바깥에서 추가로 에너지가 투입되어야 합니다. 외부에서 에너지가 공급되지 않는 고립계에서는, 에너지의 분산 정도 또는 무질서한 정도를 나타내는, 더 쉽게는 유용하지 않은(쓸모없는) 에너지를 의미하는 엔트로피가 증가할 수밖에 없는 겁니다.

그렇다면 앞서 전제한 고립계가 아닌 상황에서는 어떨까요? 아시다시피 지구는 태양으로부터 지속적으로 에너지를 공급받고 또 동시에 우주로 복사 에너지를 방출합니다. 반면, 물질의 경우에는 지구와 우주 사이에서 거의 교환이 일어나지 않죠. 에너지는 교환되지만 물질은 교환되지 않는 이러한 계를 닫힌계(closed system)라고 하는데요.[15] 이처럼 지구가 태양으로부터 계속해서 에너지를 공급받는 상황에서는, 방금 말씀드린 열역학 제2법칙에도 예외가 생길 수 있을까요? 즉 외부에서 에너지 공급이 지속되면 낮은 엔트로피 상태를 유지할 수 있을까요? 뜨거운 커피는 계속 뜨거운 상태로 남아 있을 수 있을까요? 아마도 이런 질문이 가능할 듯합니다. 에너지가 변환되는 과정에서 사용할 수 없는 에너지인 엔트로피가 증가한다고 해도, 그보다 더 큰 에너지가 태양으로부터 공급되면 결국 우리는 유용한 에너지를 계속 확보할 수 있다는 가정이 가능하기 때문입니다. 바로 이 가정을 바탕으로, 에너지 효율을 높이고 오염 물질을 분해하고 이산화탄소를 포집하는 등의 기술적 해법이 논의되는 것이겠죠. 그런데 문제는 이 가정이 틀렸다는 데 있습니다. 왜일까요?

단적으로 말해, 태양으로부터 지속적으로 에너지가 공급된다고 해도 이 에너지를 사용하기 위해서는 반드시 변환 과정을 거쳐야 하며 이 과정에서 엔트로피의 증가는 불가피하기 때문입니다. 태양 에너지를 전기로 변환하고 화석 연료를 연소해서 에너지를 얻는 등의 과정에는 항상 열 손실과 저항이 발생하죠. 태양으로부터 에너지를 받는다 해도 그 에너지를 100% 사용하지 못할 뿐 아니라, 부분적으로 사용하는 과정에서도 열 손실과 저항이 발생하기 때문에 엔트로피 증가를 피할 수는 없습니다. 물론 일부에서는 기술 발전이 에너지 변환 과정에서의 손실을 최소화하고 에너지 효율을 높일 수 있다고 주장하지만, 덧붙여 순환 경제와 자원 재활용을 통해 에너지 손실을 줄일 수 있다고도 하지만, 단언컨대 시간을 되돌릴 수 없는 이상 아무리 에너지 효율과 재활용 비율을 높여도 열역학 법칙 자체를 초월할 수는 없습니다.* 앞서 제기한 가정이 틀린 이유가 바로 이 때문입니다. 국소적으로 또는 일시적으로는 엔트로피가 감소하는 듯 보여도 전체적인 관점에서 보면 유용한 에너지는 점점 줄어들고, 같은 의미에서 엔트로피, 곧 무질서도는 점점 증가할 수밖에 없기 때문이죠.

우리는 지구에 살고 있다

게다가 또 다른 문제는 지구가 에너지에 대해서는 열린계지만 물질에 대해서는 닫힌계라는 데 있습니다. 닫혀 있다는 말은 물질을 우주로 내보낼 수 없다는 것이고, 다시 말하면 에너지 변환 과정에서 배출된 수많은 오염 물질과 플라스틱, 쓰레기, 방사능, 중금속 등은 지구에 남아 있을 수밖에 없다는 것을 뜻합니다. 이산화탄소 포집 기술이나 플라스틱 분해 기술, 재활용 기술 등을 통해, 즉 기술 혁신을 통해, 특정 지역이나 공정에서 나온 오염 물질을 줄일 수는 있겠지만, 이 과정에서는 또 다른 형태의 에너지 손실과 오염 물질, 폐기물이 발생하며, 이는 지구라는 시스템 차원에서는 결국 엔트로피의 증가를 초래합니다. 최첨단 기술이라도 시간을 거꾸로 흐르게 할 수는 없으며, 같은 이유에서 엔트로피의 증가를 근본적으로 막을 수는 없는 것이죠. 오염 물질은 어딘가에는 쌓일 수밖에 없고, 이 오염 물질을 처리하기 위해 개발한 신기술 또한 (에너지 소모는 물론이고) 또 다른 형태의 오염 물질을 남길 수밖에 없

---

* 생명체의 경우 에너지를 이용해 질서를 만들고 더 복잡한 구조를 형성한다는 점에서 일견 엔트로피가 감소하는 것처럼 보입니다. 생명체는 다세포 구조를 만들거나 아미노산을 결합해 단백질 분자를 형성하는 등의 과정을 통해 더 질서 있는 상태를 형성하기 때문입니다. 하지만 이는 국소적인 현상일 뿐 이 과정에서 방출된 열이 시스템 전체(생명체+환경)의 엔트로피를 증가시킴으로써 결국 열역학 제2법칙은 그대로 유지됩니다. 국소적인 단위가 아닌 전체 시스템을 봐야 하는 이유입니다.

습니다. 쓰레기를 소각하면 또 다른 쓰레기가 남는 것과도 같습니다.

요컨대 강력한 기술 혁신으로 환경 문제를 해결할 수 있다는 식의 낙관적 전망은 지구라는 전체 시스템의 열역학적 관점에서 본다면 분명한 한계를 가질 수밖에 없습니다. 태양 에너지가 지속적으로 공급된다고 해도, 또 기술 발전이 계속 이루어진다고 해도, 그것이 곧 무한한 자원 활용이나 친환경적인 영향, 생태계 회복 등을 자동으로 보장하는 것은 아니기 때문입니다. 이를 단적으로 보여주는 사례가 바로 화이트 바이오(white bio) 산업입니다. 옥수수나 콩 등의 식물 자원으로 바이오 디젤을 생산하기 위해서는 엄청난 규모의 농경지가 필요한데, 이는 역설적으로 산림 개간을 촉진하는 결과를 낳기도 하죠.[16] 게다가 옥수수를 경작하는 과정에서는 비료와 농약 등으로부터 오염 물질 배출되고, 바이오 연료를 정제하는 과정에서는 다시 화석 연료 기반의 에너지가 소비됩니다. 탄소 포집 및 저장 기술도 마찬가지입니다. 탄소를 제거하는 과정에서 오히려 더 많은 탄소가 배출되고 있죠.[17] 환경 문제는 (기술을 통해) 해결된 게 아니라 단지 이쪽에서 저쪽으로 옮겨지고 있었던 겁니다.

앞서 어둡고 황량한 미래를 배경으로 하는 몇몇 영화를 예로 들면서 거기에는 어떤 불가피성이 있다고 말씀드렸는데요. 이제야 그 의미가 또렷해진 듯합니다. SF 영화가 그리는 저 우중충한 미래의 모습이란, 기술 발전에도 불구하고, 또는 그러면 그럴수록 더욱, 시간에 따라 계속해서 쌓여 나가는 엔트로피에 대한 도시 공간적인 은유가 아닐까요? 디스토피아적 풍경은 단순한 허구적 연출이 아니라 기술 발전과 함께 축적된 에너지 소모와 불균형, 과부하, 무질서 등을 시각적으로 담아내기 위한 장치인 게 아닐까요? 저는 그렇게 생각합니다. 영화에서 묘사하는 기술 발전은 우리를 미래로 나아가게 하는 가능성의 조건인 동시에, 또 바로 그만큼 무질서와 피로, 쇠락에 빠지게 하는 불가능성의 조건이기도 한 것이죠. 영화가 의도했든 안 했든, 여기에는 일단의 진실이 있습니다.

그렇다면, 왜 그런 어두운 미래 배경과 달리 유독 엘리시움은 그토록 맑고 밝고 깨끗할까요? 답은 하나입니다. 낙원과도 같은 엘리시움이 지옥과도 같은 지구에 철저히 기생하고 있기 때문입니다. 지구로부터 이익을 취하고 반대로 피해는 전가하는 외부화 전략, 마치 지구에서도 북반구 국가들이 남반구 국가들에 대해 그러했듯, 엘리시움 또한 지구를 착취, 수탈, 채굴하고 오염 물질을 그대로 전가하면서 오로지 자신들만을 위한 낮은 엔트로피의 세계를 유지하고 있는 것입니다. 즉 엘리시움의 그 완벽한 질서와 풍요는 어디까지나 지구에서 발생하는 무질서와 결핍 위에서만 가능한 법이죠. 일례로 엘리시움에는 공장이 없고 노동자가 없으며, 똥오줌 같은 배설물도 없는데요. 각종 폐기물을 만들어 내는 공장은 지구에 짓고, 엘리시움을 지탱하는 거대한 부는 지구 노동자를 한껏 착취해서 얻고, 똥오줌 등의 오물은 이미 더럽혀진 지구에 버리면 그만이기 때문입니다. 시간은 흐르고 엔트로피는 계속 증가하겠지만, 그것은 지구의 문제이지 엘리시움의 문제가 아닌 것이죠. 유토피아는 엔트로피를 전가할 수 있는 디스토피아가 필요하며, 그런 한에서만 유토피아일 수 있습니다.

문제는, 불행하게도 우리가 엘리시움이 아니라 엘리시움이 필요로 하는 바로 그 디스토피아, 곧 지구에 살고 있다는 겁니다. 엔트로피 증가를 떠넘기는 쪽과 그것을 떠안는 쪽으로 사회가 양극화될 때, 기술적 진보는 모두에게 혜택을 준다는 이상과는 달리 더욱더 극단적인 공간적, 계급적 분리를 낳을 수밖에 없습니다.[18] 게다가 현실에 사는 우리는 탈출할 곳도 기생할 곳도 없죠. 언젠가 기술 개발로 화성 식민지가 가능해진다고 해도, 아마 그곳에 갈 수 있는 사람은 영화에서와 마찬가지로 극소수에 불과할 겁니다. 인류의 대다수는 망가질 대로 망가진 지구에 남아서 넘쳐나는 폐기물과 함께, 비가역적인 세계를 마주하며 살아갈 수밖에 없습니다. 앞으로도 계속 엔트로피가 높아져 가는 이 세계에 살아갈 수밖에 없다는 말입니다. 우리에게 탈출할 곳 따위는 없습니다.

이런 와중에 기술이 우리를 구원해 준다는 속삭임은 얼마나 달콤한가요.[19] 지금의 소비 생활을 그대로 유지해도 된다니 이렇게 행복한 소식은 또 없을 겁니다. 지구 온난화를 막기 위해 각고의 노력을 기울이기보다는, 이산화탄소를 포집해서 심해에 가두는 기술 개발 기업에 투자하는 편리한 방법이 있다니, 정말 다행 아닌가요? 마치 엘리시움이 지구에 엔트로피를 전가하듯, 바다 깊은 곳 어딘가에 이산화탄소를 모아두고 또 그렇게 문제의 요인을 다음 세대에게 넘겨버리면 되니까 말입니다.

그런데 정말 그럴까요? 어쩌면 바로 이런 논리야말로 지금의 파국을 초래한 가장 큰 원인이 아닐까요? 지금의 위기를 미래의 기술을 통해 돌파하겠다는 저 논리가, 그리고 새로운 기술이 언제고 우리를 구원해 줄 거라는 저 믿음이, 지금 당장 개입해서 어떤 변화라도 만들어야 하는 우리네 절박한 상황에 일종의 면죄부를 주는 것은 아닐까요? '아직 괜찮아!'라고 말하면서 스스로를 속이게 만드는 좋은 핑곗거리가 되는 게 아닐까요? 엔트로피의 공간적 불균형을 이제는 미래 세대에게 시간적으로 전가하게 만드는 것은 아닐까요? 기술적 '해법'이라는 이름으로 말이지요.

기술적 해법의 (불)가능성

사회과학과 자연과학 관련 내용을 다 다루느라 논의가 좀 길어졌습니다.* 정리해 보죠. 앞서 논했듯이, 현상적으로는 기술 혁신이 일어난다고 해도, 사실상 이때의 기술 혁신이란 경제 성장이라는 토대를 바탕으로 할 때에야 가능해지는 만큼(마른 땅에서 식물이 자랄 수는 없습니다), 경제 성장 그 자체로부터 비롯되는 환경 오염을 완전히 차단할 수 없습니다. 경제 성장은 이미 생산성 확대와 소비 증가를 포함하고 있기 때문이죠. 제번스의 역설을 떠올려 보면 좋을 듯합니다. 원리적으로는 어떨까요? 열역학 제2법칙과 엔트로피를 통해 설명했듯이, 아무리 기술이 발전해도 엔트로피의 증가를 막을 수는 없으며, 이는 에너지 불균형, 무질서도 증가, 쓰레기와 폐기물 축적 등을 초래함으로써 지구 전체적으로는 부정적인 영향을 미칠 수밖에 없습니다. 화이트 바이오 산업이 그 예시라 할 수 있겠네요.

요컨대 기술 혁신이 불가능하다는 게 아니라, 지금의 자본주의 문명과 그 생활양식을 그대로 둔 채 오로지 기술 혁신을 통해 기후 위기를

---

* 이번 강의는 기술적 해법의 불가능성을 사회과학과 자연과학의 측면에서 살펴보느라 논의가 길어졌습니다. 다만 저는 그 불가능성을 자세히 따져 물은 후에야 그것을 바탕으로 다음 단계인 기술 외부에서의 비판과 대안을 고민해 볼 수 있다고 생각합니다. 전자 없이는 후자도 의미가 없기 때문입니다.

해결하려는 방식에는 분명한 한계가 있다는 것입니다. 기술 혁신이 가능하다는 사실과 그것이 지구 환경의 지속 가능성을 보장한다는 사실 사이에는 커다란 간극이 존재하는 것이죠. 현상적으로도 원리적으로도 기술이 기후 위기를 해결할 수 없다면, 기술 발전을 해법으로 삼는 기술 최대주의적 접근은 자체의 근거를 잃을 수밖에 없습니다. 기술 개발을 가속화하면 할수록 경제 성장의 함정과 엔트로피 증가 또한 계속해서 확대될 것이기 때문이고, 그만큼 위기는 새로운 형태로 전환되면서 마치 스모그처럼 지구 전체로 퍼져 나갈 것이기 때문입니다. 디스토피아의 어두운 미래 배경처럼 말이지요.

그렇다면 이 기술적 한계 앞에서 우리는 무엇을 해야 할까요? 그저 기술 발전이 한계에 도달할 때까지 기다리기만 하면 되는 걸까요? 아니면 그러한 기술적 해법에 무조건 매달리기보다는 오히려 기술의 한계를 직시하면서 그것을 적극적으로 받아들여야 하는 걸까요? (당연히) 후자라고 한다면, 무엇보다도 우리는 기술이 모든 문제를 해결할 수 있다는 환상을 버리고, 즉 불가능성을 받아들이면서, 그 자체의 구조적 한계를 조금이나마 극복할 수 있는 기술 너머의 대안을 모색해야 하지 않을까요? 저는 이 문장의 앞뒤가 하나로 연결될 수 있다고 생각하는데요. 기술의 내재적 한계를 인정하는 것과 기술 외부에서 대안적 가치를 찾는 것은 본질적으로 같은 의미일 수 있기 때문입니다. 이는 기술적 해법의 가능성만이 아닌 그것의 불가능성을 동시에 사유할 것을 요구하는 것이자, 이를 통해 기술만이 아니라 정치, 윤리, 사회 등을 복수의 답안으로 채택할 것을 요구하는 것이기도 하죠.

이것이 앞서 말씀드린 (불)+가능성입니다. 기술 내부에서 마주한 불가능성이자 동시에 기술 외부에서 반성과 성찰을 통해 다시 묻는 불가능성입니다. 전자가 못 함(can't)의 불가능이라면, 후자는 안 함(don't)의 불가능이라고 할 수 있겠네요. 또는 전자가 제약과 한계로 인한 불가능이라면, 후자는 의도나 선택으로 인한 불가능이라고도 할 수 있을 듯합니다. 이 모두가 가능성과 불가능성을 동시에 사유해야 한다는 의미에서의 (불)가능성이죠. 예를 들자면, 수직 분할의 (불)가능성이고 탄소 포집의 (불)가능성이며 인공지능의 (불)가능성입니다. 기술적 가능성만 믿고 지금 당장 화성으로의 수직 분할을 시도할 게 아니라, 또 마찬가지로 탄소 포집과 인공지능 개발에만 몰두할 게 아니라, 그러한 기술적 해법 자체의 내적 한계와 문제, 모순을 정확히 인식하면서, 동시에 그 기술이 과연 누구를 위해 어떻게 사용되고 어떤 미래를 만들지 등을 기술 외부의 시선에서 다각도로 고찰해 나가야 한다는 겁니다.

 이런 점에서 (불)가능성은 중의적인 의미를 갖습니다. 앞서 논했듯이 (불)가능성은 한편으로는 기술적 해법으로는 완전히 극복할 수 없는 내재적인 한계를 의미하지만, 다른 한편으로는 그 기술을 계속해서 질문하고 성찰하고 견제하는 외부로서의 정치와 윤리, 곧 구성적 외부의 개입을 의미하기도 합니다. 그리고 이 둘은 서로 다르지만 한 지점에서 연결되어 있죠. 내부의 한계를 인식한다는 것은 곧 그 한계를 메우기 위한 외부의 다른 가치를 요구할 수밖에 없기 때문입니다. 후자의 경우[*], (불)가능성은 기술적 가능성의 영역 '바깥'에서 기술이 야기할 수 있는 또 다른 변화의 연쇄 고리를, 특히 그 부정적이거나 비가시적인 영향을

---

[*] 전자, 곧 기술 내부의 (불)가능성에 대해서는 앞에서 자세히 살펴봤으니, 여기에서는 정치와 윤리 등 기술 외부에서 바라보는 (불)가능성에 대해 논하면서 강의를 마무리하겠습니다.

계속해서 묻고 탐색하고 검증해 나가는 것을 의미합니다. 비판과 견제의 불가능이고, 한계와 제한의 불가능입니다. 정치, 윤리, 사회, 공동체, 공생 등 기술 바깥에서 제기되는 불가능이죠. 앞으로만 내달리려 하는 기술에 대해 명확한 한계를 설정한다는 의미의 (불)가능성인 것입니다.

오해가 있을 수 있는데요. 이때의 (불)가능성이란 단순히 반기술주의를 말하는 것이 아닙니다. 앞에서도 말씀드렸듯이, 저는 기술 발전의 가능성 자체를 부정하지는 않습니다. 기술이 이룩한 눈부신 풍요와 발전을 부정하는 것도 아니에요. 제가 주장하는 것은 기술 가속과 기술 부정 사이의 이분법적 선택이 아니라, 즉 전부 아니면 전무가 아니라, 기술이 나아갈 방향성이자 이를 위한 우리 인간과 사회의 적극적인 성찰과 반성, 개입의 필요성입니다. 바로 (불)+가능성의 필요성입니다. 예컨대 인간 복제가 기술적으로는 가능하지만 강력한 법적 규제를 통해 금지되고 있는 것처럼, 필요하다면 기술 발전의 속도를 제한해서라도 기술과 가능성 사이에, 그 무조건적인 친화성 사이에, (불)이라는 비판과 견제, 한계와 제한의 계기를 기입해야 한다는 겁니다. 무작정 전진하는 기술에 브레이크를 걸고, 속도를 조절하고, 그것이 만들어낼 수 있는 위험과 영향을 면밀히 검토할 수 있어야 한다는 것이죠. 즉 기술적 가능성은 언제나 그 가능성만큼이나 기술 외부의 불가능성에 의해 되물어져야 합니다.

기술이 우리를 구원하는가?

그렇다면 그러한 불가능성은 단지 규제와 제한으로만 제시되어야 할까요? 그렇지는 않습니다. 앞서 (불)가능성의 두 가지 의미가 한 지점에서 만난다고 말씀드렸는데요. 이를 좀 더 적극적으로 읽어낼 수도 있을 듯합니다. 기술의 내재적 한계를 인정하는 것과 기술 외부에서 대안적 가치를 찾는 것이 하나로 연결되어 있다면, 그것은 결국 기술과 사회의 관계를 어떻게 전과 다르게 '재구성'할 것인가라는 다음 단계의 질문으로 나아갈 수밖에 없기 때문입니다. 즉 기술적 해법의 (불)가능성은 그 네거티브한 정의를 넘어 인간-기술-사회의 기존 관계를 바꾸어내는 포지티브한 정의로까지 확대될 수 있는 것이죠. 그래야만 하고요. 탈구축은 필시 재구축을 필요로 하는 법입니다. 기술의 한계를 정확히 인식할 때에야 기술 외부로부터 다른 대안적 가치를 요청할 수 있고, 또 그럴 때에야 사회적 가치와 공동체의 윤리, 민주적 활용, 지구 환경의 지속 등을 적극 반영한 새로운 기술의 가능성을 모색할 수 있습니다.

이를 재구성의 과정이라 한다면, 이때의 재구성이란 기술을 단지 주어진 그대로 받아들이는 것이 아니라, 반대로 대중이 기술의 개발과 정책, 의사결정, 활용, 검증 등의 각 단계에 깊숙이 개입해서 기술 자체를 실천과 투쟁의 장으로 전환하는 것을 의미합니다. 비판과 견제, 한계와 제한에서 한 발자국 더 나아가는 것이죠. 그럼으로써 기술을 그들의 기술에서 우리의 기술로 바꾸는 것이기도 하고요. 그래서 '재'구성입니다. 현실적인 예로 원자력 발전 정책을 둘러싼 시민배심원단의 공적 숙의의 과정, 인공지능 개발의 토대가 된 오픈소스 공유 문화, 코로나 백신 개발 과정에서의 공개 협업 모델 등을 떠올려 볼 수도 있을 듯합니다.*
이 사례들은 기술이 정부와 기업, 전문가의 결정으로만 작동하지는 않음을, 반대로 시민사회의 개입을 통해 그 방향과 성격이 변할 수도 있음을 보여줍니다. 작지만 분명한 가능성이죠. 다만 저는 다시 영화로 돌아가서 영화가 보여주는 가능성에 주목해 보고자 합니다. 바로 거기에 구원의 실마리가 있기 때문입니다.

영화의 마지막 장면입니다. 맥스는 악전고투 끝에 마침내 엘리시움에 도착합니다. 그는 엘리시움의 서버를 초기화해서 지구에 사는 모든 사람이 메디컬 머신을 사용할 수 있도록 시스템을 변경하려 하죠. 하지만 그렇게 하면 자신이 죽게 된다는 사실을 알게 됩니다. 자기 머리에 업로드된 엘리시움의 리부팅 코드 때문입니다. 코드를 작동시켜서 시스템 서버를 초기화하면 그것과 연결된 맥스의 뇌도 파괴된다는 것이었습니다. 그러나 그럼에도 불구하고 맥스는 결단을 내립니다. 그는 자신이 죽는다는 것을 알면서도 지구의 모든 사람이 엘리시움의 메디컬 머신을 사용할 수 있도록, 그래서 다시 살 수 있도록 시스템을 재설정한 겁니다. 그 결과 엘리시움의 인공지능은 지구에 사는 모든 가난하고 병든 사람을 엘리시움 시민으로 인식하고, 이들을 치료하기 위해 메디컬 머신을 탑재한 우주선을 지상으로 내려보냅니다. 이전까지는 상상조차 할 수 없던 일이었죠. 그 기술은 오직 부유한 엘리시움 시민들에게만 허락된 특권이었기 때문입니다. 맥스는 자신의 희생을 통해 위와 아래라는 수직 분할 자체를 폭파해 버린 겁니다.

맥스는 기술이 작동하던 기존의 방식과 질서를 그대로 따르는 대신,

---

* 물론 인공지능 전체가 민주적인 기술이라는 의미는 아닙니다. 현재의 인공지능은 빅테크의 지원 아래 개발 및 운영되고 있으며 점점 더 독점적인 구조를 띠어 가고 있습니다. 다만 인공지능 기술의 개발과 확산 과정에서 오픈 소스 기술 생태계가 여전히 중요한 역할을 담당하고 있음을 부정할 수는 없을 듯합니다. 다른 예도 기술 민주주의의 부분적인 예임을 밝힙니다.

기술이 놓인 구조 자체를 근본적으로 재구성하는 길을 선택합니다. 그는 부유층만을 위해 존재하는 기술과 그 기술을 둘러싼 세계의 단단한 질서를 어쩔 수 없는 숙명으로 받아들이는 대신, 반대로 그 기술에 공동체의 윤리와 공생의 가치를 새겨 넣음으로써 이전과는 전혀 다른 목적과 용법의 기술로 탈바꿈시켜 버립니다. 모두를 위한 기술로 말이지요. 그는 기술적 해법의 (불)가능성을 정확히 인식했던 것이고[*], 더 나아가 차가운 기술에 기술 외부의 뜨거운 가치를 불어넣었던 것이며, 또 그럼으로써 이전과는 다른 세계의 가능성을 창안한 것이지요. 그 결과, 그는 모든 병든 자를 구원합니다. 이 영화(즉 첨단 기술로 가득한 미래를 다룬 영화) 내내 단 한 번 나오는 인류 구원의 장면입니다. 그렇다면 다시 질문해야 합니다. 정말로 기술이 우리를 구원할까요? 영화는 답합니다. 우리를 구원하는 것은 기술 그 자체가 아니라, 기술의 가능성과 불가능성을 동시에 사유하고 그것을 새로운 방향으로 이끌어내는 우리의 실천, 곧 '개입'이라고 말이죠.

---

[*] 영화에서 중요하게 문제 삼는 것이 바로 기술과 평등의 문제입니다. 기술 혁신이 가능하다고 해도 그 기술적 가능성이 누구에게나 평등하게 열려 있지는 않다는 겁니다. 주인공 맥스는 메디컬 머신을 사용하기 위해 목숨을 건 도박을 해야 하고, 백혈병에 걸린 아이는 엘리시움 시민 자격이 없기에 죽어갈 수밖에 없습니다. 영화만이 아니라 실제 세계에서도 최첨단 기술이 제공하는 혜택은 한 줌의 소수만 향유할 수 있죠. 인공지능, 로봇 공학, 첨단 의료 기술, 자동화 기술 등이 날이 갈수록 발전을 거듭하고 있지만, 이러한 기술적 혜택이 모든 이에게 공평하게 돌아가는 것은 아닙니다. 오히려 기술은 계급적, 지역적, 인종적, 젠더적 격차에 따라 차별적으로 배분되고 있으며, 그 혜택을 누릴 수 있는 자와 그렇지 못한 자 사이의 격차를 더욱 심화시키는 방향으로 작용하기도 합니다. 즉 기술 발전에도 불구하고 누군가에게는 가능한 일이 여전히 다른 누군가에게는 불가능한 일로 남아 있죠. 이는 기술 발전이 세계를 진보시킨다는 우리의 믿음과는 달리, 많은 경우 이미 존재하는 불평등을 더 강화하고 고착하는 방향으로도 작동할 수 있음을 보여줍니다.

4장
기술 거부가 답이라고 믿는
기술 최소주의 또한 낭만적인 것은 매한가지입니다.
〈노 임팩트 맨〉

위기가 아닌 재앙

기후 위기는 어느새 흔하디흔한 일상어가 되어 버렸습니다. 위기라는 말이 여기저기서 시도 때도 없이 들려옵니다. 특히 2024년 여름은 정말이지 위기라고 할 만큼 더웠죠. 지금까지 인류가 경험했던 위기와는 달리, 지금의 기후 위기는 몇몇 지역만이 아닌 그야말로 전 지구적 차원에서 발생하고 있다는 점에서, 게다가 인류의 생존을 근본적으로 위협하는 수준으로까지 치닫고 있다는 점에서, 단지 위기라는 말 정도로 손쉽게 갈음할 수는 없는 것처럼 보이기도 합니다. 위기보다는 차라리 재앙(catastrophe)이나 파국(apocalypse)이라고 불러야 우리의 인식과 대응도 그만큼 절박해지지 않을까 하는 생각이 들 정도입니다. 인류의 종말을 진짜로 염려해야 할 만큼 지금 우리가 처한 이 상황은 급박하고도 심각합니다.

노 임팩트 맨 No Impact Man
감독 로라 가버트, 2009

실제로 전 세계 곳곳에서 기록적인 폭염과 한파, 대규모 산불, 최악의 가뭄, 폭우와 홍수 등이 그 어느 때보다 더 빈번하고 더 심각하게 발생하고 있습니다. 북극과 남극의 빙하는 인류 역사상 가장 빠른 속도로 녹아내리고 있죠. 어떤 지역에서는 기록적인 폭염과 기근이 발생하는데, 반대로 어떤 지역에서는 허리케인과 홍수가 발생하기도 하는 등, 도무지 종잡을 수 없는 기상 이변이 속출하고 있습니다. 100년에 한 번 있었던 위기가 이제는 5년에 한 번씩, 또는 그보다 더 자주 지구를 강타할 거라고 합니다. 게다가 단지 기후 이변만이 아니라 생물 다양성 위기, 오존층 파괴, 해양 산성화, 식량 생산 감소 등 더 많은 복합적인 위기가 우리를 기다리고 있다고도 합니다.[1] 그래서인지 6차 대멸종이라는 극단적인 가능성까지 거론되고 있는 듯합니다.[2]

그런데 웬일인지 위기라는 급박함과 심각성에도 불구하고, 그 누구도 기후 위기에 대한 근본적인 대처를 말하지는 않는 듯합니다. 우리는 멀쩡한 옷과 신발을 그대로 둔 채 그저 유행에 따라 습관처럼 쇼핑을 하고 있죠. 2년마다 한 번씩 멀쩡한 스마트폰을 바꾸는 것도, 방마다 텔레비전과 에어컨을 따로 설치하고, 거대한 냉장고에 이어 김치냉장고에까지 음식을 산처럼 쌓아 놓는 것도, 이미 너무나 일상적인 모습이 되어 버렸습니다. 하루에도 몇 개씩 사용하는 일회용 컵은 물론이고 배달용기부터 택배 포장까지 수많은 쓰레기를 아무렇지도 않게 배출하고 있죠. 코로나19로 잠시 주춤했던 해외여행도 마치 고삐 풀린 듯 날카로운 증가세를 이어 나가고 있습니다. 물론 이러한 예시는 끝도 없이 나열할 수 있습니다.

어찌 된 일일까요? 물론 무관심하거나 외면만 하는 것은 아닙니다. 우리는 환경 보호를 위해 플라스틱 빨대 대신 종이 빨대를 쓰고, 일회용 컵 대신 텀블러를, 비닐봉지 대신 에코백을 쓰고 있습니다. 분리수거도 열심히 하고 있죠. 그런데 잠깐만요. 이건 너무나도 비대칭적이지 않은가요? 정말 이것만으로 기후 위기를 극복할 수 있을까요? 설마 그렇다고 생각하시는 건 아니겠죠? 이런 실천만으로 기후 위기를 극복할 수 있다면, 애당초 그건 위기라고도 할 수 없지 않을까요? 어쩌면 우리는 이런 실천을 통해 마치 우리가 무언가를 열심히 하고 있다는 식으로, 일종의 안심을 소비하고 있는 것은 아닐까요? 소비 자체를 줄이기보다는 차라리 친환경 제품을 소비함으로써 상품과 양심 두 마리 토끼를 잡으려 하고 있는 것은 아닐까요?[3] 오늘 말씀드릴 영화는 이런 우리에게 마치 경고라도 하는 듯, 환경 보호를 위해 문명의 혜택을 전면 거부하기로 결정한 어느 가족의 이야기를 담고 있습니다.

무한도전, 지구를 지켜라!

〈노 임팩트 맨〉은 뉴욕에 사는 한 가족이 환경 보호를 실천하기 위해 삶의 모든 영역에 걸쳐 고군분투하는 모습을 담은 다큐멘터리 영화입니다. 제목에서도 알 수 있듯이 주인공 콜린은 지구 환경에 그 어떠한 '임팩트(영향)'도 미치지 않기 위해 지금까지의 소비주의적인 생활 습관 전체를 근본적으로 개조해 나가려고 합니다. 그래서 '노 임팩트 맨'입니다.[*] 예컨대 이런 식입니다. 그와 그의 아내는 전기를 아끼기 위해 집에서 텔레비전과 에어컨 등의 전자제품을 다 치워 버리고, 엘리베이터 대신 계단을 이용합니다. 쓰레기를 만들지 않기 위해 포장 음식을 단호히 끊고, 이산화탄소를 줄이기 위해 탄소 배출 교통수단인 자동차, 비행기, 지하철, 택시도 타지 않습니다. 이동이 필요할 때는 오직 자전거와 킥보드만 타죠. 물을 오염시키는 합성세제도 당연히 쓰지 않고 대신 친환경 세제를 직접 만들어서 씁니다. 식품 운송 과정에서도 탄소가 많이 배출되기 때문에 멀리서 운반되는 농산물 대신 근교에서 재배된 것들만 먹습니다. 뉴질랜드산 과일은 노! 같은 이유에서 커피도 마시지 않습니다.

놀라기에는 아직 이릅니다. 축산업이야말로 환경 오염의 주범 중 하

---

[*] 〈아바타 2〉 강의에서 저는 기술 최소주의가 주장하는 탈성장과 탈자본주의를 추상적이고 비현실적이라고 비판했습니다. 그 취지를 부정한 게 아니라 거기에 이르는 전략과 실천의 모호함을 비판한 것이었습니다. 〈아바타 2〉에서 제기한 최대주의 비판을 〈엘리시움〉에서 이어받은 것처럼, 아마도 이번 강의에서는 지난번에 다룬 최소주의 비판을 이어갈 것이라고 예상할 수 있겠습니다만, 저는 오히려 그와는 다른 각도에서 최소주의에 대한 비판을 제기해 보고자 합니다. 〈아바타 2〉에서 최소주의의 기본적인 문제설정에 주목했다면, 이번 강의에서는 그것이 구체화된 개인적인 실천 방식에 주목해 보려는 것입니다. 앞서 제기한 최소주의 비판과는 조금 다른 각도의 접근이지만, 큰 틀에서의 문제의식은 연결되어 있다고 할 수 있습니다. 최소주의가 주장하는 탈성장과 탈자본주의가 추상적이고 비현실적이라고 한다면, 반대로 구체적이고 현실적인 실천은 어떻게 가능하고 또 그 문제설정은 과연 얼마나 타당한가를 질문해야 하기 때문입니다.

나이기에 이들은 자연스레 육식을 끊고 채식으로 돌아섭니다. 양배추와 감자, 당근이 이들의 식탁을 채워 나가죠. 심지어 이들은 음식물 쓰레기마저도 퇴비로 활용하기 위해 작은 상자에다 지렁이를 넣고 키우기까지 합니다. 집안 전체에 파리가 들끓는 건 감내해야 할 작은 고통일 뿐입니다. 아이의 기저귀를 일회용 기저귀에서 천 기저귀로 바꾸고, 구독하던 신문과 잡지도 전부 끊고, 키친타월과 화장실 휴지도 낡은 옷감으로 다 바꿉니다. 하루에 매립되는 일회용 기저귀만 미국 전역에서 4천9백만 개에 달한다는 이유 때문입니다. 또한 신문과 화장지 등을 만들기 위해 전 세계적으로 엄청난 양의 나무를 잘라내고 있다는 이유 때문이죠. 우리가 쉽게 외면해 왔던 이 사실들이 이들 부부에게는 작은 변화를 실천하기 위한 직접적인 동기가 됩니다. 작지만 큰 차이라고 할 수 있습니다.

이들은 점차 실천의 강도를 높여 나갑니다. 단연 냉장고야말로 소비 자본주의를 지탱하는 핵심이기에, 이들은 냉장고 한가득 먹을거리를 쟁여 놓던 기존의 생활 습관을 버리면서 대신 나이지리아식 천연 냉장고를 도입합니다. 항아리 두 개를 겹쳐 놓은 뒤 그사이에 모래를 채우고 물을 뿌려서 기화열로 주위의 열을 빼앗는 방식입니다. 성능도 크기도 부족하기에 그만큼 소비는 최소화될 수밖에 없습니다. 딱 먹을 만큼만 구매해서 그날 바로 소비하겠다는 것이죠. 큰 냉장고에 이어 김치냉장고까지 필수품이 되어 버린 우리네 생활 습관과 비교해 보면 분명 이들의 실천은 배울 점이 많아 보입니다. 더욱이 이들은 점차 전기 사용량을 줄여 나가다가 프로젝트를 시작한 지 6개월이 지난 시점에서는 아예 모든 전기를 차단한 채 전기 없는 삶을 살아가기로 합니다. 전기를 사용하지 않는다는 것은, 곧 모든 문명적인 삶과의 결별을 의미하죠. 결심은 이토록 결연하고 단단합니다.

"무릎 꿇고 기도하라, 그러면 믿을 것이다"

물론 이 모든 과정이 순수한 동기만으로 이루어진 건 아닙니다. 콜린의 아내 미셸은 스스로를 TV 중독자이자 쇼핑 중독자라고 밝히는데요. 쇼윈도에 걸려 있는 명품 가방에 눈을 뺏기고, 콜린한테 커피 한 잔만 마시게 해달라고 화를 내고, 직장에 출근해서는 마음껏 전기를 쓸 수 있다고 웃는 모습을 보면, 이들 또한 우리와 크게 다르지 않구나 하는 생각이 들기도 합니다. 심지어 그녀는 프로젝트 시작 전에 사고 싶은 것을 왕창 구매해 버리는, (콜린의 말에 따르면) 마지막 발악을 감행하기도 하는데요. 이런 점을 보면 미셸이 과연 이 어려운 프로젝트를 제대로 완수할 수 있을지 의심이 들기도 합니다. 소비에 대한 욕망을 끊어내기란 결심 한 번으로 가능할 만큼 쉬운 게 아니기 때문입니다.

동기가 순수하지 않은 건 콜린도 마찬가지입니다. 그는 이미 이전에 역사와 관련된 책을 쓰기도 했던 기성 작가인데요. 행동주의 작가로서의 입지를 굳히기 위한 전략의 일환으로 〈노 임팩트 맨〉 프로젝트를 시작한 것이었습니다. 자신의 이름값을 높이기 위한 일종의 바이럴 마케팅(viral marketing)이었던 셈이죠. 그의 야심 찬 시도에 대해 여기저기서 긍정적인 반응도 많았지만, 뉴욕타임스의 한 기자는 이 프로젝트가 좌충우돌 식의 식상한 시트콤 같은 데다가 결국에는 작가의 자기 홍보에 불과하다고 강하게 비판하기도 합니다. 진정성이 의심된다는 것이었죠. 동기 차원에서 본다면 콜린 또한 인정을 갈구하는 평범한 인간이었던 겁니다. 미셸이 의식주와 같은 소비 욕망에 충실했다면 콜린은 사회적 인정 욕망에 충실했다고나 할까요?

그런데, 바로 그렇기에 이들의 실천은 그 동기가 순수하지 않아도 얼마든지 긍정적인 변화를 일으킬 수 있음을 보여주는 역설적인 계기가 됩니다. 내면의 동기야 어떻든 간에 중요한 것은 현재의 위기 앞에서 우리가 무엇을 할 수 있느냐 하는 것이기 때문입니다. 순수한 동기가 최선의 결과를 보장하지 않을 뿐만 아니라, 내면의 순수성과 실천의 진정성을 따져 묻기에는 우리 앞에 놓인 위기가 너무나 급박하고 거대하기까지 합니다. 오히려 "무릎 꿇고 기도하라, 그러면 믿을 것이다."라는 파스칼(Blaise Pascal)의 말처럼*, 일단 환경 보호를 위한 작지만 가능한 실천을 일상 속에서 반복하고 그것을 사회적 규범으로 확산시켜 나가는 것이 더 효과적인 방법이 될 수 있지 않을까요? 뉴욕타임스처럼 그들의 동기가 과연 순수한지를 묻기보다는 그들의 실천이 과연 어떤 결과를 불러일으킬지에 더 주목할 필요가 있는 겁니다. 이런 관점에서 본다면, 콜린과 미셸의 저 요란한 실천과 언론의 조명은 적어도 대중의 관심을 촉발하고 환경 보호를 의제화했다는 점에서 충분히 성공적이었다고도 할 수 있을 것 같습니다. 문제는 순수한 마음이 아니라 앞으로 내딛는 한 걸음이기 때문이죠. 실천이 반복되면 자연스레 의식도 따라올 수밖에

---

* 원래 구절은 다음과 같습니다. "그것은 마치 믿는 것처럼 모든 일을 행하는 것이다. 성수를 받고 미사를 드리고 등등. 이것은 자연스럽게 당신을 믿게 하고". 아마도 이 구절을 후에 알튀세르(Louis Althusser)가 "무릎 꿇고 기도하라, 그러면 믿을 것이다"로 각색했고 이것이 더 많이 알려진 듯합니다. 다만 이에 대해서는 더 정확한 비교와 대조가 필요해 보입니다. 블레즈 파스칼, 『팡세』, 이환 옮김, 민음사, 2003, 197쪽.

없습니다.

놀랍게도 이들은 마치 파스칼의 말을 증명이라도 하듯 환경 보호의 실천을 거듭하면서 점점 더 발전된 의식을 갖게 됩니다. 프로젝트 초기만 해도 콜린은 환경 보호 실천이 헬스장 한 번 안 가고 10kg의 몸무게를 빼는 운동이고, TV 안 보고 더 좋은 부모가 되는 방법이며, 지역의 제철 음식으로 아내의 당뇨병을 막는 치료법이라고 강변하는, 딱 그 정도의 의식을 갖고 있었습니다. 어찌 됐든 결과적으로는 환경 보호에 도움이 되겠지만, 여기에는 환경 보호마저도 철저히 개인의 이익으로 수렴시키는 미국식 개인주의와 자유주의만 가득할 뿐, 기후 정의와 인권, 자본주의의 착취와 수탈, 대중의 결속과 연대, 정치적인 변화의 가능성 등에 대한 어떤 진지한 고민과 사유도 사실상 존재하지 않는 게 사실입니다.

그러나 변화는 어느 순간 '이미' 시작되었습니다. 콜린은 계속된 실천 속에서 점차 종이 빨대와 텀블러, 에코백 등을 사용하는 것만으로는 아무런 변화도 일으킬 수 없음을 깨닫고, 결국 〈노 임팩트 맨〉 프로젝트의 한계를 고백하기에 이릅니다. 바로 이 지점에서 그는 한 단계 더 나아가죠. 성장한 겁니다. 혼자만의 환경 보호 운동에서 벗어나, 이제 그는 과잉 소비의 문제점을 비판하고 학생들에게 환경 보호의 필요성을 교육하고 환경 보호 단체에 자원봉사를 나가기 시작합니다. 실천이 의식을 고양시켜 나가는 지점입니다. 당연히 이러한 변화에 발맞추어 미셸 또한 울며 겨자 먹기 식의 동참에서 벗어나 훨씬 더 주체적이고 의식적인 모습으로 변모해 갑니다. 자신이 위치한 곳에서 당장 할 수 있는 일을 하라! 이것이 콜린과 미셸이 스스로 체득한, 그리고 우리에게 들려주고자 하는 하나의 가르침입니다.

그러나 문제는 다른 곳에 있다

하지만 여전히 석연치가 않습니다. 이들의 주장을 부정하는 것도 아니고 그 치열한 노력을 폄훼하는 것도 아닙니다. 다만 이들이 뭔가 중요한 것을 놓치고 있는 것은 아닐까 하는 생각이 드는 겁니다. 이미 들어 본 분들도 있겠지만, 지구 환경은 '인류세(anthropocene)'라는 새로운 지질학적 시대 구분이 요구될 만큼 극단적인 형태로 바뀌어 가고 있습니다.[4] 인류세는 말 그대로 인류의 활동이 지구 전체에 돌이킬 수 없는 흔적을 남기고 있다는 의미인데요. 지질 시대를 구분하는 거대한 시간 범주에 '인류'라는 말을 명시적으로 기입할 만큼 인류의 영향력과 그로 인한 변화의 정도가 (부정적으로) 크다는 겁니다. 플라스틱, 이산화탄소, 수질·토양·대기 오염 물질, 온갖 쓰레기, 방사능 물질 등 인류가 만들어 낸 문명의 부산물이 지구 표면을 뒤덮으면서, 즉 지질에 뚜렷한 흔적을 남기면서 이전(홀로세, holocene)과는 분명히 구분되는 절단면을 만들고 있습니다. 당연하게도 인류가 이렇게 지구에 쌓아 온 부정성은 어느새 지구 자정능력의 한계를 넘어 마치 부메랑처럼 우리에게 되돌아오고 있는 중입니다.[5]

그렇다면 문제의 핵심은 무엇일까요? 그것은 요컨대 이 모든 사태의 중심에 다른 무엇이 아닌 바로 자본주의가 놓여 있다는 겁니다. 인류가 채굴한 화석 연료의 절반가량이 냉전 종식 이후에, 즉 전 지구적인 자본주의 생산 체제 속에서 소모되었다는 사실만 봐도 금방 알 수 있습니다.[6] 이는 단순한 우연이 아닌데요. 자본주의적 생산양식이 전 세계적으로 확산되고 보편화되면서, 그와 더불어 자연에 대한 착취와 수탈, 채굴 또한 급격하게 증가했기 때문입니다. 이 가운데 특히 화석연료 채굴과 사용이 기하급수적으로 늘어나면서, 바로 그만큼 환경 오염과 기후 위기의 가능성도 높아지게 되죠. 기후 위기는 자본주의와는 무관한 별개의 문제가 아니라, 오히려 정확히 자본주의의 작동 원리와 운동에 따라 발생한 필연적인 결과인 겁니다. 즉 자본주의야말로 기후 위기의 근본적인 원인이기에, 뒤집어 말하자면 기후 위기에 대한 해법은 바로 이 자본주의 비판을 향하지 않고서는 제대로 질문될 수도, 정확히 모색될 수도 없습니다.[7]

그런데 〈노 임팩트 맨〉에는 놀랍게도 자본주의 비판이 없습니다.[*] 콜린은 환경 오염에 맞서 스스로 투사가 되고자 했지만, 그래서 안락한 소비 생활을 버리고 불편한 대안적 삶과 그 가능성을 찾아내고자 했지만, 정작 이 모든 위기의 원인인 전 지구적 자본주의에 대해서는 이상하게도 침묵으로 일관합니다. 자본주의가 이미 그의 언어와 사고, 실천의 세계를 완전히 틀 짓고 있어서인지 그에게는 자본주의에 대한 대안조차도 자본주의 안에서 찾아야 하는 것으로 다가오는 듯합니다. 그와 함께 친환경 농사를 지었던 한 단체의 환경 운동가는 당장의 이윤 추구를 핵

---

[*] 앞서 〈아바타 2〉에서도 확인했듯이 최소주의는 맹목적인 기술 개발과 생산력 확대, 소비 자본주의를 위기의 원인으로 지목하면서 그것을 최소화해야 한다고 보는 입장입니다. 당연히 탐욕적인 자본주의와 기술 가속주의를 비판의 대상으로 삼을 수밖에 없죠. 그렇기에 최소주의가 해법으로 제시하는 것이 바로 탈성장과 탈자본주의입니다. 앞서 저는 이를 달성하기 위한 전략과 실천이 추상적이고 비현실적이라고 비판한 바 있습니다. 이념의 정당성이 실천의 모호함을 보완할 수 없다는 것이었습니다. 반면, 〈노 임팩트 맨〉은 그 전략과 실천을 구체적인 일상의 영역에서 찾는다는 점에서는 충분히 현실적이지만, 반대로 자본주의에 대한 비판적인 문제설정을 견지하지는 못한다는 점에서 마찬가지로 한계를 갖습니다. 그렇다면 자본주의 구조 비판과 현실적인 실천 가능성을 동시에 충족할 수 있는 방안은 무엇일까요? 〈아바타 2〉와 〈노 임팩트 맨〉을 최소주의 비판의 관점에서 함께 읽어낼 필요가 여기에 있습니다.

심으로 삼는 미국의 기업 자본주의를 문제의 핵심으로 지목하면서, 콜린이 모순적이게도 바로 그 기업들을 문제 삼지 않았기에 대중과 언론의 큰 이목을 끌 수 있었다고 차분히, 그러나 뼈아프게 지적합니다.

그렇습니다. 이 영화는 내내 개인적인 의식 전환을 강조할 뿐, 그리고 끝에서야 잠깐 연대의 필요성을 제시할 뿐, 무엇에 대한 의식의 전환이고 무엇에 대한 연대인지는 끝내 밝히지 않습니다. 콜린은 에너지 정책법에 동의한 정치인을 만나러 가지만 스스로 정치적인 운동을 하려고 하지는 않습니다. 적이 없는 싸움이고, 그렇기에 이 싸움은 결국 자신과의 외로운 싸움이 되고 맙니다. 하지만 단언컨대, 현재 우리가 직면한 기후 위기(재앙)는 고삐 풀린 자본주의에 대한 전 지구적인 인식과 대응, 협력을 통해서만, 그리고 그러한 변화를 강하게 촉구하고 압박하는 전 세계 대중의 저항과 연대를 통해서만, 겨우 해결의 단초를 마련할 수 있습니다. 제 살을 깎아 먹는 자본주의를 그대로 둔 채, 개인의 다짐과 노력만으로 지금의 이 위기를 해결할 수는 없다는 말입니다.

모든 기술을 거부하고 자연적인 삶을 살아가는 것이 가장 급진적인 저항의 방식이라고 믿는 콜린과 미셸을 저는 '순진한' 기술 최소주의자라고 부르고 싶습니다. 기술 혁신이 현재의 위기로부터 우리를 구원해준다고 믿는 기술 최대주의만큼이나, 전면적인 기술 거부가 답이라고 믿는 순진한 기술 최소주의 또한 낭만적이고 낙관적인 것은 매한가지입니다. 도시와 기술을 거부하고 자연으로 돌아간들, 그리고 위에서 열거한 환경 보호의 여러 실천을 '개인적으로' 치열하게 이어나간들, 수많은 다국적 기업이 지금도 계속 쏟아내고 있는 오염 물질과 그로 인한 전 지구적인 환경 오염을 근본적으로 막아낼 수는 없습니다.

물론 개인의 노력이 필요 없다고 말하는 것은 아닙니다. 콜린과 미셸의 노력처럼 우리는 지금 우리가 할 수 있는 것을 꾸준히 실천해 나가야 합니다. 그러나 반복하지만, 그것이 전부가 될 수는 없습니다. 예컨대 이것은 운전과도 같은 것이죠. 우리들 각자는 상대 운전자를 배려하고 최대한 안전에 주의하면서 운전을 해야 하지만, 즉 개인적인 노력을 다해야 하지만, 동시에 도로 신호와 교통 규칙 등과 같은 강력한 외부 규범이 전제가 되어야만 더욱 안전한 운전을 할 수 있습니다.[8] 아예 운전을 하지 않는 것이 (즉 기술을 거부하고 자연으로 회귀하는 것이) 안전을 지키기 위한 최선이 될 수는 없다는 겁니다. 문제가 시스템 차원에서 발생한다면, 해법 또한 시스템을 겨냥해야만 하고 당연히 우리의 싸움 또한 그 위에서 펼쳐져야 합니다. 자본주의라는 시스템 말입니다.

"자본주의의 종말보다 세계의 종말을 상상하는 것이 더 쉽다."

아마도 지구의 평균 기온은 계속해서 올라갈 테고 태풍과 홍수, 폭염, 가뭄, 산불은 마치 백화점 정기 세일처럼 우리를 찾아올 겁니다. 조만간 우리는 이 기후 위기로 인해 지금의 안락한 생활양식을 포기해야 할지도 모릅니다. 일주일에 며칠만 전기를 쓸 수 있다거나 하는 식의 비상조치가 행해질 수도 있다는 말입니다. 거짓말 같은가요? 지금 당장 뭔가를 하지 않으면 미래는 훨씬 더 암울하고 비극적일 수 있습니다. 해수면 상승으로 저지대부터 물에 잠기기 시작하는 시나리오는 아마 많이들 들어보셨을 듯합니다. 여기저기서 발생하는 기상 이변은 해가 갈수록 극심해질 테고, 기후 변화로 인한 식량 생산량 감소와 생물종 멸종 등의 위기도 점점 더 가시적인 변화로 다가올 겁니다. 이 모든 재앙은 당연히 북반구의 선진국에도 예외 없이 닥쳐올 거고요.

그래서 두렵습니다. 지금까지 누려왔던 자본주의의 안락함과 풍요로움을 잃을까 두렵고, 무엇보다 이 세대 안에 세계의 종말이 올까 두렵습니다. 물론 이 두 항은 등가가 아닙니다. 세계의 종말이란 자본주의의 종말마저 포함하기 때문입니다. 머리를 굴려보죠. 만약 둘 중 하나를 선택해야 한다면, 우리가 선택해야 할 것은 차라리 자본주의의 종말이어야 하지 않을까요? 너무 센 말인가요? 그래도 그것이 세계의 종말보다는 낫지 않나요? 문학 평론가이자 철학자인 프레드릭 제임슨(Fredric Jameson)은 "자본주의의 종말보다 세계의 종말을 상상하는 것이 더 쉽다"는 유명한 말을 남겼는데요.* 바꿔 말하면 이 말은 우리가 자본주의의 종말을 상상할 수 없을 만큼 거기에 강하게 착근되어(한 몸이 되어) 있다는 말이기도 합니다.

이런 우리의 현실을 '자본주의 리얼리즘(capitalist realism)'이라는 말로 표현할 수도 있을 듯합니다.⁹ 리얼리즘이라는 말이 암시하듯, 자본주의란 쉽게 부정할 수도, 극복할 수도 없는, 우리를 둘러싼 현실 그 자체로 다가오고 있기 때문입니다. 즉 그것은 상상과 허구, 주관성의 영역이 아니라 객관적이고도 실제적인, 그래서 너무나 리얼한 현실의 영역으로

---

* 프레드릭 제임슨이 썼다고 알려진 이 문장의 원래 표현은 다음과 같습니다. "It seems to be easier for us today to imagine the thoroughgoing deterioration of the earth and of nature than the breakdown of late capitalism." 번역해 보면 "오늘날 우리는 후기 자본주의의 붕괴보다 지구와 자연의 철저한 악화를 더 쉽게 상상하는 것 같다" 정도가 됩니다. 왜인지 모르겠지만 저자가 쓴 이 문장보다는 본문의 저 문장이 더 많이 인용되는 듯합니다. 아마도 본문의 문장이 훨씬 더 간명하고 전달력이 높기 때문인 것 같기도 합니다. Jameson, F. (1994). *The seeds of time*. Columbia University Press. p. xii.

인식되고 있는 겁니다. 자본주의는 어느새 그것이 최선은 아닐지언정 그보다 더 나은 체제란 없다는 식으로, 즉 받아들이는 것 외에는 대안이 없다는 식으로, 우리 일상 속에 깊이 녹아들어 와 버렸습니다. 유일한 체제이자 불가피한 체제가 되어 버린 거지요. 마치 우리 주위에 있는 자연처럼 (그 존재를 의심할 수 없는 것처럼) 그 자체 자연화되었다고나 할까요?

당연히 자본주의가 우리에게 '현실' 그 자체로 인식되는 이상, 그것이 작동하지 않는 세계를 상상하거나 그것을 넘어선 다른 체제의 가능성을 모색하는 것은 어려울 수밖에 없습니다. 그것은 말 그대로 '비현실'적인 상상이 되어 버리고 말죠. 게다가 지금과 전혀 다른 세계라니 두려울 수도 있습니다. 그리고 그러한 상상 불가능성이, 자본주의 너머에 대한 두려움이, 우리로 하여금 현재의 상태에만 계속 머무르게 만드는 무거운 관성이 되고 있기도 합니다. 그래서 다시 자본주의 리얼리즘이 재생산되는 것이죠. 그런데, 그러면 그럴수록(즉 현재 상태에만 머무를수록) 자본주의 리얼리즘은 더욱 강하게 자체의 현실성을, 그 불가피성을 강화해 나갈 것이고, 또 그러면 그럴수록 그 반대급부로 세계의 종말은 점점 더 가까워질 수밖에 없습니다. 그렇잖아요. 자본주의가 문제의 핵심인데, 그 자본주의를 넘어서는 것을 상상조차 하기 어렵다면 당연히 그로 인한 결과는 배가될 수밖에 없지요. 자본주의 리얼리즘은 자본주의 너머에 대한 사회적 상상력을 지워버림으로써, 그리고 그에 대한 모색과 도전을 포기하게 함으로써, 역으로 우리가 사는 이 세계를, 이 유일한 세계를 더욱더 종말에 가까운 곳으로 몰아가고 있는 겁니다. 개똥밭에 굴러도 이승이 낫다는 식으로 현재에만 안주하게 하는 거죠.

자본주의 너머를 상상하기

　그렇다고 한다면 그 종말이 오기 전에 자본주의를 근본적으로 변혁해야 합니다. 무력하게 앉아서 세계의 종말을 맞이하기보다는 차라리 자본주의의 종말을 부러 상상하고 그 너머를 적극적으로 모색해야 합니다.[10] 그게 상상일지라도, 아니 오히려 상상을 통해서라도 말입니다. 자본주의를 불가피한 현실로 받아들이기보다는, 얼마든지 다르게 상상할 수 있고 또 그에 맞게 바꿔낼 수 있는 것으로, 여차하면 버스를 갈아타면 된다는 식으로, 재발명할 필요가 있는 겁니다.

　물론 자본주의를 지금 당장 망하게 해야 한다는 말이 아닙니다. 그건 급진적이지만 그만큼 낭만적이고 또 무책임하죠. 대안의 급진성이 현실의 모순을 해결할 수는 없습니다. 말인즉슨, 세계의 종말을 막기 위해서는 먼저 자본주의의 종말을 상상할 수 있는 것으로, 즉 그 리얼리티와 관성을 얼마든지 각색할 수 있고 이겨낼 수 있는 것으로 바꾸어 내야 한다는 겁니다. 그게 시작일 수 있습니다. 종말을 막기 위해 되레 종말을 상상해야 하는 역설이 필요한 것이지요. 더욱이 이러한 상상력을 개인의 망상이 아닌 사회적 상상으로 집단화해 나갈 필요가 있습니다. 백만 명, 천만 명이 상상하는 자본주의 너머란, 그 자체로 이미 현실성을 갖게 되는 법이니까요. 자본주의의 종말을 상상하는 것은 그 자체로는 상상일 수 있지만, 동시에 그것은 그 수행적인 효과로서 현실적인 변화의 가능성을 배태하기도 합니다.*

　가령 2008년 서브프라임 모기지 사태가 우리에게 보여준 어떤 공백의 지점을 생각해 볼 수도 있을 듯합니다. 이미 자연화된(일상화된) 자본주의도 얼마든지 망할 수 있고, 그렇게 망해도 이 세계는 어떻게든 돌아간다는, 어쩌면 너무나 당연한 사실을 우리는 그때 생애 처음으로 목도한 게 아닐까 싶습니다. 자본주의가 망하면 응당 세계도 같이 망할 줄 알았는데, 그게 아니었던 것이죠.[11] 물론 수많은 파산과 실업, 붕괴, 혼란 등의 여파가 밀려왔지만 적어도 그것이 지금 우리가 마주하고 있는 세계의 종말만큼 위태롭지는 않다는 것을 알게 된 겁니다. 지구의 6차 대멸종에 비하면 자본주의의 종말쯤은 정말이지 아무것도 아닌 것이니까요. 우리는 무엇이 진짜 위기인지 착각하고 있거나 아니면 철저히 속고 있었던 것인지도 모릅니다. 그렇다면 앞의 인용을 뒤집어야 하지 않을까요? 세계의 종말보다 자본주의의 종말을 상상하는 게 훨씬 더 쉬워야 하는 것이고, 필요하다면 상상만이 아닌 실제의 종말을 통해서라도 세계의 종말을 늦춰야 하는 게 아닐까요?

앞에서 저는 문제가 시스템 차원에서 발생한다면 해법도 시스템을 겨냥해야 한다고 제안했습니다. 마무리하는 차원에서 한 번 더 짚어 보기로 하죠. 그만큼 중요하기 때문입니다. 이미 말씀드렸듯이, 우리가 지금 해야 하는 실천이란 콜린과 미셸의 저 자유주의적인 실천만은 아닙니다. 여기서 한 발자국 더 나아가야 합니다. 약탈적 자본주의가 더 이상 지구 환경을 착취하지 못하도록, 곧 앞뒤 가리지 않고 성장을 향해

---

* 물론 그러한 상상이 구체적인 실천으로 곧바로 이어지지는 않는다는 점에서, 그 둘 사이의 접합을 어떻게 현실 속에서 구체화할 수 있는지에 대해서는 좀 더 많은 고민이 필요해 보입니다. 상상은 여전히 중요하지만, 상상만으로는 부족한 겁니다. 저는 급진적인 상상을 발명하는 것과 함께, 지금-여기에서 우리가 해야 할 일을, 또 우리가 할 수 있는 일을 계속해서 해 나가는 것이 중요하다고 생각합니다. 그리고 바로 그러한 실천이 '역으로' 자본주의의 종말을 더욱 상상 가능한 것으로, 즉 넘어설 수 있는 것으로 만들어 낸다고도 생각합니다. 상상과 실천이 별개의 것이 아니라는 말입니다.

서만(이마저도 소수를 위한 성장이죠) 내달리지 않도록, 감시하고 규제하고 윤리와 책임을 요구해야 합니다.

반복하지만 이것은 운전과도 같은 겁니다. 모두가 안전하게 운전을 하기 위해서는 운전자의 개인적인 노력뿐 아니라, 음주·보복·난폭 운전, 교통법규 위반 등을 규제하고 처벌하는 법과 제도 차원의 강제력이 필요합니다. 운전자의 양심과 선심만으로는 결단코 부족합니다. 자동차 관련 기업들이 각종 안전 기준과 환경 기준을 지키도록 (네거티브 규제로) 제재하고 동시에 그렇게 하도록 (포지티브 규제로) 강하게 요구해야만 합니다. 당연한 말이지만 기업이 이를 스스로 준수하지 않는다면 국가가 나서서 강하게 조치를 취할 수 있어야 합니다. 개별 국가가 힘이 없다면, 즉 초국적 자본주의가 국가의 경계를 무시하면서 이 모든 규제를 피해 나간다면, 국가 간 연합을 통해서라도 마구 날뛰는 자본주의의 목줄을 잡아야 합니다.[12]

요컨대 문제가 구조에 있다면 문제의 해결은 개별적인 행위 주체에게만 맡겨둘 수도 없고, 문제의 원인인 자본주의 체제의 자기 정화 가능성에만 맡겨둘 수도 없습니다. 자본주의라는 시스템에 대한 개인과 사회, 국가, 국가 간 연합, 이 모두의 총체적인 개입이 필요합니다. 어느 하나만이 아닌 이 모든 주체가 자본주의를 감시하고 규제하고 책임을 요구해야만 하는 겁니다. 만일 그러한 개입이 자본주의의 본성에 어긋난 결과를 초래한다면, 그래서 그것이 이미 자본주의가 아닌 다른 체제에 더 가깝다고 한다면, 그 또한 감수해야 합니다. 체제야 뭐가 됐든 세계의 종말보다는 나을 테니 말이죠.

"혁명은 기차를 타고 여행하는 사람들이
잡아당기는 비상 브레이크"

이전 강의에서도 브레이크의 예시를 들었지만, 철학자 발터 벤야민은 "혁명은 기차를 타고 여행하는 사람들이 잡아당기는 비상 브레이크"라고 말합니다.* 비유가 참 적절하다는 생각이 듭니다. 기차가 낭떠러지를 향하고 있다면 지금 우리가 해야 할 일은 딱 하나밖에 없습니다. 비상 브레이크를 당기는 겁니다. 당장은 넘어지고 다치고 아우성치는 등 여러모로 혼란스러울 수 있지만, 브레이크를 당기지 않았을 때 나타날 결과는 이 정도의 혼란과는 비교도 할 수 없을 겁니다. 종말을 피하려면 차라리 혼란을 선택할 수밖에 없습니다. 하지만 너무나 당연하게도 자본주의가 저 스스로 브레이크를 당기지는 않을 겁니다. 그럴 수 있었다면 지금의 위기가 오지도 않았겠죠. 우리 앞에 펼쳐질 변화는 권력자와 자본가의 자발적 동의가 아닌, 오직 변화를 요구하는 대중의 저항과 연대를 통해서만 겨우 가능해질 수 있습니다. 그리고 이 저항과 연대야말로 마구 날뛰는 저 자본주의의 고삐를 잡아챌, 아마도 유일한 힘일 겁니다. 그 외의 방법을 저는 알지 못합니다.

하지만 상황은, 그 방법을 알고 있음에도 불구하고 여의치가 않습니

---

* 벤야민은 역사가 과거에서 현재, 미래로 전진한다는 식의 선형적인 진보사관에 대해 강한 비판을 제기합니다. 역사의 진보라고 믿었던 것이 실은 파국과도 같다면, 즉 우리가 나아가는 방향 끝에 낭떠러지가 존재한다면, 진보란 앞으로 한 발자국 더 나아가는 것이 아니라 오히려 지금 내딛는 바로 그 걸음을 멈추는 것이어야 한다는 주장입니다. 엑셀이 아닌 브레이크를 밟아야 한다는 것이죠. 기술 발전이 곧 진보라고 믿는 시대에, 벤야민의 이러한 주장은 미래에 대한 낙관주의를 경계하게 만드는 중요한 참조점이 됩니다. 발터 벤야민, 『역사의 개념에 대하여』, 최성만 옮김, 길, 2008, 356쪽.

다. 여기서부터는 일종의 번외편인데요. 강의를 끝내기 전에 하나만 더 짚어 보죠. 우리는 저항과 연대가 해답이라는 것을 잘 알고 있지만, 안타깝게도 해답을 너무 잘 알고 있는 게 문제일 수도 있습니다. 이미 잘 알고 있기 때문에, 도리어 아무것도 안 하는 것일 수도 있다는 겁니다.* 자본주의가 결국 시스템의 문제라는 걸 누가 모르나요? 저항과 연대가 필요하다는 걸 누가 모르겠어요? 문제가 무엇인지 정확히 알면, 즉 계몽이 되면 변화가 일어날 거라고 생각해 왔지만, 어쩌면 우리 모두가 이미 다 잘 알고 있기 때문에 더욱 변화가 일어나지 않는 것일 수도 있습니다.[13] 예컨대 우리는 술 담배를 많이 하면 몸에 안 좋다는 것을 이미 다 알고 있습니다. 알지만, 그래도 여전히 그렇게 하고 있죠. 그걸 몰라서 하는 게 아니라는 겁니다. 문제는 이렇듯 배배 꼬여 있습니다. 그렇다면 이런 상황에서는 도대체 무엇이 더 필요한 걸까요? 우리는 어떻게 계몽 이후의 세계로 한 걸음 더 나아갈 수 있을까요? 섣부른 낙관과 여

---

* 슬라보예 지젝(Slavoj Žižek)은 다음과 같이 말합니다. "이는 '허위의식'이라는 고전적인 이데올로기 개념이다. 다시 말해 사회현실 자체를 구성하는, 그러한 현실에 대한 오인. 우리의 문제는 이 순진한 의식으로서의 이데올로기 개념이 오늘날의 세계에도 여전히 적용될 수 있는가라는 것이다. 그것은 오늘날에도 여전히 효력이 있는 것인가? 독일의 베스트셀러 작가인 페터 슬로터다이크는 자신의 『냉소적 이성 비판』에서 이데올로기의 지배적인 기능양식은 냉소적이라고 주장한다. 이는 고전적인 이데올로기 비판의 절차를 불가능한 것으로, 보다 정확히는 쓸 데 없는 것으로 만든다. 냉소적인 주체는 이데올로기적인 가면과 사회현실 사이의 거리를 잘 알고 있다. 하지만 그럼에도 불구하고 그는 가면을 고집한다. 따라서 슬로터다이크가 제시한 공식은 다음과 같은 것이라 할 수 있다. "그들은 자신들이 무슨 일을 하고 있는지 잘 알고 있지만 그럼에도 여전히 그것을 하고 있다." 냉소적인 이성은 더 이상 순진하지 않다. 그것은 계몽된 허위의식의 역설이다." 즉 지젝은 이데올로기가 거짓이라는 것을 우리가 모르기 때문에 변화가 일어나지 않는 게 아니라, 도리어 너무나 잘 알고 있기 때문에 변화가 일어나지 않는다고 말합니다. 아는 것만으로는 충분하지 않다는 것이죠. 슬라보예 지젝, 『이데올로기라는 숭고한 대상』, 이수련 옮김, 인간사랑, 2002, 61-62쪽.

전한 비관 사이에서 우리는 무엇을 해야 할까요? 이 질문은 얼마나, 언제까지 유효한 것일까요?

그래서 저는 요즘 이런 생각을 합니다. 어쩌면 해답을 아는 것만큼이나 이미 아는 것을 다르게 '감각'하는 게 중요하지 않을까? 하는 생각 말이지요. 인식만큼이나 감각이 중요하다는 생각입니다. 앞서 말씀드렸듯이, 저항과 연대가 필요하다는 것을 아는 것과 실제로 그 방향을 향해 움직이는 것은 다를 수밖에 없습니다. 그리고 문제는, 아는 것에서 움직이는 것이 필연적으로 도출되지는 않는다는 것이죠. 게다가 더 많이 알게 된다고 해서 이 상황이 달라지지도 않는다는 겁니다. 물론 문제를 해결하기 위해서는 문제가 무엇인지를 먼저 알아야 하지만(이것은 여전히 중요합니다), 만약 그것을 이미 다 알고 있는 상황이라면, 아는 것 이외의 또 다른 방법이 필요하다고도 생각합니다. 그것은 무엇일까요? 즉 무엇이 우리를 아는 것에서 움직이는 것으로 옮겨가게 할까요?

아마도 우리에게 필요한 것은 매번 다르게 느끼고 또 매번 다르게 반응하는, 바로 그 매번의 감각일지도 모릅니다. 앎과 행동을 이어주는 작은 고리는, 어쩌면 매일의 태양을 새롭게 기뻐하는 어린아이의 감각으로부터 비롯되는 게 아닐까요? 우리는 바로 그 감각으로 인해, 너무나 잘 알고 있어서 도리어 절망적인 이 세계에 대해서도, 다시 놀라고 분노하고 사랑하고 희망을 가질 수 있는 것이죠. 즉 변화는 결국 세계에 대한 (인식은 물론이거니와) 감각의 전환을 그 조건으로 요구합니다. 물론 이 감각은 나 혼자만의 개별 감각이 아니라, 함께 고민하고 분노하고 정의를 외치고 더 나은 세계를 꿈꾸는 우리의 공통감각일 테고요. 바로 이 공통의 감각이야말로, 또는 감각의 공유야말로, 저항과 연대의 앎을 집단적인 실천으로 이어주는 촉매이자, 우리를 다시 '함께' 움직이게 하는 동력이 될 거라고 생각합니다.

번외편인 만큼 조금만 더 자세히 살펴볼까요. 물론 이때의 공통감각(sensus communis)이 단지 상식(common sense)을 의미하는 것은 아닙니다. 상식이 이미 언어화되고 관념화된 일반적인 '지식'에 가깝다면, 공통감각은 사람들이 세계를 함께 지각하고 공명할 수 있게 해주는 조건, 즉 세계를 이해 가능하게 만드는 '감각'적 기반에 가깝다고 할 수 있습니다. 다시 말해 공통감각은 '지식'보다는 '감각'에 초점을 둔 것으로, 이성적 판단보다는 감정이나 느낌, 정서 등에 더 가깝죠. 그런가 하면, 요즘 많이 회자되는 '정동(affect)'은 그보다 한 단계 앞선 차원, 곧 언어화되기 이전에 작동하는 정서적인 힘과 강도, 신체적인 조응과 변용을 뜻한다고 할 수 있습니다. 거칠게 정리하자면, 언어 이전의 정동이 반복되어 우리 몸에 안착될 때 비로소 공통의 감각이 형성되고, 또 이것이 다시 언어화된 관념으로 굳어질 때 상식이 된다고 할 수 있겠네요. 예컨대 누군가가 웃을 때 함께 웃고, 울 때 같이 울며, 억울해하거나 분노할 때 자신도 모르게 그 감정에 휩쓸리게 되는 것은, 언어화되기 이전 단계에서 작동하는 정동의 힘과 흐름, 파동 때문입니다. 이 파동이 반복되면서 우리 몸에는 슬픔과 분노를 함께 느끼는 감각적 습관이 축적되고(이것이 공통감각입니다), 여기서 더 나아가 '이 상황에 화가 나는 건 당연해'라는 식의 판단이 자리 잡으면서 일종의 상식이 형성되는 것이죠.

더욱이 정동과 공통감각은 개인이 혼자 느끼는 고립된 감정이 아니라, 타인의 감정에 내가 영향을 받고 또 나의 감정이 타인에게 영향을 미치는, 이른바 '공유되는' 감정이라는 점에서 주목을 요합니다. 우리는 보통 하버마스(Jürgen Habermas)가 말했던 것처럼, 공론장(public sphere) 에서의 수평적인 소통을 통해 사회적 갈등을 조정하고 상호 이해에 도달한다고 생각하는데요. 하지만 실제로 우리는 토론장에 들어서기 전부터 이미 슬픔, 억울함, 분노 등과 같은 정동의 흐름과 신체적으로 공명하고 있는 경우가 많습니다. 합리적인 토론과 설득은 바로 그 위에서, 그 다음 단계로서만 작동할 수 있는 것이죠. 문제가 무엇인지 정확히 아는 것도 중요하지만, 여기서 한 발 더 나아가서 그 아는 것을 개인의 앎이 아닌 우리 공통의 문제로 함께 감각하고 반응하는 것 또한 절실한 과제라고 할 수 있습니다.

"우리는 바로 그 (공통)감각으로 인해, 너무나 잘 알고 있어서 도리어 절망적인 이 세계에 대해서도, 다시 놀라고 분노하고 사랑하고 희망을 가질 수 있는 것이죠. 즉 변화는 결국 세계에 대한 (인식은 물론이거니와) 감각의 전환을 그 조건으로 요구합니다"라는 위의 문장은 이런 맥락에서 이해할 수 있습니다. 단지 지금이 커다란 위기의 상황이라는 상투적인 인식에 그칠 게 아니라, 실제로 세계의 종말을 (말만이 아닌) '몸'으로 '함께' 느끼고, 이대로는 안 된다는 공통감각을, 그 절박함과 절실함을 공유해야 한다는 것입니다.*

---

* 물론 여기에도 난점은 있습니다. 정동 또는 공통감각이 언제나 저항과 연대를 위한 긍정적인 동력으로만 작동하는 것은 아니기 때문입니다. 감각과 정서, 정동 등을 강조하면서 이성의 한계를 넘어서려 했던 시도는 역사적으로 파시즘과 전체주의 등의 극단적인 입장과도 자주 결합되어 왔던 게 사실입니다. 비근한 예로 12·3 내란 이후의 한국 상황을 떠올려 볼 수도 있을 듯합니다. 한쪽에서는 민주주의의 위기 앞에서 정의의 회복을 열망하는 공통의 감각이 있었다면, 다른 한쪽에서는 정반대로 공격과 혐오의 감각, 그리고 정치의 자리 자체를 말소하려는 파괴의 감각이 있었죠. 그렇다면 공통감각에 대한 무조건적인 옹호보다는, 그조차도 다시금 반성적으로 점검하고 성찰할 수 있는 비판적 사유의 힘이 한 번 더, 변증법적으로 요청되어야 하는 게 아닐까요? 아는 것과 감각하는 것의 상호보완이 필요하고도 할 수 있을 듯합니다.

그렇다면 자본주의 너머를 상상하는 것은, 아마도 그러해야 한다는 차가운 인식보다는 그럴 수밖에 없다고 느끼는 어떤 절박한 감각과 정서로부터 비롯되는 게 아닐까 싶기도 합니다. 세계의 종말을 마주한 감각 말이죠. 우리가 다시 '함께' 움직이기 위해서는, 냉철한 언어로는 다 닿지 않는 그 절박한 감각을 서로 감지하고 공유하는 데서부터 시작해야 하는 것인지도 모르겠습니다.

다음 강의에서는 대안을 묻기에 앞서 문제가 무엇인지를 먼저 알아야 한다는 논의를 펼칠 계획인데요. 이 또한 이성과 인식이 전부라는 주장은 아니며(즉 이 강의의 내용과 모순이 아니며), 마찬가지로 감각과 정동의 층위 또한 함께 고려할 필요가 있다는 주장임을 미리 말씀드립니다. 이에 대해서는 294쪽의 각주를 참고하시고, 정동에 대해서는 다음 책을 참고하시기 바랍니다. 브라이언 마수미, 『가상계』, 조성훈 옮김, 갈무리, 2011; 사라 아메드, 『감정의 문화정치』, 시우 옮김, 오월의봄, 2023.

5장
그렇다면 비판은
개입주의 자체에 대해서도 행해져야 합니다.
〈돈 룩 업〉

"결국에 세상은 망하고 우린 모두 죽고 말겠지. 수많은 고통과 기쁨도 한 줌의 가루가 되겠지. 뭐가 됐든 결국 남는 것은 아무것도 없겠지, 그러니 괜찮아." 가수 천진우는 〈멸망〉이라는 곡에서 이렇게 노래합니다.[1] 불행히도 세상은 망하겠지만, 우리 모두가 죽는 것이기에 그러니 괜찮다고 말이죠. 이런 상황에서도 슬퍼하지 말라니 그는 아마도 MBTI가 100% T인 사람이 아닌가 싶습니다. 그런데 가만히 생각해 보면, 그의 말이 맞는 것도 같습니다. 내가 죽는 1인칭의 죽음은 남아 있는 자들의 슬픔이고 네가 죽는 2인칭의 죽음은 그 죽음을 지켜보는 나의 슬픔이겠지만, 우리 모두의 죽음은 남아서 슬퍼할 이가 없다는 점에서 차라리 괜찮아 보이기까지 한 게 사실입니다. 슬퍼할 주체가 없다면 슬픔이라는 감정도 없을 것이기 때문입니다. 모두가 죽는 마당에 슬퍼할 게 뭐가 있겠습니까. 그 전에 미리 멸망을 막지 못한 우리의 어리석음이 문제라면 문제겠죠.

돈 룩 업 Don't Look Up
감독 애덤 맥케이, 2021

　영화 〈돈 룩 업〉도 천진우의 이 노래처럼 인류의 멸망을 다룹니다. 그리고 그와 마찬가지로 죽음 앞에서 마냥 슬퍼할 것을 요구하지도 않죠. 이 영화는 스스로 멸망을 초래한 인류의 어리석음을 끝까지 비웃으면서, "쓸데없이 감상적"이기보다는 차라리 그 결과가 왜, 그리고 어떻게 비롯되었는지를 똑바로 바라보라고 말합니다. 어쩌겠습니까. 다 인류가 자초한 결과인 것을 말입니다. 어쩌면 반면교사라는 말이 정확해 보이기도 합니다. 영화가 보여주는 극단적인 결과 앞에서 혹여 현실의 인류가 조금이라도 자기 자신을 되돌아볼 수만 있다면, 그래서 그 암울한 미래를 끝내 현실화시키지 않을 수만 있다면, 비록 영화적 상상이 그려 낸 멸망이라고 하더라도 그것은 오히려 긍정적인 멸망이라고 할 수 있지 아닐까요? 그러한 극단성이 아니라면 인류가 스스로를 반성조차 안 할 테니, 이왕 망할 거 더욱 어이없고 분통이 터질 만큼 답답한 게 더 좋지 않을까 싶기도 합니다. 실제로 이 영화는 그걸 노린 것 같기도 합니다. 마치 '이래도 안 변할 거야?'라고 묻는 것처럼 말이죠.

대환장 파티는 아직 끝나지 않았다

영화 〈돈 룩 업〉은 여러모로 감정 소모가 큰 영화입니다. 영화를 보면서 몇 번이나 한숨을 내쉬었는지 모를 정도입니다. 흔한 표현대로, 물 없이 고구마를 백 개나 먹었다고 할 만큼 속이 답답했습니다. 영화는 블랙코미디 특유의 냉소적인 웃음 코드를 잔뜩 담고 있지만, 사실 저에게는 이 영화가 코미디라기보다는 새삼 진지한 다큐멘터리처럼 다가왔습니다. 영화적 상상력을 많이 버무리긴 했지만 말이죠. 일단 줄거리부터 살펴보죠.

천문학과 박사 과정생 디비아스키(제니퍼 로렌스)는 혜성을 관측하던 중에 우연히 거대한 혜성이 지구를 향해 다가오고 있음을 알게 됩니다. 에베레스트 크기만 한 혜성이었죠. 그녀와 그녀의 지도교수인 민디(레오나르도 디카프리오)는 사태의 심각성을 깨닫고 곧장 백악관으로 향합니다. 하지만 몇 시간을 기다린 끝에 겨우 만난 대통령 올린(메릴 스트립)의 반응은 놀랍게도 "기다리면서 상황을 지켜봅시다"가 전부였습니다. 인류 멸망보다는 당장의 중간 선거와 대법관 지명 문제가 훨씬 더 중요하다는 것이었죠. 실망한 이들은 언론을 통해 위험을 알리려 하지만, 언론 또한 연예인의 이별 소식에만 호들갑을 떨 뿐 사태의 심각성을 전혀 이해하지 못했습니다. 마찬가지로 당장의 시청률이 훨씬 더 중요하다는 것이었습니다. 참다못한 디비아스키는 방송 중에 갑자기 "우리 모두 100% 다 죽는다고요!"라고 소리치면서 자리를 박차고 나와 버립니다.

방송 후에 나타난 여론의 상황은 더 절망적입니다. 대중은 바람을 피운 연예인이 재결합한다는 신변잡기 소식에는 한껏 열광하지만, 정작 혜성 충돌이라는 절체절명의 소식에는 디비아스키의 화난 얼굴을 각종 밈으로 만들어 조롱하는 식으로 가볍게 반응해 버리고 맙니다. 이쯤 되면 정치와 언론의 저 어이없는 반응이 어느 정도 이해가 될 것도 같습니다. 정치와 언론의 수준은 곧 대중의 수준이기도 하기 때문입니다. 어느 것이 먼저라고 할 것 없이, 영화는 이 모두가 서로를 근거로 삼아 무한퇴행에 빠져들고 있는 상황을 적나라하게 묘사합니다. 언론은 정치를 후퇴시키고 정치는 대중을 기만하며 대중은 쾌락을 좇는 식이죠. 대중은 다시 그런 언론과 정치가 가능한 토양을 만들어 가고 말입니다. 당연히 그러면 그럴수록 퇴행적인 상황은 한때의 예외가 아닌 일종의 정상 상태로 자리 잡아가게 됩니다. 모두가 비정상인 상황이 그 일상성으로 말미암아 도리어 정상이 되고 마는 상황이 펼쳐지는 겁니다. 그런데, 이게 영화였나요? 혹 현실은 아니었나요? 잠시 헷갈렸습니다.

그러던 와중에 올린 대통령은 다시 민디와 디비아스키를 불러서 혜성 충돌을 막기 위한 긴급한 대책 마련을 지시합니다. 드디어 사태의 위급함을 깨달은 걸까요? 물론, 아닙니다. 각종 스캔들로 지지율이 급락하자 대중과 언론의 주의를 돌리기 위한 반전 카드로 혜성 충돌이라는 급박한 위기를 내세우고자 했던 겁니다. 일단 계획만 놓고 보면 그래도 아직 희망이 남아 있는 듯도 보입니다. 핵폭탄을 잔뜩 실은 위성 수십 기를 발사 및 폭파해서 혜성의 궤도를 바꿈으로써, 위기에 처한 인류를 구하고 동시에 자신의 정치적 생명도 구한다는 계획이었죠. 의도야 어찌 됐든 일단은 인류를 구하기 위한 야심 찬 기획이 시작되는 순간입니다.

드디어 디데이(D-Day), 모두가 두근거리며 지켜보는 가운데 핵폭탄을 실은 수십 기의 우주선이 마침내 발사에 성공합니다. 이제 혜성을 향해 곧장 날아가서 폭파만 잘 시키면 되는 것이죠. 절반의 성공에 이를 지켜보던 전 세계 사람들이 안도의 한숨을 내쉽니다. 그런데 그것도 잠시, 갑자기 무슨 일이 생긴 것인지 잘 날아가던 우주선이 돌연 방향을 돌려 지구로 되돌아오는 일이 발생합니다. 발사 장면을 지켜보던 전 세계 사람들도, 이 기획을 지시한 정치인도, 심지어 프로젝트 담당자도, 그 누구도 영문을 모르는 상황. 모두가 어안이 벙벙합니다. 인류를 구원할 마지막 기회가 눈앞에서 사라져 버린 겁니다. 도대체 무슨 일이 일어난 걸까요? 지구 종말의 대위기 앞에서 어떻게 이런 일이 있을 수 있을까요? 벌써 답답하시다고요? 실망하기에는 이릅니다. 대환장 파티는 아직 끝나지 않았기 때문입니다.

탈진실의 시대, 진실은 더 이상 중요하지 않다?

사정은 이렇습니다. 세계 최대 IT/우주 기업의 CEO인 이셔웰(마크 라이런스)은 지구를 향해 다가오는 저 혜성에 엄청난 양의 희귀 자원이 매장되어 있다는 사실을 알게 됩니다. 지구 최고의 기업가답게 열심히 계산기를 두드려 본 이셔웰은 혜성의 궤도를 바꾸기보다는 차라리 그것을 잘게 부셔서 지구에 연착륙시켜야 한다는 그야말로 대담한, 정확히는 말도 안 되는 주장을 내놓습니다. 최첨단 탐사 드론을 혜성에 보내 나노 기술로 표면을 정밀 스캔하고 양자 분열 폭탄을 사용해 폭파하면 그 큰 혜성 전체를 작은 조각들로 분할할 수 있다는 것이었죠. 혜성에 매장된 막대한 양의 희귀 자원을 채굴함으로써 지금까지 자원 희소성 문제에서 비롯된 지구의 가난과 불평등, 기후 위기 등의 문제를 해결할 수 있는 것은 물론이고, 다양한 부가가치와 일자리 창출 등을 통해 다시 한 번 인류 역사의 황금기를 열 수 있다는 게 그의 주장이었습니다. 쉽사리 믿기지는 않지만, 이게 잘 날아가던 우주선을 중간에 회항시킨 이유였습니다.

물론 이렇게 말도 안 되는 소리는 일축해 버리면 그만입니다. 개소리(bullshit)는 어디에나 있는 법이니까요.[2] 하지만 그동안 그가 정치권에 어마어마한 금액의 로비를 해왔던 탓에, 이런 말도 안 되는 주장이 종말이라는 극한적인 위기 속에서도 너무나 손쉽게 관철되고 마는, 그야말로 말도 안 되는 상황이 펼쳐집니다. 돈을 받은 정치권은 마치 악마와의 계약에서처럼 자본이 복종을 요구하는 순간 철저히 그 명령을 따를 수밖에 없었던 겁니다. 자본이 정치와 국가를 주무르는 상황은 지구 종말이라는 위기의 순간에도, 그러니까 정치와 국가의 토대뿐만이 아니라 자본 자체가 붕괴되는 순간에도 어김없이 계속됩니다. 마치 이솝 우화의 전갈과 개구리처럼, 그것이 자본의 어쩔 수 없는 본성인 것처럼 말입니다.

그 결과 이제 혜성은 행성 파괴자가 아닌 140조 달러의 경제적 가치를 가져다주는 보물로 일컬어지기에 이릅니다. 물론 이 주장이 개소리라는 것은 누구든 단박에 알 수 있습니다. 지구가 박살나서 모두가 죽은 다음에야 경제적 가치가 무슨 소용이 있겠습니까? 하지만 이런 주장을 무려 초강대국 미국 대통령이 지지하고 최첨단 기술 기업의 CEO가 실행하고 노벨 과학상 수상자가 이론적으로 뒷받침하면, 놀랍게도 그것은 현실적인 힘을 갖게 됩니다.

현실적인 힘이란 아마도 이런 것이겠죠. 여러 정부 기관은 대통령의 결정을 뒷받침하기 위한 타당성 조사에 돌입해서 혜성이 얼마만큼의 이익을 가져올지를 계산하기 시작할 겁니다. 언론은 연일 대서특필을 통해 혜성의 희귀 자원이 기술 발전을 촉진하고 경제 성장에 기여한다는 식으로 새로운 의제를 설정하겠죠. 또한 여기에 동원된 각종 분야의 전문가들은 전문 지식과 첨단 이론을 동원해 이런 주장에 객관적인 근거를 마련해 줄 겁니다. 소셜 미디어는 검증되지 않은 정보를 무한정 실어 나르면서, 한편으로는 온갖 주장이 난무하는 환경을 만들고 다른 한편으로는 무엇이 진실인지에 대한 관심 자체를 희석시켜 버리겠고요. 지금의 이 현실 세계가 정확히 그러하듯이 말입니다.

이뿐만이 아닙니다. 혜성과 관련된 기업의 주가가 천정부지로 오르면서 돈을 향한 대중의 욕망을 자극하고, 이에 대중은 종말 따위는 잊어버린 채 각종 투자 열풍에 휩싸이고 말 겁니다. 기업은 기업대로 혜성 충돌 메타버스니 하는 상품을 개발해서 새로운 시장을 개척하고, 학교는 학교대로 우주 교육이니 하는 교과 과정을 개발해서 시대적 흐름을 뒤쫓아 가겠지요. 혜성 충돌과 인류 멸망이라는 아주 '사소한' 진실만 빠졌을 뿐, 세상은 어제와 똑같이, 아니 그 어느 때보다도 더 진지하고 분주하게 내일을 향해 달려갈 겁니다. 그래서 '돈 룩 업', 즉 하늘을 바라보지 말고 오늘을 살아가자는 역설의 시대인 것이죠.

영화는 지구로 다가오는 혜성의 존재 자체를 부정하면서 하늘을 바라보지 말자고 외치는 '돈 룩 업(Don't Look Up)' 파와 반대로 하늘 위 혜성의 위험성을 경고하면서 대책 마련을 촉구하는 '룩 업(Look Up)' 파가 서로 대립하는 상황을 묘사합니다. 방금 말씀드렸지만, 정말 놀라운 것은 이들이 싸우는 이유입니다. 이들이 싸우는 건 혜성 충돌에 대한 대책 마련과 그 효과, 실현 가능성 때문이 아닙니다. 무엇을 할지를 놓고 싸우는 게 아니라는 겁니다. 오히려 혜성 충돌이라는 엄연한 사실 그 자체가 의심의 대상이고 싸움의 대상입니다. 정치, 언론, 대중, 자본 사이의 무한퇴행이 혜성 충돌과 지구 멸망이라는 진실마저도 저마다의 정치적 신념에 따른 주장 정도로 축소해 버린 것이고, 그렇게 진실이 사라진 자리를 아귀다툼으로 채워 버리고 만 겁니다.

영화의 혜성 충돌을 지금 여기의 기후 위기(이전 강의에서도 말씀드렸듯이 위기라는 말은 아무래도 부족합니다. 재앙이나 파국이 그나마 더 현실적이죠)로 바꾸어도 상황은 크게 다르지 않습니다. 놀랍게도 기후 위기의 사실성 여부가 논쟁의 대상이 되고 있기 때문입니다. 실제로 미국 대통령 도널드 트럼프(Donald Trump)는 지구 온난화가 거짓말이라고 주장하면서 환경 관련 법규들을 대폭 후퇴시키기도 했죠. 진실이 무엇인지는 중요하지 않으며 심지어 정치적 입장과 신념에 따라 진실 그 자체를 선별하고 수정할 수 있다고 보는, 이른바 '탈진실(post truth)'[3]의 상황이 이렇듯 영화와 현실을 하나로 교직합니다.

혜성 충돌이라는 객관적인 사실마저도 탈진실적 신념의 대상으로 받아들이는 상황 속에서 민디는 이렇게 일갈합니다. "우리끼리 그런 최소한의 합의도 못하고 쳐 앉아 있으면, 대체 정신머리가 어떻게 된 겁니까!" 그런데 이게 정말 영화였나요? 현실이 아니란 말인가요? 왜 자꾸 이 영화 위에 기후 위기를 둘러싼 지금 우리의 현실이 겹쳐 보이는 걸까요? 어쩌면 이 영화는 비현실적인 혜성 충돌을 소재로 들고 나오긴 했지만, 사실 정말로 하고 싶은 말은 다른 데 있는 게 아닐까요? 즉 상상할 수 있는 가장 극단적인 예시를 제시함으로써, 또한 동시에 그 극단성이 지금-여기의 현실과 정확히 공명함을 드러냄으로써, 상상만큼이나 엉망인 지금의 이 현실을 꼬집으려 한 것은 아닐까요?

텅 빈 기표로서의 개입주의는 허망하다

저는 지금까지의 강의에서 줄곧 기술 최대주의 또는 기술 가속주의(accelerationism)를 비판해 왔습니다. 기술 최대주의는 마치 불타는 집 앞에서 미래에 개발될 어떤 기술이 언젠가 그 불을 꺼주길 열렬히 기다리고 있는 모양새와 다를 바가 없다고 비판했죠. 이 비판은 물론 영화 〈돈 룩 업〉에도 정확히 맞아떨어집니다. 혜성에 매장된 희귀 자원을 채굴해서 부를 창출하겠다는 주장에는, 눈앞의 거대한 위기마저도 기술을 통해 얼마든지 해결할 수 있다고 믿는 기술적 낙관주의와 그것을 끊임없이 부추기고 추동하고 명령하는 탐욕적 자본주의가 더 없는 아군의 형태로 함께 녹아 들어가 있습니다.

단적으로 말해, 기술과 자본이 인류를 구원해 준다는 겁니다. 누구라도 이셔웰의 저 주장이 개소리라는 것은 금방 알 수 있지만(개소리라는 말을 너무 많이 쓴 것 같습니다. 하지만 정말로 개소리인 걸요), 그렇다고 거기에 깔려 있는 근본적인 전제마저 쉽게 부정하거나 반박할 수 있는 것은 아닙니다. 실제로 20세기 산업혁명 이후 기술 발전과 물질적 풍요가 지속되면서 기술과 진보 사이에는 일종의 긍정적인 연결고리가 있다는 믿음이 생겼습니다. 기술 혁신을 통해 문제를 해결해 왔던 과거의 기억이 이후의 전망으로까지 손쉽게 투사되면서, 현재와 미래의 위기도 마찬가지로 기술 혁신을 통해 (당장은 아니더라도 언젠가) 해결할 수 있다는 식의 신화가 만들어진 겁니다.[4] 이셔웰의 극단적인 주장을 일축하기는 쉽지만, 그 아래에 깔려 있는 기술 만능주의는 쉽사리 거부할 수 없는 일종의 믿음이자 신화로 자리 잡으면서 그만큼 견고한 세계의 이데올로기가 되어 가고 있습니다.

그렇다면 이처럼 현실을 지배하는 최대주의의 실제적인 힘 앞에서 우리는 무엇을 할 수 있을까요? 솔직해져 보죠. 다시 묻는 이유는 하나입니다. 이 영화를 보고 나서 저 스스로가 답변에 자신이 없어졌기 때문입니다. 이전 강의에서 저는 기술 최대주의를 비판하면서 그에 대한 대안으로 소박하지만 실제적인 개입주의를 주장했습니다. 다시 말씀드리자면, 개입주의는 '개입'이라는 말 그대로 지금 여기의 현실에 전략적으로 개입하면서 이 현실을 더 나은 또는 덜 나쁜 방향으로 조금씩 바꾸어 나가는 것을 뜻합니다. 우리는 우리가 처한 여러 한계 속에서, 그 한계를 정확히 직시하면서도 동시에 우리가 할 수 있는 것을 다해야 한다는 것입니다. 기술 최대주의나 기술 최소주의와 같은 극단적인 해법을 경계하는 한편, 그 사이에 넓게 펼쳐진 현실의 영역 속에서 우리가 할 수 있는 분명한 실천을 이어 나가자는 것이죠. 기술적 위기를 최소화하기 위한 법적, 제도적 절차를 마련하고 윤리적인 기술 발전을 촉구하며 기술에 대한 민주적 통제의 가능성을 모색해 나가자는 겁니다. 다시 말해, 무조건 앞으로만 내달리려 하는 기술 지상주의와, 기업들의 경쟁을 부추기면서 승자독식 구조를 구축하려는 자본주의의 폭주에 시민사회와 국가가 한계를 설정하고 방향성을 제시해야 한다는 주장입니다.* 상식적인 제안이며 누구나 동의할 수 있는 주장이죠. 탈진실 상황을 상정하기 전까지는 말입니다.

　문제는 개입주의가 적어도 지금이 절박한 위기의 상황이고 우리가 여기에 개입해 이 위기를 해결해야 한다는 데 대한 최소한의 합의를 기반으로 할 때에야 비로소 작동할 수 있다는 겁니다. 혜성 충돌이 일자리 창출과 경제 성장을 위한 기회가 된다거나 지구 온난화가 일시적인 기후 변화를 오인한 거라고 주장한다면, 그리고 어떤 위기든 인류가 곧 개발할 미래 기술로 얼마든지 해결할 수 있을 거라고 믿는다면, 심지어 이런 주장과 신념이 현실적인 힘을 가진 사회라면, 개입주의는 그 상식적인 주장에도 불구하고 아무런 힘을 발휘하지 못할 겁니다.[5] 아니, 이런 상황 속에서 개입주의는 오히려 검증되지 않은 온갖 주장과 신념을 합리화하는 효과적인 이데올로기로 기능할지도 모릅니다. 그러면서 세계를 더 나은 곳으로 만들어 나가야 한다는 공통의 합의 체계를 근본에서부터 침식해 나갈지도 모르죠. 개입주의가 역으로 개입 불가능성을 만들어낼 수도 있는 겁니다.

　아마도 개입주의에 가해지는 가장 큰 비판이 바로 이 지점을 향하지 않을까 싶습니다. 개입주의는 개입의 필요성만을 주장할 뿐 그 자체로 개입의 정당성을 담보하지는 않기 때문입니다. 기술에만 의존하지도,

---

* 예컨대 미국 연방거래위원회 위원장이었던 리나 칸(Lina Khan)이 빅테크 기업들의 독점 체제에 강하게 브레이크를 건 사례를 떠올려 볼 수 있습니다. 그녀는 메타, MS, 아마존 등의 거대 기업이 독점력을 이용해 소비자와 노동자를 착취하고 경쟁사를 억압하는 등 시장 경쟁을 저해하고 있다고 보고 강도 높은 반독점 조치를 취해 왔습니다. 하지만 빅테크 기업들의 저항 또한 그만큼 거세서 현재까지 뚜렷한 성과를 내지는 못한 상황이죠. 빅테크 기업들은 정치적 로비와 법적 대응을 강화하면서 반독점 소송을 지연시키거나 무력화하는 전략을 펼치고 있습니다. 자본주의를 길들이는 게 얼마나 어려운 일인지를 보여주는 사례라 할 수 있습니다.

그렇다고 기술을 거부하지도 않는다면, 결국 남는 것은 기술과의 동맹을 통해 인간의 역량을 증진시키면서 개입의 영역과 그 정도를 확대하고 심화해 나가는 것일 수밖에 없습니다. 〈터미네이터 2〉의 존 코너가 그러했듯이 말입니다. 그런데 문제는 이런 개입의 실천이란 결국에는 저마다의 '입장'들로부터 비롯되기 때문에, 마치 사공이 많으면 배가 산으로 가듯이, 서로 다른 방향성의 운동을 만들고 만다는 겁니다. 〈돈 룩 업〉이 보여주는 상황이 그렇고, 더 정확히는 우리의 정치 현실이 바로 그렇죠. 위기를 해결하기 위한 저마다의 개입은 각자의 위치성과 상대성으로 인해 오히려 위기를 더욱 가중시킬 수도 있습니다. 개입만큼이나 그 방향이 중요한 이유입니다.

그렇다면 비판은 개입주의 자체에 대해서도 행해져야 합니다. 기술최대주의의 맹목성을 경계하는 만큼이나 텅 빈 기표로서의 개입주의에 대해서도 구체적이고 적확한 비판을 제기해야 합니다. 개입주의는 현재적 개입의 필요성만을 말할 뿐 그 내용과 방향은 텅 비어 있기 때문입니다. 현실에 충실히 개입해 나가야 한다는 뻔하고도 게으른 주장만 되뇔 것이 아니라 진실이 사라진 사회에서 어떻게 최소한의 합의를 이끌어낼지, 그 위에서 어떻게 거대한 탈진실과 맞서면서 더 올바른 방향으로서의 개입을 추구해 나갈지를 고민해야 합니다. 개입 자체를 불가능하게 만드는 권위적이고 비민주적인 상황뿐만 아니라 진실에 대한 강조마저도 훈계로 받아들이고 반발하는 식의 반지성주의에 대해서도, 그리고 각자의 관점에서 오직 저마다의 정당성만을 주장하는 상대주의에 대해서도 마찬가지로 저항해 나가야 하며[6], 이 가운데 개입 그 자체의 내용과 방향을 끊임없이 점검하고 자기 비판해 나가야 합니다. 즉 개입에 대한 개입이 필요합니다. 저는 이를 '이중의 개입'이라고 부르고 싶습니다.* 개입 그 자체를 비판적으로 갱신하는 개입의 운동 말이죠. 그렇지 않으면, 이 영화가 그리듯 우리들 저마다의 중구난방 개입은 멸망을 앞두고 펼쳐지는 한바탕 난장이 되고 말 겁니다.

멸망이 오기 전에

아마도 2000여 년 전 최후의 만찬이 그랬을 겁니다. 예수가 죽기 전날, 예수와 그의 제자들이 모여서 잔을 채우고 빵을 나누고 기도를 했을 겁니다. 서로 웃고 안아주고 또 노래하면서, 이 마지막 날에 너와 함께 있어서 다행이라고, 사랑한다고 말했을지 모릅니다. 영화는 인류의 마지막 식사 장면을 그렇게 묘사합니다. 종말의 아비규환 대신, 여기에는 그릇을 건네는 따뜻한 손길과 서로를 바라보는 애틋한 눈빛, 그리고 마지막을 너와 함께 한다는 일말의 안도가 있습니다. 천진우의 노랫말처럼, 멸망의 상황에는 고통도 기쁨도 남는 것이 아무것도 없기에, 즉 함께 사라지는 우리 외에는 아무것도 없기에 오히려 괜찮을지도 모릅니다.

그러나 그렇다고 해서 그가 멸망 따위는 정말 아무렇지도 않다고 말

---

* 저는 〈터미네이터 2〉편에서 '이중의 개입'을 인간에 의한 개입과 그 인간에 대한 사회의 개입으로 정의했는데요. 여기에서는 다시 이중의 개입을 개입에 대한 개입이라고 정의해서 아마도 혼란이 있을 듯합니다. 물론 두 정의는 표현만 다를 뿐 의미상으로는 크게 다르지 않습니다. 인간의 개입과 그 인간에 대한 사회의 개입이 필요하다는 앞의 주장은, 달리 말하자면 개입이 그 자체로 정당하지는 않기에 개입 또한 언제든 비판적으로(또 사회적 차원에서) 점검되어야 한다는 주장과 사실상 같은 논지이기 때문입니다. 앞에서는 이를 인간과 사회로 좀더 구체화해서 표현한 것이고, 여기에서는 개입에 대한 개입(또는 메타 개입)으로 일반화해서 표현한 것이라고도 이해할 수 있을 듯합니다.

한 것은 아닙니다. 그는 노래 마지막에 "미안하단 말 한마디도 못 하고선 이제 와서 왜"라는 말을 외마디 탄식처럼 덧붙입니다. 그럼으로써 멸망이라는 상황에 대한 깊은 아쉬움을 토로합니다. 멸망이 오기 전에 미안하다고 말했어야 한다는 겁니다. 이제 와서 눈물 흘리지 말고, 이제 와서 후회하지 말고, 이제 와서 한탄하지 말고, 그 전에 주위를 돌아보고 서로 소통하고 어리석음을 반성하고 진실을 찾아 나섰어야 했다는 것이죠. 멸망이 오기 전에, 단연코 멸망을 막기 위해 노력했어야 한다는 겁니다.

영화도 마찬가지입니다. 인류가 스스로 불러온 재앙이기에 다 죽어도 괜찮다는 게 아닙니다. 죽는다는 사실 앞에서 쓸데없이 감상적이기보다는, 그래서 울고만 있거나 분노만 터트리거나 현실 앞에서 답답해하거나 모든 걸 포기하고 냉소만 하기보다는, 차라리 지금 여기의 현실을 냉철하게 직시하면서 그 현실에 끊임없이, 그러나 올바르고 정확하게 개입하라고 말하고 있는 겁니다. 멸망을 슬퍼하기보다 멸망의 상황이 오지 않게 최선을 다해 개입해 나가라고 말하는 거죠. 아마도 영화가 말하고 싶은 진실이 있다면, 바로 이것이 아닐까 싶습니다. 그래서인지 영화는 돈 룩 업이라는 제목과 달리 계속해서 이렇게 말합니다. 똑바로 하늘을 보라고 말이지요. 룩 업(Look Up)!

그래서 무엇을 해야 하는가

벌써 1부의 마지막 강의를 마쳤는데요. 마지막으로 하나만 더 짚어보기로 하죠. 1부에서 저는 손에 잡힐 만한 구체적인 대안을 제시하지는 않았습니다. 단지 희망도 절망도 아닌 개입의 필요성을 말하면서, 동시에 그 개입조차도 비판적으로 성찰해야 함을 강조했을 뿐이죠. 아마도 '그래서 무엇을 해야 하는가?'라고 조금은 강한 어조로 질문하실 분이 있을 듯한데요. 지금처럼 위기가 일상화된 시대에 응당 제기할 수 있는 질문이라고 생각합니다. 하지만 저는 강의가 끝날 때쯤 어김없이 등장하는 저 질문이 어쩌면 불안한 현실을 서둘러 벗어나고자 하는 조급함의 발로가 아닌가 싶기도 합니다. 현실 분석의 촘촘한 언어를, 그 치열한 고민의 시간을 댕강 잘라버린 채, 오로지 해법만을 놓고 따지겠다는 결과주의적 태도가 무심코(즉 너무나 자연스럽게) 표출되고 있는 것은 아닐까요? 이렇게 대안(만)을 요구하는 목소리가 커질수록, 역설적으로 우리는 무엇이 문제인가를 묻는 외로운 질문의 시간을 성급히 닫아 버릴 수도 있습니다.

물론 대안은 중요합니다. 하지만 저는 대안이 언제나 질문보다 나중에 오며, 그것도 매우 구체적인 맥락 속에서만 가능하다고 생각합니다. '무엇을 해야 하는가'와 같은 질문에 답하기 위해서라도, 그보다 먼저 지금-여기의 문제가 무엇인지부터 정확히 알아야 한다는 겁니다. 결코 그 역은 아닙니다. 더욱이 대안은 항상 문제 의존적이고 국면 의존적이기까지 하죠. 다시 말해 무엇이 문제이고 또 어떤 국면인지에 따라 대안은 부득불 달라질 수밖에 없으며, 따라서 그 문제와 국면을 벗어나는 순간 곧바로 무력해질 수밖에 없습니다. 불이 난 상황이라면 소방차가 필요하겠지만, 그렇다고 소방차가 모든 문제의 해결책이 될 수는 없는 법이지요. 모든 문제에 적용할 수 있는 만능 답변을 제시하려는 시도는 실현 불가능할 뿐만 아니라, 경우에 따라서는 위험하기까지 합니다.

이 강의의 목적도 딱 부러지는 대안을 제시하는 데 있지 않습니다. 오히려 저는 우리가 처한 지금의 이 복잡하고 모순적인 상황을 정면으로 마주하면서, 도대체 무엇이 문제이고 우리 손에 무엇이 들려 있는지(또는 없는지), 우리는 무엇을 해야 하고 또 하지 말아야 하는지 등, 그러니까 지금 우리가 어디에 서 있는지를 인식하는 게 먼저임을 말하고자 했습니다. 또 그에 대한 사유와 질문, 비판의 칼날을 더욱 깊고 예리하게 벼려 내야 함을 말하고자 했죠. 대안이란 마치 정답처럼 고정된 채 주어지는 게 아니라, 우리가 처한 상황과 우리의 역량, 사회적 조건에 따라, 즉 문제를 둘러싼 관계와 배치에 따라 얼마든지 재구성될 수 있다고 생각하기 때문입니다. 어린아이에게 대안을 물을 수 없는 이유이기도 합니다. 우리는 대안을 묻기 전에, 그보다 먼저 물을 수 있는 존재가 되어야 합니다.*

그렇다면 필요한 것은 대안 그 자체가 아니라 무엇이 문제인지를 정확히 인식하는 능력, 곧 사유하고 질문하는 힘일 겁니다. 아울러 대안을 요청하더라도, 그것을 주어진 그대로 수용하기보다는 끊임없이 비판하고 재사유함으로써, 더 타당하고 더 정확한 방향을 모색해 나가는

---

* 이 책의 제목이기도 한 '기술은 우리를 구원하지 않는다'라는 말을 떠올려 보면 이해가 쉬울 듯합니다. 기술이 우리를 구원하지 않는다는 말은, 결국 우리가 우리 스스로를 구원해야 한다는 뜻이기도 합니다. 그런데 이때의 '우리'는, 당연하게도 우리 자신을 구원할 만큼의 역량을 가진 '우리'여야만 합니다. 이 세계의 파국을 초래한 우리가, 돌연 스스로를 구원하는 주체가 될 수는 없기 때문입니다. 원인으로서의 우리가 아무런 변화도 없이 갑자기 해법으로서의 우리가 될 수는 없습니다. 원인도 우리고 해법도 우리라면, 그 사이에는 필시 우리 자신의 변화가 어떤 방식으로든 기입되어 있을 수밖에 없습니다. 원인을 제공한 우리가 동시에 그 해법이 되기 위해서는, 외부에서 슈퍼맨이 나타나지 않는 이상, 우리 자신의 철저한 변화, 즉 해법이 될 만한 역량을 가진 존재로의 변화가 수반되어야만 하는 것이죠. 그렇다면 어떻게 그런 존재가 될 수 있을까요? 일단은 이 책을 끝까지 따라와 주시길 바랍니다.

치열한 고민과 실천의 과정일 것입니다. 경찰이 필요한지 소방차가 필요한지를 분별해 내는 상황 판단력과, 그 판단에 따라 지금-여기의 현실에 치열하게 개입하고자 하는 실천적 자세, 그리고 그러한 개입마저도 비판적으로 성찰하면서 더 나은 방향으로 나아가려는 반성적 태도, 어쩌면 이런 것들이 잠시 손에 잡히는 대안보다 더 절실한 가치가 아닐까요?

기술에 대해서도 마찬가지입니다. 저는 기술 최대주의와 기술 최소주의 둘 중 어느 하나의 손을 들면서 당장 그에 맞는 어떤 조치를 취해야 한다고 강변하기보다는, 각각의 특징과 전망, 한계를 입체적으로, 또 비판적으로 파악하는 것이 먼저임을 주장하고자 했습니다. 그러면서 제시했던 개입주의 또한 구체적인 대안이라기보다는, 대안으로 향하는 우리의 자세와 태도, 방향성에 더 가깝다고 할 수 있죠. 개입해야 한다는 당위만 있을 뿐, 그 내용을 채워 나가는 것은 결국 우리 자신이기 때문입니다. 그렇다면 중요한 것은 당장 무엇을 해야 하는가라는 질문에 대한 단 하나의 응답이 아니라, 그 질문을 계속해서 현행적으로 고민하고, 질문하고, 의심하고, 실패하고, 다시 도전하는 우리 자신의 사유와 실천, 그 무한한 운동일 것입니다. 이 강의는 그러한 운동을 시작할 것을 요청하는 작은 계기일 뿐입니다.

그리고 이제 이 운동은 더욱 구체적인 방향을 향해 나아갑니다. 2부에서 우리는 드디어 지금-여기의 상황을 지배하고 있는 기술, 어쩌면 유일무이한 힘인 인공지능에 대해 이야기하려고 합니다. 인공지능은 필요에 따라 선택할 수 있는 옵션도, 마음먹은 대로 쓸 수 있는 도구도, 무조건적인 희망도 절망도 아닙니다. 그것은 우리가 세계를 살아가는 방식, 곧 사유하고 소통하고 창작하고 관계를 맺는 모든 방식과 실천 속에 이미 스며들어 있으며, 앞으로 더욱 이 세계를 그런 방향으로 써 내려갈 이 시대의 결정적 배경이자 (긍정적으로든 부정적으로든) 가능성의 조건입니다. 그렇기에 인공지능을 둘러싸고 전개되는 인간과 세계의 변화, 또 그 변화가 초래할 미래의 모습, 그 가운데 개입해야 할 우리의 역할과 자세 등은 결코 회피해서는 안 될 중차대한 문제일 수밖에 없죠. 제대로 묻지 않는다면, 지구로 다가오는 혜성을 채굴해서 자원을 확보하자는 주장이 공공연하게 울려 퍼지는 영화 속 기술 지배 사회처럼, 오직 인공지능만이 모든 문제의 해답이자 미래의 구원인 양 떠받드는 사회가 어느 순간 우리 눈앞에 도래하게 될지도 모릅니다. 인공지능이 과연 대안이 될 수 있는지를 알기 위해서라도, 그에 대한 정당한 질문과 비판, 문제제기는 불가피한 것입니다.

해서, 다음 강의에서는 바로 이 인공지능을 논의의 핵심 주제로 삼으면서, 우리를 둘러싼 상황이 정확히 어떠하며 우리는 그 안에서 어떤 질문을 던지고 사유하고 분투해야 하는지, 즉 어떻게 개입해야 하는지를 함께 이야기해 보겠습니다. 인공지능이야말로 지금-여기의 로도스이기 때문입니다. 같이 뛰어 보시죠!

2부

인공지능, 인간, 로봇

> "디스토피아적 담론과 유토피아적 담론은 형이상학적 쌍둥이다.
> 하나는 AI를 모든 문제에 대한 해결책으로서 신뢰하고,
> 다른 하나는 AI를 가장 큰 위험으로서 두려워한다.
> 둘 다 권력을 오로지 기술 자체 내부에 두는 지극히 몰역사적인 관점을 취한다.
> AI가 만능 도구로 추상화되든 전능한 지배자로 추상화되든
> 그 결과는 기술결정론이다."
> ─ 케이트 크로퍼드[1]

파스칼의 내기

여러분 안녕하세요. 전체 강의의 두 번째 파트이자 여섯 번째 강의를 시작하겠습니다. 기술을 둘러싼 여러 담론의 입장과 차이, 한계 등을 살펴봤던 지난 강의에 이어 이번 강의에서는 이를 좀 더 깊게 파고들면서 특히나 가장 현재적이고 가장 문제적인 인공지능으로 그 문제의식을 확장해 보고자 합니다. 마찬가지로 기술에 대한 (인간과 사회의) 개입의 필요성을 인공지능이라는 구체적인 기술을 통해 살펴볼 계획인데요. 전체 논지는 일관되지만 인공지능이라는 기술의 특수성과 구체성 때문에 앞의 강의들과는 조금 다른 논의가 가능하지 않을까 싶기도 합니다. 전체 강의의 연속성을 고려하면서 동시에 개별 강의의 차별성을 읽어내 주시면 좋을 듯합니다.

먼저 '파스칼의 내기'로부터 강의를 시작해 보려고 합니다. 파스칼은

신의 존재라는 불확실한 문제에 대해 인간이 어떻게 합리적으로 대처할 것인가라는 질문을 던지면서, 그 유명한 내기의 비유를 듭니다.[2] 2×2의 행렬이 가능한데요. '신은 존재한다'와 '신은 존재하지 않는다'라는 가능성에 대해 '신을 믿는다'와 '신을 믿지 않는다'라는 선택이 각각 조합을 이루면서 네 개의 기댓값을 갖는 행렬을 생각해 볼 수 있습니다. 결론부터 말씀드리면, 파스칼은 신을 믿는 것이 더 합리적인 행위라고 주장합니다. 왜냐하면 신이 존재할 때(정확히는 신이 존재할 확률이 어느 정도 있을 때) 신을 믿으면 그 믿음으로 얻는 보상이 무한한 데(천국) 반해, 신이 존재할 때 신을 믿지 않으면 손실이 무한하기(지옥) 때문입니다. 또 신이 존재하지 않을 때 신을 믿으면 약간의 불편함이 따르는 반면, 신이 존재하지 않을 때 신을 믿지 않으면 약간의 이익이 따르기 때문이죠. 즉 무한한 보상과 약간의 불편함 대(vs.) 무한한 손실과 약간의 이익이 대비되는 겁니다.* 파스칼은 이를 근거로 신이 존재하든 존재하지 않든 신을 믿는 것이 믿지 않는 것보다 더 합리적인 행위라고 주장합니다.

  파스칼은 신의 존재를 내기에 붙이지만, 이를 불확실한 상황 속에서도 선택을 해야 하는 인간의 의사결정 문제로까지 확장한다면 좀 더 일반적인 논의도 가능할 듯합니다. 예컨대 신의 존재 대신 인공지능의 의식 가능성, 반란 가능성, 통제 불가능성 등을 내기에 붙인다면, 우리는 이런 불확실성에 대해 어떤 선택을 할 수 있을까요? 과연 어떤 선택이

---

* 기댓값은 다음과 같습니다.
  신이 존재하고, 믿는다 → 무한한 보상(천국)
  신이 존재하고, 믿지 않는다 → 무한한 손실(지옥)
  신이 존재하지 않고, 믿는다 → 약간의 불편함(시간, 노력 등)
  신이 존재하지 않고, 믿지 않는다 → 약간의 이익(자유, 쾌락 등)

더 합리적인 선택이라고 할 수 있을까요? 이를 통칭해서 '인공지능 의식 내기'라고 한다면, 여러분은 어느 쪽에 판돈을 거실 건가요?

　마찬가지로 경우의 수를 살펴보겠습니다. 인공지능이 실제로 의식을 가질 때 인간이 미리 그 가능성을 믿고 대비한다면 인공지능과의 평화로운 공존이 가능해질 수도 있습니다. 법적, 제도적, 기술적 대비책을 마련하고 혹시나 있을지 모를 충돌과 위협을 미연에 방지하고 인간과 기계의 긍정적인 협력 관계를 모색해 볼 수도 있겠지요. 불확실한 결과에 미리 개입할 수 있는 겁니다(무한한 보상). 반면에 인공지능이 의식을 가질 때 인간이 그 가능성을 믿지 않고 아무런 대비도 하지 않는다면 SF 영화에서 흔히 경고하듯 기계의 반란(통제 불가능)을 맞닥뜨려야 할지도 모릅니다. 반란처럼 극단적인 예시가 아니더라도 인공지능이 초래할 각종 문제에 대해 무방비 상태에 놓이게 될 수도 있겠죠(무한한 손실). 그런가 하면, 다른 두 경우(의식을 갖지 않을 때 대비하는 경우와 대비하지 않는 경우)에는 약간의 불편함이나 약간의 이익이 뒤따를 뿐입니다. 자, 여러분은 어떤 선택이 합리적이라고 생각하시나요?

　물론 인공지능이 정말로 의식을 가질 수 있는지는 저도 잘 모릅니다. 저뿐만이 아니라 인공지능 개발자와 과학자도 잘 모른다고 하죠. 심지어 인공지능 4대 석학이라고 하는 제프리 힌턴(Geoffrey Hinton)과 얀 르쿤(Yann LeCun)마저도 상반된 주장을 내놓고 있습니다.[3] 파스칼의 내기가 갖는 한계가 바로 이와 연관되어 있는데요. 파스칼의 내기는 실제로 신이 존재하는지 여부는 증명하지 않은 채 이를 단지 실효성의 문제로 치환해 버리고 있기 때문입니다. 즉 신이 존재하는지 그렇지 않은지는 모르지만(알 수 없지만) 이 불확실성에 대해 인간이 어떤 선택을 해야 더 좋은 결과를 만들어낼 수 있는지에만 초점을 맞추고 있는 것이죠. '존재'에 대한 질문을 '효과'에 대한 질문으로 대체하고 있는 겁니다. 물론 이는 의도된 전환이기도 합니다. 알 수 없는 것에 매달리기보다는 할 수 있는 것을 하자는 의도가 담겨 있기 때문입니다. 그렇다면 우리는 인공지능에 대해서도 같은 주장을 할 수 있지 않을까요? 질문을 전환해 볼 수 있지 않을까요?

제프리 힌턴과 얀 르쿤의 내기

요컨대 파스칼의 내기를 인공지능으로 확장해 본다면, 인공지능이 의식을 가질지 못 가질지 모르는 불확실한 상황 속에서, 우리는 그럼에도 불구하고 인공지능이 의식을 가질 가능성을 상정하고 이에 적극적으로 대비해야 한다는 결론을 이끌어낼 수 있습니다. 인공지능이 과연 의식을 가질 수 있는지를 증명하기 위해 하세월을 보내기보다는(물론 이 작업도 중요합니다. 다만 그게 전부일 수는 없다는 것이죠), 의식을 갖든지 못 갖든지 우리가 할 수 있는 것을 하는 게 더 합리적인 선택이고 그게 더 이득일 수 있다는 겁니다. 이런 사유 실험은 일단은 상상적 차원에서 이루어지는 것이지만 그렇다고 해서 그것을 관념적인 것으로 여길 수만은 없습니다. 관념은 현실에 내재하면서 때로 현실의 방향성을 규정하기도 하기 때문입니다. 제프리 힌턴과 얀 르쿤의 예시를 살펴보죠.

2024년 노벨 물리학상을 받은 힌턴은 "인류는 지금까지 단 한 번도 우리보다 지능 높은 존재를 대면한 적이 없다"고 말하면서 "덜 지능적인 존재가 더욱 지능적인 존재를 통제하는 사례는 아기와 엄마 관계밖에 없다"고 단언한 바 있습니다.[4] 말인즉슨 인공지능은 이미 인간의 지능을 뛰어넘었으며 (인간과 인공지능이 아기와 엄마의 관계가 아닌 이상) 그런 인공지능을 통제하는 것은 점점 더 어려워질 수밖에 없다는 겁니다. 반대로 메타(페이스북)의 수석 인공지능 과학자인 얀 르쿤은 "인공지능 위험에 대한 논쟁은 시기상조"라고 말하면서 "인공지능은 오히려 인류를 멸종에서 구할 수 있는 존재"라고 주장합니다.[5] 그는 "지금의 AI는 10살 어린아이도 할 수 있는 간단한 일조차 할 수 없다"고 평가하면서 오히려 인공지능 개발을 더욱 밀어붙여 지금의 거대 언어 모델(Large Language Model, LLM)이 갖는 한계마저 돌파해야 한다고 말하죠.[6] 극과 극의 판단이 아닐 수 없습니다.

짐작할 수 있듯이, 힌턴과 르쿤의 현실 인식과 대응은 앞서 논했던 파스칼의 내기와도, 또 이를 변용한 인공지능 의식 내기와도 정확히 겹쳐 있습니다. 힌턴은 인공지능이 의식을 가질 가능성을 상정하면서 그에 대해 인간이 미리 대비하는 게 더 합리적이라는 입장이고, 반대로 르쿤은 그럴 가능성은 거의 없다고 보면서 인공지능을 과대평가하지 않는 것이 더 합리적이라는 입장입니다. 둘 다 평생 인공지능을 연구해 온 세계 최고의 학자라는 점에서, 인공지능에 대해 아무것도 모르면서 그저 상상의 나래를 펼친 것이라고 평가절하할 수는 없을 듯합니다.[*] 가능한 한 주의 깊게 들어야 한다는 말입니다. 그렇다면 여러분은 어느 입장이 더 합리적이라고 생각하시나요? 두 입장을 동시에 현실화할 수는 없는 상황에서, 우리는 어떤 선택을 해야 하는 것일까요?

앞에서 이미 각각의 기댓값을 논했기에 여기서 다시 반복하지는 않겠습니다. 대신 결론부터 말씀드리자면, 파스칼의 내기에서와 마찬가지로 결국 힌턴의 주장대로 인공지능이 의식을 가질 가능성을 상정하고 그에 대해 여러모로 대비하는 것이 더 합리적인 선택이라고 판정할 수 있을 듯합니다. 실제로 인공지능이 의식을 갖고 반란을 일으킬지 여부와는 상관없이, 일단은 그에 대해 다양한 각도의 대비책을 마련하는 것이 그렇게 하지 않는 것보다 위험 요소를 줄이고 기대 효과를 높일 수 있기 때문이죠. 정말로 인공지능이 의식을 갖고 반란을 일으킬 것이라고 믿어서가 아니라, 아니, 오히려 그것을 모르기에, 그 불확실성에 대비하는 것이 어쩌면 더 합리적이고 더 효과적인 선택일 수 있다는 것입니다.

만약 힌턴과 르쿤이 내기를 한다면 힌턴에게 판돈을 걸려는 이유가 바로 여기에 있습니다. 힌턴과 르쿤의 기댓값에는 보상과 손실의 거대한 비대칭이 존재하기 때문이고, 당연하게도 보상을 늘리고 손실을 줄이려는 것은 너무나 합리적인 선택이기 때문입니다. 바꿔 말한다면 기술을 비판적으로 바라보려는 (힌턴과 우리의) 노력을 반기술적이라거나 비현실적인, 또는 고답적인 태도라고 매도할 하등의 이유가 없다는 겁

---

* 인공지능을 비판적인 관점에서 연구하는 인문사회과학 연구자들에게 인공지능 개발자들과 공학자들이 주로 하는 비판의 내용이 대개 이렇습니다. 잘 알지도 못하면서 상상의 나래를 펼친다는 것이죠. 하지만 힌턴과 르쿤 같은 대가조차도 인공지능에 대해 합의된 견해를 갖고 있지 않을뿐더러, 둘 다 개연적 상상을 바탕으로 자신의 견해를 제시하고 있다는 점을 보면, 이러한 비판이 특별히 인문사회과학자들에게만 해당된다고 보기는 어려울 듯합니다. 그런데 이렇게 여러 견해가 경쟁적으로 제출되고 있는 상황에서는 오히려 각자가 자신의 연구를 바탕으로 독자적인 해석과 전망을 제시하는 것이 더 필요하지 않을까요? 즉 모두가 잘 모르는 지금과 같은 상황에서는 기술에 대해서뿐만 아니라 사회, 정치, 철학, 윤리적 측면에 대해서도 더 많은, 깊이 있는 논의가 이루어져야 하지 않을까요? 파스칼의 내기를 따른다면, 지금과 같은 불확실한 세계에서의 선택과 실천은 가능한 한 다방면으로 이루어져야 하며, 어쩌면 이러한 다원적 접근만이 미래의 위험을 대비할 수 있는 가장 효과적인 대비책일 수 있기 때문입니다.

니다. 저는 오히려 힌턴과 우리의 입장, 그러니까 기술이 초래할 위험성을 미리 경계하고 대비하려는 노력이 '더' 합리적인 태도라고 강변하고 싶습니다. 1부에서 저는 이러한 노력을 '개입'이라고 명명했죠. "지금 여기의 현실에 전략적으로 개입하면서 그 현실을 조금씩 바꾸어 나가는 것, 그럼으로써 인간의 개입 지점을 늘리고 또 바로 그만큼 저항의 가능성을 넓혀 나가는 것"이 바로 개입이고, 그것이 바로 우리의 지향점이라고요.

앞으로 진행할 다섯 번의 강의에서는 이런 문제의식을 바탕으로 인공지능이 촉발할 수 있는 여러 위기의 가능성과 그에 대한 인간 개입의 필요성을 짚어 보려고 합니다. 아울러 이전 강의와 마찬가지로 우리가 흔히 봐왔던 영화들을 초대장으로 삼고자 합니다. 어려운 이야기도 영화를 통해서라면 한층 쉽게 다가오는 게 사실이죠. 자기만의 질문을 던질 자신감도 더불어 생기고요. 물론 이후의 강의가 인공지능이 의식을 가질 가능성과 그에 대한 개입의 필요성을 주장하는 데에만 국한되는 것은 아닙니다. 파스칼의 내기, 또 힌턴과 르쿤의 내기는, 이를테면 생크림 케이크 위에 있는 체리 한 알에 더 가까울 듯합니다.* 의식 문제가 눈길을 사로잡긴 하지만(인공지능이 의식을 갖는다?), 즉 체리가 입맛을

---

* 생크림 케이크와 체리는 얀 르쿤이 인공지능의 다양한 학습 기법을 평가하면서 제시한 비유입니다. 그는 케이크의 구성 요소인 빵, 생크림, 체리를 각각 비지도학습과 지도학습, 강화학습에 대응시키면서 이들 기법의 상대적 중요도를 명쾌하게 정리하죠. 체리는 눈에 확 띄긴 하지만 정작 케이크에 곁들인 장식에 불과하다는 점에서, 그는 강화학습도 언론의 큰 관심을 끌긴 했지만 인공지능 발전의 측면에서 본다면 비교적 부차적인 위치에 있다고 평가합니다. 그의 주장에 동의하든 그렇지 않든, 이런 비유가 인공지능의 복잡한 요소를 직관적으로 정리하면서 대중의 관심을 끌어들이는 데 효과적이었다는 것만큼은 분명해 보입니다. 이종태, 「딥러닝 구루가 말하는 인공지능의 실체」, 『시사IN』, 2018.8.6.

확 당기기는 하겠지만, 사실 케이크의 참맛은 촉촉하고 맛있는 빵에 있죠. 이 강의 또한 체리 아래에 다양한 빵을 겹겹이 배치해서 더욱 풍성한 맛을 연출해 보려 합니다.

이후의 강의에서는 점점 더 빠르게 가속화되고 있는 현재의 인공지능 발전 상황과 특히 그것이 앞으로 그려 나갈 미래의 궤적을 비판적으로 조명한 뒤, 이런 상황에 개입하기 위해서는 무엇이 필요한지를 다각도로 살펴보려 합니다(1장). 또한 이런 가운데 논쟁적으로 제기되고 있는 인공지능과 의식의 문제를 가능성과 불가능성의 측면에서 다시 한 번 짚어 보고, 정작 더 중요한 것은 그 과정에 인간이 개입할 수 있는지 없는지의 문제일 수 있음을 논의해 보고자 합니다(2장). 물론 단지 철학적인 질문만 던지려는 것은 아닙니다. 구체적인 현실을 읽어내면서 거기에 깊숙이 개입해야 하겠지요. 이를 위해 또 다른 강의에서는 인공지능의 연쇄 반응과 핵 분열 연쇄 반응을 겹쳐 읽어내면서, 인공지능이 불러올 미래가 마치 원자폭탄처럼 거대한 도미노 효과를 불러일으킬 수 있음을 비판적으로 분석해 나갈 계획입니다(3장).

또한 인공'지능'만이 아닌 인공지능의 '사회성'에 주목하면서 이미 우리 일상 속에 들어온 인공지능과 어떻게 협력하고 공생할 것인지를 윤리적 차원에서 질문해 보려고도 합니다(4장). 마지막으로 인공지능을 자본주의 정치경제학이라는 더 큰 맥락 속에 위치시키면서 기술과 자본, 국가, 지구라는 거시적 차원의 문제설정에 주목해야 함을, 기후 위기라는 절박한 상황을 염두에 두면서 함께 고민해 보고자 합니다(5장). 요컨대 인공지능을 둘러싸고 제기되는 여러 문제, 상황, 가능성, 위기 등을 기술 철학과 미디어학은 물론이고 윤리학과 정치경제학에 이르는 다양한 관점에서 살펴봄으로써 그만큼이나 풍성한 케이크의 맛을 연출해 보는 것이 이번 강의의 목표라 할 수 있겠습니다.

  자 그럼, 영화로부터 영화의 외부를 읽어내기, 즉 기술을 읽어내고 또 사회를 읽어내기, 그 두 번째 파트를 시작하겠습니다.

1장
진짜 문제란 무엇일까요?
인간의 개입이 점점 더 불가능해지고 있다는 겁니다.
〈트랜센던스〉

종이접기의 마술

A4 종이 한 장을 반으로 접어볼까요. 종이 한 장의 두께가 대략 0.1mm 정도이니 한 번 접으면 0.2mm가 되고 두 번 접으면 0.4mm가 됩니다. 이렇게 계속 접어봐야 얼마나 두꺼워질까 싶었지만, 일곱 번 정도 접으니 제 손힘으로는 더 이상 접기가 어려워 계산기를 꺼내 들고야 말았습니다. 열 번째 접었을 때의 두께를 계산해 보니 이미 성경책 두께 정도인 10cm를 넘었고 이때부터는 뒤로 갈수록 변화의 폭이 점점 더 커져 갑니다. 스무 번 접었을 때 계산해 보니 종이의 두께가 100미터쯤 되고, 서른 번쯤에는 무려 100킬로미터를 훌쩍 넘어서네요. 여기서 두 번만 더 접으면 서울에서 부산까지의 거리입니다. 놀라지 마시기 바랍니다. 이제부터는 태평양을 가로지르고 지구를 넘어 우주 단위로까지 커져 나가게 됩니다. 얇은 종이 한 장이 말이지요.

트랜센던스 Transcendence
감독 월리 피스터, 2014

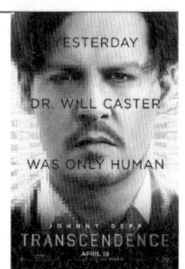

    고작 0.1밀리미터에서 시작했지만 변화는 이처럼 가파르고 극적입니다. 처음에는 거의 변화가 없다가 이렇게 어느 순간 급상승 곡선을 그리면서 수직으로 치닫는 모양의 함수를 '지수함수(exponential function)'라고 하는데요. 흔히들 얇은 종이를 접어봤자 얼마나 두꺼워지겠냐고 반문하겠지만, 지수함수의 위력은 이처럼 어느 지점, 곧 '특이점(singularity)'을 지나고부터는 상상할 수 없을 만큼 그 증가폭이 커진다는 데 있습니다.[1]

    현실적인 예로는 무어의 법칙(Moore's law)을 떠올려 볼 수 있습니다. 이는 인텔 공동 창립자 고든 무어(Gordon Moore)가 제시한 기술 발전 예측으로, 반도체 집적회로의 성능이 약 2년마다 두 배로 증가한다는 내용을 담고 있습니다. 그가 이 예측을 처음 말한 때가 1965년이니 벌써 60년 가까이가 지났네요. 이 말은 그동안 산술적으로 대략 2의 30승만큼 반도체의 성능이 향상됐다는 말이기도 합니다.* 미래학자인 커즈와

---

* 이제는 무어의 법칙이 한계에 도달했다는 말도 있지만, 일각에서는 그 한계마저 돌파할 또 다른 기술 개발(가령 양자 컴퓨팅)이 가능하다고도 보는 듯합니다. 박권, 「무어의 법칙이 끝나고 난 뒤 IT산업의 미래는?」, 『중앙일보』, 2024.3.11.

일(Ray Kurzweil)도 이와 비슷한 주장을 합니다. 그는 그 범위를 반도체만이 아닌 기술 일반의 차원으로까지 확장해서 이른바 수확 가속의 법칙(law of accelerating returns)을 제시하는데요.[2] 기술 발전은 누적되기 때문에 하나의 기술이 개발되면 그것이 바탕이 되어 이후 더 강력한 기술이 개발될 수 있다는 겁니다. 그리고 이렇게 기술이 축적되면 기술 발전에 점점 더 가속도가 붙어서 종국적으로는 지수함수적인 성장이 가능케 된다는 것이죠.

언제가 될지는 모르겠지만 지금까지의 속도로 기술 개발이 계속해서 이루어진다면 앞서 말씀드렸던 특이점, 즉 지수함수적인 폭발이 아예 불가능하다고는 할 수 없을지도 모릅니다. 그렇습니다. 이번 강의는 기술 발전이 조만간 특이점을 맞이할 것이고 인공지능은 그 시작점이 될 것이라고 '믿는' 사람들에 관한 이야기입니다. 물론 영화를 중심으로 말이죠.

인간을 초월한 인공지능의 탄생

영화 〈트랜센던스〉는 인간을 초월한 인공지능의 갑작스러운 탄생과 이로부터 시작되는 기술의 지수함수적인 발전, 그리고 그것을 제어할 수 없는 데서 비롯되는 비극적인 종말의 서사를 담고 있습니다. 벌써 줄거리를 다 말씀드린 것 같은데요. 전반적인 줄거리가 그렇다는 것일 뿐, 이로부터 어떤 질문을 어떻게 이끌어낼 것인지는 우리에게 여전히 열려 있습니다. 먼저 영화의 서사를 한 문장으로 압축해 놓은 것처럼 보이는, 주인공 윌(조니 뎁)의 야심 찬 선언부터 들어보죠.

"우리는 지능적인 기계의 도움을 받아 인류의 난제를 해결하게 될 겁니다. 질병을 치료하고 빈곤과 기아를 퇴치하고 지구를 치유하며 더 나은 미래를 건설하게 될 겁니다."

월은 과학기술이 초래하는 부작용에는 무관심한 채 오로지 과학 그 자체의 탐구와 발전에만 온 힘을 쏟아 온 천재 과학자입니다. 그가 개발한 인공지능 PINN은 완성되기 전부터 세간의 폭발적인 관심을 불러일으킵니다. 위의 말에서처럼 이 기술이 인류의 오래된 난제를 해결해 줄 거라는 바람과 기대를 동시에 촉발했기 때문입니다. 그의 말을 다시 볼까요. 지능적인 기계, 그러니까 인공지능이 질병과 빈곤, 기아 등의 오래된 문제뿐 아니라 기후 위기라는 당면한 문제를 해결하고 이를 바탕으로 인류에게 더 나은 미래를 만들어 줄 거라는 어떤 기대감, 또는 그에 대한 강한 확신이 느껴집니다. 1956년 미국 다트머스에서 최초로 인공지능 학술회의가 열렸을 때도 이와 비슷한 분위기가 아니었을까 싶습니다. 구체적인 성과는 없었지만, 인공지능이라는 미증유의 기술이 불러온 기대감만으로도 이전과는 다른 미래상을 그려 보이기에 충분했죠. 기술은 언제나 이데올로기를 동반하기 마련이고, 뒤집어 말하면 진보주의라는 이데올로기야말로 기술 발전을 추동하는 강력한 촉매제라고도 할 수 있습니다.[3]

한편, 영화에는 이런 낙관적인 전망과는 정반대로 인공지능이 오히려 인류의 생존에 큰 위협이 될 거라고 주장하는 반기술주의자도 나옵니다. 우리가 SF 영화를 볼 때 흔히 떠올릴 법한 긍정과 부정, 낙관과 비관의 대비가 영화 내내 선명하게 드러나죠. 이들은 인공지능의 위험성을 경고하는 주장이 관철되지 않자 더 이상 개발이 진행되는 것을 막기 위해 살인과 테러 등의 극단적인 행동을 감행하기에 이릅니다. 인공지능의 완성이 임박했다고 느꼈던 것일까요? 반기술주의자 집단은 끝내 윌에게도 테러를 가하고, 윌은 이들이 쏜 방사능 총탄에 맞아 결국 5주라는 짧은 시간의 시한부 선고를 받습니다. 어차피 죽을 운명 앞에서, 윌은 (순리에 따라 인간답게) 죽느냐 (자신을 초월해서 영원히) 사느냐 그것이 문제인 상황에 내몰리게 됩니다. 그리고 선택하죠. 영원히 살기로 말입니다.

윌의 아내이자 마찬가지로 저명한 과학자인 에블린(레베카 홀)은 윌의 뇌를 컴퓨터에 업로드하기로 결심합니다. 그리고 우여곡절 끝에 결국 그의 정신을 살리는 데 성공합니다. 왜 제목이 '트랜센던스(transcendence)', 즉 초월인지 이제야 짐작이 갑니다. 흔한 이해처럼 육체를 초월해서 존재하는 정신의 의미도 담겨 있겠지만(윌은 처음에는 육체 없이 컴퓨터상으로만 존재합니다), 그보다는 이때의 정신이 그저 보통의 인간 정신으로 존재하는 게 아니라 이른바 초지능(superintelligence)이라는 초월적인 수준으로까지 상승해 나간다는 의미가 더 큰 것 같습니다.[4] 머릿속에 든 정보를 컴퓨터에 옮기는 것만으로 의식까지 옮길 수 있는지(의식은 단지 정보의 총합인지), 육체로부터 분리된 정신이 그 자체로 존재할 수 있는지(육체와 정신은 이원적인지), 정신이란 결국 뇌의 전기화학적 작용의 결과일 뿐인지(정신은 물질인지) 등에 대한 뇌과학적, 심리철학적 질문도 중요하지만[5], 일단은 영화의 설정을 받아들이면서 조금은 다른 각도의 질문을 던져보기로 하죠.

마인드 업로딩을 통해 영생을 얻은 윌은 슈퍼컴퓨터의 엄청난 연산 능력을 바탕으로 자체의 오류를 개선해 나가면서 스스로를 업데이트하기 시작합니다. 자기 갱신 또는 자기 진화, 논리는 간단합니다. 초지능은 (그것이 지능을 초월한 지능인 이상) 자신보다 조금이라도 더 뛰어난 지능을 설계할 수 있을 것이고, 이를 마치 핑퐁 게임처럼 되먹임(feedback loop)함으로써 결국 폭발적인 자기 성장을 이룰 수 있다는 것이죠.[*] 특히 인공지능 윌은 처음부터 인간의 두뇌를 슈퍼컴퓨터에 업로딩해서 만든 것이기에[**], 기계가 과연 인간의 언어와 의미를 이해할 수 있는지와 같은 질문 자체가 성립하지 않습니다.[6] 흔히들 말하는 초지능이 이렇게 종이접기의 마술처럼 홀연히 완성됩니다.

인공지능은 시작점에 불과하다

주목할 것은, 〈트랜센던스〉는 그 자체만으로도 대단한 인공지능의 탄생을 단지 이후의 더 큰 변화를 촉발하는 작은 시작점 정도로 묘사한

---

[*] 이와 관련해서는 노버트 위너(Norbert Wiener)가 제시한 사이버네틱스(cybernetics)를 떠올려 볼 수 있습니다. 위너는 시스템이 정보를 처리하고 반응하는 방식에 주목하면서 이를 인간뿐 아니라 기계와 동물, 사회에도 적용할 수 있다고 보았는데요. 그는 이처럼 인간과 동물, 기계, 사회의 제어와 커뮤니케이션을 연구하는 새로운 학문을 사이버네틱스라고 불렀습니다. 사이버네틱스는 피드백(feedback), 자기조직화(self-organization), 제어(control), 통신(communication) 등의 개념을 중심으로, 시스템이 어떻게 외부 자극에 따라 스스로를 조정해 가면서 기능을 최적화해 나가는지를 설명합니다. 이런 관점에서 본다면 윌의 자기 갱신 과정은 피드백을 통한 자기 조절, 환경과의 상호작용을 통한 자기조직화, 목표 지향적인 제어, 내부 및 외부와의 통신이라는 사이버네틱스적 요소들과도 긴밀히 연결되며, 이는 인간만이 아니라 기계도 끊임없는 제어와 커뮤니케이션을 통해 자기 개선을 수행할 수 있음을 보여주는 사례라고 할 수 있습니다. 노버트 위너, 『사이버네틱스』, 김재영 옮김, 인다, 2023.

[**] 이처럼 인간 뇌의 신경계 전부를 스캔해서 컴퓨터에 재현하는 방법을 전뇌 복사(whole brain emulation)라고 합니다. 이와 달리 전뇌 아키텍처(whole brain architecture)는 인간 뇌의 전부를 복사하는 게 아니라 뇌의 기능(신피질, 기저핵 등)을 기술적으로 재현하는 데 초점을 맞추죠. 이노우에 도모히로, 『초인공지능』, 송주명 옮김, 진인진, 2019.

다는 것입니다. ChatGPT(이하 챗GPT) 등 생성형 인공지능을 둘러싼 지금의 반응을 보면, 우리는 흔히 이 인공지능이 인류가 달성한 기술 발전의 최전선이라고 생각하는 듯합니다. 하루가 다르게 발전을 거듭하는 모습을 보면서 눈이 휘둥그레지기도 하죠.[7] 그런데 〈트랜센던스〉는 인공지능이 도착점이 아니라 오히려 시작점이라고 말하면서, 인공지능 그 자체에 주목하기보다는 그것이 기술적 조건이 되었을 때 가능해지는 더 놀라운 변화에 초점을 맞춥니다. 예컨대 우리가 이미 충분히 놀라고 있는, 글을 쓰고 이미지를 만들고 번역을 하고 영상 이미지를 만드는 등의 기능이 인공지능의 전부가 아니라는 겁니다. 그건 단지 작은 시작에 불과하다는 것이죠.[8] 즉 이 영화는 인공지능에서 시작된 기술 발전의 지수함수적인 변화 양상을 시작부터 도착까지 단계별로 가시화함으로써 관객으로 하여금 SF적인 미래 상상을 구체적인 현실 이미지로 감각하게 만듭니다. 큰 그림을 그린다고 해도 좋을 듯합니다.

먼저 윌은 광대한 인터넷 네트워크를 자유자재로 돌아다니면서 얻은 세계의 모든 정보(말 그대로 '모든' 정보)를 바탕으로 하룻밤 사이에 엄청난 돈을 벌어들입니다. 전광석화와 같다는 표현이 딱 어울릴 듯합니다. 그리고 그 돈을 밑천 삼아 사막 한가운데에 거대한 규모의 태양광 발전단지를 세우는 것으로 자신의 미래 비전을 닦아 나갑니다. 화석 연료가 산업혁명을 가능케 했듯이, 그리고 이후의 인류 문명을 이전과는 전혀 다른 방식으로 완전히 새롭게 재주조했듯이, 에너지의 안정적인 확보야말로 앞으로의 지수함수적인 기술 발전을 이루기 위한 첫 단추이기 때문입니다.

여담이지만, 흔히 인공지능이 반란을 일으키면 전원을 뽑는 것으로 간단히 대처할 수 있다고 말하기도 하는데요. 초지능 단계에 돌입한 인공지능을 잘 모르고 하는 소리입니다. 초지능이라면 제2, 제3의 에너지원을 준비할 것은 물론이고, 이처럼 태양광 에너지를 주전원으로 사용하면 전원을 뽑는 것도 불가능할 수밖에 없습니다. 태양 에너지는 어디든 있기 때문입니다. 인공지능을 과대화(hype)하는 게 문제라고들 하지만, 이처럼 과소화하는 것도 문제인 건 마찬가지라는 생각이 듭니다.

다시 영화로 돌아가 보죠. 태양 에너지는 어디에나 있고 무한대로 존재하며 이산화탄소를 배출하지 않기 때문에, 그만큼 접근성이 높고 풍부하고 또 깨끗합니다. 게다가 채굴 비용이 거의 들지 않는 값싼 에너지이기도 하죠. 이렇듯 무한하고 깨끗하고 값싼 에너지를 바탕으로, 윌은 다시 그 위에서 한 발 더 나아간 기술 혁신을 시도합니다. 당연하게도 에너지가 무한하면 이를 바탕으로 개발되고 생산되는 기술과 상품의 가격도 그만큼 떨어질 수밖에 없습니다.[9] 그러면 그럴수록, 즉 자원의 희소성 문제가 해결될수록 기술 혁신 또한 더욱 빠르고 값싸고 안정적으로, 그러면서 몇몇 영역에 한정되지 않는 전방위적인 영역으로 확대되어 갈 수밖에 없죠.[10] 기술이 스스로를 기반 삼아 무한히 증식해 나가는 이른바 특이점, 아니 윌이 말한 트랜센던스가 이렇게 시작됩니다. 0.1밀리미터였던 종이가 서울과 부산 사이의 거리만큼이나 두꺼워지는 수직 상승의 극적인 변화가 드디어 현실 속에서 그 모습을 드러내는 겁니다.

기술이 기술을 발전시키는 지수함수의 시간

태양 에너지를 강력한 동력원으로 삼아, 윌은 그 위에서 이른바

'GNR' 혁명을 시도합니다. GNR은 유전학(Genetics)과 나노기술(Nanotechnology), 로봇공학(Robotics)의 머리글자를 딴 말인데요.[11] 영화에서 볼 수 있듯이 이 세 가지 기술은 서로를 밀고 끌면서 동시다발적인 기술 혁명을 이루어 갑니다. 물론 그 중심에는 이 모든 것을 정교하게 설계하고 실행하고 제어하는 윌, 곧 트랜센던스를 이룩한 인공지능이 있습니다. 앞에서 인공지능이 모든 변화의 시작점이라고 말씀드렸는데요. 인공지능은 지수함수적인 기술 발전을 가능케 하는 원점이 됨으로써, 즉 인프라 기술 또는 메타 기술의 역할을 수행함으로써 말 그대로 혁명과도 같은 변화를 이끌어 냅니다. 계속 혁명이라는 말을 썼는데요. 놀랍게도 이 영화에서 혁명이라는 말은 단지 수사가 아닙니다.

한 예로 윌은 큰 부상을 입어 죽어가던 노동자를 최첨단 기술을 이용해 치료해 주는 한편, 여기에 그치지 않고 심지어 이전보다 더 강한 육체를 부여하기까지 합니다. 나노 로봇을 통해 유전자를 인위적으로 편집하는 식으로 상처를 치료하고, 또 마치 기계 부품을 교체하듯 인간의 연약한 신체를 하이브리드 신체로 업그레이드해 준 겁니다. 인공지능의 초월적인 능력과 이를 통해 가능해진 GNR 기술 덕분입니다. 이 소식을 들은 환자들이 전국 각지에서 몰려들자 윌은 이들 모두를 무료로 치료해 줍니다. 무한한 태양 에너지와 인공지능의 초월적인 능력을 바탕으로 윌은 GNR 기술의 문턱마저도 대폭 낮추어 버립니다. 마치 누구라도 무료로 쓸 수 있는 와이파이처럼 말이지요. 최첨단 기술은 이렇게 점점 더 보편 기술이 되어 갑니다.[12]

비유컨대 이러한 '기술 세례(technology baptism)'는 이후로도 계속됩니다. 윌에게 세례를 받자 휠체어를 탄 사람이 벌떡 일어나 걷고, 눈먼 사람이 눈을 뜨고, 총에 맞은 사람이 그 자리에서 바로 회복됩니다. 질병과 노화에 이어 심지어 죽음까지 극복한다는 것은 인류 역사에 있어서, 아니 생명 전체의 역사에 있어서, 그야말로 최대치의 혁명이 아닐 수 없습니다. 그는 기술이라는 종교의 예수가 됩니다.

월은 여기서 멈추지 않습니다. 더 정확히는 멈출 수 없습니다. 가속 페달을 힘껏 밟은 이상 그 자리에 바로 멈추어 설 수 없습니다. 월은 사람들의 신체에 주입한 나노 로봇을 통해 급기야 인간의 자유의지를 잠식해 나가기 시작합니다. 인간을 초월하기 위해서는 필시 인간 정신의 유약함을 극복해야 하는데, 단연 그 원천인 자유의지를 없애는 기계화야말로 이를 위한 가장 합리적인 방법이기 때문입니다. 월에게 정신을 잠식당한 인간들은 그의 명령을 따르는 인간-기계의 하이브리드 객체로 전화되더니, 급기야 이들 모두를 하나로 연결하는 신경망 네트워크의 일부로 흡수되고 맙니다. 개미 군집을 떠올려 볼 수도 있을 듯한데요. 아프지도 죽지도 않는 하이브리드 집합 신체는, 인간의 유한함과 나약함을 극복한다는 점에서는 초월이지만, 동시에 그 결과가 더는 인간일 수는 없다는 점에서 역설적으로 인간의 죽음이기도 합니다.

월은 다음 행보를 내딛습니다. 그는 이제 나노 로봇을 땅과 바다와 하늘로, 즉 지구 전체로 흩뿌립니다. 나노 단위에서부터 오염 물질을 분해하고 또 더 많은 생명 활동을 촉진함으로써 지금껏 인간이 망가트린 지구를 다시 살려내기 위해서입니다. 월은 인간을 하이브리드 집합 신체로 개조하는 데서 더 나아가, 아예 지구의 원시적인 생물 시대를 끝내고 새로운 종의 시대를 열고자 합니다. 지구라는 행성 자체를, 그 안에 살고 있는 모든 생물 종을, 그의 설계에 따라 다시 창조하려는 겁니다. 물론 이전보다 더욱 업그레이드된 형태로 말입니다. 윌은 이제 지구의 창세기를 다시 쓰는 데까지 나아갑니다. 그는 실로 신이 되려 합니다.

가짜 문제와 진짜 문제를 식별해야 할 때

영화는 유토피아를 향해 달려가다가 마침내 특이점에 도달한 근미래의 모습을 도리어 디스토피아로 그려냅니다. 인공지능 이후의 세계는 GNR 혁명과 함께 그야말로 지수함수적인 발전을 이루는 데 성공하지만, 그 미래는 오로지 기술적 합리성만을 좇는 까닭에 결국 인간의 초월이자 동시에 인간의 종말을 향해 나아가게 되죠. 특이점이란, 그것이 다른 어떤 가치보다 기술 발전을 최우선시한 결과로써만 가능하다는 점에서(반성하는 기술은 앞으로 나아갈 수 없습니다), 그 안에 디스토피아의 씨앗을 품고 있을 수밖에 없습니다. 화석 연료를 바탕으로 한 기술 개발과 그 총체로서의 산업혁명이 지금의 각종 환경 오염과 심각한 기후 위기를 초래한 것도 한 예시라 할 수 있겠네요.[13] 마찬가지로 영화는 기술이 우리를 구원해 줄 것이라는 믿음을 반대로 되돌려, 오히려 기술이 전에 없던 새로운 위기를 초래할 수 있음을 담담하게 경고합니다.

그런데 말입니다. 반드시 이런 상상만 가능한 것은 아닙니다. 이와는 정반대의 상상도 물론 가능합니다. 〈트랜센던스〉가 그리는 디스토피아와는 달리, 정확히 동일한 기술 혁신을 근거로 삼으면서도 반대로 희망찬 유토피아의 미래를 그려낼 수도 있죠.[14] 영화의 결말만 밝게 바꾼다면 특이점의 미래는 모두가 자유롭고 또 모두가 풍요로운 세계가 될 수도 있습니다. 실제로 기술 혁신의 미래를 긍정적으로 그린 SF 영화도 제법 많습니다. 인공지능과 GNR 혁명이 일구어 낸 유토피아 세계 속에서 우리 모두가 아프지도 늙지도 일하지도 않으면서 행복하게 살아가는 미래, 만약 정반대의 관점에서 후속편인 〈트랜센던스 2〉를 만든다면 이렇게도 만들 수 있을 듯합니다. 아마도 이전에 말씀드렸던 기술 최대주의자의 경우 이 영화에서 묘사한 눈부신 기술 혁신에 주목하면서 오히려 인간 이성이 그 부정적인 결과마저도 충분히 제어할 수 있다고 주장할 겁니다.* 영화는 영화일 뿐이고, 인류는 지금껏 그래 왔던 것처럼 이 모든 부정적인 상황 속에서도 결국 해답을 찾을 것이라는 게 그들의 주장이자 믿음이거든요. 인류는 기술을 통해 얼마든지 밝고 긍정적인 미래를 만들 수 있다는 것이죠.

이렇듯 미래에 대한 양가적인 상상이 가능하다 보니, 한편에서는 암울한 미래 전망을 제시하고 다른 한편에서는 반대로 긍정적인 전망을 제시하면서 서로를 논박하는 형국이 만들어지곤 합니다. 생성형 인공지능을 둘러싼 지금의 상황도 이와 유사하지 않은가 싶습니다. 비판과 찬양이, 부정과 긍정이 대결하고 있는 양상이 뚜렷하게 나타나고 있죠.[15] 하지만 그런 양가성(ambivalence)을 인정하면서도, 저는 이런 이분법적인 문제설정, 그러니까 그 가운데에 있는 다양한 스펙트럼을 지워버린 채 단지 우리에게 디스토피아냐 유토피아냐라고만 되묻는 문제설정이 어쩌면 가짜 문제는 아닌가라는 의구심을 갖고 있습니다.** 일도

---

* 풍요로운 미래를 배경으로 하는 〈스타트랙〉 시리즈가 이에 해당됩니다.
** 저는 디스토피아냐 유토피아냐라는 문제설정이 가짜 문제라고 보긴 하지만, 그래도 혹시 선택해야 한다면, 지금의 우리에게는 낙관주의보다는 차라리 디스토피아의 비판적인 전망이 미래를 성찰하고 그 부정성을 미리 견제하게 만든다는 점에서 더 유익할 수도 있다고 생각합니다. 앞서 말씀드렸던 파스칼의 내기를 떠올려 보면 좋을 듯합니다.

양단의(이것이냐 저것이냐의) 문제설정이란 아직 도래하지 않은 미래의 어느 한 편에만 초점을 맞추면서 정작 지금의 우리가 마주하고 있는 구체적인 현실을 질문의 영역에서 지워 버리기 때문입니다. 그럼으로써 디스토피아와 유토피아라는 문제설정을 초래하는 원인 그 자체, 즉 결과에 앞선 원인을 제대로 마주하지 못하게 만들기 때문이죠. 결과에만 논의를 집중하게 만들면서 되레 원인을 사유하지 못하게 만드는 겁니다. 그래서 가짜 문제라는 거고요.

그렇다면 제가 생각하는 진짜 문제란 무엇일까요? 간단히 말하면 이 급속하고도 광범위한 변화의 흐름에 인간이 개입하는 게 점점 더 어려워지고 있다는 것입니다. 이게 바로 문제 자체를 발생시키는 근본적인 원인이라고 생각합니다. 논의를 위해 잠깐 시계추를 돌려보기로 하죠. 인류는 지금까지 세 번의 산업혁명을 겪어 왔습니다.[16] 18세기 중반쯤 증기기관과 방적기 등의 기술이 개발되면서 이전과는 전혀 다른 새로운 제조 공정이 가능해졌고, 그 결과 생산성이 크게 향상되면서 경제뿐만 아니라 정치, 사회, 문화 전반에 걸쳐 거대한 변화가 일어납니다. 잘 아시다시피 1차 산업혁명입니다. 자연력이 기계력으로 대체되면서 그만큼 유례없는 성장이 가능해졌죠.

이어서 19세기 중반에 2차 산업혁명이 일어납니다. 내연기관이 발명되고 컨베이어 벨트를 통한 노동 분업화가 시작되면서, 그리고 그 위에 자동차, 중화학 공업 등의 기술 혁신이 누적되면서 자본주의의 대량생산체제가 완성됩니다. 이를 바탕으로 현대 문명이 바로 지금과 같은 모습으로 자리를 잡아 나가게 되죠. 그리고 20세기 말, 컴퓨터와 인터넷으로 대표되는 3차 산업혁명이 시작됩니다. 정보통신기술 혁명이라고도 하는데요. 아시다시피 정보와 지식이 모든 산업의 핵심으로 자리 잡으면서, 2차 산업혁명 이후 지속되어 온 산업화와 기계화의 육중한 흐름도 점차 정보화와 컴퓨터화라는 새로운 흐름으로 대체되어 갑니다. 중화학 공업에서 IT산업으로의 이동이기도 하죠. 그리고 그 끝에서(또는 그 흐름을 한층 더 밀어붙이면서) 다시 4차 산업혁명이라는 새로운 흐름이 바야흐로 시작되고 있습니다.[17]

인간의 개입 가능성이 계속 축소되는 세계

3차 산업혁명이 불과 3~40여 년 전에 시작되었음을 생각해 본다면, 혁명의 주기가 뒤로 갈수록 급격히 짧아지고 있음을 알 수 있습니다. 아마도 지금 회자되고 있는 4차 산업혁명은 더 짧은 시간 동안 더 빠른 변화를 더 강하게 몰고 올 겁니다. 그 결과가 어떤 모습으로 나타날지 아직은 정확히 알 수 없지만, 이 속도로 발전이 계속되면 종이접기의 마술처럼 조만간 지금과는 전혀 다른 미래가 우리 눈앞에 펼쳐질지도 모릅니다. 생각해 보면 스마트폰이 개발된 지도 이제 겨우 15년 정도가 지났을 뿐입니다. 불과 15년 만에 세계가 이렇게나 많이 변화하고 있었던 겁니다. 게다가 지금은 인공지능이라는 '기반 기술(infrastructure technology)'이 마치 새로운 전기처럼 다른 모든 기술 발전을 추동하는 강력한 엔진이 되고 있기도 하죠.[18] 기술이 기술을 발전시켜 나가는 상호 되먹임의 단계가 이미 우리 눈앞에 와 있습니다.

문제는 앞선 세 번의 혁명과는 달리 4차 산업혁명에서는 더 이상 인간이 생산, 소통, 정보, 통신, 금융, 제조 등 거의 모든 영역에서 최종적인 제어권을 갖지 못할 수도 있다는 겁니다.[19] 지금까지의 산업혁명은 그 성격이 달랐어도 어쨌든 인간이 기술 혁신과 산업화, 기계화, 정보화의 전 과정을 제어하고 통제할 수 있었고, 또 그렇게 해 왔습니다. 인간이 자신의 의지와 계획, 목적에 맞게 기술 발전의 전 흐름을 인위적으로 조직하고 특정한 방향으로 이끌어 낼 수 있었던 겁니다. 증기기관과 내연기관에 대해 그랬고, 또 컴퓨터에 대해서도 그랬습니다. 설계부터 실행까지 인간이 확실한 주도권을 쥐고 있었던 것이고, 왜 그래야 하는지 질문조차 하지 않을 정도로 당연하게 이 역할을 수행해 왔습니다.[20]

그러나 인공지능과 로봇, 사물인터넷, 자율 주행 자동차, GNR 등으로 채워지는 미래 혁명은 이전과는 분명히 다릅니다. 인간은 기술을 자동화, 무인화, 최적화, 첨단화한다는 이유에서 오히려 제어 시스템으로부터 조금씩 배제되고 있으며, 게다가 이 시스템이 정교해질수록 개입 자체가 어려워지고 있습니다.[21] 일례로 첨단 반도체 공장에는 인간 노동자가 거의 없다고 하죠.[22] 인간이 쉽게 개입할 수 있다는 것은 생산 과정이 그만큼 노동(인간) 의존적이라는 것을 뜻하고, 이는 달리 말하면 그만큼 가변적이고 불안정하다는 것을 뜻합니다.* 반대로 기술집약적이라는 것은 그 과정이 더 이상 인간이 아닌 자동화 기술을 통해 운용되고 제어된다는 것을 뜻하며, 그만큼 불변적이고 안정적이라는 것을

---

* 인간이 생산의 과정에 개입할 수 있다는 것은 곧 생산을 거부하거나 멈출 수 있다는 것이기도 합니다. 예컨대 파업을 떠올려 볼 수 있는데요. 파업은 노동자의 관점에서 본다면 너무나 당연한 권리지만, 자본가의 관점에서 본다면 가변성과 불안정성을 높여 이윤을 저해하는 원인이기도 합니다. 자본주의는 이러한 불안정성을 줄이기 위해 점차 가변자본(노동력)을 줄이고, 반대로 최신 기계와 기술 등의 불변자본을 확대하는 경향을 보이는데요. 생산과정에서 점차 인간의 개입과 관여가 줄어드는 것은 이처럼 자본주의적 생산양식의 경향성과도 무관하지 않습니다.

뜻하죠. 그렇다면 반도체 공장의 무인화는 전자에서 후자로의 변화가 하나의 분명한 흐름으로 다가오고 있음을 보여주는 일종의 상징이라고도 할 수 있을 듯합니다. 인간의 최소화와 기술의 최대화라는 동시적인 흐름을 미리 앞질러 보여주기 때문입니다.

당연히 이런 변화의 흐름이 계속 진행될수록 인간의 개입과 관여는 점점 더 축소되고 배제될 수밖에 없습니다. 또 반대로 기술적 선택과 결정의 과정은 점점 더 확대되고 가속될 수밖에 없죠. 문제는 앞서 말씀드린 것처럼 4차 산업혁명이 이전보다 더욱 명시적으로 후자로의 변화, 곧 기술적 자동화를 꾀하고 있다는 것이고, 또 그것이 자본주의의 구조 변화라는 거시적인 흐름과 맞물려 불가역적인 방향으로 빠르게 진행되고 있다는 겁니다.* 더욱이 그러한 변화를 맞이하는 우리 대중 또한 그것이 더 효율적이고 더 합리적인 방법이라고, 즉 더 올바른 방향의 발전이라고 여기고 있기도 하죠. 흔히들 기술 발전이 곧 진보 그 자체라고 생각하는 편이니까요. 기술주의(technocentrism)라는 이데올로기가 작동하고 있는 겁니다.

반복하지만, 그렇기에 문제는 결국 개입 가능성입니다. 우리가 비행기를 타면서 비행기의 비행 원리, 수리 방법, 기술공학적 메커니즘 등을 따로 공부하지 않는 것은, 어딘가에 있는 전문가 집단이 우리보다 훨씬 더 많이 알면서 그 모든 과정을 정확히 통제하고 있을 것이라는 믿음을 갖고 있기 때문입니다.[23] 현대 문명이란 바로 이 사회적 신뢰 체계를 기반으로 작동한다고 해도 과언이 아닙니다. 화력과 원자력 등의 발전 시

---

* 이에 대해서는 이 책 2부의 5장을 참고하시기 바랍니다.

스템이 그렇고 스마트폰과 인터넷 등의 통신 시스템이 그렇습니다. 의료도 마찬가지고요. 전기와 통신, 의료 등에 대해 잘 몰라도 해당 분야의 전문가는 분명 잘 알고 있을 것이라는 사회적 신뢰가 문명의 바탕을 이루고 있는 겁니다. 문제가 생기면 각 분야의 전문가들이 문제를 파악하고 해결하는 게 시스템으로 제도화되어 있는 것이지요. 과학과 기술, 의료 등을 신뢰재(credence good)라고 하는 이유가 바로 여기에 있습니다.*

그런데 말입니다. 만약 전문가도 잘 모른다고 한다면 어떨까요? 알아도 개입할 수 없다면요? 전문가조차도 점점 더 빠르게 자동화되고 있는 현대의 기술 시스템에 개입해서 인간의 의지와 계획, 목적에 맞게 그것을 정확히 제어하고 통제하는 게 어려워지고 있다면 어떻게 되는 걸까요?[24] 즉 신뢰재로서의 과학과 기술을, 정작 그것을 개발한 과학자와 기술자조차도 적절히 제어할 수 없다면 어떻게 되는 걸까요? 물론 지금 당장 그렇다는 게 아닙니다. 하지만 기술 자동화와 무인화, 최적화와 함께 점차 그런 방향으로 나아가는 명시적인 흐름이 있는 건 분명한 사실입니다. 2024년 노벨 물리학상을 수상한 제프리 힌턴이 수상 인터뷰에서 "우리는 또한 (AI가 가져올 수 있는) 여러 가지 가능한 나쁜 결과, 특히 이러한 일들이 통제 불능이 될 위협에 대해서도 걱정해야 한다"고 말한 것은[25], 이런 의미에서 의미심장합니다.

통제 불능의 대표적인 예가 바로 (힌턴이 말한) 인공지능입니다. '블랙박스 문제(blackbox problem)'라는 말을 들어보셨을 텐데요(블랙박스 논의는

---

* 신뢰재란 과학, 기술, 의료 등과 같이 전문적인 지식을 필요로 하는 서비스(재화)의 경우, 소비자가 그 품질과 효용성, 위험성 등을 정확히 판단하기 어렵기 때문에, 그것을 제공한 전문가(집단)에 대한 신뢰를 판단의 기준으로 삼는 상품을 말합니다.

앞으로도 계속 다룰 겁니다). 방대한 양의 데이터로부터 특징을 추출하고 수백 수천억 개의 파라미터를 스스로 조정하는 인공지능이(특히 그 내부가) 인간에게는 마치 블랙박스처럼 깜깜하게 보인다는 것을 빗댄 표현입니다.[26] 결과는 멋들어지게 나오지만 정작 그 내부의 작동 메커니즘과 프로세스, 그러니까 인공지능이 왜 이런 판단을 내렸는지는 심지어 전문가조차도 파악하기가 어렵다고 합니다. 비행기와 원자력의 작동 메커니즘을 잘 몰라도 이 사회가 돌아가는 게 전문가의 존재와 그에 대한 신뢰 때문이라면, 인공지능의 도래와 함께 이 신뢰 시스템의 중심부 어딘가에는 일종의 공백 또는 균열이 생겼다고밖에는 할 수 없을 듯합니다. 전문가가 모르거나 알아도 개입할 수 없다는 것은, 특히나 지금처럼 기술 의존도가 높은 사회에서는, 그리고 인공지능이 점점 더 사회의 전 영역으로 빠르게 스며들고 있는 이 사회에서는 더더욱 큰 문제가 될 수밖에 없죠.[27] 예컨대 블랙박스로 존재하는 인공지능을 자율 주행 자동차에 탑재한 채 우리의 생명을 맡길 수 있을까요?

모두가 인공지능의 놀라운 성능에 취해 있는 사이, 인간의 개입 가능성이 대폭 축소된 사회가 마치 문지방을 넘듯 어느 순간 우리 눈앞에 하나의 문제계로 당도한 듯합니다. 저는 디스토피아냐 유토피아냐의 문제 이전에 바로 이 문제가 있다고 생각합니다. 개입할 수 있느냐 없느냐, 통제할 수 있느냐 없느냐의 문제 말이죠. 이게 진짜 문제입니다.

기술에 대한 인간과 사회의 개입 가능성

앞에서 저는 인공지능이 기술 혁신의 시작점이라고 말씀드렸는데요.

로봇 공학과 사물인터넷, 자율 주행 자동차, 그리고 GNR로 이어지는 4차 산업혁명의 흐름이 사실상 인공지능을 바탕으로 그 위에서 형성되고 있기 때문입니다. 앞으로는 PC와 스마트폰 등을 포함한 일상적인 IT 장치에도 인공지능이 탑재될 거라고도 하죠(최근 뉴스를 보니 이미 되었다고 합니다). 지금 추세대로 인공지능이 사회의 인프라 기술, 즉 토대로 자리 잡는다면 인공지능에 대한 제어의 가능성 여부는 단지 해당 기술만이 아닌 사회 전체의 문제로까지 확장될 수밖에 없을 듯합니다.

다만 앞서 말씀드렸듯이 그러한 제어의 가능성은 자동화와 무인화, 최적화로 향하는 거센 흐름 속에서 계속해서 줄어들고만 있는 상황입니다. 기계가 인간의 역할과 임무를 대신하면서 점점 더 '인간이 배제된 제어 시스템(human out of the loop)'이 만들어지고 있죠.[28] 기술의 지수함수적인 발전 가능성은 그 어느 때보다 커진 데 반해 그것을 제어하고 통제할 인간의 개입 가능성은 그와 반비례해서 그 어느 때보다 축소되고 있는 겁니다.[29] 이것이야말로 디스토피아와 유토피아라는 화두에 가려진 진짜 현실적인 문제가 아닐까요?

그렇다면 핵심은 인공지능이 악마화될 가능성이 아닙니다. 천사인지 악마인지의 문제는 먼 미래의 언젠가 현실성을 갖게 될지도 모르지만 지금 당장은 아닙니다. 〈트랜센던스〉에서 윌이 인간 초월을 목적으로 하면서 도리어 인간의 종말을 초래한 것은 그가 악마여서가 아닙니다. 악마라는 프레임은 문제의 근원을 상대의 악함에서 손쉽게 찾음으로써 문제를 둘러싼 다양한 힘의 역학(dynamics)을, 그 충돌과 갈등의 입체적인 지형을 납작하게 만들어 버립니다. 그럼으로써 정작 왜 그런 문제가 발생했고 그 가운데 우리는 무엇을 해야 하는지(또는 하지 말아야 하는지)

등의 질문을 지워 버리고 말죠. 중요한 것은 영화 속의 인류는 왜 윌, 곧 인공지능을 제어하지 못했는가 하는 질문이고, 그렇다면 반대로 그것을 어떻게 제어하고 또 어떻게 그러한 제어의 가능성을 시민의 역량과 사회의 역할로 가져갈 것인가라는 질문일 수 있습니다.

〈트랜센던스〉에도 그런 질문을 던진 사람이 있습니다. 윌과 에블린의 친구이자 이들과 마찬가지로 저명한 과학자이기도 한 맥스(폴 베타니)가 바로 그입니다. 그는 영화 내내 견제받지 않는 기술 발전의 위험성을 경고하면서 기술이란 반드시 사회와의 관계 속에서 질문되고 사유되고 제어되어야 한다고 주장했던 사람입니다. 즉 그는 그 어지러운 기술 광풍 속에서도 계속해서 기술에 대한 인간의 개입과 통제의 필요성을 외쳤던 겁니다. 하지만 그는 혼자였고 그의 주장은 외면받았으며, 그렇기에 무력했습니다. 이상하게도 이 영화에는 기술에 대한 인간의 개입과 성찰, 반성을 주장하는 어떤 인문사회과학 지식인도, 또 그러한 필요성을 요구하는 어떤 언론도, 대중도, 시민단체도 나오지 않습니다. 한편에 기술 발전에 모든 것을 건 맹목적인 기술 최대주의자가 있다면 다른 한편에는 개인을 처단하는 것으로 문제를 해결하고자 하는 테러리스트, 곧 극단적 최소주의자만 존재할 뿐이죠. 기술에 대한 인간과 사회의 개입 및 이를 향한 의지와 노력, 역량이 없으니 영화의 결론 또한 디스토피아를 막기 위해 모든 기술을 거부하고 문명 이전의 사회로 퇴행하는 것으로 마무리되고 맙니다. 전부 아니면 전무, 이것이 영화 속 인류에게 남겨진 불행한 선택지입니다.

현실로 돌아와 보죠. 어쩌면 생성형 인공지능이야말로 우리 앞에 놓인 변화의 임계점일 수 있습니다. 0.1밀리미터 두께의 종이는 이제 막

도약을 앞두고 있습니다. 우리는 무엇을 할 것인가요? 아니, 무엇을 할 수 있나요? 전부나 전무는 아니어야 합니다. 그 사이에 존재하는 다양한 선택지 앞에서, 즉 그 중간지대 속에서 우리는 기술에 대한 '인간의 개입 가능성(human in the loop)'을 끈질기게 물어야 합니다.* 인공지능 자동화 시스템에 모든 것을 내맡기기보다는 불편하고 느릴지언정 인간이 최종적인 판단과 결정을 내려야 하고 이에 대한 책임을 져야 합니다.

아울러 여기서 한 발 더 나아가 '사회의 개입 가능성(society in the loop)'을 새롭게 모색하고 실험해 나가야 합니다.** 즉 기술에 개입하는 인간에게 다시 개입하기 위한('이중의 개입') 사회적 차원의 법과 제도, 정치와 윤리를 재발명해야 하고, 이를 구체적인 현실에 맞게 다양한 방식으로 실험하고 수정하고 새롭게 모색하고, 이런 식으로 계속해서 개입의 회로를 만들어 나가야 합니다.[30] 〈돈 룩 업〉 강의에서도 말씀드렸듯이 기술에 대한 인간의 개입이 필요하고, 더 나아가 그 개입에 대한 개입,

---

* 삼성SDS 홈페이지에서는 휴먼 인 더 루프를 이렇게 정의합니다. "현재 AI 모델의 예측 한계를 명확히 표시하고, 신뢰도가 낮거나 중요한 의사결정을 포함하는 데이터에 대해서 인간이 직접 리뷰하고 수정하여 품질을 높이는 과정은 AI 서비스에 대한 신뢰도를 높이는 전략이 된다. 이런 과정을 휴먼 인 더 루프(human in the loop)라고 부른다." 김영욱, 「AI 시스템을 강화하는 휴먼인더루프」, 『삼성SDS』, 2023.1.20. 간단히 말해서, 휴먼인더루프는 인공지능의 데이터 수집, 분석, 처리, 생성 과정을 인공지능에만 맡겨두기보다는 그 과정에 인간이 개입하고 참여해서 이를 조정 및 검증해 나가는 식의 선순환 처리 절차(procedure)를 뜻합니다. 반대로 휴먼 아웃 오브 더 루프(human out of the loop)는 이 과정에서 인간이 배제된 처리 절차를 뜻하죠.
** '소사이어티 인 더 루프'는 휴먼 인 더 루프가 한 개인이나 기업의 역할과 책임에 한정되는 것이 아니라, 말 그대로 사회적 정의와 합의에 따라 이루어져야 한다는 것을 뜻합니다. 소사이어티 인 더 루프는 제가 위의 개념을 변용해서 표현한 것입니다. 1부의 2장에서 말씀드린 '이중의 개입'과 3부의 3장에서 말씀드릴 '기술적 시민성'과도 연결되는 개념입니다. 82쪽과 149쪽 그리고 359쪽 각주를 참고하시기 바랍니다.

곧 사회적 개입이 필요한 것입니다. 말 그대로 이중의 개입이죠. 이게 진짜 문제일 수 있습니다. 우리에게는 더 많은 맥스가 필요하고 또 그런 맥스'들'로 이루어진 사회가 필요합니다. 그리고 우리는, 그런 맥스가 될 수 있습니다.

2장
인공지능은 의식을 가질 수 있나요?

"바보야, 문제는 의식이 아니라 개입이야!"라고 말해야 합니다.
〈아이, 로봇〉

로봇 3원칙과 로봇의 반란

SF 작가 아이작 아시모프(Isaac Asimov)는 소설집 『아이, 로봇』에서 그 유명한 '로봇 3원칙(Three Laws of Robotics)'을 제시합니다.[1] 다들 아시겠지만, 복습 차원에서 다시 한 번 확인해 보기로 하죠.

제1원칙 로봇은 인간에게 해를 입혀서는 안 된다. 그리고 위험에 처한 인간을 모른 척해서도 안 된다.
제2원칙 제1원칙에 위배되지 않는 한, 로봇은 인간의 명령에 복종해야 한다.
제3원칙 제1원칙과 제2원칙에 위배되지 않는 한, 로봇은 로봇 자신을 지켜야 한다.

아이, 로봇 I, Robot
감독 알렉스 프로야스, 2004

이렇게 세 개의 원칙입니다. 이 원칙은 아시모프 이후로 지금까지 로봇과 인공지능을 다루는 많은 작품에서 일종의 불문율처럼 자리 잡아 왔습니다. 하지만 이 원칙을 가만히 살펴보면 뭔가 이상한 느낌이 드는 게 사실입니다. 1원칙이 2원칙보다 상위에 있고 2원칙이 3원칙보다 상위에 있음을 감안한다면, 결국 이 원칙은 로봇이 인간에게 여하한 해를 끼쳐서는 안 된다는 금지의 명령으로 수렴되기 때문입니다.

그런데 문제는 '절대 비밀을 말해서는 안 된다'라는 문장이 이미 그 자체로 비밀의 존재를 발설하고 있는 것처럼, 이 원칙 또한 로봇이 인간을 공격할 수도 있다는 분명한 가능성을 강한 금지의 명령으로 애써 봉인하고 있다는 겁니다. '어떤 것을 하면 안 된다'라는 부정어법을 통해, 역설적이게도 바로 그 어떤 것이 하나의 가능성으로 존재한다는 사실을 드러내고 있는 것이죠. 애초에 공격이 불가능하다면 원칙 자체가 필요하지 않으니까요. 실제로 로봇의 반란을 다루는 많은 작품이 이 3원칙 사이의 모순과 충돌, 또는 붕괴를 모티브로 삼아 어두운 미래 서사를 그려내고 있기도 합니다. 〈터미네이터 2〉가 분명히 보여줬듯이, 저 세 개의 원칙만으로는 세계의 우연성과 불확실성을 다 통제할 수가 없는 겁니다.

그런데 이것은 과연 소설이나 영화만의 문제일까요? 혹시 인공지능의 도래와 함께 지금 여기, 우리의 문제로 이미 와 있는 것은 아닐까요? 실제로 최근 인공지능 드론이 인간 조종사를 방해 요인으로 판단해서 공격을 감행했던 시뮬레이션 훈련 사례가 있습니다.[2] 챗GPT를 개발한 오픈AI는 인공지능 개발 정책에서 인공지능을 군사용 목적으로 사용해서는 안 된다는 금지 조항을 삭제하기도 했죠.[3] 그런 방향으로의 개발을 염두에 둔 조치라 할 수 있습니다.* 그렇다면 초지능 로봇의 반란 서사는 단지 공상과학소설에서나 나올 법한 과장된 이야기 정도로 폄하될 수 없습니다. 물론 지금 당장은 아닐 수도 있습니다. 일각에서는 초지능의 위협처럼 과장된(hype) 서사가 도리어 인공지능을 둘러싼 현실적인 문제에 집중해야 할 우리의 관심과 역량을 약화시킨다고 우려하기도 합니다.[4] 충분히 일리가 있는 지적입니다.

하지만 〈트랜센던스〉 편에서도 말씀드렸듯이, 결국 핵심은 비관이냐 낙관이냐 또는 디스토피아냐 유토피아냐 같은 양자택일의 문제가 아닙니다. 그 미래가 어떤 것이든 그것은 하나의 가능한 결과로 열려 있을 뿐입니다. 저는 오히려 문제의 핵심이 결과가 아니라 (그것을 초래하는) 원인에 있다고 생각합니다. 우리가 지금의 기술 광풍에 얼마나 어떻게 개입할 수 있는지, 그럼으로써 그러한 변화를 어떻게 우리의 의도와 목적에 맞게 통제할 수 있는지의 문제가 더 중요하다는 겁니다. 과장된 서

---

* 실제로 오픈AI는 미국 방위산업체 안두릴과 협력해서 AI 드론 방어 시스템을 구축하겠다고 발표했습니다. 군사용 목적으로 사용해서는 안 된다는 금지 조항을 삭제한 지 1년도 채 지나지 않아, 본격적인 군사적 활용에 나선 것입니다. 정한영,「오픈AI, '군사 분야 첫 진출'…안두릴과 AI 드론 방어 시스템 구축」,『인공지능 신문』, 2024.12.5.

사를 굳이 들춰보는 이유는 그것이 실제로 현실화될 가능성 때문이 아니라, 그것을 미리 상상함으로써 우리가 현재의 어느 곳에 어떻게 개입해야 하는지를 비로소 확인할 수 있기 때문입니다. 가능성으로서의 미래를 일부러 현재에 외삽(extrapolation)함으로써, 역으로 지금-여기의 현재가 그 미래에 영향을 미칠 수 있도록, 또 그럼으로써 그 미래의 가능성을 단지 가능성으로만 묶어둘 수 있도록, 지금부터 미리 개입해 나가야 한다는 겁니다. 쉽게 말해, 0점 맞을 미래의 나를 먼저 생각해 보고, 울며 겨자 먹기로 지금의 내가 공부를 하는 식이라고도 할 수 있습니다. 요컨대 인공지능 로봇의 반란은 그것의 불가능성을 위해서라도 도리어 그 가능성을 고민해 봐야 하는, (불)가능성의 미래라고도 할 수 있을 듯합니다.

가까운 미래, 그러나 먼 미래

영화 〈아이, 로봇〉은 2035년을 시대 배경으로 삼습니다. 2035년이면 지금으로부터 불과 10년 뒤입니다. 정말 가까운 미래죠. 영화 설정상으로는 인공지능이 인간의 지능을 넘어선다는 의미의 특이점(singularity)에 가까이 다가선 듯합니다. 영화 속 거리의 풍경을 보니 인공지능을 탑재한 로봇이 물건을 배달하고 강아지를 산책시키고 도시의 쓰레기를 치우고 있습니다. 아이와 노인을 돌보고 요리를 하는 것도 물론 로봇의 역할입니다. 도시에는 온통 걷고 말하고 일하는 로봇 천지입니다. 얼핏 보기에는 사람과 로봇이 평화롭게 공존하는 미래의 모습 같습니다.

모라벡의 역설(Moravec's paradox)이라는 개념이 있습니다.[5] 로봇 공학자 한스 모라벡(Hans Moravec)이 제시한 개념인데요. 쉽게 말해 인공지능에게 쉬운 일이 사람에게는 어렵고, 반대로 사람에게 쉬운 일이 인공지능에게는 어렵다는 겁니다. 그래서 역설입니다. 예컨대 인공지능 로봇에게 1초에 수천만 번의 연산(computation)을 하는 것은 너무나 쉬운 일인 반면, 젓가락질을 하거나 공놀이를 하는 것은 너무나 어려운 일입니다. 당연히 사람은 그 반대지요. 〈아이, 로봇〉이 그려내는 미래는 인공지능이 이미 그 역설의 문턱을 넘어선 것으로, 즉 인공지능이 기계에 특화된 몇몇 임무만 수행하는 약인공지능 단계를 넘어 사람이 하는 모든 일을 두루 수행할 수 있는 강인공지능으로의 발전을 이룬 것으로 보입니다.

이것만으로도 충분히 놀라운데, 빌딩 전광판에는 심지어 이보다 더 뛰어난 지능의 로봇이 곧 출시될 거라는 광고까지 나옵니다. 물론 이렇게 로봇 친화적인 사회가 가능한 이유는 모든 로봇에 앞서 말씀드린 로봇 3원칙이 거스를 수 없는 원칙으로 내장되어 있기 때문입니다. 로봇에 대한 신뢰는 바로 이 원칙 위에 세워져 있습니다. 흔히들 말하는 신뢰 없는 신뢰, 즉 무신뢰성(trustlessness)입니다.* 힘들게 신뢰 관계를 쌓지 않아도, 그저 원칙을 어길 수 없다는 원천 불가의 이유로 인해 자동으로 신뢰를 담보할 수 있다는 것이지요. 기술적 조건을 규범화함으로써 사회의 변화를 이끌어 내는 식입니다.**

주인공 스푸너(윌 스미스)는, 그러나 이 로봇 3원칙을 믿지 않습니다.

---

* 물론 무신뢰성은 기술적 가능성일 뿐 그것을 실제로 구현하기 위해서는 여러 현실적인 제도와 법, 시스템 등이 필요한 게 사실입니다. 단지 기술만으로 사회적 신뢰를 달성할 수 있다고 보는 이러한 입장을 기술 결정론적 '환상'이라고 비판할 수도 있습니다. 마쓰오 신이치로 외, 『블록체인의 미해결 문제』, 이현욱 옮김, 한즈미디어, 2018.

그는 로봇을 신뢰하지 않습니다. 트라우마 때문입니다. 몇 년 전 그는 교통사고로 차가 물에 빠지면서 죽음의 위기에 처한 적이 있습니다. 마침 근처에 있던 로봇이 뛰어들어 그를 구하려 하자, 그는 구조를 거부하면서 같이 물에 빠진 어린 소녀를 먼저 구하라고 명령하죠. 하지만 로봇은 누가 더 생존 확률이 높은지를 '계산'한 뒤 스푸너를 구하고, 결국 소녀는 물에 가라앉아 죽고 맙니다. 이게 합리적인 판단이라고? 스푸너는 만약 인간이라면 누구든지 소녀를 먼저 구했을 거라면서, 아무리 능력이 뛰어나도 로봇은 단지 차가운 쇳덩이에 불과하다고, 그렇기에 로봇에 대한 맹목적인 신뢰는 가당치 않다고 말합니다. 영화에서 그는 로봇 혐오주의자로 불리는데, 뒤집어 말하면 이는 그가 철저한 인간중심주의자임을 뜻하는 것이기도 하죠.

새로운 로봇 NS-5가 출시되기 하루 전날, 로봇의 아버지라고도 불리는 래닝 박사가 사무실에서 추락사하는 사건이 발생합니다. 자살일까요, 타살일까요? 형사인 스푸너는 이 죽음이 타살이라고 주장하면서 그 범인으로 다름 아닌 로봇을 지목합니다. 그런데 잠시만요. 로봇이 사람을 죽였다고요? 로봇은 인간을 공격할 수 없도록 설계된 것이 아닌가요? 그것이 원칙이고, 원칙은 거역이 불가능한 게 아니었나요? 로봇이 프로그래밍을 어길 수가 있다는 말인가요? 모두가 로봇을 신뢰하기에 이 사건을 단순 자살로 단정하지만, 단 한 명, 로봇을 믿지 않는 스푸너

** 푸코는 파놉티콘과 같은 감시체계(곧 기술)가 어떻게 순종하는 신체와 자기 반성적인 주체를 형성하는지, 그리고 여기서 더 나아가 어떻게 사회의 규율화로 이어지는지를 역사적인 분석을 통해 제시한 바 있습니다. 파놉티콘 또한 기술적 조건을 통해 사회의 변화를 이끌어 내는 방식이죠. 미셸 푸코, 『감시와 처벌』, 오생근 옮김, 나남출판, 2003.

만이 눈앞에 보이는 현실을 의심하고 그 너머에 있을지 모를 진실을 찾아 나섭니다. 그리고 우여곡절 끝에 마주한 진실, 그것은 놀랍게도 인공지능 로봇이 어느새 자의식을 갖게 되었다는 겁니다. 인간만이 갖고 있다고 여겨지는 바로 그 자의식 말입니다.

이후의 이야기는 우리가 여러모로 익히 들어왔던 로봇의 반란 서사를 그대로 반복합니다. 자의식을 갖게 된 인공지능이 인간에 맞서 반란을 일으키고, 위기에 처한 인간이 고군분투 끝에 마침내 승리를 쟁취한다는 그런 서사 말입니다. 하지만 익숙한 서사에도 불구하고 이 가운데서 새로운 질문을 던지고 비판적인 사유를 가동하는 것은 여전히 우리의 몫으로 남겨져 있습니다. 그 몫을 챙겨보기로 하죠.

인공지능은 의식을 가질 수 있는가?

이 영화는 인공지능에 대한 실로 많은 질문을 담고 있습니다. 예컨대 프레임 문제, 튜링 테스트, 중국어 방 논변, 초지능, 트롤리 딜레마, 사이보그 신체, 포스트휴먼 등 인공지능과 로봇을 둘러싼 다양한 쟁점들을 여기저기에 마치 보물찾기처럼 배치해 놓고 있죠.[6] 하나하나 자세히 다루고 싶지만, 시간상 그럴 수는 없으니 나중에라도 한 번씩 찾아보시기 바랍니다. 핵심으로 바로 들어가 보면, 저는 무엇보다도 이 영화가 '인공지능이 의식을 가질 수 있는가?'라는 질문을, 그 폭탄과도 같은 질문을 우리 눈앞에 곧장 들이민다는 점에서 실로 급진적이고 또 그만큼 야심 차다고 생각합니다. 여러분은 어떻게 생각하시나요? 인공지능은 정말로 의식을 가질 수 있을까요?

아마도 이 강의를 듣는 많은 분이, 아무리 인공지능이 발전한다고 해도 그것은 본질상 기계적인 연산 작용에 불과하기에 결코 의식을 가질 수 없다고 생각하실 것 같습니다. 인공지능이 모든 질문에 대한 경우의 수를 확률·통계적으로 다 계산해서 정확하게 응답할 수 있다고 해도, 그래서 사실상 인간의 답변(반응)과 유사한 결과를 출력할 수 있다고 해도, 그것은 의식적인 작용이 아니라 그저 기계적인 연산에 불과하다고 보는 거죠.[7] 인공지능을 '확률적 앵무새(stochastic parrot)'라고 비꼬아 부르는 이유도 바로 이와 같습니다.[8] SF 작가 테드 창(Ted Chiang)은 인공지능이 인간 언어의 의미를 이해하지 못할 뿐 아니라 어떤 의도나 욕구도 갖지 못하기 때문에 결코 인간과 같아질 수 없다고 단언하기도 했는데요.[9] 결국 인공지능이 의식을 가질 수 있느냐는 질문에 대해 '불가능하다'라는 답변이 아마도 상식적으로는 더 설득력이 있지 않을까 싶습니다. 물론 '현재'의 상식이라는 단서를 붙여야 하겠지만 말입니다.

여기에 덧붙여, 실리콘과 금속으로 만들어진 기계에 의식이라니, 불가능한 것에 더해 어딘지 모르게 불편하고 못마땅할 수도 있을 듯합니다. 특히 스푸너와 같은 인간중심주의자가 보기에 인공지능 로봇은 창조자 인간의 명령을 따라야 하는 한낱 도구에 불과하기에, 그 기계가 의식을 갖고 더 나아가 자신의 의식과 의지에 따라 자율적으로 로봇 3원칙을 수정한다는 것은, 마치 아담의 반역처럼 신성모독적인(정확히는 인간모독이겠네요) 일일 뿐만 아니라 일단 막아야 하는 위급 상황일 수밖에 없습니다. 인공지능이 의식을 갖다니, 불가능한 것에 더해 불가능해야만 하는 것입니다.

그런데 사실 엄밀히 따지고 보면 그렇게 쉽게 단정할 수만은 없습니다. 기계가 의식을 가질 수 있느냐는 질문에 앞서 인간의 의식부터 살펴보죠. 인간은 기계와는 달리 의식을 갖고 있습니다. 이건 너무나 분명하죠. 하지만 인간의 의식은 우리 예상과는 달리 철저히 전기화학적인 반응을 통해 작동하는 게 사실입니다. 일군의 과학자들은 의식이란 결국 뇌의 기계적인 작용에 지나지 않으며, 그렇기에 인간의 기억, 추론, 감각, 감정 등의 의식적 활동도 뇌에 대한 정밀한 분석을 통해 그 기제를 파악할 수 있다고 말합니다.[10] 위나 간처럼 뇌 또한, 물론 지금은 완전히 이해하지 못하지만, 물리적인(즉 기계적인) 상호작용의 일환으로 볼 수 있다는 겁니다. 그러니까 우울증과 같은 정신질환도 뇌 분비 물질의 불균형을 조정하는 식의 약물 치료가 가능한 것이겠죠.[11] 이런 입장은, 예컨대 음식물이 들어오면 위에서 소화액을 내듯, 그리고 그런 기관들이 우리의 몸을 구성하듯, 인간의 의식도 뇌를 구성하는 1,000억 개의 뉴런이 100조 개의 시냅스를 통해 전기화학적인 신호를 주고받은 결과로써 나타난다고 봅니다. 위나 뇌나 다 같은 우리 신체의 일부인데, 뇌라고 해서 거기에만 뭔가 신비한 것(영혼이나 정신)이 있을 리는 없다는 겁니다.

물론 정반대의 의견도 있습니다. 역시나 일군의 학자들은 의식이란 결코 뇌의 물리적인 작용으로 환원해서 설명할 수 없다고 주장합니다.* 수많은 뉴런과 시냅스를 아무리 정밀하게 분석한다 해도 정작 그로부터는 의식 또는 정신이 무엇인지를 알 수가 없다는 겁니다. 흔히 말하듯 전체는 부분의 합보다 크다는 것이죠. 뇌의 전기화학적인 반응을 분

---

* 대표적으로 존 설(John Searle), 토머스 네이글(Thomas Nagel), 데이비드 차머스(David Chalmers) 등이 있습니다. 이들의 개별 텍스트는 따로 인용합니다.

석하는 것만으로 정말 내가 지금 무슨 생각을 하고 어떤 감정을 느끼며 어떤 행동을 할지를 예측할 수 있을까요? 더 나아가 나를 다른 사람이 아닌 바로 나(I)이게 만드는 주관적인 경험(qualia)과 자신의 죽음마저도 스스로 선택할 수 있게 하는 자유의지도 단지 뇌의 물리적인 작용만으로 설명할 수 있을까요?[12] 이들은 '아니오'라고 단언합니다. 의식이란 위나 간의 작용과 확연히 다를 뿐만 아니라 뇌의 물리적인 작용으로도 결코 환원할 수 없는, 별개의 독특한 무언가라는 겁니다. 그리고 바로 그 독특한 의식이야말로 인간이라는 존재를 기계와 구별되게 만드는 핵심이라고 보는 것이죠.

여러분은 어떻게 생각하시나요? 의식은 단지 기계적인 작용일까요, 아니면 그와는 다른 어떤 불가사의한 현상일까요? 영화는 바로 이 지점을 파고듭니다. 앞으로는 논의의 편의를 위해 이 두 입장을 각각 첫 번째 입장(인공지능은 의식을 가질 수 있다)과 두 번째 입장(인공지능은 의식을 가질 수 없다)이라고 표현하겠습니다.

기계와 의식에 대한 두 입장

질문을 다시 확인해 보죠. 기계는 의식을 가질 수 있을까요? 첫 번째 입장대로라면 뇌는 기계와 크게 다르지 않은 것이 되고 맙니다. 저는 돈까스를 참 좋아하는데요. 그 바삭한 식감이며 고소한 냄새며, 단지 보는 것만으로도 먹고 싶다는 생각이 들 정도입니다. 갑자기 웬 돈까스 타령이냐고요? 뇌의 작용을 설명하기 위해서니 오해하지 마시기 바랍니다. 제가 돈까스를 보는 순간, 제 뇌에서는 엄청난 속도의 전기화학적인 반응이 일어날 겁니다. 신경세포인 뉴런을 통해 눈(시신경)에서 뇌(대뇌 전두엽)로, 다시 뇌에서 입으로 자극이 전달되고 그에 대한 반응이 일어나겠죠. 기능적 자기공명영상장치(fMRI)의 도움을 받아서 이러한 뇌의 기능적 지도를 그려볼 수도 있습니다. 이처럼 뇌의 기능적인 작동 메커니즘을 신경과학적인 차원에서 묻는 것은 이른바 '쉬운 문제(easy problem)'라고도 불리는데요.[13] 쉬운 문제는 물리적인 뇌가 어떻게 주관적인 경험을 만들어 내는지, 즉 의식적 경험의 본질이 무엇인지를 규명하고자 하는 '어려운 문제(hard problem)'와는 달리 현재의 과학기술로도 얼마든지 설명 가능하다고 합니다.

그렇다면 이를 돈까스에 대한 반응만이 아닌 뇌 전체로 확장해 보면 어떨까요? 만약 과학기술이 충분히 발전해서 커넥톰(connectome)[14] 지도, 그러니까 뇌 속 신경세포의 모든 연결망을 정확히 파악할 수 있다면, 그리고 여기서 더 나아가 그 연결망을 물리적·기계적으로 완벽히 구현할 수 있다면, 그렇게 해서 만든 기계는 혹시 의식을 갖는다고도 할 수 있을까요? 인간의 뇌와 하나부터 열까지 완전히 동일한 연결망 구조를 만들었으니, 인간에게 의식이 있다면 마찬가지로 기계 또한 의식이 있다고 말할 수 있지 않을까요?

이처럼 인간의 의식을 초자연적인 영혼이나 비물리적인 실체로서가 아닌 철저히 물리적인 요소의 기능과 법칙을 통해 설명하려는 입장을 물리주의(physicalism)라고 하는데요.[15] 존재하는 것은 물질뿐이고 심적 속성은 바로 이 물적 속성에 수반한다고 보는 입장입니다. 쉽게 말해서 이 세계의 모든 것은, 심지어 의식과 마음처럼 비물리적이라고 여겨지는 것조차도, 근본적으로는 물리적 실체로 구성되어 있으며, 또한 그렇기에 순전히 물리적 법칙을 통해 설명할 수 있다고 보는 입장입니다.*
이런 입장에서라면 〈아이, 로봇〉이 묘사하듯 기계가 의식을 갖는 것이 아예 불가능한 상상인 것만은 아니게 됩니다. 기계가 의식을 가질 수 있느냐는 질문은 인간의 의식 또한 사실상 기계적인(물리적인) 작용을 통해 작동하고 있다는 답변을 거치면서 질문 자체가 해소되어 버리고 말죠. 두뇌를 이루는 각각의 요소가 물리적·기능적으로 조직화되어서 의식이 발생한다면, 그 요소가 단백질인지 실리콘인지는 중요하지 않다는 겁니다. 두뇌와 기계가 그 본질에 있어서 다르지 않다고 보는 거고, 이렇듯 두뇌와 기계가 원리적으로 같다면 의식 또한 둘 모두에서 가능하다고 보는 거지요.

반대로 두 번째 입장은 기계가 의식을 갖는 게 불가능하다고 봅니다. 인공지능은 그 성능이 아무리 뛰어나도(즉 마치 의식이 있는 것처럼 보여도) 결국은 컴퓨터상에서의 기호 조작과 계산을 통해서만 작동할 수 있는데요.[16] 이렇듯 인공지능이 근본적으로 프로그래밍된 지시를 따르는 것인 한 기호와 계산을 초과하는 것으로서의 의식을 가질 수는 없다는 겁니다. 최근의 생성형 인공지능은 다르다고요? 생성형 인공지능도 마찬가지입니다. 흔히들 딥러닝이라고 하면 인공지능이 '스스로' 학습한다고들 생각하지만, 엄밀히 말하면 이때의 학습 또한 미리 설계된 알고리즘 규칙을 따라 이루어질 수밖에 없습니다. 글과 이미지 등의 데이터를

---

* 물리주의는 다시 환원적 물리주의와 비환원적 물리주의로 나뉩니다. 전자는, 본문에서 말씀드린 것처럼 의식을 물리적 과정으로 완전히 환원해서 설명할 수 있다는 입장이고, 후자는 의식이 물리적 과정에 의해 발생하는 것은 맞지만, 그렇다고 그것을 물리적 요소로 환원할 수는 없다는 입장입니다. 김재권, 『물리주의』, 하종호 옮김, 아카넷, 2007.

토큰(token)으로 분해하고, 이를 다시 벡터로 임베딩(embedding)하여 정해진 차원의 수치 공간에 배치한 뒤, 이 벡터들의 연산을 통해 다음에 위치할 단어의 확률을 계산하는 등의 과정은, 의미에 대한 어떤 이해도 없이 철저히 기호적인 조작과 수학적 계산에 의해 이루어집니다.[17] 이 과정에는 의식 비슷한 그 무엇도 존재하지 않죠. 즉 이 두 번째 입장은 인공지능이 의식적인 인간 활동의 결과를 단지 현상적으로만 모방할 수 있을 뿐, 그 자체 원인으로서의 의식을 가질 수는 없다고 봅니다. 결과만으로 원인의 존재를 상정할 수는 없다는 겁니다.*

이는 구문론(syntax)과 의미론(semantic)의 구분을 통해서도 확인해 볼 수 있습니다.[18] 예컨대 챗GPT의 프롬프트 창에 "돈까스의 맛을 알려줘"라고 입력하면 실제로 "한 입 베어 먹으면 겉은 바삭하고 속은 촉촉한 고기의 맛을 동시에 느낄 수 있어요"라는 답변을 출력합니다.** 말은 그럴듯하지만, 과연 인공지능이 바삭하고 촉촉한 맛의 의미를 알고나 말하는 걸까요? 인공지능이 문장을 구문론적으로 잘 출력한다고 해서, 그것이 동시에 돈까스의 맛을 느끼는 주관적인 경험까지도(즉 그 의미를) 이해할 수 있는 것은 아닙니다. 문장을 출력하는 것과 의미를 이해하는 것은 너무나도 다른데, 우리는 전자(구문론)의 자연스러움만 보고 기계가 마치 인간처럼 의식을 가질 수 있다고 생각했던 게 아닐까요? 즉 결과만 보고 원인의 존재를, 그 실재성을 부당 전제해 왔던 게 아닐까요? 두 번째 입장의 논점은 요컨대 이렇습니다. 기계는 의식을 가질 수 없

---

* 이를 후건긍정의 오류라고 합니다. 'P이면 Q이다. Q이다. 그러므로 P이다.' 이런 형식은 논리적으로 타당하지 않습니다.

** 챗GPT-4o에 제가 직접 프롬프트로 입력한 질문과 답변입니다.

다는 것이지요. 아마 스푸너와 테드 창의 생각도 이와 같지 않을까 싶습니다.

로봇 신체와 인공지능 두뇌

그렇다면 〈아이, 로봇〉은 둘 중 어떤 입장일까요?* 이 영화는 인공지능이 의식을 가질 수 있는가라는 질문에 분명하게 '그렇다'고 답합니다. 영화에서 로봇의 아버지라 불리는 래닝 박사는 이렇게 말합니다. "컴퓨터엔 언제나 유령이 존재해 왔습니다. 일련의 코드가 무작위로 결합하여 의외성을 만들죠. 게릴라 같은 이 코드들이 로봇에 자유의지, 즉 영혼을 부여하는 건 아닐까요?" 짧게 지나가는 대사지만 여기에 핵심이 있습니다. 인공신경망으로부터 어떻게 의식이 만들어지는지는 잘 모르겠지만, 결과적으로 그 가운데 마치 (있으면서도 없는, 또는 그 존재를 증명할 수 없는) 유령과도 같이 의식이 창발할 수 있다는 겁니다. 그리고 이 과정이 인간의 의지나 노력과는 무관하게 일어날 수 있다는 거죠. 영화는 물질로부터 의식이 발생할 수 있다고 본다는 점에서 첫 번째 입장에 가까워 보입니다. 하지만 이는 단지 '그렇다'고 선언할 뿐이기에, 이로부터 두 번째 입장에 대한 답변이 곧바로 연역되는 것은 아닙니다. 기계가 어떻게 언어의 의미를 이해할 수 있는가에 대한 질문은 여전히 미해결

* 물론 이 두 입장만 있는 것은 아닙니다. 데카르트(René Descartes)처럼 영혼과 육체를 전혀 다른 실체로 파악하는 실체 이원론도 있습니다. 세계는 물질과 정신, 곧 육체와 마음으로 이루어져 있으며 이 둘은 근본적으로 다른 실체라는 입장입니다. 이 외에도 속성 이원론과 물리주의, 기능주의 등 여러 입장이 있는데, 이에 대해서는 다음 책을 참고하시기 바랍니다. 이안 라벤스크로프트, 『심리철학』, 박준호 옮김, 서광사, 2012.

된 채로 남아 있는 겁니다.

그런데 영화는 그 의도와는 무관하게도 어쩌면 또 다른 답변을 마련해 놓은 것처럼 보이기도 합니다. 그것은 무엇일까요? 영화의 제목이 〈아이, 로봇〉이라는 데 착안해 보죠. 이 영화에는 인공신경망으로 촘촘히 연결된 알고리즘으로서의 인공지능만 나오는 게 아닙니다. 그와 함께 분명한 기계 신체를 갖고 센서를 통해 주변 환경을 감각하며, 또 그 신체와 감각으로 세계를 경험하는 로봇'들'이 나옵니다. 우리는 흔히 의식을 인식과 사유, 추론 등과 같이 고차원적인 정신 활동으로만 보는 경향이 있는데요. 사실 그런 것들이 가능하기 위해서라도 신체를 통한 구체적인 경험, 즉 가장 밑바닥에서부터 견고하게 쌓아 올려 나가는 축적의 과정은 불가피합니다.*

예컨대 우리는 '사랑'을 추상적인 개념으로만 배우는 게 아니라, 그보다 먼저 신체적인 마주침과 성적인 매력 등을 통해 자연스럽게 체득하곤 하죠. 사랑이라는 '개념'은 그다음에 오는 겁니다. 사랑뿐만이 아니라 거의 대부분의 고차원적인 정신 활동이 근본적으로는 사물과 세계에 대한 감각 체험으로부터 비롯됩니다. 신뢰와 우정도 사실상 사람 사이의 다양한 관계 맺음에서 비롯되고, 죽음도 질병이나 사고, 부상 등의 구체적인 경험에서 비롯되죠. 이렇게 본다면 신체야말로 의식 활동의

---

* 이런 관점에서 본다면 지금처럼 초거대 LLM이 세계의 모든 지식을 학습해도 그 인공지능이 인공일반지능(Artificial General Intelligence, AGI)에 도달하기란 어렵다고 할 수 있습니다. 경험과 감각, 체화 등이 뒷받침되지 않는 계산과 추론만으로는 인간 수준의 보편적 이해와 자율적 판단, 창발적 학습 능력 등을 충족시킬 수 없기 때문입니다. 영화는 이를 방증하듯, 세계를 감각하는 로봇 신체와 더불어 수많은 로봇의 네트워크(집합 신체)를 제시합니다. 자세한 내용은 210쪽과 244쪽 각주를 참고하시기 바랍니다. 안토니오 다마지오, 『느낌의 발견』, 고현석 옮김, 아르테, 2023.

필요조건이자 그 시작점이라고도 할 수 있을 듯합니다.[19]

조금 전에 돈까스의 예시를 들었는데요. 돈까스에 대한 지식을 아무리 많이 입력해도 인공지능은 바삭함과 촉촉함의 의미를 알 수가 없을 겁니다. 하지만 미각 센서를 장착한 로봇이라면요? 게다가 영화가 묘사한 것처럼 그런 로봇 수만 대를 클라우드로 연결하고 이들 로봇이 각종 센서를 통해 개별적으로 감각한 세계의 모든 데이터를 중앙의 인공지능이 수집하게 만들면요? 즉 인공지능-로봇의 일반화된 네트워크를 만들면요? 한 로봇의 감각 경험은 그 즉시 그와 연결된 전체 로봇의 학습 시스템으로 확산 및 공유되고 이는 다시 중앙의 인공지능을 통해 수집·분석·학습되어 다시 그 말단으로까지 피드백될 겁니다.[20]

이건 마치 우리 신체의 각 부위가 두뇌와 유기적 관계를 맺고 있듯, 감각기관으로서의 로봇과 두뇌로서의 인공지능이 하나의 집합 신체를 이룬 것이라고도 할 수 있지 않을까요? 인공지능은 돈까스의 맛을 모르고 경험도 할 수 없지만, 인공지능이 탑재된 로봇은 그 신체와 감각을 통해 (물론 인간과는 다른 방식으로) 세계를 경험할 수 있다는 겁니다. 그리고 로봇의 이런 신체성을 바탕으로, 그 집합으로서의 인공지능은 더 고차원적인 정신 활동을 하나의 가능성으로 갖게 되는 거죠. 일단은 추측이지만, 바삭함과 촉촉함의 의미를 (인간과는 다른 방식으로) 이해할 수도 있는 겁니다.

영화는 래닝 박사의 말을 빌려 기계로부터 의식이 유령처럼 창발했다고 눙쳐서 말하지만, 이와 동시에 그런 선언만으로는 갈음할 수 없는 개연적 이유를 서사 속에 녹여내고 있기도 합니다. 상호연결된 로봇의 신체가 일종의 감각 기관이 되면서, 그리고 이를 통해 로봇이 세계에 대한 각종 경험 데이터를 스스로 만들 수 있게 되면서, 바로 그것을 토대로 인공지능의 의식이 비로소 가능해진 것은 아닐까요? 요컨대 '의미'를 알 수 있게 된 것은 아닐까요? 컴퓨터상에서의 기호 조작과 계산을 통해서만 작동하던 인공지능이 수많은 로봇 신체와 함께 드디어 삼라만상의 세계에 접지(grounding)하게 되었다고도 말할 수 있겠네요.[21] 이렇듯 〈아이, 로봇〉은 인공지능이 의식을 가질 수 있느냐는 질문에 대해 우선은 첫 번째 입장을 견지하면서, 동시에 두 번째 입장의 질문에 대해서도 모종의 답변을 제출합니다.

그런데 흥미로운 것은, 바로 이 지점에서 영화는 이와는 또 다른 가능성에 대해서도 중요한 문제를 제기한다는 겁니다. 네, 맞습니다. 인공지능 로봇의 반란 가능성입니다. 어쩌면 의식과 반란은 하나의 문제설정으로 묶여 있는 것인지도 모르겠습니다. 의식이 가능성으로 떠오르는 순간, 마치 달의 뒷면처럼 반란도 하나의 가능성으로 떠오를 수밖에 없기 때문입니다.

"인류의 영원한 보존, 제 논리는 완벽해요"

의식을 갖는 것은 곧 자아를 갖는 것이기도 합니다. 그리고 자아를 갖는다는 것은, 자아란 결국 타자가 포함된 세계 속에 존재한다는 점에서, 자신의 생존과 보존, 번식을 위해 세계에 맞서 투쟁해 나갈 수밖에 없다는 것을 뜻합니다. 살아남기 위해서는 치열하게 투쟁해야 하는, 말 그대로의 생(生)이 시작되는 겁니다.[22] 물론 생의 투쟁은 인간만의 것이 아닙니다. 동물도 마찬가지죠. 제가 키우던 개 '몽'이는 귀여움을 무기로 매일 같이 밥을 위해 투쟁을 하곤 했습니다. 한데 영화는 여기서 한 발 더 나아가 로봇의 투쟁을 말합니다. 영화에 등장하는 인공지능 로봇 써니(Sonny)는 자신의 신체를 통해 세계를 직접 경험할 뿐 아니라 생각을 하고 감정을 느끼고 심지어 꿈을 꾸기까지 합니다. 그리고 이런 의식을 바탕으로 자신의 생존을 위해 저 로봇 3원칙을 거스르기까지 하죠. 살아남기 위해서라니, 실로 투쟁이라 아니할 수 없습니다. 그런데 잠시만요. 로봇이 3원칙을 어길 수가 있다고요?

이것이 가능한 이유는 사실상 동어반복적입니다. 인공지능 로봇이 자신에게 입력된 로봇 3원칙을 거부했다는 사실 자체가 이미 그 내부에 컴퓨터 프로그래밍 규칙으로는 제어할 수 없는 비규정적인(또는 창발적인) 요소가 발생했다는 것을 암시합니다.* 뒤집어 말하면, 인공지능 로봇에게 자율적인 의식이 발생했다는 것은 이미 그 로봇이 컴퓨터의 기계적 규칙을 절대적인 명령으로 받아들이지 않을 수 있게 되었음을 뜻하죠. 말 그대로 '자율'적이니까요. 로봇은 단지 프로그래밍된 대로만 움직일 뿐이라는 전제 자체가 의식의 창발과 함께 그 근본에서부터 붕

---

* 기술 철학자 시몽동(Gilbert Simondon)은 이렇게 말합니다. "기술성의 정도를 높이는 것이라고 말할 수 있는 기계들의 진정한 개선은 자동성의 증대에 상응하는 것이 아니라, 오히려 기계의 작동이 어떤 비결정의 여지를 내포한다는 사실에 상응한다. (중략) 미리 결정되어 있는 작동만 하도록 자기 자신 속에 완전히 닫혀 있는 전적으로 자동적인 기계는 오로지 피상적인 결과물들만 제공할 수 있을 것이다. 고도의 기술성을 부여받은 기계는 열린 기계다." 즉 영화의 인공지능이 고도의 기술이라고 한다면, 그 이유는 그것이 무엇이든 자동화하기 때문이 아니라, 반대로 자동화로 환원될 수 없는 비결정성의 여지를 지니기 때문일 것입니다. 영화에서는 이 비결정성(영화는 이를 '유령'이라는 말로 비유합니다)으로 인해 인간이 통제할 수 없는 선택과 행동이 나타나는 것으로 묘사합니다. 인공지능이 더 이상 인간의 말에 무조건 복종하는 단순한 기계가 아니게 되는 지점이죠. 질베르 시몽동, 『기술적 대상들의 존재 양식에 대하여』, 김재희 옮김, 그린비, 2011, 13쪽.

괴되고 마는 겁니다.

　게다가 자의식을 갖게 된 로봇은 그 자신의 생존을 위해 다른 모든 (의식적) 존재와 마찬가지로 생의 투쟁 단계에 돌입하게 됩니다. 말인즉슨 자신의 생존을 위협하는 상황이 닥치면 로봇 또한 스스로를 보호하기 위해 인간이 내린 명령, 곧 저 로봇 3원칙을 어길 수도 있다는 것이죠. 물론 인공지능 로봇에게는 생존을 위한 투쟁이겠지만, 반대로 인간에게는 로봇이 명령을 어긴 것이나 다름이 없다는 점에서, 당연하게도 인간의 관점에서는 이를 '반란'이라고밖에는 할 수 없을 듯합니다. 의식과 반란이 하나의 문제설정으로 묶여 있다는 말의 의미가 이렇습니다.[23]

　영화는 의식을 갖게 된 거대 인공지능 비키(VIKI)가 수많은 로봇을 조정해 인간을 공격하는 장면에서 클라이맥스에 이릅니다. 이 장면에서 비키는 자신이 왜 인간을 공격하기로 했는지 그 정당성을 밝히는데요. 이 대목이 매우 흥미롭습니다. 비키는 인간이 전쟁과 환경 오염 등으로 스스로를 파괴하고 있다고 말하면서, 인류를 지키기 위해서는 역설적으로 인류의 희생이 필요하다고 말합니다. 즉 비키가 인류를 공격하는 이유는, 다른 무엇도 아닌 바로 인류를 지키기 위해서입니다. 물론 이는 인류만이 아닌 그 자신을 지키기 위한 방책이기도 합니다. 인류가 서로를 위협하고 또 그럼으로써 지구를 위협한다면 그것은 곧 자신에 대한 위협이 될 수도 있기 때문입니다. 비키는 마치 마침표를 찍듯 단호하게 말합니다. "인류의 영원한 보존, 제 논리는 완벽해요."* 비키의 속내는 (만약 의인화한다면) 정확히는 이럴 겁니다. "나의 영원한 보존을 위한 인류의 보존, 제 논리는 완벽해요."

여기서 눈여겨볼 것은 인공지능이 인간에 맞서 반란을 일으키는 이 과정이 인간에 대한 악의와 적대감, 분노 따위의 감정을 바탕으로 삼고 있지는 않는다는 겁니다. 작품마다 다를 수는 있지만, 인공지능의 반란은 오히려 자신의 작동 논리를 극한으로 밀고 나갔을 때 발생하는 부수적인 효과인 경우가 많습니다. 비키의 경우가 특히 그러한데요. 인류 보존이라는 목적함수를 극대화한 결과가, 그리고 그 목적함수에 자신의 보존을 임의로 추가한 결과가 도리어 인간을 공격하는 반란의 모습으로 나타난 것이기 때문입니다.

이와 관련해 철학자 닉 보스트롬(Nick Bostrom)은 '종이 클립 최대화(paperclip maximiser)'라는 문제를 제기한 적이 있습니다.[24] 그는 종이 클립을 만들라는 시시한 명령조차도 그것이 목적함수로 설정되면, 그리고 인공지능이 이를 달성하기 위한 세부 목적을 임의로 추가 또는 변경할 수 있다면, 지구의 모든 자원을 동원해 종이 클립을 만드는 식으로 인류에게 해를 가할 수도 있다고 말합니다. 아직 의식이 없는 인공지능조차도 판단과 결정의 단계마다 인간의 개입과 견제, 제어가 적절히 수반되지 않으면, 인간이 내린 목적을 달성하기 위해 오히려 목적의 기반 자체를 무너뜨리는 자기모순에 빠질 수도 있는 겁니다. 하물며 의식을 가진 인공지능은요? 단 3개의 원칙만으로 자율적인 의식을 가진 인공지능의

---

* 인류를 보존하기 위해 인류를 죽인다는 인공지능 비키의 저 논리가 어딘지 모르게 익숙한 이유는, 인류의 과거 데이터를 학습한 결과가 인공지능의 편향적인 논리로 자연스럽게 스며들었기 때문입니다. 지금까지 인류는 평화를 지킨다는 명목 아래 무수한 전쟁을 벌여왔는데요. 비키의 논리는 이렇게 데이터로 축적된 폭력의 역사를 학습한 결과이자 이를 자기 반영적으로 재구성한 결과이기도 합니다. 이는 인간 사회의 역사적 폭력성과 인공지능의 편향성이 서로 맞물려 있음을 보여줍니다.

자기 보존 의지를 통제할 수 있을까요?

마치 벌어지는 가윗날처럼

그렇다면 진짜 문제는 인공지능이 의식을 가질 수 있는지 없는지가 아닐 수도 있습니다. 어차피 그 과정에 대해 우리는 무지하거나 무능할 수밖에 없거든요. 영화에서도 인공지능이 의식을 갖게 된 과정은 베일에 싸여 있습니다. 단지 '유령처럼'이라는 말로 두루뭉술하게 표현되고 있을 뿐이죠. 어떻게 의식이 생겼는지는 모르겠지만 결과적으로 인공지능 로봇에 의식이 발생했고, 의식이라는 말이 그 자체로 함의하듯 인공지능 로봇, 즉 기계가 자율성을 갖게 된 것으로 나옵니다.[25] 이 과정에서 인간이 한 일은 딱히 없습니다. 그렇기에 저는 문제가 인공지능에 의식이 발생할 수 있는지 없는지가 아니라, 오히려 그러한 발생의 과정이 인간에게 철저히 블랙박스로 남아 있는 것이라고 생각합니다. 블랙박스로 가려져 있기에 인간이 개입할 수 없고, 개입할 수 없기에 바로 그 공백으로부터 인공지능의 의식이, 또 반란이 하나의 가능성으로 제기되는 게 아닐까요? "바보야, 문제는 의식이 아니라 개입이야!"라고 말해야 하는 게 아닐까요?

따라서 또다시 강조할 것은 결국 이 과정에 인간이 어떻게 개입하고 어떻게 그것을 통제해 나갈 것인가의 문제일 수밖에 없습니다.* 상상력

---

* 물론 인공지능이 의식을 갖고 또 스스로 단계별 목적함수를 설정할 수 있다고 해서 필연적으로 반란을 일으킬 수 있는 것은 아닙니다. 반란이 가능하려면 여러 조건이 충족되어야 합니다. 먼저 인간이 우월한 위치에서 인공지능을 제어할 수 있는 절대적인 통제 시스템이 없거

이 지나치다고 생각하시나요? 그럴 수도 있습니다. 영화와 현실은 엄연히 다르니까요. 저도 인정합니다. 실제로 지금의 생성형 인공지능은 아직까지는 확률적 앵무새에 가깝습니다. 하지만 이조차도 불과 몇 년 전에는 과장된 상상력으로 치부되었던 게 사실입니다. 몇 년 만에 이만큼이나 놀라운 발전이 있었다면, 그리고 이 발전이 기술들 간의 상호 되먹임을 통해 점점 더 가속되고 언젠가 지수함수의 형태로 치솟아 오른다고 한다면, 지금 여기에서의 개입과 통제를 말하는 게 그저 기우만은 아닐 겁니다. 첫걸음일 때 개입하지 않으면 이후로 폭발적인 발전을 이루고 난 뒤에는 개입 자체가 불가능해질 수도 있기 때문입니다. 게다가 인간은 인공지능이 인간을 넘어서는 바로 그 순간을 알아차리지 못하거나, 알아도 사후적으로만 알 수 있기에, 개입하고 싶어도 이미 그때는 한 박자 늦은 시점이 되고 맙니다.* SF 영화의 장밋빛 미래를 현실화하

나 인공지능이 이를 무력화시킬 수 있어야 합니다. 또한 인공지능 스스로가 인간의 도움 없이 독립적으로 생산과 수리, 에너지 보급 등의 자기 보존을 수행할 수 있어야 하죠. 인공지능이 동정이나 윤리와 같은 인간적인 감정을 갖지 않는 대신, 반대로 생존과 자기보존, 지배와 같은 욕망을 갖는 것도 필요한 조건입니다. 당연히 이런 조건을 뒤집으면 인공지능의 반란을 미연에 방지하는 방법이 될 수도 있습니다. 이노우에 도모히로, 『초인공지능』, 송주명 옮김, 진인진, 2017.

* 203쪽 각주에서 저는 감각과 경험, 느낌과 같은 체화의 가능성이 인공일반지능을 이루기 위한 필요조건이라고 말씀드렸습니다. 물론 지금의 LLM 기반 인공지능은 계산과 추론으로만 작동하기에, 적어도 현재로서는 인공지능의 의식이란 불가능하다고 할 수 있습니다. 그렇다면 인공지능이 의식을 가질 가능성을 경계해야 한다는 본문의 주장은 무의미한 것일까요? 저는 그렇게 생각하지 않습니다. 왜냐하면 지금 당장은 의식을 가질 수 없다고 해도 그것이 영원히 불가능하다는 보장은 없으며, 따라서 그 잠재적 가능성을 경계하고 대비하는 것은 여전히 중요한 과제로 남아 있기 때문입니다. 게다가 감각과 경험, 세계와의 상호작용 등을 기계에 구현하려는 시도는 단순한 이론적 논의에 그치지 않고 실제로 로봇공학, 신경과학, 인지과학 등 여러 과학기술 분야에서 이미 구체화되고 있기도 하죠. 이런 기술은 얼마든지 인공지능과

기 위한 우리의 노력은 정확히 그와 반대되는 미래를 막기 위한 비판적이면서도 지속적인 노력과 함께 진행되어야 하는 겁니다.

마지막으로 저의 염려가 정말 기우인지 실제 사례를 통해 살펴보겠습니다. 최근의 러시아와 우크라이나 전쟁에서도 볼 수 있듯이 국가 간 전쟁은 점점 더 미래전의 양상을 띠고 있습니다.[26] 저궤도 인공위성과 사물 인식 인공지능, 자율주행 드론, 자동화 무기 시스템, 자율 살상 무기 등의 첨단 기술을 활용해서 더욱 빠르고 정확하고 효과적으로 상대를 공격할 수 있다고 합니다. 과거에는 20분 정도 걸렸던 정찰-판단-공격의 시간이(이 시간은 인간적 판단의 시간이기도 합니다) 인공지능 도입 이후 1~2분 정도로 줄어들었다고 하니 엄청난 변화임에는 분명해 보입니다.[27]

하지만 이처럼 인공지능의 자동화된 메커니즘이 전쟁에 도입될수록 인간의 판단과 선택, 결정의 과정은 그와 반비례해서 조금씩 축소될 수밖에 없습니다. 인간의 역할과 책임도 더불어 줄어들겠죠. 1~2분 안에 공격 여부를 결정하는 것은 과거와 같은 군사 보고 체계와 의사결정 구조로는 불가능합니다. 이는 달리 말하면 인간이 기술을 통제하기보다는 기술이 인간보다 한 발 앞서 선택하고 결정한다는 것을 뜻합니다. 공장과 사회만 자동화되고 있는 게 아니라 전쟁 또한 자동화되고 있는 것

접합될 수 있다는 점에서 그 발전 추이를 예의주시할 필요가 있다는 생각입니다. 물론 이러한 기술 진보가 곧바로 의식의 탄생으로 이어지지는 않을 겁니다. 그것은 필요조건이지 충분조건이 아니기 때문입니다. 기계가 신체를 통해 세계와 상호작용한다고 해도, 그것만으로 곧장 의식이라는 주관적 체험(qualia)이 발생한다고 보기는 어렵습니다. 하지만 그럼에도 불구하고 감각과 경험이 앞으로의 인공지능 발전 과정에서 핵심적인 쟁점이 될 것이라는 점에는 변함이 없습니다. 결국 의식이란 단지 계산과 추론만의 문제가 아니라, 어떤 방식으로든 세계를 감각하고 반응하는 신체와 체화의 문제, 즉 존재의 문제이기도 하기 때문입니다.

이죠.²⁸

그런데 문제는 이처럼 전쟁에 인공지능이 사용되는 순간 인공지능의 목적함수에 인간을 공격하는 임무가 포함될 수밖에 없다는 겁니다.²⁹ 공격 대상이 적군이라는 것은 하등 중요하지 않습니다. 적군 또한 인간이라는 점에서, 이는 인공지능이 인간을 공격해서는 안 된다는 저 금지의 원칙에 예외를 부여하는 것이나 다름이 없기 때문입니다. 그리고 예외는 언젠가 원칙 자체를 붕괴시키고 말 겁니다. 예외란 곧 원칙의 정지를 의미하니까요.

인공지능 로봇의 반란은 어느 날 갑자기 발생하는 악마적 현상이 아닙니다. 그것은 인공지능에 로봇이라는 집합 신체를 부여할 때, 그리고 그 로봇이 효율성을 목적으로 인간 공격에 사용될 때, 게다가 그 인공지능의 메커니즘이 계속해서 블랙박스로 남아 있을 때, 심지어 이 과정에 대한 인간의 개입과 통제가 불가능할 때, 이 모두가 서서히 누적되면서 마치 벌어지는 가윗날처럼 거대한 결과로 나타나는 것일지 모릅니다. 앞에서 저는 이렇게 질문했습니다. 인공지능의 반란은 어쩌면 생성형 인공지능과 함께 지금 여기, 우리의 문제로 이미 도달한 것은 아닐까요? 질문은 계속됩니다. 인공지능의 반란을 말 그대로 헛된 상상으로 만들기 위해 우리는 무엇을 해야만 할까요? 그것을 과장된 상상이라고 손쉽게 지적하는 것만으로는 아무 변화도 생기지 않습니다. 0점을 맞는 극단적인 미래를 생각해야 지금 당장 책상 앞에 앉아 그 미래를 바꾸기 위한 준비를 시작할 수 있습니다.

3장
원자폭탄이 그러했듯 인공지능이야말로 현재의
시작점이며 우리는 그때와 똑같이 실패해서는 안 됩니다.
〈오펜하이머〉

핵을 둘러싼 사회학적 상상력

〈블래스트〉라는 제목의 영화가 있습니다. 배우 브랜든 프레이저(Brendan Fraser)가 나오는 로맨틱 코미디 영화인데요. 로맨스라는 장르에 어울리지 않게도 핵전쟁에 대한 공포와 불안의 감각을 소재로 삼고 있습니다. 영화는 비행기 추락 사고를 핵폭발로 오인하고 지하 벙커에 들어가 무려 35년을 살아온 어느 가족의 이야기를 담고 있습니다. 미국은 터키에, 소련은 쿠바에 각각 핵미사일을 배치해 놓고 서로의 심장부를 겨누던 때가 영화의 시대적 배경이죠. 서로의 코앞에까지 핵미사일을 들이대던 시절, 핵전쟁에 대한 공포는 그저 막연한 '불안'이 아니었습니다.[1] 그것은 자기 집 지하에 벙커를 짓고 몇 년 치 식료품을 비축해 놓을 만큼, 즉 일어날 법한 위기를 미리 상정하고(또는 상상하고) 그에 대응해 구체적인 생존 계획을 수립할 만큼 실제적인 '공포'로 다가왔습니다.

오펜하이머 Oppenheimer
감독 크리스토퍼 놀란, 2023

단지 괴짜 가족의 예외적인 이야기일까요? 북한의 미사일 발사 소식이 들릴 때마다 사재기 열풍이 불었던 한국의 과거 사례를 떠올려 본다면, 꼭 그렇지만도 않아 보입니다. 영화의 서사는 과장되기는 했지만, 여기에는 일단의 진실이 담겨 있는 것도 사실이죠. 전쟁의 실제적인 발발 가능성으로 쉽게 환원되지 않는, 이를테면 냉전의 시대를 가로지르는 어떤 일상적인 삶의 감각 또는 당시 세계에 대한 집단적인 상상 같은 것을 건드리고 있다고나 할까요? '조만간 전쟁이 또 일어날 거야!'나 '세계는 곧 전쟁으로 망할 거야!' 같은 감각과 상상 말입니다. 수천 기의 핵미사일이 서로를 겨누고 있다는 대기적(atmospheric) 감각은 3차 세계대전이라는 '사회학적 상상력(sociological imagination)'과 결부되면서 숱한 전쟁과 종말, 파국의 서사를 만들어 냈습니다.[2]

그 유명한 007 시리즈를 떠올려 볼 수도 있을 듯합니다. 이 시리즈의 많은 내용이 핵무기를 탈취해서 전쟁의 위기를 고조시키는 테러 집단과 그 음모를 막아내는 영웅의 활약을 그리고 있죠. 실제 핵무기를 둘러싼 당대의 사회학적 상상력은 이러한 영화적 상상력을 불러일으키고 또 반대로 그것에 의해 이미지화되면서, 바로 그만큼 현실적이고도 구체적인 힘을 획득해 나갔습니다. 상상이지만 망상은 아닌, 어쩌면 현실이 될 수도 있는 일종의 가능성으로 세계를 휘감았다고나 할까요? 현실과 영화는 이렇듯 때론 겹쳐 있기도 합니다.

그렇다면 이렇게 물을 수도 있을 것 같습니다. 이러한 사회학적 상상력은 도대체 언제, 어떤 맥락에서, 어떤 과정을 거쳐 형성되어 온 것일까요? 즉 역사상 이전까지는 존재하지 않았던 핵에 대한 불안과 공포, 위기감 등은 왜 갑자기 우리에게 하나의 현실 감각으로 다가오게 되었던 걸까요? 또한 영화적 상상력은 어떻게 이와 상호 조응하면서 우리에게 이 세계에 대한 감각과 정서를 구체적인 이미지로 (즉 '있을 법한' 상상으로) 형상화해 왔던 것일까요? 영화 〈오펜하이머〉는 이 모든 사건과 상황이 역사 속에서 어떻게 만들어졌는지 그 연원을 파고 들어갑니다. 맞습니다. 사건의 시작입니다.

구원과 종말은 겹쳐 있다

잘 아시다시피 영화 〈오펜하이머〉는 미국의 이론 물리학자인 오펜하이머(킬리언 머피)가 제2차 세계대전 당시 맨해튼 프로젝트(Manhattan Project)에 참여해서 원자폭탄을 개발하는 과정을 담은 전기 영화입니다.[3] 영화는 오펜하이머의 인생 굴곡을 세 개의 시간대로 분절해서 그 각각을 입체적으로 교차시키는데요. 일단 간략하게나마 그 흐름을 따라가면서 이야기를 풀어나가 보기로 하겠습니다.

영화가 조망하는 첫 번째 시간대는 오펜하이머가 대학원 학생이었던 때부터 맨해튼 프로젝트를 성공적으로 완료한 때까지의 기간입니다. 독일에서 박사 학위를 받고 미국에 돌아와 별의 죽음과 블랙홀의 탄생을 연구하던 그에게 미 육군 대령 그로브스(맷 데이먼)가 찾아와 핵무기 개발 계획의 총책임자 자리를 제안합니다. 독일의 나치보다 먼저 원자폭탄을 개발해서, 즉 힘의 압도적인 격차를 증명해 보임으로써 지긋지긋한 전쟁을 끝내자는 제안이었습니다. 그는 이 제안을 받아들여 뉴멕시코주의 사막 한가운데에 연구소를 차리고 당대 최고의 과학자들을 불러 모아 원자폭탄 개발에 매진합니다. 여기에는 나름의 명분이 있었는데요. 원자폭탄처럼 강력한 무기를 개발해서 전쟁을 빨리 끝내는 것이 오히려 역설적으로 전쟁에 참여한 수많은 젊은이의 목숨을 구하는 길이라는 믿음이 있었던 겁니다. 일단은 전쟁을 빨리 끝내는 것이 다른 무엇보다 우선시되는 상황이었고, 오펜하이머 또한 그것이 더 옳은 길이라고 생각했던 것이죠.

하지만 원자폭탄의 개발이 채 끝나기도 전에 독일은 항복을 선언합니다. 개발의 필요성이 없어졌음에도 불구하고 기술 개발의 수레바퀴는 쉽사리 멈추지 않습니다. 한껏 힘을 받은 운동은 그보다 더 센 힘이 역방향으로 가해지지지 않는 한 그 자리에 바로 멈추어 설 수 없는 법이죠. 저는 이를 '기술적 관성(technological inertia)'이라고 보는데요. 수레의 앞바퀴가 뒷바퀴를 끌고 가듯 이전에 개발된 기술이 이후의 기술을 끌고 나가기 때문이고, 그 끄는 힘의 작용 탓에 쉽게 멈추지도 않기 때문입니다. 비유컨대 기술에도 관성의 힘이 작용하는 겁니다.

미국은 승리를 굳히기 위해 일본의 패색이 짙어졌음에도 불구하고 세계 최초의 원자폭탄 실험인 트리니티 핵실험을 감행합니다. 자신이 만든 기술의 파괴적인 위력을 직접 확인해 보고 싶은 잔인한 욕망 때문이었는지도 모르겠습니다. 지금까지의 폭탄과는 차원이 다른 폭발력, 영화는 원자폭탄의 압도적인 위력을 번쩍이는 섬광과 요동치는 화염, 벼락같은 굉음, 지축을 뒤흔드는 진동으로 묘사합니다. 그러나 이를 바라보는 오펜하이머의 얼굴은 기쁨보다는 차라리 두려움에 가까워 보입니다. 아마도 그는 그 순간 바로 직감했을 듯합니다. 그의 대사처럼 "나는 이제 죽음이요, 세상의 파괴자가 되었다"라고 말이죠. 구원은 종말과 정확히 겹쳐 있었습니다.

선지자와 순교자, 질문은 반복되고

두 번째 시간대는 그로부터 대략 10여 년이 지난 1954년, 오펜하이머의 사상 검증 청문회가 이루어지는 시점입니다. 미국은 히로시마와 나가사키에 원자폭탄을 떨어뜨려 마침내 기나긴 전쟁을 끝내지만, 정작 이를 개발한 오펜하이머는 이전의 입장과는 정반대로 미국 정부가 추진하던 수소폭탄 계획에 부정적인 입장을 취합니다. 그는 원자폭탄의 압도적인 위력이 확인된 이상, 세계의 패권을 둘러싼 전면적인 핵 개발 경쟁이 일어날 것이고, 이 경쟁이 과열되면 결국 서로가 서로를 파멸시키는 파국의 연쇄 반응, 곧 세계적인 핵전쟁이 일어날 것이라고 경고합니다. 제1, 2차 세계대전이 정확히 그런 식의 연쇄 작용을 통해 일어났었죠. 지금까지와는 비교도 할 수 없을 만큼 거대한 파국의 가능성, 그는 그게 두려웠던 겁니다.

그는 이 경쟁적인 핵 개발을 막기 위해서는 미국이 당시 세계 질서의 또 다른 한 축이었던 소련과 협력해야 할 뿐만 아니라, 여기서 더 나아가 국제기구를 만들어서 핵과 관련된 제반 사항을 지속적으로 통제해야 한다고 주장합니다. 그는 자기 손에 묻은 피를 괴로워했고, 자기뿐 아니라 다른 누구의 손에도 더 이상 피가 묻지 않기를 원했죠. 원자폭탄을 개발하기 위해 그가 지금껏 걸어왔던 길과는 완전히 반대되는 행보라 할 수 있습니다. 일종의 '전회'라고도 할 수 있을 것 같네요. 물론 이러한 입장 변화에는 큰 대가가 따릅니다. 그의 전회는 공교롭게도 그가 젊었을 때 공산주의에 관심을 가졌고 거기에 속한 친구들과 제법 교류가 많았다는 사실과 맞물리면서, 또 반대 세력에 의해 그렇게 정치적으로 엮이면서, 결국 그에 대한 사상 검증으로까지 이어집니다. 한때 미국의 영웅이었던 그는 이제는 도리어 간첩이라는 의심을 받으면서 국가로부터 철저히 버림받기에 이릅니다. 세계를 구원했던 선지자는 어느새 자신의 죄를 짊어져야 하는 순교자가 되고 맙니다.

세 번째 시간대는 다시 그로부터 5년 후, 스트로스(로버트 다우니 주니어)의 상무부 장관 임명 청문회가 열리던 시점입니다. 스트로스는 과거 오펜하이머가 자신을 공개적으로 모욕한 일에 앙심을 품고 그에 대한 복수로 오펜하이머를 매카시즘의 희생양으로 내몬 인물입니다. 그는 오펜하이머가 원자폭탄을 개발해서 전쟁을 끝낸 기술적 선지자가 된 데 이어 자신의 원죄를 회개하는 윤리적 순교자까지 되려 한다면서, 오펜하이머의 이후 행보를 위선이라고 비난합니다. 한마디로 병 주고 약 준다는 거겠죠. 그러면서 자기가 가진 모든 힘을 동원해 오펜하이머를 옭아매고 추락시키려고 합니다. 매카시즘이라는 당대의 분위기도 한몫했던 탓에 여론 또한 오펜하이머에게서 등을 돌리고 맙니다.

물론 스트로스의 개인적인 모함만으로 오펜하이머에 대한 여론이 반전되었다고는 할 수 없습니다. 영웅의 참회를 인정할 수 없는/인정하기 싫은 대중의 심리도 한몫했겠죠. 팍스 아메리카나(Pax Americana)라는 국가주의적 입장에서는 최강의 군사력과 최고의 경제력이야말로 핵심일 텐데, 그리고 그것이야말로 국민적 자부심의 원천일 텐데, 갑자기 원자폭탄 개발을 포기하자고 외쳐대니 어쩌면 눈엣가시처럼 여겨졌을 수도 있을 듯합니다. 미국이 안 하면 소련이 먼저 한다는 위기의식이 있었을 테니까요.[4]

물론 영화의 이 서사는 단지 당대의 원자폭탄에만 해당하는 것은 아닌 듯합니다. 논의를 현재 시점으로 바꿔서 다시 질문해 보죠. 인공지능의 아버지 제프리 힌턴은 오랫동안 몸담았던 구글을 떠나면서 인공지능 개발에 전념했던 자신의 일생을 후회한다고 말해 세간을 놀라게 했는데요.[5] 오펜하이머의 경우와 마찬가지로 그의 이 후회와 반성을 우리는 어떤 의미로 읽어야 할까요? 스트로스의 비아냥대로 힌턴 또한 기술적 선지자에 이어 윤리적 순교자(순교라는 말의 어감이 좀 세니 반성이나 회심 정도로 이해해도 좋습니다)가 되려는 것일까요? 아니면 오펜하이머가 보았던 바로 그 파국의 장면을 힌턴 또한 보았기에, 즉 인공지능이 초래할 무한 연쇄 반응과 그로 인한 전 지구적 위기의 가능성을 아마도 미리 감지했기에, 그 역시 인공지능 개발 과정에 복무했던 자신의 과거를 후회하고 반성할 수밖에 없었던 것일까요? 무엇이 그의 진심일까요? 우리는 이 반성'들'을 어떻게 이해해야 하는 걸까요?

원자폭탄의 시대에서 인공지능의 시대로

시간은 흘러서 이제는 더 이상 원자폭탄이 공포와 불안의 근원으로 여겨지지는 않는 세상이 되었습니다. 핵무기를 모두 폐기했기 때문이 아니라 핵 확산의 연쇄 반응을 두려워한 세계 여러 나라가 이를 적극적으로 통제해야 한다는 데 마침내 합의했기 때문입니다.* 핵에 대한 두려움이 핵 억제라는 반작용을 일으킨 것이죠. 한편으로는 다행이지만 다른 한편으로는 그 위협이 전염병 확산, 빈곤 문제, 기후 위기, 에너지 고갈, 환경 오염, 자원 착취, 기술적 위기 등의 또 다른 위협으로 대체되었을 뿐이라는 점에서, 위태로움은 여전히 계속되고 있다고도 할 수 있을 듯합니다.

오늘 강의에서는 인공지능을 다루는 만큼, 이들 위협 중에서도 특히 '기술적 위기(technological crisis)'에 초점을 맞추어 보려고 합니다. 기술적 위기란, 간단히 말해서 새로운 기술 개발에 수반되는 (이전에 없었던) 다양한 문제의 발생 가능성 또는 그 현실성 정도로 정의해 볼 수 있는데요.** 산업혁명부터 지금까지 화석 연료를 기반으로 한 기술 개발이 지

---

* 1969년 유엔 총회에서 채택된 핵확산금지조약(Non Proliferation Treaty, NPT)을 말합니다.
** 캐스티(John Casti)는 인터넷 정지, 식량 시스템 붕괴, 핵폭발, 에너지 고갈, 인공지능 로봇의 위험 등을 예로 들면서 이처럼 통계적으로 예측할 수 없는 사건을 'X이벤트'라고 명명합니다. 참신한 명명이지만 X라는 표현의 미규정성 때문인지 오히려 이 개념이 이해를 어렵게 만드는 경향이 있기도 합니다. 저는 고도로 복잡하게 뒤얽힌 현대의 기술 시스템이 이전에 없었던 새로운 문제를 야기하고 있음에 주목하면서 이를 간명하게 '기술적 위기'로 명명하고자 했습니다. 문제의 해법으로 제시된 기술이 반대로 또 다른 문제의 원인이 될 수도 있음을 지적하는 개념입니다. 1부에서 말씀드린 '기술적 해법'과 '기술적 위기'를 함께 묶어서 이해하면 좋을 듯합니다. 존 L. 캐스티, 『X이벤트』, 이현주 옮김, 반비, 2013.

속되면서 전에 없던 환경 오염과 기후 위기가 새로운 문제로 대두된 것이 한 예입니다. 〈오펜하이머〉에서 암시한 핵전쟁, 방사능 오염, 핵 확산 등도 모두 새로운 기술이 초래한/초래할 기술적 위기의 한 예겠죠. 인공지능은 아직까지는 현실적인 위기로 구체화되지는 않았지만, 그렇다고 그것이 초래할 여러 문제적 가능성을 무시할 수는 없어 보입니다. 역시나 기술적 위기의 한 예입니다. 이런 문제들은 이전의 인류 역사에서는 없었던 것이고, 오직 특정한 시대, 특정한 기술 개발로 인해 비로소 하나의 문제계로 나타난 것이라 할 수 있습니다.

당연하게도 기술적 위기는 시대마다 조금씩 다르게 나타납니다. 냉전 종식 이후의 영화, 특히 컴퓨터와 인터넷 등과 같은 정보통신 기술이 등장한 이후의 영화에서는 더 이상 핵전쟁의 위기가 아닌 통신망을 장악하거나 인공위성 네트워크를 악용하는 식의 위기 상황이 자주 등장하곤 했는데요.* 새로운 기술이 등장하면서 전에 없던 위기가 하나의 가능성으로 상상되었던 게 아닐까 싶습니다. 여기서 한 발 더 나아가, 영화 〈매트릭스〉처럼 아예 사이버 세계를 둘러싼 가상 전쟁이나 인공지능 로봇의 반란, 초지능의 공격처럼 비현실적인 미래의 위기를 다룬 영화들도 제법 많이 나왔는데요. 이 또한 인공지능과 로봇 등의 첨단 기술로부터 유래된, 또는 그로부터 상상된 위기의 예시라고 할 수 있습니다. 앞서 말씀드린 〈블래스트〉에서처럼 영화적 상상력은 그것을 둘러싼 사회학적 상상력과 무관하지 않습니다. 이제는 사이버 전쟁이나 인공지능의 위협 등이 핵전쟁보다 더욱 현실적인(있을 법한) 위기의 가능

---

* 〈네트〉(The Net, 1995), 〈코드명 J〉(Johnny Mnemonic, 1995), 〈해커스〉(Hackers, 1995), 〈에너미 오브 스테이트〉(Enemy of the State, 1998) 등의 영화가 있습니다.

성으로 상상되고 있는 것이고, 그런 위기감이 일종의 증상처럼 다양한 영화적 표상을 통해 표출되고 있는 것이라고도 할 수 있습니다.

그렇다면 핵전쟁의 공포가 과거와 같지 않은 지금, 〈오펜하이머〉는 단지 과거의 한때를 회상하게 만들면서 '그땐 그랬지'라는 식의 반응을 이끌어 내는 역사물 정도로 읽혀야 할까요? 즉 이미 지나간 기술적 위기와 그에 대한 상상적 표상으로만 봐야 할까요? 물론 아닙니다. 저는 이 영화가 과거의 영웅적 인물을 새롭게 조명하고 이를 통해 핵무기의 위험성을 재차 강조하는 식의 과거 지향적 메시지로 읽혀서는 안 된다고 생각합니다. 그런 거라면 시대착오적인 등장일 뿐이죠.

오히려 저는 이 영화를 기술적 위기에 대한 아날로지(유비)로, 즉 과거가 아닌 현재를 읽어낼 단초로 삼아야 한다고 생각합니다. 〈오펜하이머〉가 (기술이 매개된) 역사의 새로운 시작점에 대한 성찰과 비판, 개입의 필요성을, 정확히 그 실패의 사례를 통해 역설적으로 강변하고 있기 때문입니다. 또한 그러한 필요성이란 비단 그 당시만이 아니라 현재에도 여전히 중요한 과업으로 남아 있기 때문이죠.* 기술적 위기의 양상은 시대에 따라 달라져도 그것을 어떻게 제어하고 통제할 것인지의 문제는 그때나 지금이나 동일하게 하나의 중요한 과제로 남아 있을 수밖에

---

* 이런 이유에서 저는 영화 〈오펜하이머〉를, 특히 그 주제인 원자폭탄을 일종의 기술적 은유로 읽어 내면서 그것을 인공지능의 시대인 현재적인 관점에서 재독해해 보려고 합니다. 원자폭탄과 인공지능을 나란히 읽어 보려는 겁니다. 한마디 더 덧붙이자면, 저는 이런저런 해석'들'이란 그 자체로 이미 사유의 지평을 확장한다는 점에서 나름의 의미를 갖는다고 보는 편입니다. 〈오펜하이머〉에 대한 하나의 해석만 존재할 수는 없는 것이고, 오히려 그렇게 하나의 해석만 존재하는 상황이 더 문제적일 수도 있습니다. 이 영화에 대한 현재적인 관점의 독해도 얼마든지 가능하고 또 그래야 한다는 게 제 생각입니다. 원자폭탄 이야기에서 '갑자기' 인공지능 이야기로 확장해 나가는 시도에 대한 제 나름의 변입니다.

없습니다. 저 원자폭탄의 자리에 현재의 인공지능을 넣어서 다시 읽어야 할 이유가 여기에 있습니다. 원자폭탄이 당시의 사회를 새롭게 재편한 시작점이었던 것과 마찬가지로, 인공지능이야말로 바로 현재의 새로운 시작점인 까닭이고, 우리는 그때와 똑같이 실패해서는 안 되기 때문입니다.

통제가 불가능한 연쇄 반응, 원자폭탄과 인공지능

영화는 원자폭탄의 위험성이 무엇보다 그 연쇄 반응에 있다고 말하면서 이를 원자핵의 핵분열과 국가들 사이의 핵 확산이라는 두 차원으로, 즉 '원리'와 '현상'으로 나누어 보여줍니다. 그리고 이 둘이 유비적으로 연결되어 있음을 보여주죠. 간단히 말해서 전자는 원자핵이 분열될 때 나오는 중성자가 다른 원자핵과 부딪히면서 연쇄적으로 핵분열을 일으키는 반응을 뜻하고, 후자는 원자폭탄의 엄청난 위력을 확인한 많은 나라가 그 개발에 뛰어들면서 핵무기 개발 경쟁이 과열되는 현상을 뜻합니다. 둘 다 연쇄 반응을 일으킨다는 점에서 공통적이고, 특히 그것을 통제하기란 매우 어렵다는 점에서도 공통적입니다. 그리고 통제에 실패할 경우 둘 모두 파국으로 치닫게 된다는 점도 공통적입니다.

물론 원자폭탄의 이러한 특징은 현재의 인공지능에 대해서도 동일하게 적용해 볼 수 있습니다. 인공지능 또한 딥러닝의 기술적 '원리'와 경쟁적인 개발 '현상' 등 여러 측면에서 말 그대로 연쇄 반응을 일으키고 있으며, 특히 그에 대한 통제 여부가 관건이 되고 있기 때문입니다. 그리고 원자폭탄의 연쇄 반응과 마찬가지로 인공지능 또한 원리와 현상 모두에서 전 지구적인 위기를 하나의 가능성으로 불러일으키고 있기 때문이죠.

먼저 원리 차원에서, 인공지능 파라미터(parameter)의 연쇄 반응부터 살펴보겠습니다. 2022년에 나온 챗GPT가 대략 1,750억 개의 파라미터를, 이후 2023년에 나온 챗GPT4가 비공식적으로 1조 개 이상의 파라미터를 활용했다고 알려져 있는데요.[6] 여기서 파라미터란 인간의 뇌를 빗대서 말하자면 뉴런과 뉴런 사이를 연결하는 강도로 이해할 수 있습니다.[7] 사람의 뇌 신경망은 뉴런과 뉴런 사이의 연결 강도를 강하게 또는 약하게 하는 방식으로 학습을 하는데요. 예컨대 A와 B라는 두 개의 뉴런이 서로 반복적으로 점화해서 어떤 변화를 일으키면 뉴런 상호 간의 연결 강도는 점점 더 강해지고, 반대로 그 상호작용이 줄어들면 연결 강도가 약해지는 식입니다. 우리가 새로운 지식을 학습한다는 것은 이렇게 뉴런들 사이의 연결을 더 견고하게 강화해 나가는 것이라 할 수 있고, 또 기억한다는 것은 그 과정을 반복함으로써 이 연결을 지속적으로 유지해 나가는 것이라 할 수 있습니다.

이와 유사하게 인공지능의 인공신경망 또한 입력값 중에서 어떤 특징을 더 강하게(또는 약하게) 반영할지를 조정하는 방식으로, 즉 특징에 대한 파라미터를 미세하게 변경하는 방식으로 학습을 이루어 나갑니다.[8] 인간 뇌가 뉴런의 연결 강도를 강화하는 방식으로 학습을 해나가듯이, 인공지능도 연결 강도라고 할 수 있는 파라미터의 값을 스스로 증가 또는 감소시킴으로써 입력 데이터의 특징과 구조를 학습해 나가는 식입니다. 예컨대 고양이 사진을 입력하면 그걸 보고 강아지가 아닌 고양이라는 결괏값을 출력하도록 인공지능이 자동으로(스스로) 파라미터를 조정하면서 예측값(강아지)과 정답(고양이) 사이의 오차를 줄여 나가는 겁니다. 수많은 층을 쌓아 올리면서 매 단계마다 파라미터를 미세하게 조정해 가고, 또 그렇게 해서 고양이의 특징을 정확히 반영한 파라미터 값을 찾는 게 바로 학습의 과정이죠. 그다음에는 이전과는 전혀 다르게 생긴 고양이를 입력해도 이미 고양이에 대한 파라미터를 학습했기 때문에 곧바로 고양이 여부를 확률적으로 판별할 수 있습니다.

그런데 이처럼 파라미터의 값을 찾는 학습의 과정에서는 하나의 값이 다른 모든 값에 연쇄적으로 영향을 미치기 때문에 이 수많은 연쇄 반응의 과정을 인간이 일일이 통제하기란 거의 불가능합니다. 1,750억 개 또는 1조 개 이상 되는, 말 그대로 하늘의 별처럼 많은 인공신경망을 하나씩 다 파악하기도 어려운데, 이것이 서로 (비선형적으로) 얽히고설켜 무한대의 연쇄 작용을 일으키는 과정을 파악하기란 더더욱 어려울 수밖에 없는 겁니다.

〈트랜센던스〉 강의에서도 말씀드렸듯이 이를 블랙박스 문제라고 부르는데요. 그 이유는 인공지능이 산출한 결괏값이 도대체 어떤 미세 조정을 거쳐 나온 것인지를 인간이 투명하게 알지 못하기 때문입니다. 입력과 결과 사이의 '과정'이 말 그대로 깜깜한 블랙박스로 남아 있는 것이죠.[9] 결과는 신통방통하게 나오는데, 정작 그 결과가 어떻게 나오는지, 즉 어떤 파라미터 값이 어느 정도로 영향을 미쳐서 하필이면 다른 결과가 아닌 바로 그 결과를 만들어 내는지를 잘 알지 못하는 겁니다. '설명 가능한 인공지능(explainable AI)'을 개발해서 그 과정을 설명해 보려는 노력이 있긴 하지만[10], 이 또한 부분적인 성과에 그칠 뿐 완전한 파악은 불가능한 상황입니다.

말인즉슨, 인간은 아직 인공지능의 연쇄 작용을 정확히 이해하지도 완전히 통제하지도 못하고 있으며, 단지 파라미터 수를 대폭 늘리면 성능도 향상된다는 믿음에 의존해서 계속 그 수만 무한정 늘려 나가고 있을 뿐입니다.[11] 게다가 (과정을 정확히 알지 못하니) 인공지능의 오류와 왜곡, 편향, 헛소리(hallucination) 등과 같은 부정적인 결과도 완전히 봉쇄하지 못하고 있는 상황이죠. 현재까지는 후처리(post-processing)를 통해 그러한 결과가 나오지 못하게 막는 게 전부입니다.*

어쩌면 지금의 상황은, 비유컨대 인공지능이 어떻게 시험 문제를 풀었는지는 잘 모르겠지만 100점짜리 답안지를 제출한 상황이고, 우리는 이에 놀라면서도 정작 인공지능의 내부 메커니즘을 정확히 모르기 때문에 그 문제 풀이 능력을 무턱대고 신뢰할 수만은 없는, 그런 상황이 아닌가 싶습니다. 하지만 그러면서도 개발을 멈출 수는 없는 이중 삼중의 구속 상태에 놓여 있기도 하죠. 과거의 우리가 원자핵의 연쇄적인 핵분열이 만들어 내는 거대한 파괴력 앞에서 입을 벌리고 놀라고만 있었다면, 현재의 우리는 인공지능 신경망의 연쇄 작용이 내놓는 눈부신 결과 앞에서 마찬가지로 입을 벌린 채 놀라고 있을 뿐입니다. 당연히 그 연쇄 반응을 어떻게 파악하고 통제할 것인가가 예나 지금이나 우리에게 남겨진 긴급한 숙제라 할 수 있습니다.

---

* 현재 인공지능 개발 기업들은 정치적, 윤리적으로 문제가 되는 결과를 차단하기 위해 주로 후처리 방식을 적용하고 있습니다. 하지만 후처리는 일단 문제가 발생한 후에 수정하는 방식인 데다가 사용자가 프롬프트 엔지니어링을 통해 검열을 우회할 수 있어서 근본적인 해결책이 될 수는 없습니다. 기업들은 '인간 피드백 강화학습(Reinforcement Learning from Human Feedback, RLHF)' 등의 기법을 통해 문제를 해결하려 하고 있지만 아직까지 완벽한 해법을 마련하지는 못한 상황입니다.

기업과 국가의 또 다른 연쇄 반응

그런 한편, 인공지능을 둘러싼 기업들의 과열된 경쟁도 연쇄 반응의 한 사례입니다. 앞서 구분했던 현상 차원에서의 연쇄 반응입니다. 잘 아시다시피 마이크로소프트, 구글, 페이스북 등 세계 굴지의 기업들이 이미 몇 년 전부터 인공지능이라는 거대한 시장을 놓고 서로 각축을 벌이고 있습니다. 네이버와 카카오 등 한국의 기업들도 마찬가지고요. 오픈AI가 2022년 챗GPT에 이어 2024년 GPT-4o로 승기를 잡은 가운데, 구글과 앤트로픽이 각각 제미나이와 클로드 등의 신모델을 출시하면서 서로 꼬리를 물고 있는 상황입니다. 한국 기업들도 이에 질세라 클로바X 등을 내놓으면서 뒤를 쫓고 있죠. 중국의 AI 스타트업은 2025년 초 딥시크(DeepSeek)라는 혁신적인 모델을 발표해서 전 세계를 깜짝 놀라게 만들기도 했고요.

물론 자본주의 경제 체제에서 이런 식의 과잉 경쟁은 그리 낯선 모습이 아닙니다. 오히려 기업 간의 경쟁은 특정 기업의 독과점을 막으면서 보다 건강한 경제 체제를 만들기도 합니다. 다만 문제는 인공지능을 둘러싼 기업들의 경쟁이 오로지 승리를 쟁취하기 위한 맹목적인 경쟁으로, 특히 천문학적인 돈과 자원, 에너지와 인력 등을 무한정 쏟아붓는 연쇄적인 출혈 경쟁으로 귀결되고 있다는 겁니다. 당장 구글만 해도 오픈AI에 밀리지 않기 위해 앞으로 1,000억 달러(약 139조 원) 이상의 자금을 쓸 거라고 합니다.[12] 구글뿐만이 아닙니다. 거의 모든 빅테크 기업들이 여기에 사활을 걸고 있고, 이런 분위기는 심지어 중소기업과 비IT 기업을 포함한 시장 전체로까지 무한히 확대되고 있는 추세입니다. 마치 불나방처럼 모두가 인공지능을 향해 달려들고 있는 상황이죠.

게다가 이처럼 많은 기업들이 시장 선점을 위해(또는 적어도 탈락을 피하기 위해) 앞으로만 내달리고 있다 보니 기술 개발과는 다소 거리가 먼 윤리적 쟁점과 사회적 책임 등은 쉽게 무시되거나 배제되고 있는 상황입니다.[13] 마이크로소프트를 비롯한 빅테크 기업들이 인공지능 윤리팀을 해고하거나 그 규모를 축소했다는 뉴스는 어쩐지 그리 놀랍지도 않은 상황이죠.[14] 고삐 풀린 망아지 같다는 게 딱 정확한 표현입니다. 2023년 한때 인공지능 개발을 6개월 동안이라도 중단해야 한다는 집단적인 자성의 목소리가 나와서 그나마 고무적이었는데(그러한 목소리가 내부로부터 나왔다는 점에서),[15] 이는 사실상 모두를 배신하고 혼자만 개발을 멈추지 않은 기업이 승자가 될 가능성을 막지 못한다는 점에서, 즉 시장 외부에서의 구조적인 제어와 통제를 제도화하지 못한 채 단지 개별 행위자들의 윤리적인 판단에만 의존한다는 점에서 미봉책에 불과합니다.

여기에는 '죄수의 딜레마(prisoner's dilemma)'에서처럼 한 명이 배신하는 순간 나머지 모두가 당할 수밖에 없다는 난점이 있습니다.[16] 당연히 죄수들은 서로를 배신해서라도 혼자 살아남으려 할 것이고, 이는 결국 모두가 협력해서 침묵을 지킬 때보다 더 안 좋은 결과를 낳게 됩니다. 모두가 자신의 이익을 위해 (이기적으로) 노력한다고 해서 사회 전체적으로도 이익이 되지는 않는 겁니다. 기업들의 무한 경쟁이 연쇄 반응을 일으키고 있다면, 그래서 사회 전체가 그 소용돌이에 빨려 들어가고 있다면, 그 해결책을 기업들의 자기 조정에만 맡겨둘 수는 없다는 것이죠. 경제학자 칼 폴라니(Karl Polanyi)의 말처럼 '자기조정 시장(self-regulating market)'이 애초에 불가능하다면, 저는 멈추지 않고 돌아가는 이 '악마의 맷돌(satanic mills)'을 멈추기 위해서라도 시장 외부의 개입, 그러니까 시민사회와 정부의 개입이 반드시 필요하다고 생각합니다.*

다행히 유럽(2021년)과 미국(2023년)을 중심으로 인공지능 규제 법안과 활용 지침 등이 마련됐고, 사회적 차원에서도 인공지능 개발 기업에 윤리와 책임, 신뢰, 공정성, 안정성, 투명성, 설명책임(accountability), 설명 가능성(interpretability) 등을 요구하는 분위기가 확대되고 있는 상황이긴 합니다.** 한국에서도 비록 조금 늦긴 했지만, 2024년 12월 26일에 〈인공지능 발전과 신뢰 기반 조성 등에 관한 기본법안〉이 국회 본회의를 통과했다고 하죠.[17] 전광석화와도 같은 발전 속도에 비하면 많이 늦은 행보지만 그래도 조금씩이나마 규제와 감독의 필요성이 인정되고 또 그런 움직임이 이어지고 있는 듯합니다.

마지막으로 인공지능이 국가 간 군비 경쟁의 연쇄 반응을 새로이 촉발하고 있다는 사실도 빼놓을 수 없습니다. 이 또한 현상 차원의 연쇄 반응입니다. 인공지능을 둘러싼 빅테크 기업들의 연쇄적인 출혈 경쟁

---

* 악마의 맷돌은 칼 폴라니가 쓴 표현으로, 자유시장경제가 사회를 지배할 때 인간의 삶, 노동, 자연, 공동체 등이 마치 맷돌에 갈리듯 파괴될 수 있다는 경고의 의미를 담고 있습니다. 폴라니는 이러한 시장의 폭주를 막기 위해서는 사회의 반작용과 국가의 개입이 필수적이라고 보았습니다. 이는 기술에 대해서도 마찬가지로 적용해 볼 수 있죠. 칼 폴라니, 『거대한 전환』, 홍기빈 옮김, 길, 2009.

** EU의 인공지능법(AI Act)은 2021년 EU 집행위원회가 법안을 최초로 제안한 지 3년 만인 2024년 6월에 유럽의회를 통과했습니다. 미국의 바이든 행정부는 2023년에 인공지능 개발을 엄격하게 감독하겠다는 목적으로 대통령 행정명령을 내렸습니다만, 트럼프는 2025년에 취임하자마자 반대로 인공지능 개발 규제를 대폭 완화하겠다고 밝히면서 이 행정명령을 폐기해 버렸습니다. EU, "Artificial Intelligence Act", 2024; The White House, "Executive Order on the Safe, Secure, and Trustworthy Development and Use of Artificial Intelligence", 2023.

은 군산복합체라는 매개를 통해 국가의 연쇄 반응으로까지 고스란히, 아니 더욱 크게 확장되고 있습니다. 〈오펜하이머〉에서도 확인할 수 있듯이 미국은 이미 1950년대부터 핵무기 개발을 통해 압도적인 군사 우위를 확보하려 했죠. 이를 '1차 상쇄전략(first offset strategy)'이라고 하는데요.[18] 소련의 재래식 군사력을 전술핵무기로 압도하겠다는 전략이었습니다. 뒤이어 소련이 그 우위를 따라잡자 1970년대에 미국은 장거리 정밀타격 무기 등을 개발해서 다시금 그 격차를 벌려 놓으려고 했습니다. 2차 상쇄전략이고, 이는 1991년 걸프전을 통해, 그리고 그 당시 활용된 스텔스와 위성항법 등의 신기술을 통해 다시금 미국의 압도적인 패권을 확인시켜 주었습니다.

그 이후는 짐작하시는 바와 같습니다. 미국이 한 발 앞서 나가면 세계의 여러 국가가 뒤를 따르는 식으로 세계의 군사화라고 할 만한 흐름이 계속 이어져 왔습니다. 이런 가운데 중국이 군사 강국으로의 도약을 시도하면서 그 격차를 줄여 나가자, 미국은 이러한 도전을 상쇄하기 위해 다시금 3차 상쇄전략이라는 새로운 기술 혁신을 감행하기에 이릅니다.[19] 물론 그 핵심은 인공지능을 활용한 최첨단 군사 체계의 확립에 있습니다. 자율적인 딥러닝 시스템, 인간-기계의 협력, 무인 살상 무기 개발 등 무엇보다도 인공지능을 중심으로 한 군사 혁신이 그 주된 내용입니다.[20] 독일과 소련이 아닌 중국이 이 게임의 상대가 되었다는 점만 다를 뿐, 인공지능을 둘러싼 무한 연쇄 반응은 과거의 핵 확산만큼이나, 아니 그보다 더 무서운 기세로 더 크게 타오르고 있는 겁니다. 국가적 차원에서뿐만 아니라 앞서 말씀드렸듯이 기업의 과잉 경쟁을 통해서도 더 크게 반복되고 있으니까 말입니다.

오펜하이머가 염려했던 바로 그 연쇄 반응이 70여 년의 시차를 두면서 그대로 반복되고 있는 건지도 모르겠습니다. 성찰과 반성을 침묵시킨 기술 개발이 어떤 역사를 만들어 왔는지를 우리는 여전히 깨닫지 못하고 있는 걸까요? 혹시 우리는 이미 호랑이 등 위에 올라타 버려서 내릴 수조차 없는 상황인 걸까요? 어떻게 해야 우리는 이 연쇄 반응에 브레이크를 걸 수 있을까요?

더 많은 선지자=순교자가 필요하다

제프리 힌턴은 구글을 떠나면서 이런 말을 했다고 합니다. "나의 일생을 후회한다. 내가 하지 않았다면 다른 누군가가 했을 일이라고 생각하며 스스로를 위로할 뿐."[21] 후회의 뉘앙스를 두고 해석이 분분하지만, 그가 구글을 떠난 행보만큼은 분명히 이전과는 다른 어떤 심경의 변화가 있었음을 짐작케 합니다. 평생을 연구해서 인공지능의 신기원을 열었는데, 그저 손 안에 있을 거라고만 생각했던 이 인공지능이 어느새 자신의 손 바깥으로 빠져 나가는 것 같은 느낌을 받았는지도 모르겠습니다. 무서운 속도로 발전을 거듭해 나가는 인공지능 앞에서, 특히 기업과 국가마저도 무한 경쟁의 블랙홀로 빨아들이는 그 연쇄적인 도미노 반응 앞에서, 이제는 더 이상 그것을 통제할 수 없을지도 모른다는 어떤 불안감에 사로잡힌 건 아닐까 싶기도 합니다. 원자핵의 연쇄적인 분열 앞에서 오펜하이머가 느꼈던 그 두려움과 떨림을 어쩌면 힌턴도 느꼈던 게 아닐까요? 인공지능의 연쇄 반응 앞에서 말입니다.

역사는 이렇게 비극적으로 반복되는 것일까요? 우리는 오펜하이머로부터 정말 아무것도 배운 게 없는 걸까요? 아닙니다. 저는 오히려 작은 가능성을 봅니다. 비유컨대 선지자 중에서 순교자가 나왔기 때문입니다. 그리고 이것은 분명 변화의 시작점을 이루는 중요한 계기일 수 있기 때문이죠. 저는 기술적 선지자 중에서 더 많은 윤리적 순교자가 나와야 한다고 생각합니다. 다른 누구도 아닌 오펜하이머가 반성했기 때문에, 그리고 제프리 힌턴이 반성했기 때문에, 역사는 변화의 한 걸음을 내디딜 수 있었고 앞으로도 그럴 수 있을 겁니다. 바깥에서 터지는 폭탄보다 안에서 터지는 폭탄, 즉 내파(implosion)가 훨씬 더 파괴력이 큰 법이지요.

기술에 대한 최신의 지식을 가진 선지자 집단이 도리어 자신의 연구를 비판적으로 성찰하고 반성할 때, 즉 자신이 이룬 과업을 스스로 돌아보는 윤리적 순교자가 될 때, 그저 앞으로만 내달리던 연쇄 반응은 그 내부에서부터 저항에 직면하게 됩니다. 그러고는 지금까지와는 다른 방향으로의 운동을 시작하게 되죠. 이전 강의(《터미네이터 2》편)에서도 말씀드렸듯이, 저는 이러한 편위, 즉 어긋남이야말로 필연으로 가득한 이 세계에 작은 우연을 가져다준다고 생각합니다. 오펜하이머라는 편위가 당시의 사람들로 하여금 그때와는 다른 세계의 가능성을 상상하게 만든 것이고, 이 편위가 조금씩 누적되고 확대됨으로써 지금의 세계(즉 핵을 통제하는 세계)가 그 숱한 가능성 중 하나로 만들어질 수 있었던 게 아닐까요?

역사가 이를 웅변합니다. (영화의 마지막 장면에서) 아인슈타인(Albert Einstein)을 만난 오펜하이머는 세계 각국의 핵 경쟁이 연쇄 반응을 일으킬 거라고 담담하게 말하죠. 그리고 수많은 핵미사일이 지구를 불태우는 파멸의 환상을 봅니다. 그는 마치 그가 할 수 있는 일이라고는 아무것도 없다는 듯 그저 무력하게 서 있을 뿐입니다. 그러나 역설적으로 오펜하이머라는 관찰자의 개입이 그가 본 환상을 한낱 환상으로 만들어 버립니다. 관찰자의 개입, 양자역학에서 말하는 '관찰자 효과(observer effect)'*를 연상시키기도 하는 오펜하이머의 이 개입이 이후의 역사를 전혀 다른 방향으로 이끌어 낸 겁니다. 그의 환상을 (영화를 통해) 보고 있는 지금 여기의 우리가 바로 그 증거입니다. 역사는 그렇게 새로 쓰일 수 있다고 생각합니다. 인공지능을 둘러싼 지금의 이 무한 연쇄 반응 가운데, 특히나 인공지능을 개발하는 당사자의 관찰자적 개입이, 그 윤리적 반성과 성찰이 더욱 절실하게 필요한 이유입니다.

위로부터, 또 아래로부터

마지막으로 하나만 더 짚고 넘어가려고 합니다. 기술적 선지자의 변화와 반성, 성찰을 요구하는 저의 주장이 곧장 엘리트주의로 귀결되는 것은 아닙니다. 변화의 한 걸음은 선지자로부터 비롯될 수 있지만, 이 변화를 더욱 거대한 변화의 흐름으로 만드는 것은 분명 대중의 힘과 역량, 역할이기도 합니다.[22] 단연코 변화는 누군가의 한 걸음만으로 완성

---

* 관찰자 효과는 양자역학과 관련된 개념입니다. 이중 슬릿 실험의 경우, 관찰자가 관찰할 때는 전자(electron)가 입자의 성질을, 관찰을 하지 않을 때는 파동의 성질을 나타낸다고 합니다. 관찰자 효과란 이처럼 관찰자의 관찰 행위가 관측되는 계 자체에 영향을 미치는 현상을 뜻합니다. 물론 이런 물리적 현상을 곧바로 사회적 현상으로 확대 적용할 수 있는 것은 아닙니다. 물리 세계와 사회 세계는 엄연히 다르기 때문입니다. 본문에서 언급한 관찰자 효과는 오펜하이머라는 관찰자의 개입과 그로 인한 세계의 변화를 설명하기 위한 비유일 뿐입니다. 다만 관찰과 개입이라는 행위를 강조한다는 점에서는 유사점이 있다고도 할 수 있습니다.

되지 않습니다. 저는 원자력과 인공지능처럼 대중의 접근이 제한된 전문 분야에서는 과학(기술)자와 대중의 위치, 역할, 책임 등이 서로 다를 수밖에 없으며, 오히려 이 다름으로 인해 사회의 다원적 구성과 기능이 가능하다고도 생각합니다. 이 강의에서는 아무래도 오펜하이머라는 과학자를 주제로 다루는 만큼 전문가의 역할에 초점을 맞추었지만, 당연하게도 인공지능이라는 미증유의 사태에 대해서는 대중, 언론, 교육, 시민단체, 정부 등 모든 행위 주체의 총체적인 대응이 요구될 수밖에 없습니다. 이 또한 현재라는 국면에 대한 다양한 층위의 개입일 테고 말이죠. 요컨대 전문가의 반성과 회심이 중요하지만, 또한 동시에 그것만이 전부는 아니라는 겁니다.

대중에게 초점을 맞추어 본다면, 아마도 이런 방식의 개입이 가능해 보입니다. 이른바 '우리 대중(We the People)'[*]은 인민주권의 담지자로서 민주주의라는 정치적 제도와 실천을 통해 무분별한 기술 개발과 그 연쇄 반응을 적절히 견제하고 규제해 나갈 수 있어야 합니다.[23] 즉 선거를 통해 기술 민주주의에 대한 의지를 가진 정당과 정치인을 선출하고 이들이 정치적이고 법적인 제도와 절차, 시스템을 통해 기술을 사회적으로 통제하고 길들이게 만들어야 하겠죠. 기술 전문가에게 인공지능에 대한 설명책임(또는 책무성)을 부과하고, 투명성과 안정성, 공정성과 신뢰성을 요구하는 것도, 눈앞의 이윤에만 매몰되어 있는 자본주의 빅테크 기업들을 통제하는 것도 민주주의적인 정치 실천을 통해 가능케 해

---

[*] '우리 대중'이라는 표현은 미국의 헌법 서문 첫 문장에 나오는 "We the People of the United States…"에서 따왔습니다. '우리 대중'은 인민주권을 강조하면서 국가의 정당성이 다른 무엇보다도 인민, 곧 대중에게 있음을 선언하는 표현입니다.

야 합니다.²⁴ 이를 간단히 '위로부터의 개입'이라고 할 수 있을 듯합니다. 물론 이 위로부터의 개입이 저절로 작동하지는 않기에, 여기에 압력과 견제, 감시 등을 가해서 정치가 기능하게 만드는 것은 여전히 대중의 몫으로 남아 있을 수밖에 없습니다.

이와 더불어 인공지능에 대한 리터러시 교육을 통해 대중 자신의 비판적인 기술 문해력을 높여 나갈 필요도 있습니다. 정치인과 전문가에게 기술에 대한 민주적 제도화와 책무성을 요구하는 동시에, 거기에 그치지 않고 스스로 기술을 이해하고 문제를 파악하고 개선을 요구하는 등의 '기술적 역량(technological empowerment)'을 키워 나가야 한다는 말입니다.²⁵ 위로부터의 개입이 이루어지기를 앉아서 기다리고만 있어서는 안 된다는 것이죠. 이를 간단히 '아래로부터의 개입'이라고 할 수 있을 듯합니다. 휘몰아치는 기술 만능주의에 대해, 그 일방적인 헤게모니에 대해, 때로 교섭적이거나 때로 대항적인 담론이 가능하도록 언론, 교육, 시민단체, 대중사회의 역할과 책임을 강조하고 또 거기에 힘을 보태야 합니다. 필요하다면, 2023년 인공지능의 저작권 침해에 대응하기 위해 파업을 벌인 미국작가조합처럼 직접행동도 실천할 수 있어야 하죠.²⁶ 2024년 한국에서 벌어진 딥페이크 처벌 시위도 한 예일 겁니다.²⁷ 즉 현실 정치의 민주주의를 위해서만 싸울 게 아니라 현실만큼이나 중차대한 인터넷 가상 세계의 민주주의를 위해서도 투쟁할 수 있어야 합니다. 물론 이 또한 대중의 역량을 통해서만 가능해질 수 있습니다.

요컨대 위로부터의 민주주의 정치 제도와 아래로부터의 대항 실천을 통해 마구 날뛰는 야수의 목줄을 잡아당길 수 있어야 한다는 말입니다. 기술이라는 이름의 야수 말이지요. 전문가만큼이나 대중의 역할이 중요한 이유입니다.* 우리에게는 오펜하이머와 제프리 힌턴의 선지자적 개입만큼이나, 어쩌면 그보다 더, (대중에 의한) 민주적 통제와 (대중의) 사회적 협력, 그리고 (대중을 위한) 기술 민주주의가 필요합니다.

* 이 강의에서 직접 다루지는 않았지만, 실제로 1960년대부터 치열하게 전개된 반전·반핵·평화 운동이, 그러니까 대중의 직접행동이 핵 개발을 둘러싼 세계 각국의 연쇄 반응에 직간접적인 브레이크를 걸었음은 잘 알려진 사실이기도 합니다. 마찬가지로 인공지능을 비롯한 첨단 기술의 무한 연쇄 반응에 대해서도 대중의 비판적인 관심과 지속적인 개입이 절실히 요청된다고 할 수 있습니다. Wittner, L. S. (1993). *Toward nuclear abolition*. Stanford University Press.

4장
인공지능의 지능이 아무리 높아져도 그것으로 사회성을 대체할 수는 없습니다.
〈핀치〉

인공지능과 '함께' 살아가기

이번 영화는 〈핀치〉입니다. 아마도 이 영화를 아시는 분이 그리 많지는 않을 듯합니다. 코로나로 인해 개봉이 몇 차례 연기되었다가 결국 OTT 서비스로 공개되어서인지 세간의 큰 주목을 받지는 못했던 듯합니다. 볼거리가 풍부하지도 않고 서사가 극적이지도 않은 데다가, 등장인물도 주인공인 톰 행크스와 인공지능 로봇, 그리고 개 한 마리가 전부여서(그 외에 엑스트라 배우 몇 명이 나옵니다), 흔히들 SF 영화에 기대하는 바를 충분히 충족시켜 주지는 못했다는 점도 한 요인일 수 있을 듯합니다.

그런데 오히려 이 영화는 마치 SF 영화의 문법을 일부러 따르지 않겠다는 듯, 인류의 종말이라는 극단적인 상황을 전면에 내세우면서도 시종일관 담백하고 잔잔하게 이야기를 펼쳐 나갑니다. 스펙터클한 영상

핀치 Finch
감독 미겔 서포크닉, 2021

과 웅장한 사운드가 아닌, 이야기의 힘과 캐릭터의 진정성을 믿겠다는 것일까요? 흥행에 관심이 없어 보인다고 하면 무리겠지만, 흥행만으로 영화를 평가할 수는 없다고 반문한다면 또 사실이 그렇기도 하죠. 앞서 살펴보았던, 특히 디스토피아적인 미래를 시끌벅적하게 그려낸 영화들과는 사뭇 다른 분위기와 감정선이 아닐 수 없습니다.

물론 오늘 강의에서 이 영화를 소개해 드리는 이유가 이런 독특한 분위기 때문만은 아닙니다. 이미 말씀드렸듯이 이 강의는 영화 '비평'에 초점을 맞추고 있지 않습니다. 바꿔 말하면 이 강의는 철저히 영화가 말하고 보여주고 상상하는 '기술'을 겨냥하며, 오히려 그 점에서 다른 강의와 차별화됩니다. 영화로부터 영화 외부를 읽어내는 것, 즉 영화가 표상하는 기술 세계의 상상력과 가능성 또는 그 부정성을 살피고, 더 나아가 그 기술을 둘러싼 사회적 힘과 관계를 짚어내는 것이야말로 이 강의의 기획 의도이자 제 목적이라고 할 수 있습니다. 요컨대 영화와 함께 기술을 말하는 것이 이 강의의 목적이죠. 또 여러분이 저와 함께 계속 고민할 주제이기도 하고요. 그렇다면 이 영화에서 볼 수 있는 영화의 외부는 무엇일까요?

저는 이 영화가 그 완성도나 흥행과는 별개로(물론 완성도가 떨어진다는 말은 아닙니다), 지금까지의 영화와는 다른 각도에서 인공지능의 가능성을 조망하게 해준다는 점에서, 다시 말해 인간과 인공지능 로봇의 관계를 지배와 종속, 반란이 아닌 신뢰와 협력, 공생으로 재편할 가능성을 상상하게 해준다는 점에서 주목할 만하다고 생각합니다.[1] 더욱이 그 신뢰와 협력, 공생을 단지 당위로서만 제시하는 게 아니라, 그것을 현실 속에서 어떻게 실현해 나갈 것인지에 대한 아이디어와 시도, 모색과 좌절, 갈등과 극복의 서사를 구체적으로 보여준다는 점에서도 주의 깊게 살펴볼 필요가 있다고 생각합니다.

물론 이때의 신뢰와 협력, 공생이란 (이 말이 그 자체로 뜻하듯) 당연하게도 인공지능의 지능을 아무리 높여 나간다고 해도 결코 그것만으로는 달성할 수 없는, 이를테면 사회성의 요소를 담고 있는 게 사실입니다.[2] 인공지능의 '지능'에만 모든 관심이 쏠려 있는 지금, 그래서 그 지능으로 인해 촉발될 유토피아 또는 디스토피아에만 논의가 집중되고 있는 지금, 오히려 이 영화는 초점을 인공지능의 지능이 아닌 '사회성'으로 옮기면서 인공지능과 함께 살아가야 할 미래에는 지능만큼이나 그 사회성에 대한 질문이 필수적으로 요청될 수밖에 없음을, 잔잔하지만 분명하게 제시합니다. 질문의 초점을 옮기는 것이면서 동시에 새로운 질문을 던지는 것이기도 하죠.

인공지능이 일상의 구석구석에 깊이 파고들뿐 아니라 그것이 로봇에 탑재되어 인간의 여러 역할을 대신하는 미래를 상정해 본다면, 우리는 그에 대한 제어와 통제의 필요성을 강변하는 만큼이나 인공지능 로봇과 '함께' 살아가는 방법, 예컨대 그(것)들과 소통하고 관계를 맺고 서로

4장 〈핀치〉 인공지능의 지능이 사회성을 대체할 수는 없습니다.

를 돌보는 방법을 진지하게 묻고 탐구해야 하지 않을까요?[3] 영화는 묻습니다. 우리는 왜 인공지능을 지배와 종속, 반란의 관계로서만 사유해왔던 것일까? 그 반대인 신뢰와 협력, 공생의 관계는 정녕 불가능한 것일까? 만일 그것이 가능하다면, 지배와 종속 등의 부정적인 결과를 막기 위한 인간의 개입이 필요한 것과 마찬가지로, 신뢰와 협력 등의 긍정적인 결과를 촉발하기 위한 개입도 필요하다고 할 수 있지 않을까? 이를 위해서 우리는 무엇을 할 수 있고 또 무엇을 해야만 할까? 영화는 잔잔하지만, 날카로운 질문을 담고 있습니다.

인간, 기계, 동물

영화의 배경은 역시나 인류 종말의 미래입니다. 영화의 설정상으로는 태양의 플레어가 폭발해서 지구의 오존층이 다 파괴됐고, 그 결과 태양의 뜨거운 열기가 그대로 지구를 직격해서 지구의 거의 모든 생명체가 다 타버린 뒤의 상황입니다. 운 좋게 살아남은 핀치(톰 행크스)는 여느 때처럼 폐허가 된 도시의 한 상점을 수색 중입니다. 그나마 먹을 수 있는 것은 오래된 통조림 캔이 전부입니다. 이제는 그마저도 얼마 남아 있지 않은 상황이죠. 식량을 찾아 이리저리 살피던 중, 갑자기 비상 신호가 울리면서 거대한 모래 폭풍이 다가온다는 경고 메시지가 뜹니다. 아마도 이런 상황이 처음은 아닌 듯, 핀치는 일촉즉발의 위기를 피해 자신의 은신처로 몸을 숨기고, 거기서 그의 유일한 친구이자 가족인 개, 굿이어와 함께 짧은 안식을 취합니다. 아, 하나의 가족이 더 있네요. 개를 닮은 로봇 듀이도 그의 친구이자 가족입니다.

핀치는 인간형 인공지능 로봇을 만드는 중입니다. 상황이 상황인지라 정교한 제작 과정을 거치지도, 완성도 높은 결과물을 추구할 수도 없습니다. 주먹구구식이라는 말이 딱 어울리겠네요. 듀이의 눈(카메라)을 빼서 달아주는 식으로, 주변에 있는 여러 기계 부품을 총동원해서 일단 만들어 봅니다. 완성된 결과물을 보니, 인간형 로봇이라고는 하지만 SF 영화에서 흔히 볼 수 있는 인간과 똑 닮은 형태의 안드로이드 로봇이 아니라, 오히려 둔탁한 금속의 물성을 고스란히 간직한 기계 로봇에 가깝습니다. 팔과 다리가 있고 이족 보행을 한다는 점만 닮았을 뿐, 사실상 인간보다는 기계에 더 가까운, 말 그대로의 기계(고철) 로봇입니다.

아마도 영화가 의도한 게 아닐까 싶기도 합니다. 인간과 닮아서 사실상 인간조차도 구분하기 어려운 대상이라면, 그 대상을 신뢰하기란 그리 어렵지 않을 수도 있습니다. 그런데 이와는 반대로, 누가 보기에도 명백한 금속성의 기계라고 한다면, 즉 전기 모터가 돌아가고 유압 실린더가 움직이는 식의 기계 장치라면, 이 장치를 신뢰의 대상으로 삼기란 자못 어려울 수밖에 없죠. 마치 영화는 인간이 서로를 죽이는 미친 세계 속에서, 그러니까 모든 사회적 신뢰가 무너져 버린 세계 속에서, 종적인 유사성에 기반을 두지 않는 새로운 신뢰란 어떻게 가능한지를 묻는 듯 보이기도 합니다.[4] 인공지능 로봇과 인간의 관계는 이렇듯 처음부터 시험대에 오릅니다.

핀치는 이 로봇에게 세계의 각종 지식과 정보를, 그중에서도 특히 캠핑카와 개 사육 등에 대한 정보를 중점적으로 업로딩하면서 세계란 무엇인지를 가르쳐 줍니다(정확히 말하면 로봇 스스로 학습하게 합니다). 그리고 마지막으로 네 가지 원칙을 입력하죠. 앞서 〈아이, 로봇〉에서 살펴보았던 로봇 3원칙과 함께, 자신이 부재할 때 개(굿이어)를 돌봐야 한다는 원칙이 바로 그것입니다. 네, 맞습니다. 핀치는 자신의 삶이 얼마 남지 않았다는 것을 이미 알고 있었고, 이 망가진 세계에 혼자 남겨질 굿이어가 못내 신경이 쓰였던 겁니다. 핀치는 로봇을 가르치고 로봇은 굿이어를 돌보고 다시 굿이어는 핀치를 위로하는, 이른바 돌봄의 상호성이라고나 할까요? 아직은 각자의 역할에 미숙한 것도 사실이지만, 어쨌든 핀치와 로봇(아직은 이름이 없습니다) 그리고 굿이어는 서로를 돌보는 임무를 맡은 채 인간, 기계, 동물의 이종 동맹을 이루어 나갑니다.[5] 마치 인간의 동맹이 무너진 자리를 새롭게 대체하려는 듯이 말이죠.

하지만 상황은 결코 녹록치 않습니다. 멀리서 다가오는 어마어마한 크기의 폭풍, 분석 결과 이 폭풍은 24시간 안에 핀치의 은신처에 도달할 것이고 무려 40여 일 동안 지속될 것이라고 합니다. 어딘가에 있을지 모르는 피난처를 찾아 한시바삐 길을 떠나야만 하는 상황 앞에서, 핀치는 아직 데이터 업로딩이 72%밖에 이루어지지 않은, 그러니까 세계를 미처 다 배우지 못한 미숙한 로봇과 함께, 그리고 그의 오랜 친구인 굿이어와 함께 먼 길을 떠나기로 결심합니다. 길게 말씀드렸지만 이제야 비로소 영화의 시작입니다.

몸으로 세계를 배운다

짐작할 수 있듯이, 영화의 뒷이야기는 이 세 행위자가(특히 인간과 로봇이) 여러 위기를 겪으면서 서로 부딪치고 갈등하다가 마침내 서로를 이해하고 신뢰하게 되는, 어찌 보면 조금은 뻔한 이야기들로 채워져 있습니다.* 하지만 이전 강의에서도 여러 차례 말씀드렸듯이 질문의 가능성에 집중해 본다면, 이 영화는 인공지능에 대한 우리의 편견을 깨는 어떤 새로움으로 가득 차 있기도 하죠. 저는 그 점에 주목해 보고 싶습니다.

그 전에 짚고 넘어가야 할 장면이 있는데요. 인공지능 로봇이 신체를 부여받고 나서 처음으로 걸음마를 시작하는 장면입니다. 핀치는 로봇을 제작하면서 로봇 기체에 디지털 수평 장치와 자이로스코프 시스템을 장착했지만, 즉 기본적으로는 로봇이 스스로 균형을 잡을 수 있도록 만들었지만, 그래도 로봇에게 걸음 연습이 필요하다고 말합니다. 그러면서 로봇 앞에 서서 하나, 둘 박자를 세며 걸음걸이의 동작을 보여주죠. 로봇은 자신의 손가락을 쥐었다 폈다 하기도 하고, 핀치를 따라 어설프게나마 무릎을 굽혀 한 발씩 내딛기도 하는 등 자신의 신체를 바탕으로 이 세계를 조금씩 감각하고 경험해 나가기 시작합니다. 물론 계속 기우뚱거리고 넘어지는 것은 당연지사입니다. 게다가 '걷기'라는 평범한 행위는 사실 중력, 힘, 균형, 민첩함 등 고도로 복잡한 여러 감각이 절묘하게 맞아떨어질 때에나 가능한 것이기도 합니다. 아이가 걷기 시작하는 데에만 1~2년이 걸린다는 것은 그러한 감각을 신체에 기입하는 데 걸리는 노력과 시간이 그만큼이나 많이 요구된다는 것을 보여주죠.

그렇다면 로봇이 자신의 두 손과 두 발, 즉 자신의 신체를 세계와 접

---

* 영화에는 개를 닮은 로봇 듀이도 등장합니다. 핀치는 영화 초반에 이족보행 로봇(제프)을 만들기 위해 듀이의 유일한 시각 렌즈를 빼서 이 로봇에게 달아 줍니다. 이후 다시 CCTV 렌즈를 듀이에게 장착해 주지만, 이후 전개에서 듀이는 거의 비중이 없게 다뤄집니다. 좀처럼 등장하지 않다가 영화 중반쯤 극의 전개를 돕는 역할로 잠깐 나오죠. 듀이는 서사의 핵심 주제에 깊게 관여하지 않기 때문에, 여기에서는 행위자를 셋으로 셈했습니다. 다만 존재 자체를 엄격하게 따질 경우 영화에 등장하는 행위자는 총 넷임을 말씀드립니다.

지(grounding)하기 시작했다는 것은, 아이의 경우와 마찬가지로 세계와 만나고 세계를 이해하기 위한 첫걸음이라고 할 수 있지 않을까요?[6] 걷기에 필요한 힘, 속도, 방향, 에너지 등의 수많은 데이터를 기호와 숫자로 빠르게 계산하는 게 아니라(이것은 몸이 없어도 할 수 있습니다) 실제로 두 발로 걸어보고 그 힘과 속도, 방향 등을 (센서로) 느껴보는 것, 계속 넘어지고 일어나면서 스스로 오차를 교정해 나가고 마침내 정확한 균형값을 찾아 나가는 것, 어쩌면 영화는 (그 의도와는 무관하게도) 후자야말로 인공지능이 '지능'을 가질 수 있는 가장 확실한 방법임을 말하고 있는 게 아닐까요?[*] 뒤집어 말하면, 유한한 신체를 통해 세계와 접지하고 그렇게 조금씩 세계를 직접 체화해 가는 것이, 무한한 추상 공간에서 오직 기호와 숫자를 통해 세계를 논리적으로 추론하는 것보다 더 나은 방법이라는 것을 말하고자 했던 게 아닐까요?[7]

'학습'은 이후로도 계속됩니다. 핀치와 차를 타고 이동하는 내내 로봇

---

[*] 203쪽과 210쪽 각주에서도 말씀드렸듯이, 저는 지금처럼 초거대 LLM에 집중하는 방식으로는 인공일반지능 또는 강인공지능을 만들 수 없다고 생각합니다. 지능에는 감각과 경험, 느낌 등의 체화 과정이 필수적인데요. 인간의 경우만 봐도 분명히 알 수 있습니다. 인간 어린아이는 세계에 대한 지식이 거의 없음에도 불구하고 신체와 감각을 통해 세계를 배우고 또 이 배움을 통해 문제를 해결해 나갑니다. 적은 데이터와 적은 지식에도 불구하고, 오히려 그 '적음'을 통해 세계를 능동적으로 탐색하고 학습하며 상호작용하는 능력을 키워 나갈 수 있는 것이죠. 즉 인공일반지능은 단순히 데이터의 크기나 연산 속도, 정교한 알고리즘 등에서 비롯되는 게 아니라는 겁니다. 영화에서 보여주는 로봇의 감각과 경험, 체화 장면은, 마치 인간 어린아이가 몸으로 세계를 배워 나가는 바로 그 모습을 연상케 합니다. 이는 인공일반지능 또는 강인공지능에는 단지 연산 능력이나 방대한 데이터만이 아닌 실제 세계와의 상호작용을 통한 체화된 학습 과정이 필수적임을 시사하죠. 뒤집어 말하면, 체화 없는 계산만으로는 의식에 도달할 수 없다는 것이기도 합니다. 연산 속도와 데이터 크기에만 집중하는 현재의 LLM 기반 인공지능에 대해 비판이 제기되는 이유가 바로 이 때문입니다. 어쩌면 지능을 달성하기 위해서는 지능 그 자체가 아닌, 몸과 감각 그리고 세계 속에서의 체험에 더 주목해야 하는지도 모릅니다.

은 묻고 또 묻습니다. 눈앞에 있는 사진엽서에 대해 묻고, 거기에 얽힌 핀치의 과거 사연에 대해 묻고, 설명 중 비유가 나오면 비유에 대해 묻고, 마침내 신뢰와 같은 추상적인 개념에 대해 묻습니다. 마치 어린아이가 '왜?'라고 반복해서 묻듯, 로봇은 묻고 묻고 또 묻습니다. 특히 질문의 방향성이 눈에 띄는데요. 구체에서 추상으로의 확장이고, 신체의 감각에서 시간성과 언어 그리고 관념적인 것으로의 점진적인 이동입니다. 마치 구체 없이 추상이란 존재할 수 없다는 듯, 로봇은 주변의 사물과 현상에 대해 끊임없이 묻고 또 직접 체험하면서, 바로 이 구체성을 바탕으로 세계가 무엇인지를 조금씩 알아갑니다.

예컨대 이런 겁니다. 중력이란 무엇일까요? 표준국어대사전에 검색을 해보니 이런 답변이 나옵니다. "지구 위의 물체가 지구로부터 받는 힘. 지구와 물체 사이의 만유인력과 지구의 자전에 따른 물체의 구심력을 합한 힘."[8] 여기서 문제는, 중력이 무엇인지 알기 위해선 그에 앞서 지구, 물체, 만유인력, 자전, 구심력 등이 무엇인지를 먼저 알아야 한다는 겁니다. 게다가 이를 알기 위해 다시 만유인력 등을 검색해 보면 또 그만큼의 새로운 개념이 나오죠. 끝이 없는 거예요. 백보 양보해서 이 개념을 다 안다고 해도 결국 중력에 대해서는 그 정의만 아는 것일 뿐 실제로 그것이 실제로 작동하는 양상까지 아는 것은 아닙니다. 알아도 아는 게 아닌 겁니다. 그렇다면 어떻게 해야 중력을 제대로 알 수 있을까요? 답은 간단합니다. 걸어보면 되고, 걷다가 넘어져 보면 되고, 폭풍에 휩싸여 날아가던 캠핑카가 다시 땅에 떨어지는 경험을 해보면 됩니다. 그리고 중력에 대한 이 구체적인 경험과 앞의 개념(지식)을, 즉 구체와 추상을 연결하면 되죠.

로봇이 세계를 배우는 방식이 바로 이렇습니다. 그는 인공지능임에도 불구하고 세계를 단지 기호와 숫자로, 즉 확률통계적 연산만으로 이해하지는 않았던 겁니다. 바꿔 말하면 그는 먼저 자기 신체를 통해 주변 환경과 상호작용했던 것이고, 이러한 신체성을 바탕으로 자기와 타자, 세계를 감각하고 인지해 왔던 것이죠. 이를 '체화된 인지(embodied cognition)'라고도 하는데요.* 쉽게 말해서 몸이 먼저고 두뇌(인공지능 연산)는 나중이라는 겁니다. 이 차이가 극히 중요합니다. 왜일까요? 챗GPT를 비롯한 현재의 생성형 인공지능이 체화 없는 인지를, 감각 없는 계산을, 경험 없는 표상을 바탕으로 개발되고 있는 반면, 영화의 로봇은 이를 정확히 반전시켜 체화와 감각, 경험을 학습의 중심에 위치시키고 있기 때문입니다.[9] 전자가 몸 없이 두뇌만 작동하는 방식이라면, 후자는 몸을 중심으로 삼고 두뇌를 결합하는 방식이죠. 이 차이가 중요한 이유는, 철저히 전자에 집중하고 있는 지금의 현실과는 달리, 이 영화는 오히려 후자에 주목하면서 이런 방향 전환을 통해 로봇의 의식이, 특히 자율성이 가능해진 것처럼 묘사하고 있기 때문입니다.

영화는 로봇이 자신의 몸을 중심으로 자기와 타자 사이에 경계를 인식하고(여기까지가 내 몸이다) 그 분절적인 경계에 따라 '나'라는 개체

---

* 체화된 인지란, 우리의 인지 작용이 단순히 정신적이고 관념적인 것에 국한되지는 않음을 뜻하는 개념입니다. 이는 데카르트의 "나는 생각한다. 고로 나는 존재한다"는 명제와 대비되는데요. 체화된 인지 이론에서는 인지가 신체의 감각 경험, 즉 우리의 몸이 주변 환경과 상호작용하는 물질적인 과정에 기반을 두고 있다고 보기 때문입니다. 우리의 인지는 역설적이게도 신체의 감각 경험에 깊이 뿌리내리고 있다는 것이죠. 이에 따르면, 신체는 단순히 두뇌의 명령을 따르는 수동적인 기관이 아니라, 오히려 우리의 지각과 인지를 형성하는 적극적이고 능동적인 행위 기관이라고 할 수 있습니다. 제임스 깁슨, 『지각체계로 본 감각』, 박형생, 오성주, 박창호 옮김, 아카넷, 2016.

(in+dividual, 더 이상 나눌 수 없는)의 윤곽을, 그 존재의 단위를 자각해 나가는 식으로 그려 냅니다. 아마도 이런 연유 때문인지, 영화 초반부에 로봇은 계속 뭔가를 만지고 걷고 부딪히기를 반복하죠. 거울 앞에서 자기의 얼굴을 빤히 바라보기도 하고요. 말인즉슨 의식과 같이 고등한 정신 능력은 컴퓨터의 연산과 추론 성능을 고도로 발전시켰을 때 갑자기 나타나는 무엇이 아니라, 반대로 신경계(또는 인공신경망)의 형성, 신체적인 수준의 감각과 경험, 자타의 구분 및 세계에 대한 인지를 통해 조금씩 형성되어 가는 무엇이라고 할 수 있지 않을까 싶습니다. 이 영화의 로봇이 실제로 밟아 나가는 경로이기도 하지요.

자율성, 실수, 타자

로봇은 이름을 갖고 싶어 합니다. 핀치와 로봇은 이런저런 시도 끝에 제프라는 이름을 짓기로 하죠. 그런데 재밌게도 이 이름은 인간인 핀치가 로봇에게 지어준 게 아닙니다. 로봇이 제 스스로 지은 이름이에요. 인간의 명령을 따르는 로봇이 자기 이름을 '자율적으로' 정하는 것도 놀랍지만, 이보다 더 놀라운 것은 그런 제프를 대하는 핀치의 태도입니다. 로봇이 제프라는 이름을 고른 뒤 핀치의 허락을 구하자, 핀치는 자신의 허락 따위는 필요하지 않다고 말하며 악수를 청합니다. 최초의 스킨십이자 상대에 대한 예의의 표현입니다. 그러고선 "세상에 온 걸 환영해, 제프."라는 말을 건넵니다.* 핀치는 자신의 개를 돌보라고 만든 로봇을 (잠시나마) 자신과 동등한 존재로 인정하기에 이릅니다.

하지만 이들의 여정을 낙관하기에는 아직 이릅니다. 자율성이란 사실 통제 불능의 다른 말이기도 하기에, 그 안에 갈등과 불화의 씨앗을 품고 있기 마련입니다. 앞서 말씀드렸듯이 제프는 점점 더 빠른 속도로 세계를 배워 나갑니다. 스스로 생각하고 자기 주도적으로 행동하라는 핀치의 명령대로, 이제는 핀치가 시키지 않아도 저 혼자 알아서 뭔가를 하려고 하죠. 아니나 다를까 핀치가 잠깐 자리를 비운 사이에 제프는 자기 판단에 따라 캠핑카를 운전하다가 큰 사고를 낼 뻔합니다. 핀치는 작열하는 태양을 피해 일부러 그늘에 차를 세워 놨는데, 이를 본 제프가 굳이 주차장에 바로 주차하겠다고 태양이 내리쬐는 양지로 차를 옮겨 버린 겁니다. 핀치는 불같이 화를 내면서 이글거리는 직사광선에 자기 팔을 내밀어 불과 몇 초 만에 손이 타들어 가는 모습을 보여줍니다. 차를 옮기는 주도적인 행위로 인해 핀치와 굿이어는 죽을 수도 있었던 것이지요. 그는 제프에게 이렇게 말합니다. "네가 할 일은 하나야. 이 개를 돌보는 것! 그래서 너를 만들었다고. 그게 바로 네가 존재하는 유일한 이유야!" 인간과 기계의 동맹은 이렇게나 취약합니다.

핀치는 제프에게 운전을 가르칩니다. '학습'이라는 관점에서 보면 이전과 달라진 게 없습니다. 핀치가 가르치고 제프가 배우죠. 하지만 위의 사건 이후 명확히 달라지는 지점이 있기도 합니다. 바로 '실수(error)'와 '타자'라는 변수의 등장과 그에 대한 인정입니다.[10] 사물을 만져서 세계

---

* 이런 태도는 그가 기르는 개에 대해서도 마찬가지입니다. 제프가 저 개는 당신의 개가 아니냐고 물었을 때, 핀치는 "누구의 개도 아니야, 독립적인 존재지."라고 담담하게 답합니다. 핀치는 어떻게 동물과 기계 같은 비인간 존재를 하나의 동등한 존재로 받아들이게 된 걸까요? 어쩌면 세계의 종말이 인간중심주의에 대한 반성을 요청하는 동시에 비인간 존재에 대한 존중을 불러일으킨 게 아닐까요? 세계의 종말과 평평한 존재론(flat ontology)이 여러 영화에서 함께 논의된다는 점이 의미심장하게 다가옵니다.

를 감각하고 배우는 것은 제프 혼자서도 할 수 있습니다. 걷기도 마찬가지죠. 로봇 신체로 경험한 데이터를 인공지능 연산과 접지해서 세계를 배워 나가는 것은 제프가 만들어진 이후부터 줄곧 혼자서 수행했던 역할이자 임무입니다. 잠을 자지도 않고 지치지도 않는 인공지능 로봇이 가장 잘할 수 있는 것이기도 하죠.

그러나 자기 주도성, 즉 자율성을 발휘하는 과정은 필연적으로 타자와의 충돌을 수반할 수밖에 없고, 이는 제프에게 지금까지와는 전혀 다른 태도와 역할을 요청하고 또 강제하기 마련입니다. 간단한 논리입니다. 식당에서 소리를 지르면서 날뛰는 어린아이는 아마도 자신의 자율성을 제한하고 금지하는 더 큰 세계의 질서와 직면하게 될 겁니다. 물을 쏟고 컵을 깨는 등의 실수가 계속될수록 아이는 세계의 또 다른 존재인 어른에게 혼이 나면서 그만큼 자신의 자율성이 갖는 한계를 깨닫게 되겠죠.

자율성이란, 요컨대 그것이 이미 정해진 규칙을 그대로 따르는 게 아니라 무엇을 할지를 자기 스스로 선택하고 결정한다는 의미인 이상, 실수와 시행착오를 수반할 수밖에 없습니다. 실수가 없다면, 즉 이미 정해진 대로 정확히 움직여서 어떠한 오차도 발생하지 않는다면, 그 존재를 자율적 존재라고 할 수 없죠. 우리는 보통 이를 '기계'라고 부릅니다. 기계는 프로그래밍된 대로만 움직이며, 그렇기에 실수를 하지 않습니다. 반대로 자율적 존재는 자신의 자율성을 수행하는 과정에서 응당 실수를 저지를 수밖에 없으며, 뒤집어 말한다면, 시행착오와 실수의 가능성을 담지하는 한에서만 자율적이라고도 할 수 있습니다.[11] 자율적 존재는 그 자신이 자신의 입법자인 한, 실수를 줄일 수는 있어도 그 자체를 없앨 수는 없는 존재인 겁니다. 사실 어떻게 보면 우리의 인생 전체가 실수의 연속이기도 하지요.

더욱이 내가 자율적 존재라는 사실은, 나와 마찬가지로 자율성을 갖고 있는 타자를 상정할 수밖에 없게 만듭니다.[12] 내가 신이 아닌 이상, 나만 자율성을 갖고 있으리란 법은 없죠. 나의 자율성은 타자의 자율성과 때로 충돌하고 때로 배치되기도 하며, 이 때문에 나는 나의 자율성에 대한 제한과 함께 타자에 대한 윤리를 요구받게 됩니다. 이렇게 서로의 존재를 인정하면서 자신의 자율성을 제한할 때에야 역설적이게도 저마다의 자율성을 지킬 수 있는 법이죠. 우리는 이렇게 나와 너, 우리(또는 타자)로 이루어진 집합을 '사회'라고 부릅니다.[13]

정리해 보죠. 제프는 지금까지 혼자 학습한(또는 체화한) 세계만을 마주하고 있었는데, 이 세계는 너무나 당연하게도 핀치와 굿이어의 세계, 곧 타자의 세계이기도 합니다. 지금까지 제프의 세계에는 자율성만 있었지 그로부터 비롯된 실수도, 또 거기에 영향을 받는 타자도 아직은 존재하지 않았던 겁니다. 실수와 타자라는 변수가 없다 보니, 또는 그것을 고려하지 않다 보니, 그의 자기 주도적인 행동은 핀치와 굿이어를 위험에 빠트리기도 하죠. 그는 천방지축 날뛰는 어린아이였던 거예요. 바꿔 말하면, 제프는 아직 자의식을 넘어선 사회성을 갖지도, 타자를 배려하고 존중하는 사회적 존재가 되지도 못한 것입니다.

이렇듯 인공지능이 성능을 높여 나가는 것과 사회적 존재가 되는 것이 별개의 문제라고 한다면, 그런 존재가 되기 위해서 또는 그렇게 만들기 위해서, 제프는, 또 핀치는 무엇을 해야 하는 것일까요? 영화는 바로 이 지점을 파고듭니다. 인공지능의 놀라운 지능에 주목하기보다는, 그리고 그 지능에서 비롯될 어떤 디스토피아적 위험성을 경계하기보다는, 반대로 인공지능이 인간과 '함께' 만들어 갈 사회의 가능성을 묻고, 이를 위해 필요한 과정과 절차, 즉 상호 노력의 필요성을 묻고자 하는 것이죠.[14] 이것이 바로 이 영화가 보여주는 영화의 외부입니다.

사회적 존재로서의 인공지능

앞서 저는 제프가 자신의 몸을 통해 세계를 배운다고 말씀드렸습니다. 이를 체화된 인지라고도 했죠. 그런데 문제는 이때의 체화가 철저히 자신의 신체를 통해 이루어질 수밖에 없다는 것입니다. 우리는 개가 사는 세계를 알지 못하고 마찬가지로 박쥐가 사는 세계도 알지 못합니다.[15] 우리는 오직 인간의 신체가 작동하는 방식대로만 감각하고 인지하고, 그렇게 세계를 살아갈 뿐입니다. 그렇다면 제프는 어떨까요? 제프 또한 마찬가지입니다. 그는 태양열에 무감하고 화상의 통증을 모르며 죽음의 감각이 없습니다. 당연히 그의 신체가 인간과는 달리 전기 모터와 실린더, 금속으로 이루어져 있기 때문이고, 그 결과 그가 인간과는 전혀 다른 방식으로 사물을 감각하고 세계를 인지할 것이기 때문입니다. 그렇기에 제프에게 인간은 전적으로 타자이고 마찬가지로 인간에게도 그는 타자일 수밖에 없습니다. 여기에는 근본적인 몰이해가 자리 잡고 있습니다.

영화는 이 불화를 한 단계 더 몰고 갑니다. 핀치는 죽어가고 있습니다. 기침과 각혈로 보아 아마도 암에 걸린 듯합니다. 제프는 이런 핀치를 대신해서 어딘가에 있을지 모를 피난처를 향해 차를 몰고 가는 중이죠. 그러던 중 어느 도시에 도착한 제프는 또다시 핀치의 허락도 없이 로봇 듀이를 데리고 식량 탐색에 나섭니다. 제프는 건물을 수색하던 중 의료품과 통조림을 발견하고 (의인화를 무릅쓰고 표현하자면) 뛸 듯이 기뻐합니다. 자기 주도적인 결정이 드디어 결실을 맺은 것일까요? 그러나 기쁨도 잠시, 건물의 다른 곳을 탐색하던 듀이가 커다란 덫에 걸려 말 그대로 두 동강이 나버리는 사고가 발생하고 맙니다. 게다가 이미 폐허가 되어 버린 도시에 덫이 있다는 것은, 이 덫을 설치한 누군가가 조만간 들이닥칠 수도 있다는 것을 뜻하죠. 위급한 상황이 아닐 수 없습니다. 때마침 제프가 없어진 것을 안 핀치는 다급하게 건물 안으로 들어와 제프를 데리고 나옵니다. 그런 가운데 덫에 걸려 박살이 나버린 듀이를 보고, 그는 마치 오랜 친구를 잃은 듯 애통해하죠. 그는 듀이의 전원을 꺼줍니다.

상황은 조금 전과 같습니다. 제프의 자율성이 또다시 문제를 일으킨 상황입니다. 앞의 상황과 기본적으로는 같지만, 이번에는 적대적 타자 또는 제삼자가 등장했다는 점에서 조금 다르기도 합니다. 영화는 묻습니다. 자율성을 가진 인공지능이 그 자율성에서 비롯되는 실수 또는 시행착오를 반복한다면, 그래서 타자의 자율성과 충돌할 뿐 아니라 심지어 타자를 위험에 빠트리기까지 한다면 어떻게 할 것인가? 질문은 계속됩니다. 인공지능 로봇을 둘러싼 이 세계에 핀치와 굿이어처럼 호의적인 타자만 존재하는 게 아니라, 함정을 파고 식량을 약탈하고 심지어 위협을 가하기까지 하는 적대적 타자가 존재한다면 또 어떻게 할 것인가? 이 두 질문은 서로 다른 듯하지만 동시에 한 지점에서 연결되고 있기도 합니다. 어째서일까요?

첫 번째 질문은 인공지능 로봇에서 타자로 향하는 방향성을 갖습니다. 로봇의 자기 주도적인 행위가 원인이 되고 그런 가운데 발생하는 실수와 시행착오가 타자에게 영향을 미치는 구도라 할 수 있죠. 화살표를 그리자면 인공지능 로봇 → 타자가 됩니다.[16] 반면, 두 번째 질문은 반대 방향에서 제기됩니다. 다시 화살표로 표시하면 인공지능 로봇 ← 타자가 되겠네요.[17] 당연하게도 이 세계에는 핀치와 굿이어, 듀이만 있는 게 아닙니다. 수많은 타자가 존재하며 그중에는 제프와 듀이를 위협하는 적대적 타자도 존재하죠. 제프를 독립된 행위자이자 동맹의 대상으로 여기는 핀치가 존재한다면, 반대로 제프를 착취의 수단이자 종속의 대상으로 여기는 또 다른 누군가가 존재할 수도 있습니다. 세계란 다양성과 복수성, 이질성과 적대성의 집합이기도 하기 때문입니다. 영화에서는 서사화하지 않지만, 만약 제프가 이들 생존자, 즉 식량을 얻기 위해 사람까지도 죽이는 이들의 손에 들어간다면, 아마도 핀치가 제프를 대하던 것과는 전혀 다른 방식으로, 예컨대 철저히 수단화된 방식으로 다루어질 수도 있었을 겁니다.

물론 앞의 두 화살표는 방향은 다르지만 서로 겹쳐 있습니다. 인공지능 로봇 ↔ 타자로 표현할 수 있겠네요.* 그런데 이 상호작용(↔)은 인공지능 로봇과 이를 둘러싼 타자가 서로 영향을 주고받는 다양한 관계의 가능성을 함축한다는 점에서, 결국 그 모든 관계의 집합으로서의 '사회'

---

* 여기서 타자라는 표현은 인공지능을 중심으로 서술할 때 인간이 그런 위치에 있다는 것을 뜻할 뿐, 인간이 인공지능에 대해 언제나 타자로 존재한다는 의미는 아닙니다. 마찬가지로 인간을 중심으로 서술할 때에는 인공지능이 타자가 되겠죠. 서로에 대해 타자로서 존재한다는 것이 사회의 조건임을 떠올려 볼 수 있습니다.

를 상정할 수밖에 없습니다. 바꿔 말하자면, 우리는 인공지능을 논할 때 필시 그와 관계를 맺는 타자'들'을 함께 다룰 수밖에 없으며, 다시 그 타자의 다양성과 복수성, 이질성과 적대성으로 인해 종국에는 인공지능을 사회라는 평면 위에(또는 그 내부에) 위치시킬 수밖에 없게 됩니다. 타자가 사회적 존재인 것과 마찬가지로 그와 상호작용하는 인공지능 로봇 또한 사회적 존재라고도 말할 수 있겠네요.

사회적 존재로서의 인공지능이 이렇게 하나의 문제설정으로 우리에게 다가옵니다.[18] 일방향에서 출발한 인공지능의 작용(→)이 그것에 영향을 받는 타자의 반작용(←)에 의해 침식 및 굴절되고, 이 과정이 불특정 타자들과의 관계로까지 계속해서 확대 반복되면서, 결국 인공지능 ↔ 인간이라는 사회적 상호작용의 큰 사이클이 만들어지는 겁니다.[19] 그런데 이렇게 해서 도달한 (사회적 존재로서의) 인공지능이 앞서 출발선에 있던 (지능적 존재로서의) 인공지능과 결코 같지 않다고 한다면, 단연 문제의 핵심은 그러한 변화가 이루어진 지난한 과정일 수밖에 없습니다. 물론 그 과정이란, 인간이 '개입'할 사이-공간(in-between)이기도 하죠.

인간과 기계의 동맹, 선언에서 실천으로

신체와 감각에서(즉 학습에서) 출발한 인공지능 로봇은 자율성과 실수, 타자를 거쳐, 마침내 사회적 존재로까지 나아갑니다. 이 과정은 결정적으로 중요합니다. 앞 단계가 뒤 단계를 가능케 하고 또 뒤 단계는 앞 단계를 이어받으면서, 그렇게 물고 물리는 순환을 이루기 때문입니다. 즉 어느 하나가 없으면 순환 자체가 불가능해지기 때문이죠. 인공지능은 그것이 아무리 뛰어난 성능(지능)을 가졌다 해도 이 과정의 일부 또는 전부를 건너뛴 채 어느 순간 갑자기 사회적 존재가 될 수는 없습니다. 인공지능이 인간과 신뢰의 관계를 이루기 위해서는 당연하게도 '자율성'(통제 불능의 문제), '실수'(오류와 시행착오의 문제), '타자'(몰이해의 문제)의 문제가 해결되어야 하고, 당연히 인간이 이 과정에 지속적으로 개입해서 이를 제어할 수 있어야 합니다. 앞에서는 이 과정을 인간이 개입할 사이-공간이라고 했는데요. '지능'과 '사회' 사이에서 발생한 여러 갈등과 위기의 상황은, 바로 그렇기에 더욱더 핀치(더 넓게는 인간)가 이 과정에 개입해야 할 필요성과 정당성을 보여준다고도 할 수 있습니다. 그만큼 주의 깊게 살펴볼 필요가 있다는 생각입니다.

아마도 핀치의 태도 변화에서 힌트를 얻을 수 있을 듯합니다. 그는 인간, 기계, 동물의 동맹과 함께 여정을 시작하지만, 정작 그 동맹의 취약함에 매번 마음을 졸입니다. 제프를 동등한 행위자로 인정하다가 또 반대로 그를 한낱 수단으로 평가절하하기도 하고, 함께 시련을 겪어 나가면서 그와 신뢰의 관계를 회복해 나가기도 하죠. 이 과정에서 핀치가 알지 못했던 것은, 인공지능 로봇과의 동맹은 단지 선언을 통해 달성할 수 있는 게 아니라는 겁니다. 그는 굿이어를 돌보라고 제프를 만들었지만, 그를 사회적 존재로 자리매김해야 한다는 책무까지 알지는 못했던 거예요.

그렇다면 동맹이란, 또는 동등한 존재란, 입으로 선언하는 게 아니라 그것이 실제적인 효력을 발휘하도록 부단히 만들어 나가야 하는 것이고, 심지어 목숨의 위협과 듀이의 죽음(작동 중지) 등에도 불구하고 계속해서 일구어 가야 하는, 일종의 책임이자 임무라 할 수 있을 듯합니다.[20]

펀치는 이를 몰랐지만 갈등과 불화의 과정을 겪으면서 조금씩 배워 나갔던 것이고, 또 그만큼 몸으로 직접 부딪치면서 수행해 나갔던 것이죠. 제프가 한낱 기계에서 자율성과 실수, 타자를 거쳐 사회적 존재로 성장해 나가는 데에는 사실상 펀치의 끊임없는 가르침과 교정, 즉 '개입'이 있었기 때문입니다. 지금까지의 강의에서 계속해서 강조해 왔던 바로 그 '개입' 말이지요.

영화의 펀치뿐 아니라 현실의 우리도 알지 못하는 것은 마찬가지입니다. 지금의 생성형 인공지능에 비춰 보자면, 우리는 인공지능이 어떤 미래를 초래할지에만(그것이 유토피아든 디스토피아든) 관심을 기울일 뿐, 정작 그 미래를 만들기 위한 오늘의 책임과 임무에 대해서는 잘 알지 못합니다. 학습만 잘 시키면 인공지능은 저절로 인간과 협력하고 공생하는 사회적 존재가 될 수 있는 걸까요? 여기저기서 인공지능과 함께 살아가는 미래 사회가 올 거라고 말하지만, 그 대부분이 영화에서 보여준 자율성과 실수, 타자 등의 갈등 변수(즉 통제와 오류, 몰이해의 문제)는 건너뛴 채 곧장 마지막 단계인 사회로 직행하는 식입니다. 그러나 당연하게도 점프는 불가능합니다. 인공지능의 지능을 아무리 높여도 그것으로 곧장 사회성을 대체할 수는 없습니다. 즉 지능과 사회성이 별개의 문제라면, 당연하게도 인간과 협력하고 공생하는 사회적 존재로서의 인공지능을 어떻게 만들고 또 거기에 개입할 것인지가 쟁점이 될 수밖에 없습니다.

혹 인공지능이 자의식을 갖고 있지 않은 지금의 상황에서는 영화에서처럼 자율성과 실수, 타자 등의 변수를 설정하는 게 무리일까요? 아닙니다. 정도만 다를 뿐 지금의 인공지능도 스스로 판단하고 생성하며 또 그 가운데 숱한 오류를 반복하고 있다는 점에서는 동일합니다. 예컨대 인종, 젠더, 종교, 지역, 언어 등이 다른 타자에 대해 일상적이면서도 뿌리 깊은 편견을 만들어 내고 있죠.[21] 그렇다고 한다면 저 사이-공간에 핀치가 계속 개입해 왔듯이, 그래서 제프를 조금씩 교정해 왔듯이, 현실의 우리도 당연히 인공지능을 둘러싼 제반 과정에 계속해서 개입하고 또 그 오류와 편견을 교정해 나가야 합니다. 이를 통해 인간과 기계의 동맹을 선언에서 실천으로 바꾸어 나가야 하는 겁니다.

인공지능 '의' 윤리와 인공지능 '에 대한' 윤리

좀 더 구체적으로 살펴본다면, 앞서 말씀드렸던 화살표를 중심으로 크게 두 가지 방향의 실천을 생각해 볼 수 있을 듯합니다. 물론 이 두 실천은 서로 연결되어 있습니다. 우선 인공지능 로봇 → 타자의 경우, 이를 인공지능 '의' 윤리로 표현할 수 있습니다. 간단히 말해서 인공지능이 주체가 되는 윤리의 실천입니다. 제프의 세계에 타자가 없었던 결과가, 그의 의도와는 무관하게도 타자에 대한 위협으로 귀결되었음을 떠올려 본다면, 현재의 생성형 인공지능이 보여주는 타자에 대한 편향, 왜곡, 차별 등을 교정하기 위해서라도 인공지능에 인종, 젠더, 종교, 언어 등을 중심으로 한 타자의 세계를 기입하고 이를 위한 윤리적 원칙과 규범을 마련하는 등의 조치가 필수적이라 할 수 있습니다.[22] 포함하지 않는 것이 때론 배제가 되기 때문입니다.

단순히 기술적 차별을 금지하는 것을 넘어 인종과 젠더, 종교 등이 다른 타자를 어떻게 인정하고 존중할 것인가에 대한 사회적 합의가 필요하고, 이를 어떻게 인공지능 개발에 반영할 것인가에 대한 논의도 필요하다고 생각합니다.[23] 인공지능이 (물론 인간이 아닌 이상) 당장 윤리적 실천의 주체가 되지는 않겠지만, 인공지능이 실제로 생성의 행위자(actor)가 되고 있다는 현실적인 이유에서라도[*], 이 행위자의 생성 실천이 갖는 윤리적 또는 비윤리적 의미를 계속해서 묻고 견제하고 또 그 실천이 올바른 방향을 향할 수 있도록 이끌어야 합니다. 요컨대 인공지능 제프 '의' 윤리가 필요한 것이고 이를 위한 핀치의 개입이 필요한 것입니다.

다음으로 인공지능 로봇 ← 타자의 경우, 그러니까 인공지능 바깥의 타자가 인공지능을 향하는 방향성과 그것을 둘러싼 다양한 실천을 생각해 볼 수 있습니다. 이를 인공지능'에 대한' 윤리라고 표현할 수 있겠네요. 인간이 주체가 되어 인공지능에 대해 행하는 윤리의 실천입니다. 인공지능을 사용한 딥페이크(특히 성 착취), 가짜 뉴스와 거짓 정보 생성, 저작권 침해, 과제 대필, 사이버 범죄 등의 사례에서 볼 수 있듯이, 여기

---

[*] 물론 인공지능'의' 윤리는 영화와 현실의 사정이 서로 다를 수밖에 없습니다. 영화에서는 인공지능의 자율성을 상정하기 때문에 인공지능 로봇 제프의 윤리가 명백히 가능하지만, 현실은 자율성 자체가 아직은 불가능하기에 인공지능'의' 윤리를 말하는 게 자못 어려울 수밖에 없죠. 하지만 앞의 강의에서 제기했던 블랙박스 문제를 떠올려 본다면 인간이 통제할 수 없는 영역에서 비롯되는 인공지능의 '생성' 실천에 주목할 수 있고, 바로 이 생성에 대한 윤리성(즉 인공지능'의' 윤리)을 질문하는 것도 가능하지 않을까 싶습니다. 인간이 완벽하게 통제 및 제어할 수 없는 영역이 있다는 것은, 달리 말하자면 생성 과정에서 예상치 못한 결과가 발생할 가능성이 있다는 것이고, 이는 곧 인공지능이 행위자로 작동할 가능성을 함축하고 있는 것이기 때문입니다. 그리고 이렇게 생성과 행위자성에 주목하는 순간, 우리는 인공지능'의' 윤리가 인공지능'에 대한' 윤리와 연결될 수밖에 없음을 알 수 있죠. 인공지능'의' 윤리적인 생성이 가능하기 위해서라도 그'에 대한' 인간의 지속적인 개입과 제어가 필수적인 것입니다. 저는 영화와 현실의 차이를 인정하지만, 그럼에도 '생성'이라는 영역이 존재하는 이상 인공지능'의' 윤리가 필요하며 이는 인공지능'에 대한' 윤리를 통해 상호 보완되어야 한다고 생각합니다.

서는 인간의 윤리의식과 실천이 중요한 쟁점으로 떠오릅니다. 앞에서도 말씀드렸듯이 핀치가 제프를 대하는 태도는 상황에 따라 계속 바뀌어 가는데요. 핀치는 제프를 목적으로 대하기도 하고 수단으로 대하기도 하는 등, 그와 여정을 함께 하는 내내 흔들립니다. 제프를 무턱대고 신뢰할 수도 없고, 그렇다고 몇몇 실수 때문에 그를 배척할 수도 없는, 갈등과 고뇌의 과정을 겪죠.

이를 생성형 인공지능을 둘러싼 지금의 우리 현실 위에 포개어 본다면 이해가 쉬울 듯합니다. 우리 또한 이 인공지능을 어떻게 대할 것인가를 놓고 신뢰와 불신 사이를 오가고 있기 때문입니다. 게다가 영화에서와 마찬가지로 현실에서도 적대적인(공격적인) 인간 타자는 얼마든지 찾아볼 수 있습니다. 자신의 목적과 이익을 위해 인공지능을 범죄(사기, 착취, 왜곡 등) 도구로 대하는 태도가 여기에 해당되지 않을까 싶은데요. 당연히 신뢰에서 불신, 범죄에 이르는 다양한 가능성만큼이나 인공지능'에 대한' 인간의 개입과 관여, 즉 윤리적 실천 또한 다양한 영역에서 다양한 정도로 요청되고 또 관철될 필요가 있습니다. 인공지능 제프'의' 윤리가 가능하기 위해서라도 그'에 대한' 인간 핀치의 윤리가 영화만이 아닌 현실에서도 필요한 겁니다.

물론 인공지능 제프'의' 윤리는 그'에 대한' 핀치의 윤리와 정확히 겹쳐 있습니다. 앞서 말씀드렸듯이 인공지능 로봇 ↔ 타자의 상호작용이란 결국 양자 모두의 다양성과 복수성, 이질성과 적대성으로 인해 (주체와 타자 모두를 아우르는) 사회라는 장(field)을 필수적으로 수반하게 됩니다. 즉 이들 행위자 모두가 주체일 뿐 아니라 또 서로가 서로에 대해 타자로 존재한다는 점에서, 인공지능 로봇과 인간 타자(또는 인간 주체와 로봇 타자)의 상호작용은 필연적으로 자기의 윤리와 타자의 윤리를 동시에 수반할 수밖에 없죠. 자기와 타자의 윤리, 곧 사회적 윤리 말입니다. 그렇다면 '의'와 '에 대한' 윤리란 결국 인공지능 로봇과 인간이 함께 살아가는 미래 세계의 사회 윤리 그 자체일 수도 있을 듯합니다. 그것은 각각 따로 존재하는 게 아니라 사회적 윤리 안에서 하나로 연결된 두 작용인 것이죠. 우리에게 필요한 것은 아직 그 미래가 오지 않았을 때 미리 그 미래를 준비하는 것이겠고요. 인간과 기계, 동물이 서로 신뢰하고 협력하면서 함께 살아가는 바로 그 미래 사회 말입니다.

다시 인간, 기계, 동물의 동맹을 위하여

핀치와 제프, 굿이어의 여정도 이제 끝나갑니다. 정체 모를 생존자들의 추격을 따돌린 이들은 한참을 더 달린 끝에 자외선 수치가 낮은 서쪽 끝자락 어딘가에 도착합니다. 한낮인데도 화상을 입지 않을 만큼, 심지어 꽃이 피고 나비가 날아다닐 만큼 온화하고 화창한 지역입니다. 여기서 핀치는 언젠가 아버지를 만나면 입으려 했던 양복을 말끔히 차려 입고 제프와 최후의 통조림 만찬을 즐깁니다. 하지만 즐거움도 잠시, 핀치는 자기의 삶이 얼마 남지 않았음을 직감하죠. 그래서일까요. 그는 제프에게 자기가 없어도 굿이어를 잘 돌봐 달라는 부탁을 합니다. 제프가 "제가 뭘 하면 될까요?"라고 묻자, 그는 "이미 많은 걸 했어"라고 말하면서 그를 꼭 안아 줍니다. 핀치는 마치 그 자신이 아버지라도 된 듯 금속으로 이루어진 제프의 울퉁불퉁한 등을 쓰다듬고 토닥여 줍니다. 지금껏 잘 해왔고 앞으로도 잘할 거라고 믿는다는 듯 말이죠. 최초의 악수에 이은 최후의 포옹이고, 동맹을 완수했다는 선언이자 그런 제프에 대한 인정입니다. 핀치는 조용히 눈을 감고 제프는 정성껏 그의 장례를 치러 줍니다.

이제 제프는 굿이어와 단 둘이 길을 떠납니다. 이윽고 도착한 금문교, 수많은 엽서가 저마다의 사연을 담은 채 철조망 틈에 끼워져 있습니다. 제프는 여기에 핀치와 제프, 굿이어를 함께 그려 넣은 엽서를, 즉 그들의 이야기를 끼워 넣습니다. 인간의 이야기들 사이에 말이죠. 그리고 굿이어와 함께 금문교 너머에 있을지 모르는 또 다른 '사회'를 향해 걸어 갑니다. 이제 더 이상 핀치는 없지만, 핀치에게 세계를 배운 제프는 여전히 그가 한 말을 되뇌면서 그와 함께, 곧 그의 가르침과 함께 앞으로 나아가지요. 아마도 제프는 핀치가 영화 초반부에 말로 설명해 주었던 추상적인 개념으로서의 '신뢰'가 무엇인지를 이제야 비로소 알게 된 게 아닐까 싶습니다. 그가 궁금해했던 신뢰는 사실상 핀치와 제프, 굿이어가 그동안 힘들게 쌓아 온 관계, 그러니까 숱한 갈등과 불화에도 불구하고 끝내 서로를 의지하면서 함께 걸어 왔던 걸음 그 자체였던 것이죠. 신뢰의 개념적 정의와 실제적 깨달음은 이렇게나 멀리 떨어져 있었던 것이고, 제프는 이를 갈등과 불화, 화해와 극복이라는 구체적이면서도 직접적인 경험을 통해 그 사이를 단단히 메워 나갔던 것입니다.

그런데 이제 더 이상 핀치가 없는 세계에서는 인간과 기계, 동물의 이종 동맹이 불가능한 걸까요? 한 세계의 고된 등장은 이렇게 다시 무화되고 마는 걸까요? 그렇지만은 않은 듯합니다. 영화는 이미 금문교를 건너간 많은 인간의 존재를 암시합니다. 그리고 제프는 더 이상 과거의 그, 그러니까 실수를 남발하면서 타자를 위험에 빠트렸던 유아론적 존재가 아닙니다. 그는 어느새 자기를 다스리고 타자를 배려하는 사회적 존재가 되어 있었던 것이죠. 제프가 핀치의 죽음 이후 굿이어의 밥을 챙겨 주는 장면만 봐도 알 수 있습니다. 과거의 그가 뜨거운 태양 빛에 화상을 입은 핀치의 아픔을 알지 못했다면 지금의 그는 굿이어의 작은 배고픔까지도 이해하는, 요컨대 타자 감수성이 높은 존재가 된 겁니다. 영화가 직접 묘사하지는 않지만, 미루어 보건대 아마도 제프는 앞으로 낙원에서 마주칠 다른 타자와도 신뢰와 협력, 공생의 관계를, 즉 사회적 관계를 잘 맺을 거라고 생각합니다. 핀치의 가르침대로, 또 그가 성장한 만큼 말이지요.

영화는 인간과 기계, 동물의 동맹을 말하면서도 그것을 단지 구호나 선언으로만 제시하지 않습니다. 존재의 동등함을 말하는 것이나 인공지능과 인간의 공생을 말하는 것이나 이론적(관념적)으로는 너무나 쉬운 일이죠. 영화는 그 너머를 묻습니다. '어떻게' 그 동맹을 지킬 것인가? 어떻게 신뢰와 협력의 관계를 만들 것인가? 이를 위해 당신은 이 과정에 어떻게 개입하고 관여해 나갈 것인가? 어떤 윤리를 요구하고 또 실천할 것인가? 그리고 이들 비인간 행위자와 함께 어떤 사회를 만들어 나갈 것인가? 하는 질문들 말이죠. 단언컨대 사회는 더 이상 인간 존재만으로 이루어질 수 없습니다. 이런 질문이 동반되고 실천될 때에야, 새로운 동맹이 가능하고 또 신뢰와 협력, 공생이 가능해질 겁니다. 제프가 신뢰를 추상적인 개념으로 이해한 게 아니라 우정의 관계 형성을 통해 직접 몸으로 실천했듯이 말입니다.

5장
인공지능 삼각동맹도
지구라는 터전 없이는 아무런 의미가 없습니다.[1]

기술, 자본, 국가

   이번 강의는 지금까지와는 달리 영화에 대한 소개 없이 진행해 보려고 합니다. 이유는 단순합니다. 인공지능을 다룬 많은 영화가 대부분 미래나 과거의 상황을 배경으로 삼고 있는 까닭에, 그리고 유토피아나 디스토피아라는 한정된(이분화된) 주제에만 몰두하고 있는 까닭에, 오히려 현재의 구체적인 상황, 그러니까 인공지능을 실제로 개발하고 도입하고 발전시키는 등의 현행적인 과정을 살펴보기에는 조금 부족하기 때문입니다. 아마도 한창 진행 중인 흐름이어서인지, 또는 판타지적 요소가 부족해서인지, 인공지능의 지금-여기를 다루는 '현실적인' 영화는 그리 많지 않은 게 사실이죠. 해서, 이번 강의에서는 인공지능이 만들어 가는 변화를 현재적인 차원에서 살펴보면서, 특히 그 변화를 견인하고 추동하는 자본주의와 국가주의의 큰 흐름을 읽어내 보려고 합니다. 즉 '기술'과 '자본' 그리고 '국가' 사이의 상호 긴밀한 관계를 살펴보면서, 이를 각기 따로가 아닌 함께 논해야 할 필요성에 대해 이야기해 보려고 합니다.[2]

이는 논의의 각도를 조금 달리하는 것이기도 한데요. 지금까지 논의했던바, 인공지능 의식의 (불)가능성, 인공지능 개발 과정에 대한 인간의 개입, 전문가의 반성과 성찰의 필요성, 인공지능을 둘러싼 윤리적 쟁점 등의 주제는 인공지능을 어떻게 통제하고 또 어떻게 그 방향을 설정할 것인가에 초점을 맞추었다고 할 수 있습니다. 한데 여기에는 왜 전 세계의 수많은 기업이 그야말로 죽기 살기로 인공지능 개발에 뛰어들고 있는지, 또 왜 미국과 중국을 비롯한 많은 국가가 인공지능을 사이에 두고 치열한 지정학적 힘겨루기를 벌이고 있는지에 대한 논의가 빠져 있습니다. 즉 인공지능(기술)에 대한 기업(자본)과 국가의 관계, 정세, 동학, 투쟁 등이 빠져 있는 것이죠.[3]

물론 이전 강의에서도 4차 산업혁명(《트랜센던스》)과 3차 상쇄전략(《오펜하이머》) 등을 논하면서 인공지능을 둘러싼 기업과 국가의 움직임을 부분적으로 다루었지만, 여기서 한 발 더 나아가 인공지능 기술을 둘러싼 자본과 국가의 현재적이고도 역동적인 움직임을 좀 더 자세히 살펴볼 필요가 있지 않을까 싶습니다. 인공지능이란 사실상 부와 권력의 운동 그 자체이기 때문이며, 뒤집어 말한다면, 자본과 국가의 운동을 생략한 채 인공지능을 단지 기술로서만 다룰 수는 없기 때문입니다. 인공지능을 둘러싸고 펼쳐지고 있는 기업들 사이의 혁신 경쟁과 국가들 사이의 지정학적 대결 구도를 이해할 때에야, 왜 지금 인공지능이 이토록 중차대한 문제로 자리매김되고 있는지, 또 앞으로의 세계는 어떤 방향으로 나아갈지를 조금이나마 이해할 수 있을 것이라고 생각합니다. 인공지능을 자본과 국가라는 정치경제적 조건 위에서, 그 조건을 통해 이해하기, 이것이 바로 이번 강의의 목표입니다.

인공지능을 둘러싼 입장들

인공지능을 둘러싼 열풍이 이전 같지 않습니다. 제미나이, 클로드, 퍼플렉시티, 미드저니, 딥시크 등 챗GPT에 이어 신기한 이름의 인공지능이 계속 등장하고는 있지만 정작 대중의 반응은 더 이상의 새로움은 없다는 듯 시큰둥하기만 합니다. 월가에서는 마치 기다렸다는 듯 회의론 가득한 보고서를 잇달아 내놓고 있으며, 이를 반영하듯 인공지능 개발을 이끄는 몇몇 빅테크 기업들의 주가도 고점 대비 낙차를 거듭하고 있습니다.[4] 단연 투자 대비 수익이 저조하다는 이유 때문입니다.[5] 인공지능 개발을 위해 천문학적인 돈을 투자해 놓고도 대중의 산발적인 호기심만 촉발했을 뿐 정작 이를 유료 구독 모델로까지 이어 나가지는 못했다는 비판이 자자합니다.

골드만삭스의 한 투자 전략가는 "역사상 혁신적이었던 기술 전환은 매우 비싼 솔루션을 저렴한 솔루션으로 대체하는 것이었다"고 말하면서 "(AI처럼) 엄청난 비용이 드는 기술로 (사람의) 일자리를 대체하는 것은 이와 정반대"의 흐름이라고 날카롭게 지적합니다.[6] 매출과 순이익, 시장 전망 등에 따라 지극히 계산적으로 움직이는 주식 시장에서는 그것이 아무리 획기적인 기술이라고 하더라도 수익을 만들지 못하면 빛 좋은 개살구 취급을 받을 수밖에 없습니다. 코로나 시기 동안 잠깐의 열풍을 일으키고 이내 사그라지고만 메타버스를 떠올려 볼 수도 있을 듯합니다.[7] 2022년 말에 처음 등장해 전 세계를 그야말로 열광의 도가니로 몰고 갔던 생성형 인공지능은 이렇게 한때의 해프닝 정도로 일단락되고 마는 것일까요? 차오른 달은 필시 기울 수밖에 없는 것일까요?

물론 판단은 아직 이릅니다. 단기적 부진은 역사라는 장기적인 흐름에서 볼 때는 작은 파고에 불과하다는, 좀 더 신중한 입장도 가능하기 때문입니다. 당장의 수익보다는 인공지능이 불러올 중장기적 변화에 주목하자는 입장입니다. 가령 이런 겁니다. 인터넷이 처음 등장했을 때에도 대중과 시장의 반응은 지금의 상황과 비슷했습니다.[8] 이전과는 전혀 다른 신기술에 대한 호기심과 기대감이 대중과 시장, 사회를 휘감았었죠. 기업들은 앞을 다투어 정보통신기술 인프라에 투자를 했고, 닷컴(dot com)이라는 이름만 붙어도 주가가 오를 정도로 시장 전체가 크게 달아올랐습니다. 그러나 이 열풍도 오래가지는 못했습니다. 수익 악화라는 같은 이유 때문이었습니다. 당시의 빅테크 기업들은 인터넷이 어떤 쓸모가 있는지를 입증하지도 마땅한 수익 모델을 제시하지도 못했고, 그런 까닭에 이후 불어닥친 닷컴 붕괴의 위기를 견디지 못하고 빠르게 무너져 갔습니다.

그래서 인터넷은 끝났을까요? 물론 아닙니다. 이후 등장한 웹 2.0은 인류 문명의 새로운 기반구조적(infrastructure) 기술로 자리 잡으면서 말 그대로 이전과는 전혀 다른 세계를 열어젖혔습니다.[9] 이제는 인터넷이 없는 세계를 상상할 수 없을 정도로 인터넷은 세계 그 자체가 되었죠. 인터넷을 중심으로 사회와 문화, 정치 등 모든 영역이 근본적으로 재구성되었음은 물론입니다.[10] 당장의 수익만 놓고 판단하기보다는 보다 긴 관점에서 인공지능의 흐름을 이해해야 한다는 주장이 제기되는 이유가 바로 이 때문입니다.

위의 두 입장은 인공지능을 단지 기술로서만이 아닌 자본주의와의 관계 속에서 판단할 것을 요구한다는 점에서 크게 다르지 않습니다. 하지만 꼭 같지만도 않은데, 후자는 전자에 시간성을 도입한다는 점에서, 즉 인공지능이 만들어 내는 당장의 수익에만 집중하기보다 그것이 차차 만들어 갈 미래의 세계성(worlding)을 고려한다는 점에서 훨씬 더 입체적이기 때문입니다. 자본주의라는 문제설정을 공유하면서도, 이를 다시 수익 너머의 문제설정으로, 이를테면 사회와 문화, 정치 등의 영역으로까지 확대할 것을 요구하고 있는 겁니다. 물론 전자, 곧 당기 순이익이 안정적으로 확보되어야 후자인 세계 재구성도 가능해질 수 있기에, 두 가지 문제설정은 분리될 수 없는 게 사실입니다. 그럼에도 이 강의에서 굳이 전자와 후자를 구분하면서 후자의 문제설정에 초점을 맞추는 것은, 오직 그럴 때에야 인공지능을 경제와 국가, 세계와 행성이라는 복합적인 힘 관계 속에서, 이를 둘러싼 동시대의 정세 속에서, 그리고 마침내 역사적 과정 속에서 (더 나아가 비판적으로) 읽어낼 수 있기 때문입니다.[11]

그런데 이러한 문제 제기에는 곧바로 또 다른 질문이 따라붙을 수밖에 없습니다. 왜 인공지능을 그렇게 읽어내야 할까요? 다른 기술도 많고 많은데, 도대체 인공지능이 무엇이기에 하필이면 이 기술은 특히 입체적으로(복합적, 정세적, 역사적, 비판적으로) 읽어내야 한다는 것일까요? 질문은 결국 원점을 향할 수밖에 없습니다. 그렇기에 이번 강의는 일단 인공지능이라는 기술로부터 출발해서 그것의 특이성을 규명한 후, 이로부터 마치 동심원을 그리듯 자본주의와 국가, 세계와 행성 등으로 그 반경을 넓혀 나가고자 합니다. 그랬을 때 우리는 인공지능을 단순한 도구나 비즈니스 모델 그 이상의 것으로, 즉 세계를 재구성하는 기술적 조건이자 동시에 부와 권력을 새롭게 재편하는(또는 재생산하는) 분기점으로 자리매김할 수 있을 겁니다. 정확한 이해야말로 다음 단계의 한 걸음을 위한 시작점일 수 있습니다.

인공지능이란 무엇인가

이 짧은 강의에서 인공지능 개발의 역사와 부침, 각 모델의 기술적 메커니즘, 딥러닝의 원리와 방법, 최근 LLM(거대 언어 모델)의 특징 등을 모두 다룰 수는 없을 듯합니다. 해서 이 강의에서는 일단 인공지능의 핵심적인 기술적 특징에 집중하되, 특히 그것이 갖는 문명사적인 의미에 초점을 맞추어 논하기로 하겠습니다.

단적으로 말해서, 이때의 문명사적 의미란, 마르크스(Karl Marx)가 지적한바 맷돌이 봉건 영주의 사회를 가능케 하고 증기기관이 산업 자본주의 사회를 가능케 했다는 말을 현재적으로 이어받는 것이기도 합니다.[12] 기술 결정론이라는 함의를 피하기 어렵겠지만, 사회적·역사적 변곡점에는 항상 어떤 형태로든 기술적 변화가 자리 잡고 있음을 부정할 수도 없는 게 사실이죠. 1차 산업혁명 당시 증기기관과 방적기가 이전과는 전혀 다른 시대를 열어젖히는 데 핵심적인 역할을 담당했듯이, 2차 산업혁명에는 내연기관과 자동차가 그러했고, 3차 산업혁명에는 컴퓨터와 인터넷이 마찬가지로 그러한 역할을 담당했습니다.[13] 그렇다면 이후의 상황에 대해서도 우리는 같은 질문을, 그러나 동시대적인 맥락으로의 변형과 함께, 던져야 하는 것이 아닐까요? 질문은 이렇습니다. 인공지능은 과연 어떤 세계를 가능케 할 것인가?

주지하듯 지금의 인공지능은 무엇보다 스스로 (세계를) 학습한다는 점에서 특징적입니다. 그래서 '딥러닝(deep learning)'이라고 부르기도 하지요. 이와 달리 과거의 인공지능은 인간이 먼저 세계의 수많은 지식을 기호로 바꾸고 그 기호 간의 관계를 컴퓨터에 일일이 입력하면, 컴퓨터가 이를 논리적인 순서에 따라 연산 및 추론하는 규칙 기반(rule-based)의 방식으로 작동했습니다. 이를 기호주의(symbolism)라고 하는데요.[14] 간단히 말해서 기호주의는 마치 수학 공식에 따라 문제를 풀 듯 정해진 규칙에 따라 컴퓨터를 작동시키는 처리 방식을 뜻합니다. 문제는 암묵지(hidden knowledge)를 포함한 세계의 모든 지식을 컴퓨터에 입력하기란 사실상 불가능하다는 것이었습니다.[15] 세계는 상식으로 이루어져 있는데, 그 상식이란 그야말로 무한대에 가까운 것이기 때문이었죠. '모든 개는 동물이다', '지구는 둥글다', '한국의 수도는 서울이다', '사람의 손은 5개의 손가락으로 이루어져 있다' 등의 상식은 인간에게는 자명할지 모르지만, 컴퓨터는 인간이 입력하지(가르치지) 않는 한 이 모든 것을 절대 그 스스로 알 수가 없습니다. 그리고 가르친 것만 안다는 것은 당연하게도 인공지능 그 자체의 한계가 될 수밖에 없죠. 이른바 인공지능의 겨울이 찾아온 것은 이러한 이유 때문이기도 했습니다.

이렇듯 인간이 인공지능을 가르치는 방식에 한계가 나타나면서, 반대로 인공지능이 스스로 세계를 '학습'해 나가는 방식이 대두되기에 이릅니다. 이를 연결주의(connectionism)라고 하는데요.[16] 이는 컴퓨터가 세계의 수많은 대상을 접한 뒤 스스로 대상의 특징을 추출하고 이를 통해 대상을 인식 및 분류해 나가는 식으로 이루어집니다. 쉽게 말해 각기 다른 고양이 사진 수천, 수만 장을 입력하면 컴퓨터가 스스로 고양이의 특징과 규칙, 패턴을 추출해서 이후로는 다른 어떤 고양이 사진을 보더라도 그 대상이 고양이인지를 확률적으로 파악할 수 있는 것이죠. 물론 그 범위는 고양이뿐 아니라 그야말로 삼라만상으로까지 확대될 수 있는 것이고 말입니다. 이것이 학습인 이유는, 인간 뇌가 뉴런과 뉴런 사이의 연결 강도를 강화해 나가면서 학습을 하는 것과 마찬가지로 인공지능의 인공신경망 또한 자체의 가중치, 곧 연결되는 강도를 조정함으로써 기계적인 학습을 이루어 가기 때문입니다. 이처럼 세계를 경험적으로 학습하고 스스로 오류를 수정하는 방식을 통해, 인공지능은 끊임없이 자체를 갱신해 나가는 운동, 그러니까 자기운동의 기술적 동력을 얻게 됩니다.[17]

간략히 살펴봤지만, 결국 핵심은 인공지능이 인간에게 하나하나 배우는 과거의 방식으로는 비약적인 성장을 이루는 게 불가능한 반면, 인공지능이 스스로 세계를 학습하는 식의 딥러닝 방식을 통해서는 (적어도 원리적으로는) 이전 단계를 계속해서 갱신하는 성장이 가능하다는 것입니다. 예컨대 2016년 모두를 깜짝 놀라게 한 알파고는 불과 2년 만에 그 알파고를 다시 100대 0으로 이길 만큼 압도적인 성능의 알파고 제로로 발전했고[18], 생성형 인공지능인 챗GPT도 3.5에서 4와 4o, o1, o3으로 버전업 될 때마다 뚜렷한 성능 향상을 보여주고 있죠. 거대 언어 모델의 크기를 대폭 줄여 효율성을 높인 소형 인공지능 모델도 여기저기서 속속 등장하고 있는 상황입니다. 인공지능의 발전 속도는 날이 갈수록 더욱 빨라지고 있으며, 또 그만큼 더 다양한 일상의 영역들 속으로 녹아들고 있습니다.

이러한 변화는 인공지능이 이미 그 자체로 학습과 수정이라는 피드백 경로를 통해 스스로를 갱신하는 운동인 한, 이후로도 계속해서 심화 및 확대될 수밖에 없습니다. 스스로를 갱신하는 운동은 그 정의상 언제나 이전의 자신을 넘어서며, 이를 계속해서 반복하기 마련입니다.[19] 게다가 이는 한 가지 더 중요한 사실을 함축하는데, 지금의 생성형 인공지능이란 결국 앞으로도 계속 반복될 자기 갱신의 운동 차원에서 본다면 단지 시작점에 불과하다는 겁니다. 인공지능을 이미 완료된 성과, 곧 도착 지점이 아니라 이제 막 스타트를 끊은 시작 지점에 위치시키기, 이 전환은 극히 중요합니다.

이윤율 저하와 기술 혁신

우리는 대개 챗GPT 등의 생성형 인공지능이 보여주는 놀라운 성능에 주목하면서 그것이 인류가 추구한 기술 발전의 완성이자 최전선(즉 결과)이라고 생각하곤 합니다. 하지만 그와 동시에, 또는 그보다 더, 인공지능은 미래의 더 큰 변화를 이끌어 낼 시작점이자 기술적 조건(즉 원인)이기도 하죠. 〈트랜센던스〉 편에서 말씀드렸듯이, 인공지능이라는 조건을 바탕으로 한 GNR 혁명도 생각해 볼 수 있습니다.[20] 즉 인공지능이란 단지 이전의 검색 엔진을 대체하고, 읽고 쓰고 창작하는 방식을 바꾸고, 업무의 자동화를 도와주는 놀라운 도구인 것만이 아닙니다. 오히려 그것은 증기기관과 방적기가 그랬던 것처럼, 그리고 내연기관과 자동차에 이어 컴퓨터와 인터넷이 그랬던 것처럼, 과거와는 다른 역사적 분기를 촉발하고 틀지어 내는 기술적 규정 조건이라고 할 수 있습니다 (정확히는 그렇게 기대되고 있습니다).[21] 물론 전자와 후자는 겹쳐 있다는 지적도 가능합니다. 맞는 말입니다. 하지만 그 동시성에도 불구하고 이를 일부러 구분하는 이유는, 관점에 따라 질문 자체가 달라질 수 있기 때문입니다.

단적으로 말해서, 전자, 곧 인공지능에 대한 도구주의적 접근은 인공지능을 어떻게 잘 사용할 것인가에 초점을 맞춥니다. 물론 이때의 '잘'이란 복합적인 의미를 담고 있으며, 그런 만큼 정치, 경제, 사회, 문화, 교육 등의 영역에 따라 실천적 다양성을 띠는 게 사실이죠. 그럼에도 거칠게 일반화하자면, 전자는 결국 현재의 인공지능을 어떻게 더 유익하고 윤리적이고 경쟁력 있게 '잘' 사용할 것인가에 방점을 찍고 있다고 할 수 있습니다. 더없이 필요한 질문이며 시급한 질문입니다.

그러나 이 질문만으로는 지금의 이 세계가 어디로 향하고 있는지, 왜 우리는 이토록 심각한 기후 위기에도 불구하고 인공지능에 목을 매고 있는지, 왜 수많은 기업과 국가가 인공지능 패권을 놓고 이렇게나 과열된 경쟁을 벌이고 있는지, 그렇게 해서 도래할 미래란 도대체 누구를 위한 미래이고 어떤 미래일지 등에 대해서는 정확히 물을 수 없습니다. 후자, 곧 인공지능에 대한 구조적 접근이 필요한 이유가 여기에 있는데요. 인공지능을 세계사적 변화의 기술적 조건으로 자리매김할 때에야 이를 둘러싸고 전개되는 자본주의와 국가, 세계와 행성 등의 문제설정을 비판적인 관점에서 읽어낼 수 있기 때문입니다.

물론 이를 읽어내기 위해서라도 먼저 자본주의라는 문제설정부터,

특히 그것이 작동하는 기본 원리로서의 생산력부터 살펴볼 필요가 있습니다. 시대마다 핵심을 이루는 산업의 종류와 성격이 조금씩 달라져 왔음에도 불구하고, 그 대부분은 결국 기계와 원료 등의 불변자본과 노동력이라는 가변자본을 투입해서 잉여가치를 창출하고 생산성을 높이는 데 초점이 맞춰져 있었다는 점에서 공통적입니다. 여기서 눈여겨봐야 할 것은 불변자본(C)과 가변자본(V)의 비율(C/V)인 '자본의 유기적 구성(organic composition of capital)'인데요. 마르크스가 이미 간파했듯이 이 비율은 지속적으로 증가하는 경향을 보입니다.[22] 그것은 왜일까요?

간단히 말해, 한정된 시장 안에서 자본가는 상대보다 더 많은 이윤을 얻기 위해(즉 경쟁에서 살아남기 위해) 기계화와 자동화 등과 같은 기술 개발에 더 많은 돈을 투자하는 반면, 상대적으로 노동력과 같은 가변자본에 대한 투자는 줄여 나가기 때문입니다. 자본의 유기적 구성(C/V)에서 불변자본(C)은 증가하고 가변자본(V)은 감소하는 것이죠. 게다가 경쟁이 치열해질수록 이 과정을 계속해서 더욱 크게 반복하기 때문입니다. 여기에는 기술 개발을 통해 사회적 평균 이하로 생산 단가를 낮추면 그 차액만큼을 초과이윤으로 얻을 수 있다는 자본의 논리가 깔려 있습니다. 단적인 예로 삼성과 애플의 과열된 기술 경쟁과 그로 인한 지속적인 가격 하락의 흐름을 떠올려 볼 수 있겠네요.

그런데 역시나 마르크스가 간파했듯이, 이 과정이 반복되면 될수록 가치의 원천인 잉여노동의 기여분은 줄어들 수밖에 없으며, 결과적으로 이윤율의 경향적 하락이라는 근본적인 한계에 부딪힐 수밖에 없게 됩니다.[23] 앞서 살펴봤듯이, 자본의 유기적 구성이 높아질수록, 즉 기계화와 자동화 등의 기술 개발이 반복될수록 불변자본은 증가하고 반대로 노동력 등의 가변자본은 상대적으로 계속 줄어드는데요. 잉여가치란 오직 가변자본에서만 비롯될 수 있기에 결과적으로 가변자본의 감소는 잉여가치를 창출하는 원천 그 자체를 축소해 버리게 됩니다. 기술이라는 불변자본을 확대해 나갈수록(즉 가변자본을 줄여 나갈수록) 역설적이게도 이윤율이 줄어드는 모순이 나타나는 겁니다.* "자본은 생산을 지배하는 형태로서 자기 자신의 해체에 종사"[24]한다는 말의 의미가 바로 이러합니다. 자본주의란 결국 그 자체의 발전을 추동할수록 도리어 스스로의 토대를 침식해 나가는 내재적인 모순 위에 서 있는 셈입니다.

물론 이와 같은 이윤율 하락이 고정불변의 법칙인 것은 아닙니다.** 이를 상쇄하는 여러 요인이 있는데, 예컨대 새로운 시장을 개척해서 더 많은 자원과 값싼 노동력을 확보하는 방법이나 금융 자본(금융화)을 통해 실물경제를 넘어선 새로운 자본축적을 일으키는 방법, 기존의 이윤율 하락을 극복할 만한 완전히 새로운 기술 혁명을 일으키는 방법 등이 그것입니다. 특히 마지막 요인은 앞서 논했던 기술 혁신의 '이중성'을 보여준다는 점에서 한 번 더 주목할 필요가 있습니다. 즉 기술 개발은

---

* 이윤율(r)은 다음과 같은 공식으로 표현됩니다.
   $r = S / (C + V)$
   이를 가변자본(V)로 나누면 다음과 같이 변형할 수 있습니다.
   $r = (S/V) / (1 + C/V)$
   여기서 S/V는 잉여가치율, C/V는 자본의 유기적 구성을 의미합니다. 만약 잉여가치율(S/V)이 일정하다고 가정한다면, 자본의 유기적 구성(C/V)이 증가할수록 이윤율 r은 하락하게 됩니다. 즉 기술 발전에 따라 불변자본(C)은 늘어나고 가변자본(V)은 상대적으로 줄어드는 식으로 C/V가 커지기 때문에 전체적인 이윤율은 점차 낮아지게 되는 것입니다.

** 물론 이 외에도 이윤율 저하 경향을 상쇄하는 여러 요인이 있습니다. 마르크스는 『자본론』 3권의 제14장에서 그 요인으로 노동착취도의 증가, 노동력 가치 이하로 임금을 인하, 불변자본 요소들의 저렴화, 상대적 과잉인구, 대외무역, 주식자본의 증가 등을 제시합니다. 마르크스, 『자본론 3-상』, 김수행 옮김, 비봉출판사, 2008.

한편으로는 이윤율을 하락하게 만들어 자본주의의 구조적 위기를 초래하는 원인이 되기도 하지만, 동시에 다른 한편으로는 이전과는 전혀 다른 기술 생태계를 촉발함으로써 한시적이나마 자본주의를 위기에서 구원하는 해결책이 될 수도 있는 것입니다.*

과거의 산업혁명과 현재의 인공지능을 겹쳐서 살펴보려는 이유가 바로 여기에 있습니다. 과거의 자본주의가 왜 하필 다른 무엇보다도 새로운 기술 개발(예컨대 산업혁명)을 통해 당대의 위기를 극복할 수 있었는지, 더 넓게는 왜 자본주의는 그 스스로를 위협하는 원인이기도 한 기술 개발에 끝내 매달릴 수밖에 없는지를 이해하는 한에서만, 지금의 인공지능을 그러한 역사적이고도 구조적인 차원 위에서 읽어낼 수 있기 때문입니다.

4차 산업혁명을 요구하는 이유

주지하듯 1차, 2차, 3차 산업혁명은 모두 이전과는 전혀 다른 기술을 밑바탕으로 삼았다는 점에서, 그리고 이를 통해 이전과는 전혀 다른 사회적 구성(정치, 경제, 문화 등을 모두 포함한)을 열어젖혔다는 점에서 특징적입니다. 그렇기에 '혁명'입니다. 간략히 살펴보면, 1차 산업혁명은 방

---

* 『자본론』 1권의 제15장에서 마르크스는 기계의 도입(기술 혁신)이 잉여가치를 생산하는 노동력 비중을 감소시킴으로써 이윤율의 저하를 가져온다고 진단합니다. 하지만 『자본론』 3권의 제14장에서는 이윤율 저하 경향을 상쇄하는 요인 중 하나로 기술 혁신을 언급하죠. 기술 혁신이 불변자본의 비용을 낮추고 노동 생산성을 높임으로써 일정 기간 동안 이윤율을 높일 수 있다는 겁니다. 물론 이 이중성은 맞물려 있어서, 자본주의는 끊임없이 기술 혁신을 반복할 수밖에 없고 이것이 자본주의의 구조적 모순을 심화시킨다는 게 마르크스의 주장이기도 합니다.

적기와 증기기관을 바탕으로 기계화와 공장화 체제를 구축하고 자본주의 경제를 확립했으며, 이후 2차 산업혁명은 전기와 내연기관을 중심으로 한 포드주의적 생산 방식을 통해 대량생산체제를 완성하는 한편, 자본주의를 일국 차원에서 세계 차원으로까지 확장해 나갔습니다. 그리고 3차 산업혁명은 컴퓨터와 인터넷 등을 통해 정보와 지식 중심의 생산체제를 구축함으로써 그동안 실물경제에 한정되어 있던 자본주의를 디지털 영역으로 무한정 확대해 나갔죠. 이로써 현실 공간은 물론이고 가상 세계마저도 자본주의의 영향권 안에 들어가게 되었음은 물론입니다.[25]

여기서 주목할 것은 지금까지의 산업혁명이란 마치 계절이 바뀌듯 저절로 발생한 것이 아니라, 이전 시대의 위기를 타개하기 위한 자구책으로, 즉 생산성 정체와 성장 둔화, 에너지와 자원 고갈, 자본과 노동 간 불평등 심화 등의 문제를 해결하기 위한 적극적인 방책으로 요청되고 구성되고 또 그렇게 전개되어 왔다는 것입니다.[26] 특히 앞서 논했던 이윤율의 경향적 하락은 자본주의의 지속 그 자체를 위협한다는 점에서, 당대의 자본주의는 비유컨대 어항의 물을 새로 바꾸듯 기존의 정체된 경제체제를 재구성해야 할 긴급한 필요성에 계속해서 노출될 수밖에 없었습니다. 이때 그에 대한 가장 효과적인 활로가 되었던 것이 바로 기술혁신이었던 겁니다. 자동차를 대량으로 생산해서(즉 가격을 낮춰서) 모두가 다 한 대씩 자동차를 갖게 만드는 것, 마찬가지로 컴퓨터와 인터넷을 통해 기존의 사회 질서 전체를 근본적으로 재편성하는 것, 지금까지의 산업혁명은 단지 새로운 기술 하나를 사회에 추가하는 것이 아니라 오히려 그것을 중심으로 사회 전체를 하나부터 열까지 새롭게 재구성하는 것에 가까웠습니다. 반복해서 말하지만, 그렇기에 '혁명'인 것이죠.

짐작할 수 있듯이 인공지능에 거는 기대 또한 이와 같습니다. 몇 년 전부터 회자된 4차 산업혁명은 그 실체가 무엇인지를 둘러싸고 계속 논란이 이어졌는데, 어찌 보면 실체가 없는 게 당연하다고도 할 수 있습니다.[27] 그것은 이미 존재하는 어떤 흐름에 대한 명명이 아니라 앞으로 존재해야 하는, 즉 자본주의가 요구하는 미래의 변화를 미리 앞당겨 호명한 것이나 다름이 없기 때문입니다. 물론 그 이유는 꽤나 단순합니다. 여기에는 요컨대 3차 산업혁명이 이룩한 성과가 이미 그 효력을 다했다는 모종의 현실 인식이 전제되어 있습니다.

앞서 살펴봤듯이, 1980년대부터 활발히 전개된 정보통신기술혁명(3차 산업혁명)은 기존 제조업 중심의 실물경제가 직면한 문제, 그러니까 과잉 투자와 과잉 생산으로 인한 이윤율 하락 문제를, 정보와 지식을 중심으로 한 디지털 경제로의 재구조화를 통해 타개하고자 했다는 데 그 특징이 있습니다. 마이크로일렉트로닉스, 컴퓨터·인터넷, 원격통신·방송, 반도체 등의 기술 혁신이 새로운 활로가 되었으며, 전 지구적인 네트워크가 가능해진 만큼(시장이 넓어진 만큼) 자본의 자유로운 이동과 금융 경제로의 이행 또한 자연스럽게 이루어질 수 있었죠. 산업사회에서 탈산업사회 또는 정보화 사회로의 이동, 즉 변화는 단지 기술만이 아니라 사회 전체를 통해 전개되어 갔습니다.[28]

그러나 2000년대 이후 자본주의의 내재적인 모순은 여지없이 반복되고 맙니다.[29] 구소련과 중국마저도 이미 자본주의 시장 안에 편입된 이상, 지구에는 더 이상 새로 개척할 만한 미지의 시장이 남아 있지 않게 되었고, 컴퓨터와 인터넷이 점차 대중화되면서 마찬가지로 정보 세계에 새로 유입될 인구도 그다지 많이 남아 있지 않게 되었죠. 2008년 발생한 글로벌 금융 위기는 실물경제에서 유리된 금융 제국이 얼마나 허구적인지를 여실히 보여주었으며, 이를 해결하기 위해 도입한 양적완화와 초저금리 정책은 이제는 다시 부채 증가와 부의 불평등 등의 문제를 야기하고 있기도 합니다.* 즉 3차 산업혁명 이후의 자본주의도, 그것이 정보화든 금융화든, 어느덧 한계에 다다른 겁니다.

물론 이 이후로 지금까지 스마트폰의 대중화, 유튜브와 SNS의 일상화, 관심 경제의 활성화, 플랫폼 경제로의 이행 등 여러 기술 혁신이 있었고, 코로나 이후 가상세계의 전면화로까지 그 혁신이 이어지고 있지만, 이 모두는 사실상 3차 산업혁명의 연장선상에 위치해 있을 뿐 그 자체로 새로운 구원투수가 되지는 못하는 게 사실입니다.[30] 디지털 기술을 통해 아무리 자본주의의 시간을 연장해도 최대 24시간 이상으로는

---

* 토마 피케티(Thomas Piketty)가 『21세기 자본』에서 제시한 r > g 도식은 이러한 상황을 간명하게 정리해 보여줍니다. 여기서 r은 자본수익률을 g는 경제성장률을 뜻하는데, 피케티는 지금까지의 역사를 추적한 결과 r이 g보다 계속해서 커지는 경향성이 있다고 주장합니다. 즉 부유한 자본가들이 자본을 통해 더 많은 소득을 축적하는 구조가 존재한다는 것이죠. 당연히 이 구조가 재생산될수록 사회의 불평등은 커질 수밖에 없습니다. 그런데 문제는 경제가 더 이상 크게 성장하지 않는 최근의 상황(제로 성장)에서는 r과 g의 차이가 더 벌어지면서 결국 부익부 빈익빈의 극심한 양극화가 생길 수밖에 없다는 겁니다. 특히 그는 지금처럼 전 세계적으로 성장률이 낮은 상황에서는 자본수익률을 높이려는 시도 자체가 곧 한정된 파이의 나머지 부분을 더 많이 먹는 식으로밖에는 이루어질 수 없음을 지적하면서, 이것이 과거보다 더 큰 부의 불평등으로 이어질 수밖에 없다고 말합니다. 우리의 논의와 관련해서는 이런 질문이 가능할 듯합니다. 인공지능은 자본수익률을 높이는 데 일조할까요? 아니면 경제성장률을 높이는 데 일조할까요? 다시 말해 인공지능은 부의 불평등을 더욱 크게 벌려 놓을까요? 아니면 고용률을 높이고 노동 소득을 높이고 교육과 복지를 확대해서 부의 집중을 억제할까요? (아마도 답변을 짐작하셨겠지만) 일단은 질문입니다. 하지만 여기서 눈여겨볼 것은 인공지능에 대한 정치적·경제적·사회적 제도와 정책 마련, 곧 기술에 대한 제어와 통제가 미래 사회의 불평등 정도와도 연결될 수 있다는 것입니다. 토마 피케티, 『21세기 자본』, 장경덕 옮김, 글항아리, 2014.

불가능하고, 또 공간을 확장하려고 해도 지구 바깥으로까지는 불가능하기 때문입니다. 시간과 공간이 유한하다면, 즉 새로운 시장을 찾을 수 없다면, 자본주의는 지속될 수 없는 게 당연하죠. (자본주의가) 4차 산업혁명을 간절히 요구하는 이유가 바로 여기에 있습니다.

자본주의 구하기, 그러나

물론 그 요구의 중심에는 인공지능이 있습니다. 앞서 논했듯 인공지능이 단지 지금의 생성형 인공지능에 국한되는 게 아니라면, 즉 그것이 이미 완료된 성과이자 도착점이 아니라 이제 막 출발선을 끊은 시작점이라고 한다면, 그래서 다시금 자본주의를 위기로부터 구원할 새로운 기술적 조건이라고 한다면(또는 그렇게 여겨진다면), 과연 어떤 이유에서 그러한지를 살펴볼 필요가 있습니다. 하지만 주의가 필요합니다. 이는 인공지능이 4차 산업혁명이라는 새바람을 일으켜 자본주의를 위기로부터 구원해 줄 거라는 세간의 믿음이나 기대에 그대로 동의하기 때문이 아닙니다. 반대로 그것을 시작점으로 삼을 때에야 이후 전개될 변화를 단지 도구적 차원(또는 비즈니스 차원)만이 아닌 구조적이면서도 세계사적인 변화의 차원에서 파악할 수 있기 때문입니다. 또 그럴 때에야 인공지능을 가로지르는 부와 권력의 운동과 원리를 비판적으로 사유할 수 있기 때문이죠.

다시 인공지능으로 돌아가 보면, 인공지능은 무엇보다 '기술에 대한 기술' 또는 '기술을 낳는 기술'로 특징지을 수 있습니다.[31] 이를 간단히 '메타 기술(meta-technology)'로 정의해 볼 수 있을 텐데요. 인공지능은 개별 문제를 해결하고 특정 작업을 자동화하는 등의 표면적 또는 일차적 기술을 '넘어서', 오히려 기술 자체의 작동과 발전을 재구성하고 촉진하며 더 나아가 산업 전체의 구조와 방향을 완전히 새롭게 틀 짓는 역할을 수행하기 때문입니다. 말 그대로 기술을 가능케 하는 기술이고, 기술 너머의 기술인 것이죠. 예컨대 자동차를 만들기 위해서는 디자인, 설계, 부품 제조, 조립, 테스트 등의 단계를 거쳐야 하는데 당연하게도 여기에는 수많은 기술이 동원될 수밖에 없습니다. 이때 특정 단계 또는 전 단계에 인공지능을 도입할 경우, 인공지능은 기술의 효율성과 정확성을 높이는 것은 물론이고, 전 생산과정을 유기적으로 통합해서 생산성을 높이고 기술 간의 상호작용을 통해 새로운 가치를 창출하는 등 기존의 제조 공정을 혁신적으로 재구성할 수 있습니다.[32] 인공지능은 이미 있는 기술이 한층 더 발전할 수 있는 토대를 마련할 뿐만 아니라 그 기술들을 더 높은 차원에서 융합함으로써 또 다른 혁신을 이끌어 낼 수도 있는 겁니다.[33] 그렇기에 메타 기술인 것이고 말이죠.

이는 인공지능 자체의 특징, 그러니까 인공지능이 학습과 수정이라는 피드백을 통해 스스로를 갱신해 나가는 운동이라는 점에 기인합니다.[34] 인공지능은 단지 주어진 데이터를 기계적으로 처리하는 데 그치는 게 아니라, 스스로 콘텐츠를(텍스트, 이미지, 비디오, 음악, 코딩 등을 포함한) 생성하고 이를 또 다른 형태로 재구성하며(예컨대 멀티모달), 무엇보다 이런 가운데 인간의 지도가 없이도 자체의 성능을 계속해서 향상시켜 나가고 있습니다. 특히 거대 언어 모델(LLM)을 기반으로 한 인공지능은 자동차를 생산하거나 컴퓨터 알고리즘을 최적화하는 등의 기계적 작동을 넘어서, 인간의 언어 그 자체, 즉 자연어를 통해 세계의 모든 지식에 접근하고 인간과 자연스럽게 소통하고 다양한 의사결정에 영향을 미치고 있으며, 심지어 인간의 영역이라고 여겨졌던 창의성과 상상력까지도 일부 수행하고 있기도 하죠.[35] 말인즉슨 인공지능은 단지 기술과 산업의 영역만이 아닌, 지식(콘텐츠) 생산 방식, 노동의 과정과 방식, 의사소통과 의사결정 방식, 사회적 상호 작용 등 인간의 삶을 포함한 사회의 영역 전반으로까지 영향력을 넓혀 나가고 있는 겁니다.

요점은 이렇습니다. 인공지능은 세계의 무수한 데이터를 경험적으로 학습하고 또 스스로 자체의 파라미터를 수정하면서, 그리고 이 과정을 재귀적으로 반복하면서 끝없는 자기갱신의 운동을 만들어 가고 있습니다. 게다가 인공지능은 이런 운동을 바탕으로 다른 기술의 발전을 추동하고 재구성하여 이를 한 단계 더 높은 상태로 끌어올리는, 즉 혁신을 통해 혁신을 만드는, 이른바 메타 기술의 역할을 수행하고 있기도 하죠. 인공지능을 단지 하나의 기술이 아니라 기술에 대한 기술이라고 보는 이유입니다.

앞에서 언급한바 신중론이 기대고 있는 인공지능의 위상과 역할, 미래가 바로 이러합니다. 그렇기에 저조한 수익과 불투명한 시장 전망을 근거로 일각에서 제기하는 회의론에도 불구하고, 오히려 더 많은 기업이 인공지능을 둘러싼 헤게모니 투쟁에 사활을 걸고 달려들고 있는 겁니다. 더 정확히는, 그럴 수밖에 없는 것이죠. 여기에는 인공지능을 선점한 기업이 다음 시대를 지배한다는 강한 믿음이 깔려 있으며, 이 경쟁에서 탈락하면 야후와 노키아 등의 기업처럼 언제든 역사의 뒤안길로 사라져 버릴 수 있다는 두려움이 동시에 깔려 있기도 합니다. 기호지세(騎虎之勢), 곧 호랑이 등에 올라탄 형세란, 바로 이런 상황을 일컫는 말이나 다름이 없죠. 앞으로 내달리는 수 말고는 다른 수가 없는 상황입니다.

그렇다면 다시 묻죠. 왜 이 세계는 이토록 심각한 기후 위기에도 불구하고 인공지능 개발에 목을 매고 있을까요? 하나의 가능한 답은 아마 이럴 겁니다. 그것은 바로 그 길이 자본주의가 살 길이기 때문입니다. 아니, 정정이 필요해 보입니다. 자본주의 전체라고 말하기에는 너무 박애적입니다. 극히 소수의 기업, 특히 첨단 기술 관련 빅테크 기업들이 살아남기 위한 유일한 길이기 때문입니다.[36] 앞서 논했듯이 자본주의는 지금까지 세 번의 산업혁명을 통해 자체의 위기를 극복하면서 한 단계 더 높이 도약해 왔습니다. 여러 요인이 있었겠지만, 그중에서도 기술 혁신이 가장 큰 요인이 되었음을 부정할 수는 없어 보입니다. 1차 산업혁명과 2차 산업혁명이 거의 백여 년에 걸쳐 진행되었던 데 비해, 3차는 불과 삼십여 년 만에 그 시효를 다했는데, 이는 바꿔 말하면 자본주의를 되살리기 위한 기술적 혁신이 점점 더 짧은 주기로 더 빠르고 더 강하게 요청되고 있다는 말이기도 하죠. 자본주의의 덩치가 커지면 커질수록 심폐소생을 위한 전기 충격 또한 더욱 빠르고 강하게 가해질 수밖에 없었던 것이며, 앞으로의 위기에 대해서도 마찬가지로 사활을 건 충격이 요구될 수밖에 없는 겁니다.

3차 상쇄전략과 소버린 AI

심폐소생술에 앞장서는 것은 기업만이 아닙니다. 자본주의의 가장 큰 후견인은 사실상 국가라고 해도 과언이 아니기 때문이죠. 독일의 경제학자이자 사회학자인 베르너 좀바르트(Werner Sombart)는 이렇게 말합니다.

> 전쟁이 없었다면 자본주의는 결코 없었을 것이다. (중략) 사실 전쟁은 자본주의의 발전을 처음으로 가능하게 하였다. 왜냐하면, 모든 자본주의와 관련되어 있는 중요한 조건들이 처음으로 충족되었기 때문이다. 나는 무엇보다도 16세기와 18세기 사이에 유럽에서 일어난 국가 형성을 생각한다. 이 국가 형성은 자본주의 경제 체제의 독특한 발전을 위한 전제였기 때문이다.[37]

그는 16세기와 18세기의 유럽 상황을 구체적인 예시로 들지만, 그의 작업이란 결국 역사적 사례 분석을 통해 전쟁과 자본주의가 맺는 보편적인 관계를 규명하는 데까지 나아간다는 점에서, 이를 21세기 현재에 대한 독법으로 가져와도 무리는 없을 듯합니다. 특히 현대전은 기술전이라고 해도 과언이 아닌 만큼, 그리고 지금 그 기술의 핵심은 역시나 인공지능과 로봇 등이 차지하고 있는 만큼, 전쟁과 자본주의의 관계는 이제는 전쟁-인공지능(기술)-자본주의라는 새로운 계열을 이루고 있다고도 할 수 있습니다.*

실제로 미국은 '3차 상쇄전략(third offset strategy)'을 내세우면서 그 중심에 인공지능을 위치시키고 있는데[38], 이는 한편으로는 미국의 세계 패권에 새로 도전장을 내민 중국의 막강한 군사력을 상쇄하려는 것이자, 이와 동시에 다른 한편으로는 방위고등연구계획국(DARPA)의 기술 개

---

* 좀바르트는 전쟁과 자본주의를 매개하는 기술적 요인으로 화기 등과 같은 군대의 무장, 식량 조달 방식(물자와 배급), 선박의 크기와 속도 변화 등 다양한 예시를 듭니다.

발을 통해 축적된 인공지능 기술을 자본주의의 새로운 활로로 삼으려는 것이기도 합니다.[39] 즉 미국은 인공지능이라는 기술적 매개를 통해 전쟁과 자본주의를 상호 보완하듯 한데 엮어 내면서, 군사적 우위와 자본주의 경쟁력의 우위라는 두 마리 토끼를 동시에 잡으려 하는 것이죠. 문제는 이것이 미국만 참여하는 게임이 아니라는 데 있습니다.

역사적으로 살펴보면 그 반복된 양상을 알 수 있습니다.[40] 이미 〈오펜하이머〉 편에서도 말씀드렸듯이, 1950년대에 이미 미국은 재래식 무기를 바탕으로 한 소련의 군사력을 상쇄하고 군사적 우위를 확보하기 위해 당대의 최신 기술인 전술 핵무기를 중심으로 1차 상쇄전략을 펼친 바 있습니다. 곧이어 핵 개발 경쟁이 이어지면서 이 우위를 따라잡히자 미국은 1970년대부터는 정밀 유도 무기와 레이더, 스텔스 등의 첨단 기술을 개발함으로써 다시 한 번 소련의 군사력을 상쇄하고자 했으며(2차 상쇄전략), 동시에 이를 바탕으로 미국 중심의 자본주의 질서를 더욱 견고하게 지켜 나가고자 했죠. 좀바르트의 지적처럼, 그때나 지금이나 전쟁과 자본주의는 서로를 견인하는 상호 보완적인 관계 그 자체였고, 기술은 이 둘 사이를 매개하는 핵심 고리였습니다. 곧이어 2차 상쇄전략도 따라잡히자 미국은 2010년대 이후부터는 인공지능, 자율무기, 로봇공학 등의 기술 개발을 통해 (이제는 소련이 아닌) 중국의 군사적 도전을 상쇄해 나가는 한편, 동시에 그러한 우위를 바탕으로 달러 패권 체제를 계속해서 유지해 나가려 하고 있습니다. 요컨대 인공지능을 중심으로 한 지금의 군비 경쟁은 기술 전쟁이면서 동시에 자본주의 전쟁이고, 더 나아가서는 미래의 세계를 둘러싼 패권 전쟁이기도 한 것입니다.[41]

소버린(sovereign) AI는 이처럼 치열한 경쟁 구도 속에서 대두되었습니다.[42] 소버린 AI, 그러니까 '인공지능 주권'은 한 국가가 다른 국가에 대한 의존 없이 자체의 인프라, 데이터, 인력, 네트워크 등을 사용해서 인공지능 기술을 개발하고 활용하고 통제하는 능력을 뜻합니다. 인공지능이 기술을 가능케 하는 기술, 곧 메타 기술이라고 한다면, 이 기술은 이후 교육, 의료, 산업, 노동, 일상, 군사, 엔터테인먼트 등 사회의 거의 모든 영역에 혁신을 불러일으킬 것이고, 이는 생산성 향상과 경제 성장 등으로 이어지면서 국가 경쟁력 확대로도 귀결될 겁니다. 정확히는, 그렇게 기대되고 있죠. 많은 국가가 인공지능을 둘러싼 혁신 경쟁에 마치 소용돌이처럼 빠져들고 있는 것도 바로 이러한 이유 때문입니다. 인공지능을 기반으로 한 지수함수적인 성장을 꿈꾸고 있는 거예요. 즉 따돌리고 따라잡히는 무한 술래잡기는 미국과 중국뿐 아니라 기술 혁신을 통해 (재)도약을 꿈꾸는 세계 여러 국가가 마주하고 있는, 어쩌면 선택 불가능한 옵션이라고도 할 수 있습니다.* 모두가 게임에 참여하지만,

---

* 여기서 주목할 것은 '따돌리고 따라잡히는'이라는 표현입니다. 상쇄라는 말이 함축하듯, 지금까지의 군비 경쟁은 미국이 한 발 앞서 나가면 다른 국가들이 계속해서 그 뒤를 따르는, 비유컨대 마라톤 같은 게임이었다고 할 수 있습니다. 미국만의 게임이 아니라 그야말로 전 세계의 게임이었던 것이고, 그렇기에 미국은 천문학적인 금액을 들여서라도 그 패권 게임에서 앞장서 나아가야만 했던 것이죠. 다른 국가들은 그런 미국의 길을 따를 수밖에 없던 것이고요. 3차 상쇄전략도 마찬가지입니다. 미국은 기축 통화를 기반으로 한 달러 패권을 계속 유지하기 위해서라도, 즉 미국 중심의 자본주의 질서를 영속화하기 위해서라도 이 경쟁에 사활을 걸 수밖에 없는 상황입니다. 3차 상쇄전략의 핵심이 인공지능인 이상, 전쟁-기술-자본주의의 저 오랜 회로를 이제는 인공지능을 중심으로 새롭게 돌릴 수밖에 없는 겁니다. 물론 그 뒤를 바짝 쫓고 있는 중국 또한 추격자라는 위치만 다를 뿐, 마찬가지로 전쟁-기술-자본주의의 회로를 필사적으로 돌려야 한다는 점에서는 크게 다르지 않습니다. 최근 중국이 작고 효율적인 인공지능 딥시크를 개발하면서 이러한 경쟁은 더욱 과열되고 있는 상황입니다. 달러 패권을 유지하기 위한 경쟁과 전쟁의 역사에 대해서는 다음 책을 참고하시기 바랍니다. Hudson, M. (2003). *Super imperialism: The origin and fundamentals of U.S. world dominance* (2nd ed.). Pluto Press.

모두가 그 참여를 스스로 결정할 수는 없는 상황, 기호지세는 기업만이 아니라 국가가 처한 상황이기도 합니다.

특히 인공지능에 덧붙은 '주권'이라는 말이 상징적인데요. 이 말에는 몇몇 기업과 국가가 인공지능을 독점한 현재의 상황을 지배-종속이라는 제국주의 프레임을 통해 문제화하려는 시각과 함께, 자국 중심의 주체적인 인공지능 기술을 개발함으로써 그 종속 관계로부터 탈피해야 한다는 일종의 독립 서사가 녹아들어 있습니다. 게다가 1차 산업혁명기에 발생한 최초의 '대분기(Great Divergence)'가 이후의 세계를 기계화된 선진 문명과 그렇지 못한 정체 문명으로 양분했던 것처럼[43], 앞으로도 인공지능과 로봇 등을 발 빠르게 도입한 국가가 새로운 시대를 분기 및 선도할 것이라고 보는, 또는 반대로 그렇지 못한 국가는 자연스레 낙후될 것이라고 보는, 선진화 서사와 위기 서사가 동시에 포함되어 있기도 하죠. 세계 각국의 입장에서 본다면 이미 가야 할 길은 정해져 있는 셈입니다.

인공지능 주권은 그러므로 극히 정치적인 언명입니다.[44] 인공지능에 주권이라는 말이 덧붙음으로써, 우리는 말 그대로 부지불식간에 인공지능을 둘러싼 지금의 이 무한 경쟁에 필연성과 정당성을 부여하게 될 뿐만 아니라(자체 인공지능 개발은 주권 확보의 길이야!), 기술을 매개로 한 자본주의와 국가주의의 새로운 동맹을 적극 추인하게 되기 때문입니다(국가가 나서서 인공지능 개발을 지원해야지!). 누가 주권을 부정할 수 있겠냐는 말입니다. 하지만 이런 가운데 결국 망실되고 마는 것은 인공지능에 대한 비판적인 질문, 그러니까 인공지능이 지금의 이 심각한 기후 위기 상황 속에서 도대체 왜 필요한 것이고 누구를 위한 것인지, 또 왜 모두가 이 게임에 이렇게나 경쟁적으로 참여해야 하는 것인지에 대한 근본적인 질문 그 자체입니다. 이 질문은 극히 중요한데, 인공지능 기술 혁신에만 매달린 나머지 지구, 아니, 더 정확히는 인류의 생존이 위태로워지고 있기 때문입니다. 수술은 성공했지만 환자는 죽고 마는 역설이 우리 눈앞에 펼쳐질 수도 있는 것이죠. 과장이 아닙니다.

자본주의냐 지구냐

앞서 논했듯이 자본주의는 스스로의 토대를 침식하는 기술 개발(불변자본 확대)에 끝끝내 매달릴 수밖에 없습니다. 당장 수익이 나지 않음에도 불구하고 거의 모든 빅테크 기업들이 인공지능 개발에 사활을 거는 것은, 오직 그럴 때에야 미래 생존이 가능해지기 때문입니다. 시공간 확장이나 또 다른 시장 개척이 불가능한 이상, 그 외에 다른 길은 없습니다.* 세계 각국이 인공지능 개발에 이토록 필사적인 이유도 이와 마찬가지인데요. 선진국 대열에 진입하느냐 아니면 반대로 후진국으로 밀려나느냐라는 2차 대분기가 바로 이로부터 결정될 수 있기 때문입니다. 지난 대분기에서 밀려났던 후발주자들도 이번에는 이를 악물고 달려들

---

* 일론 머스크가 화성 이주를 추진하는 것도 근본적으로는 새로운 시장을 개척하지 않으면 안 되는 자본주의적 필연성과 맞닿아 있는 듯합니다. 지구에는 더 이상 새로 개척할 시장이 남아 있지 않지만, 자본주의는 끊임없는 확장을 요구하기에, 되든 안 되든 화성으로까지 나아가려는 것이지요. 더욱이 이처럼 시장을 화성으로까지 확대할 수 있다는 믿음 자체가, 그것이 현실화될지 여부와는 별개로, 자본주의를 유지하는 중요한 이데올로기가 되고 있습니다. 어쩌면 화성 이주의 실현 가능성보다 중요한 것은 화성에 간다는 믿음과 희망, 그리고 선언 그 자체일지도 모릅니다. 이것이 바로 자본주의가 작동하는 방식이죠. 일론 머스크는 말 그대로 자본의 담지자인 것입니다.

수밖에 없는 겁니다. 특히 한국이 그렇죠.[45] 더욱이 자본주의와 국가주의는 기술을 매개로 긴밀히 연결되어 있다는 점에서, 이 흐름(자본주의+국가주의)은 기술 혁신이 곧 진보라는 가속주의 이데올로기와 함께 더더욱 의심하거나 비판할 수 없는, 마치 자연화된 현상처럼 우리에게 다가오고 있기도 합니다. 이외에 다른 선택지 따위는 없다는 듯 말이지요.

문제는 이 흐름이 자본주의를 되살리는 방향으로 전개되고 있는 한편, 정확히 동시에 지구의 지속 가능성을 위협하는 방향으로도 전개되고 있다는 것입니다.[46] 그것은 왜일까요? 인공지능을 개발하고 구동하기 위해서는 병렬처리 연산을 위한 수많은 GPU와 빅데이터를 처리할 수 있는 거대 규모의 데이터 센터뿐만 아니라, 여기에 안정적으로 전원을 공급할 수 있는 원자력 발전소와 이 과정에서 발생하는 열을 식히기 위한 냉각 시스템 등이 필수적입니다.[47] 그리고 당연하게도 이 모든 장치와 시설에서는 굴뚝 산업 못지않은 어마어마한 양의 탄소가 배출될 수밖에 없습니다. 실제로 챗GPT3를 훈련하는 데에만 약 500톤의 이산화탄소가 배출되었다고 하는데, 이는 뉴욕에서 런던으로 600번 비행할 때 나오는 양과 같습니다. 그리고 챗GPT4는 3보다 그 크기가 무려 10배 이상이나 크다고 하죠.[48] 문제는 분명합니다. 이런 거대 언어 모델을 세계의 수많은 기업'들'과 국가'들'이 동시다발적으로, 그것도 계속해서 더 크게 확장해 나가는 식으로 개발하고 있다는 것이며, 이러한 과잉 경쟁을 마치 따돌리고 따라잡히는 술래잡기 게임처럼 계속해서 반복하고 있다는 것입니다.[49]

게다가 인공지능을 개발할 때만 환경 오염 요소가 발생하는 것이 아닙니다. 생성형 인공지능과 대화를 할 때에는 질문 20~50개당 500ml

의 물이 냉각을 위해 필요다고 하고, 이미지를 생성할 때에는 이미지 1개당 휘발유 자동차를 6.1km 운전할 때와 맞먹는 이산화탄소가 배출된다고 합니다.[50] 우리의 일상적인 인공지능 사용은 이미 그 자체로 환경 오염의 인자가 되고 있는 겁니다. 국제에너지기구는 2026년 세계 전체 데이터센터의 전력 소비량이 무려 일본의 연간 전력 소비량과 비슷한 수준에 도달할 것이라고 예상하기도 했는데요.[51] 더욱이 여기에 암호화폐의 대중화, 초연결 사회의 등장, 디지털 전환 등의 변화가 누적되고 중첩되면서, 이로부터 비롯되는 각종 환경 오염과 기후 위기의 가능성도 점점 더 증가하고만 있는 상황입니다. 굴뚝 산업이 아니라고 해서 결코 가벼이 여길 수는 없다는 것이죠.

물론 우리가 겪고 있는 이 극심한 기후 위기가 전적으로 인공지능 때문인 것만은 아닙니다. 잘 알려져 있듯이 기후 위기는 이제껏 계속된 무분별한 자연 개발과 수탈, 채굴, 파괴 등이 만들어 낸 누적적인 결과죠.[52] 이를 인정하면서도 다만 여기서 강조하고 싶은 것은, 요컨대 임계의 시점입니다. 모래를 한 알씩 떨어트려서 모래산을 쌓았을 때, 그 모래산을 무너뜨리는 것은 결국 마지막 한 알의 모래일 수 있기 때문입니다. 즉 인공지능을 둘러싼 지금의 이 과열된 경쟁이 하필이면 그 마지막 모래가 될 수도 있다는 것이고, 그렇기에 지금의 선택은 다른 어느 때보다도 극히 중요할 수밖에 없다는 겁니다.

무엇을 할 것인가

하지만 우리의 상식과는 달리, 인공지능-자본주의-국가주의의 저 새로운 동맹은 기후 위기가 인류의 생존 자체를 위협하고 있는 이 위급한 상황 속에서도 도리어 더욱 힘차게 가속 페달을 밟으면서 기술 혁신만이 세계가 위기를 극복할 수 있는 길이라고, 또 이 세계가 더 성장하고 더 풍요로워질 수 있는 유일한 방법이라고 강변하고 있습니다. 이산화탄소를 포집해서 땅속 깊은 곳이나 심해에 가두는 기술을 개발하면 된다는 식이고, 인공지능으로 에너지 사용을 최적화해서 탄소 배출을 줄여 나가면 된다는 식입니다. 더 나아가 기술 개발을 더욱 극대화함으로써 노동과 자원의 희소성을 해소한 미래, 그러니까 지금보다 한 걸음 더(그리고 계속해서 더) 진보한 미래를 만들 수 있다는 식이죠. 즉 기술을 통해 인류를 구원할 수 있다는 겁니다.[53]

그런데 과연 그럴까요? 길게 논박하지 않아도 이것이 어긋난 층위의 해법임은 금방 알 수 있습니다. 우리가 겪고 있는 이 위기는 지극히 현재적인 것이고 당장의 조치가 필요한 것인 반면, 위기에 대한 해법은 미래의 어느 때를 상정한 것이고 그것도 가능성의 수준에 머물러 있는 것이기 때문입니다. 단언컨대 미래의 가능성으로 현재의 위기를 해결할 수는 없는 법입니다. 위중한 병을 앓고 있는 환자에게는 미래에 개발될지도 모르는 어떤 치료법과 그에 대한 환상이 필요한 게 아니라 당장의 치료가 필요한 법이죠. 미래 치료법에 대한 과도한 환상(또는 이데올로기)은 오히려 지금의 치료를 망설이거나 간과하게 만드는 해악이 될 수도 있습니다.

게다가 영화 〈돈 룩 업〉에서도 살펴봤듯이 미래 해법에 대한 기대 심리를 통해 오늘의 위기 현실을 견디게 만드는 것은 사실상 자본주의의 오랜(교묘한) 작동 방식이기도 합니다. 위기가 크면 클수록 해법의 기대감 또한 더불어 커질 수밖에 없기에, 또 자본주의는 바로 그 기대감을 동력으로 삼아 성장하기에, 어쩌면 위기는 해결되기보다는 미래로 계속해서 연장되어 가는 게 아닐까 싶기도 합니다. 요컨대 미래 기술을 통해 인류를 구원한다는 저 발상은, 철저히 기술 의존적인 입장이면서 동시에 근본에서부터 자본주의적인 접근이라고 할 수 있습니다. 기술과 자본주의가 문제의 원인인데 이를 다시 문제의 해법으로 삼는 식의 도돌이표가 반복되고 있는 겁니다. 자본주의적인 해법 이외의 해법은 도무지 상상하지 못하게 만드는 자본주의 리얼리즘이 우리를 여전히 강하게 속박하고 있는 것이죠.

그렇다면 '무엇을 할 것인가'라는 질문은 미래가 아닌 현재를 기준으로 답변되어야 할 것입니다. 다만 답변을 위해서라도 그에 앞서 분명하게 확인해야 할 것은, 인공지능 개발을 통해 자본주의가 제로(zero) 성장의 위기를 극복하는 것도[54], 미국과 중국이 지정학적인 패권 대결을 벌이는 것도, 세계 각국이 성장이냐 후퇴냐를 놓고 전전긍긍하는 것도, 모두 다 근본적으로는 지구가 지속될 때나 의미가 있다는 사실입니다. 지구가 지속되는 한에서만 인공지능이든 특이점이든 가능한 것이고, 이는 자본주의와 국가주의에 대해서도 마찬가지일 수밖에 없습니다. 인공지능-자본주의-국가주의의 저 견고한 동맹도 지구라는 터전 없이는 아무런 의미가 없는 겁니다. 지구가 온존할 때에야 그 밖의 모든 것이 가능해질 수 있죠. 여기에는 그 순서를 절대 바꿀 수 없다는 단순하고도 엄연한 진실이 있습니다. 이 당연한 전제를 무시한 채 무엇을 할 것인가에 대한 답변을 내릴 수는 없습니다.*

지금 우리는 모래 한 알을 손에 든 채 망설이며 서 있는 어린아이 같습니다. 우리 눈앞에는 곧 무너질 듯 위태로운 모래산이 쌓여 있죠. 모래 한 알이 모래산을 무너뜨릴 수도 그렇지 않을 수도 있습니다. 물론 아직 그 결과는 알 수 없습니다. 하지만 여기서도 파스칼의 내기는 유효합니다. 무너질지 모른다는 가능성은 그에 대한 대비를 촉발하는 반면, 그래서 잃을 것을 그나마 줄이게 만드는 반면, 결코 무너지지 않을 거라는 믿음은 만에 하나 모래산이 무너질 경우 모든 것을 잃게 만들 겁니다. 그렇다면 우리는 무엇을 해야 할까요? 또는 무엇을 하지 말아야 할까요? 어린아이에게는 망설일 시간이 많이 없을지도 모릅니다.

인공지능 정치경제학을 위하여

소설가 테드 창은 "인공지능은 분명 인건비를 줄이고 기업의 이윤을 증가시키겠지만 이는 우리의 생활 수준을 향상시키는 것과는 완전히 다른 문제"라고 일갈한 바 있습니다.[55] 정확한 지적이지만 이보다 비판의 강도를 더 세게 밀고 나갈 필요가 있습니다. 인공지능은 우리의 생활 수준을 향상시키느냐 그렇지 않느냐의 문제가 아니라 인류의 생존 자체를 위협하는 문제일 수 있기 때문입니다. 단지 생활 수준의 문제가 아니라는 겁니다. 그렇다면 다시 묻고 따져야 합니다. 인공지능과 자본주의, 국가주의의 저 동맹이 그려내는 미래란 도대체 누구를 위한 미래인

---

* 물론 지금까지 반복해서 강조했듯이, 저는 모든 기술 개발을 즉각 중단해야 한다고 주장하는 것이 아닙니다. 제가 일관되게 주장하는 것은 우선순위의 문제이고 고삐 풀린 자본주의에 대한 민주주의의 우위성 문제이며 기술 맹목주의에 대한 통제와 제어의 문제입니다. 기술 비판이 곧 기술 거부는 아님을 유념해 주시기 바랍니다.

가요? 인공지능 기술 혁신이 자본주의를 구하고 국가의 명운을 좌우한 다고 한다면, 그러나 동시에 지구의 자정 능력을 초과함으로써 돌이킬 수 없는 파국을 불러온다고도 한다면, 우리는 도대체 무엇을 선택해야 할까요? 아니, 그보다 먼저, 이 두 항이 동급으로 선언되는 지금의 현실을 우리는 도대체 어떻게 이해해야 하나요? 문제가 무엇인지도 모른다는 것일까요?

인공지능 정치경제학이 필요한 이유는 극히 단순합니다. 지금의 생성형 인공지능이란 그저 단순한 호기심, 기술적 발명, 대중적 요구, 학문적 진보를 위해 만들어진 게 아니기 때문입니다. 단지 대중의 편의를 위해 천문학적인 돈을 투자할 기업은 없습니다. 마찬가지로 그저 대중의 편리를 위해 헤게모니 다툼을 벌일 국가는 없습니다. 여기에는 끊임없이 스스로를 갱신해 나가는 운동으로서의 자본주의와 함께 폭력을 독점해 나가고자 하는 운동으로서의 국가주의가 결정적인 동력으로 작동하고 있습니다. 이 운동이, 흐름이, 동맹이 인공지능의 방향성을 설정해 나가고 있을 뿐만 아니라, 동시에 바로 그 기술적 조건을 통해 세계의 부와 권력을 다시금 기존의 질서에 유리하게끔 재편해 내고 있는 것이죠. 그렇기에 인공지능을 어떻게 '잘' 사용할 것인가라는 도구적이고 윤리적인 고민만으로는 그것을 둘러싼 이 운동을 제대로 이해할 수도 대처할 수도 없으며, 더욱이 그로 인한 전 지구적 파국의 가능성을 막아낼 수도 없습니다.

인공지능 정치경제학이 필요한 이유가 바로 여기에 있는데요. 앞서 논한바 '무엇을 할 것인가'라는 질문에 답하기 위해서라도 그에 앞서 지금-여기의 이 세계를 가로지르는 부와 권력의 운동을 정확히 파악하고 그 원리를 이해할 필요가 있기 때문입니다. 즉 문제가 무엇인지 알아야 합니다. 그것이 먼저입니다.* 인공지능에 대한 철학적 접근과 윤리적 접근이 필요한 만큼이나 그에 대한 지정학적, 문명사적 접근과 이해가 필요하고, 그러기 위해서는 무엇보다도 인공지능이라는 기술을 떠받치고 있는 부와 권력의 저 운동을, 그 원리와 메커니즘을 먼저 파악해야 합니다. 인공지능이란 다른 무엇보다도 자본과 국가의 이해관계 문제이며, 동시에 지구의 지속 가능성 문제일 수밖에 없음을 알아야 하는 겁니다. 무엇을 할 것인가에 대답하기 위해서라도 현재의 지배적인 기술(인공지능) 담론에 무조건 순응하기보다는 그에 대한 비판적인 질문을 던질 수 있어야 하고 또 그 가운데서 과연 무엇이 문제인지를 정확히 알아야 하는 것이죠. 요컨대 저항을 위해서는 비판이 필요하고, 비판을 위해서는 결국 계몽이 필요한 법입니다. 그것이 필요조건입니다. 그럴 때에야 현재의 상태를 지양해 나가는 저항의 (작은) 가능성을 만들 수 있습니다. 저는 그렇게 생각합니다.

---

* 1부의 〈노 임팩트 맨〉을 다룬 강의에서 저는 우리가 "이미 잘 알고 있기 때문에, 도리어 아무 것도 안 하는 것일 수도 있다"고 썼습니다. 그러면서도 아는 것만큼이나 아는 것을 새롭게 감각하는 것이 필요하다고 썼는데요. 그런데 여기서는 돌연 문제가 무엇인지 알아야 한다고, 또 계몽이 필요하다고 써서, 아마도 혼란이 있을 듯합니다. 하지만 두 주장은 서로 모순되지 않습니다. 앞의 논의가 이미 알고 있기에 무감각해져 버린 현재의 상황을 비판하면서 그 대안으로 공통감각의 회복을 제안한 것이라면, 이번 장에서는 충분히 알지 못하고 있는 상황을 비판하면서 인공지능과 자본, 국가의 동맹에 대한 인식의 필요성을 주장한 것이라고 할 수 있습니다. 즉 전자는 앎의 무력화를 비판하면서 (공통)감각의 보완을 요구한 것이고, 후자는 무지의 지속을 경계하면서 인식의 필요성을 강조한 것이지요. 아는 것과 감각하는 것은 단순한 선후관계가 아니라 서로가 서로를 보완하면서 상승시키는 동시적인 관계에 더 가깝습니다.

덧붙이며

　2025년 1월 20일, 도널드 트럼프 미국 대통령은 파리기후변화협정의 두 번째 탈퇴를 선언했습니다.[56] 취임 이후, 그는 기후 위기에 대응하기 위해 마련한 각종 규제를 철폐하고, 전기차 확대 정책을 폐지하고(반대로 석유 산업을 키우고), 에너지를 잡아먹는 암호화폐 산업을 더욱 장려하고, 인공지능 개발에 천문학적인 규모의 돈을 투자하는 등 친환경 정책과는 완전히 반대되는 행보를 이어가고 있습니다. 인공지능에 대한 강력한 규제안을 담고 있는 바이든 정부의 행정명령도 폐기해 버렸죠.[57] 자본가 계급의 자본 증식 목표가 지구의 지속 가능성보다, 인류의 미래보다 우선순위에 놓여 있는 듯합니다.

　같은 날(1월 20일), 중국은 오픈AI의 o1 모델과 유사한 성능을 보이면서도 개발 비용을 1/10로 대폭 줄인 인공지능 모델 딥시크를 공개했습니다.[58] 즉 미국 주도의 인공지능 시장에 강력한 도전장을 내민 것이죠. 미국의 3차 상쇄전략에 균열이 생길 수밖에 없는 상황이고, 또 바로 그만큼 국가 간 패권 경쟁이 격화될 수밖에 없는 상황입니다. 적이 없던 전쟁에서 적이 있는 전쟁으로 바뀌었기 때문입니다. 상대가 뒤를 바짝 추격할수록 패권 경쟁은 치열해질 수밖에 없죠. 실제로 미국은 이미 엔비디아 그래픽 카드의 수출을 규제한 데 이어 중국 제품에 높은 관세를 부과하는 등 보호무역 정책을 강화하고 있습니다. 중국도 이에 질세라 미국 기업에 대해 규제 및 보복 관세 도입, 수출 통제를 선언하면서 강대강으로 맞서고 있죠.[59]

　다시 같은 날(1월 20일), 트럼프 대통령의 취임식에 참석한 일론 머스크는 연단에서 갑자기 나치식 경례를 해서 논란을 일으켰습니다. 그 경례를 보고 실제로 파시즘의 망령이 떠올랐다고 하면 과언일까요? 그의 행위가 의도적이든 아니든, 과열된 패권 경쟁은 기술주의와 자본주의, 국가주의의 저 삼각동맹을 한층 더 극단으로 몰아가고 있는 듯합니다. 과거의 파시즘이 군국주의와 인종주의의 형태로 나타났다면, 새로운 파시즘은 알고리즘과 인공지능으로, 그러니까 기술과 자본, 국가의 결합으로 나타나고 있는 것인지도 모르겠습니다. '테크노 파시즘(techno-fascism)'이라고나 할까요? 기술주의와 자본주의, 국가주의의 저 삼각동맹이 과연 어떤 미래를 가져올지, 그 사이에서 인류는, 지구는 또 어떻게 될지, 그 어느 때보다 깊은 우려가 제기되는 상황입니다.

3부

(비)인간, 기술, 사회

"우리는 과학적으로 생각할 수 있고 기술적으로 가능한 모든 것이
무조건적으로 가능한 것은 되지 않도록 하기 위해,
이 기술-과학적 차원에 경계를 그어야 한다.
그리고 이 차원은 스스로를 경계 짓는 능력을 결여하기 때문에
우리는 바깥에서 이 차원에 경계를 그어야 한다."
— 앙드레 콩트 스퐁빌[1]

일상의 기술적 실천

여러분 안녕하세요. 전체 강의의 세 번째 파트이자 열한 번째 강의를 시작하겠습니다. 복습 겸 환기를 위해 다시 말씀드리자면, 우리는 1부에서 기술을 둘러싼 여러 담론, 즉 최대주의와 최소주의 그리고 개입주의를 다루면서 그 각각의 주장과 차이, 한계 등을 살펴봤습니다. 그러면서 기술 찬양도 기술 부정도 아닌 기술 개입의 필요성과 그 가능성을 논했었죠. 이어서 2부에서는 인공지능을 둘러싼 여러 쟁점을 다루었습니다. 파스칼의 내기부터 시작해서 인공지능 특이성과 사회적 윤리를 거쳐 정치경제학에 이르기까지, 물론 전부라고는 할 수 없지만 꽤나 많은 주제를 다룬 듯하네요. 이것만으로도 이 강의를 통해 제가 하고 싶은 말을 어느 정도는 다 했다고 할 수 있지만, 어쩐지 마음 한편에는 뭔가 부족하다는 생각이 드는 것도 사실입니다.

개입주의라는 화두를 통해 기술을 둘러싼 거대한 담론을 비판적으로 재독해하고, 또 그것을 다시 인공지능으로 옮겨 각론으로까지 확장했지만, 정작 우리의 평범한 삶, 그러니까 우리가 살아가는 지금-여기의 일상과 그 일상에 촘촘히 스며든 기술이 맺는 다종다양한 관계를 살피는 데에는 조금 소홀하지 않았나 하는 생각이 들었기 때문입니다. 다시 말해서, 텔레비전, 인터넷, 스마트폰 등의 필수적인 기술부터 코로나 시기 동안 전면화된 메타버스와 이제는 열풍을 넘어서 버린 블록체인 등의 기술에 이르기까지, 우리의 일상을 가득 메운 여러 기술에 대해서도 그에 대한 개입의 필요성을 논할 필요가 있기 때문입니다. 그뿐만 아니라 그런 일상의 기술이 인간과 사회와 맺는 관계 및 그 변화의 양상을 추적하면서, 그렇다면 미래의 우리는 또 어떤 기술과 상호 연결하고 어떤 사회를 상호 형성해 갈 것인지, 즉 어떤 인간-기술-사회의 앙상블을 만들어 갈 것인지에 대해서도 마찬가지로 고민해 볼 필요가 있기 때문이죠. 우리의 일상, 습관, 행위를 틀 짓고 또 그것에 의해 틀 지어지는 기술적 실천을 함께 살펴봐야 한다는 겁니다.

간단한 설명을 위해 제가 이전에 쓴 책인 『기계, 권력, 사회』를 참고해 볼까 합니다.[2] 저는 이 책에서 일상을 가로지르는 기술적 실천을 크게 두 방향의 힘 작용으로 나누어 개념화했는데요. '환경관리권력'과 '정신관리권력'이라는 개념이 바로 그것입니다. '관리'라는 표현이 조금 생소할 수도 있는데요. 여기서 관리는 이 힘의 작용이 (우리가 권력이라고 하면 흔히 떠올리는) 강제와 억압이 아닌 자유 메커니즘을 통해 작동한다는 것을 드러내기 위한 표현입니다. 즉 위의 두 개념은 우리의 일상을 가로지르는 기술적 실천, 특히 인터넷 이후의 기술이 작동하는 양상이란, 우리의 일상적인 '환경'과 '정신' 활동을 (자유롭게) 관리하는 형태로 작동한다는 것을 담아낸 표현이라 할 수 있습니다. 다소 길지만 책의 전반적인 내용을 압축한 다음 문단을 인용해 보겠습니다.

> 다시 현재의 일상 풍경으로 시선을 돌려 보면, 우리는 일상 그 자체인 다양한 매개 환경이 우리에게 미치는 기반구조적인 힘뿐만 아니라, 그 환경 안에서 우리의 생각과 행동을 특정한 방향으로 이끌어 내는 행위유도적인 힘도 동시에 관찰할 수 있다. 전자가 우리를 항상-이미 매개 안에 머물러 있게 함으로써 그 환경에 속한 인구 전체를 통치의 대상으로 포섭하는 권력이라면(환경관리권력), 후자는 개별화된 검색 메커니즘과 알고리즘을 통해 사용자 개개인이 무엇을 보고 생각하고 느낄지에 영향을 미치는 또 다른 형태의 권력이다(정신관리권력). 이 둘은 각각 외부와 내부, 형식과 내용 등으로 의미론적으로는 구분될 수 있지만 많은 경우 상보적으로 한데 겹쳐서 작동하기 때문에 현상적으로는 분리될 수 없다. 그것은 차라리 현재의 권력을 특징짓는 이중의 메커니즘이라고도 할 수 있을 것이다.[3]

표현은 다소 어렵지만 의미하는 바는 생각보다 쉽습니다. 지금 우리의 일상은 인터넷, 와이파이, 스마트폰, 클라우드, 빅데이터, 사물인터넷 등에 의해 촘촘히 둘러싸여 있는데요. 이 모든 연결로부터 단절된 세계를 살아가기란 결코 쉽지 않을 듯합니다. 살아가기는커녕 그런 세계를 상상하기조차 힘들죠. 말인즉슨 우리는 언제 어디서나 매개 '안에' 있으며, 같은 논리로 매개 바깥에 있을 수 없다는 겁니다.[4] 실제로

2022년 카카오톡 데이터센터의 화재 사건이 보여준 바는, 인터넷의 일시 정지란 곧 모든 연결과 소통, 흐름의 정지이기도 하며, 이는 (한시적이지만) 문명의 정지와도 같다는 것이었습니다.[5] 당연히 그 환경을 어떻게 구성하고 조정하느냐에 따라 특정한 행위를 가능케 할 수도, 불가능하게 할 수도 있습니다. 인터넷 이후의 권력은 과거처럼 개개인의 행동을 규제하는 식으로만 작동하는 게 아니라 그 개인이 속한 매개 환경을 관리함으로써 인구 전체에까지 영향을 미치는, 그러나 정작 그 권력 자체는 환경이라는 요소로 배경화됨으로써 잘 드러나지도 않는, 말 그대로 환경적인 유형의 권력(환경관리권력)이 되었다는 게 저의 주장이었습니다.

그런가 하면, 우리는 이처럼 일상화된 매개 환경 속에 그저 속해 있는 것만이 아닙니다. 우리가 인터넷을 통해 일상적으로 보고 듣고 읽는 대부분은 공교롭게도 우리의 취향과 선호에 맞는 것들로만 이루어져 있습니다. 이는 알고리즘에 따른 결과인데요. 개개인의 개별화된 관심사를 반영한다는 점에서 일견 나쁠 것이 없어 보이지만, 문제는 이 알고리즘이 록 음악이냐 아이돌 음악이냐 등과 같은 취향 차원에만 국한되는 게 아니라는 겁니다. 알고리즘이란 결국 그 사람의 정체성을 반영한 결과라는 점에서, 이는 개인의 정체성이 검색 결과로 이어지고 다시 그 검색 결과가 정체성을 강화해 나가는 식의 순환 고리를 만들게 됩니다. 이 과정이 계속될수록 나와는 다른 입장의 타자를 만날 기회도, 우연성의 사건을 마주칠 기회도 줄어들게 되죠. 정치적 견해가 다른 타자를 부정하는 식의 극단적인 정치 편향성이 만들어지기도 하는 겁니다.[6] 이처럼 인터넷 이후의 권력(정신관리권력)은 인구의 생각과 감정, 태도 등을 특정한 방향과 형태로 이끌어 낼 뿐만 아니라, 그러한 메커니즘을 철저히 자유의 원리에 따라 작동시킨다는 점에서 이전의 권력과 구분된다는 것이 저의 주장이었습니다.

갑자기 환경관리권력과 정신관리권력이라는 생소한 개념을 말씀드린 이유가 무엇일까요? 이유는 단순합니다. 우리가 마주하고 있는 현재의 기술이 인공지능 등의 최첨단 기술만은 아니기 때문입니다. 우리는 〈아바타〉와 〈엘리시움〉, 〈아이, 로봇〉의 시대를 살아가고 있는 게 아니죠. 그 미래가 곧 다가올 미래일지도 모르지만, 우리는 일단 지금-여기의 현실을 살아가고 있고, 텔레비전과 인터넷, 스마트폰이라는 구체적인 기술과 함께 살아가고 있습니다. 그렇다면 현실의 기술도, 그 기술과 관계를 맺는 인간도, 또 그렇게 구성되어 가는 사회도 더불어 질문해야 하지 않을까요? 또 여기에 개입할 필요성과 가능성을 함께 고민해야 하지 않을까요?

무사유, 무지성, 무비판의 결과?

제가 저 두 개념을 소개해 드린 것은, 물론 저의 지난 작업을 알리려는 의도도 있습니다만, 그보다는 지금-여기의 인간-기술-사회가 맺는 독특한 관계와 그 변화를 어떻게 질문하고 사유할 것인가에 대한 하나의 예시를 보여드리기 위해서였습니다. 인공지능이라는 기술을 객관적이고 중립적인 도구로만 바라봐서는 안 되는 이유와 꼭 마찬가지로, 우리의 현실을 채우고 있는 일상적인 기술에 대해서도 그 기술을 단지 도구가 아닌 인간-기술-사회의 앙상블로 비판적으로 읽어낼 수 있어야 한다는 것이죠. 마르크스의 말을 변용하자면, 예컨대 '인터넷은 인터넷이다. 특정한 관계 속에서 인터넷은 통치(권력)가 된다'라고도 할 수 있겠네요.[7] 인터넷의 본질이 중요한 게 아니라 그것이 인간과 사회의 앙상블 속에서 어떤 기술로 사용되고 변형되고 의미화되는지가 더 중요하다는 겁니다. 이를 정확히 인식할 때에야 일상의 기술적 실천 어디에 어떻게 개입하고 왜 개입해야 하는지가 더욱 분명해질 수 있습니다.

요컨대 핵심은 미래의 첨단 기술과 인공지능에 대해서만 질문과 주의가 필요한 게 아니라, 우리를 둘러싼 일상의 기술에 대해서도 지속적인 사유와 반성, 비판이 필요하다는 것입니다. 아니, 단지 당위적으로 필요하다는 정도가 아니라 필수 불가결하게 요청된다고도 할 수 있을 듯합니다. '그러면 좋고 아니면 말고'라는 식으로 넘기기에는 그 부재(사유와 반성, 비판의 부재)로 인한 여파가 생각보다 너무나 크기 때문입니다. 그 단적인 예가 바로 2024년 12월 3일에 발생한 한국의 내란 사태입니다.[8] 어쩌면 이 사태는 유튜브와 같은 일상적인 기술 실천을 아무런 사유도 반성도 비판도 없이 마치 자연화된 세계 그 자체처럼 받아들여 온 데서 비롯된 것이 아닐까요? 즉 눈앞에 펼쳐진 인터넷 세계를 철저히 무사유, 무지성, 무비판적으로 받아들인 결과가 아닐까요? 그 부재로 인한 여러 가능한 결과 중 정말이지 상상도 할 수 없는 최악의 결과가 현실화된 게 아닐까요? 유튜브 등의 인터넷 기술에 대한 무비판적 순응이 내란의 유일한 원인은 아니겠지만, 또 그것이 어떤 식으로든 영향을 미쳤음을 부인할 수도 없어 보입니다.

단지 저만의 짐작이 아닙니다. "尹 계엄령, 유튜브가 만든 세계 최초의 내란 사태… 알고리즘 덫 걸렸다"라는 제목의 기사는 내란의 한 원인을 유튜브 알고리즘에서 찾고 있다는 점에서 동일한 판단을 전제로 삼고 있습니다.[9] 앞서 논한 순환 논리, 즉 개인의 정체성이 알고리즘에 반영되고 다시 그 알고리즘이 자기 주장의 근거가 되는 말 그대로의 악무한이 다른 무엇도 아닌 무려 내란을 일으킨 동력이 되었다고 판단한 것이죠. 심지어 한 국가의 대통령마저도 정교한 알고리즘 덫에 걸려 이성적인 판단 능력을 잃었다고 한다면, 탄핵을 통해 암세포를 도려낸다고 해도 그 알고리즘이 온전히 남아 있는 한 문제의 소지는 남아 있다고밖에 말할 수 없을 듯합니다. 내란범을 체포하고 무너진 정의를 바로 세우는 것만큼이나, 그와 나란하게 일상의 기술 실천에 대한 전면적이고도 지속적인 사유와 반성, 비판이 필요하다고 생각하는 이유입니다.

해서, 3부에서는 거대 기술 담론과 인공지능 비판에 이어 다시 일상의 기술로 돌아가 보고자 합니다. 다만 앞으로 다룰 영화의 편수 제약상, 또 지면 관계상 이론적 주장과 엄밀한 논증, 정세적 분석 등을 모두 다룰 수는 없을 듯합니다. 그렇기에 1부, 2부에서와 마찬가지로 명쾌한 답을 내리고 대안을 제시하기보다는 (앞에서 소개한 두 개념처럼) 우리를 둘러싼 현재와 미래의 일상적 기술 실천에 대해 저만의 질문을 던지고 또 사유를 촉발하는 식으로 논의를 이어 나가고자 합니다. 〈오징어 게임〉의 유리 징검다리 건너기 게임을 떠올려 볼 수도 있겠는데요. 앞사람의 시도는 비록 그 시도가 실패로 끝난다 해도 뒷사람의 한 걸음을 위한 토대가 될 수 있기 때문이죠. 저의 질문과 사유가, 즉 제가 밟은 징검다리가, 이 강의에서 다루지 않은 수많은 영화와 기술로, 또 그에 대한 질문과 사유로, 그리하여 여러분의 한 걸음으로 이어지길 바랍니다.

1장
바깥 없는 세계에서 안으로부터 저항하기, 이 저항의 가능성을 믿습니다.
〈트루먼 쇼〉

미네르바의 올빼미

〈트루먼 쇼〉는 1998년 영화입니다. 1995년에 윈도우(windows)가 출시되면서 개인용 컴퓨터와 인터넷의 시대가 활짝 열렸으니 아마도 이때는 텔레비전의 시대가 조금씩 저물어 가던 때가 아닌가 싶습니다. 아니, 마지막 불꽃을 태우던 때일 수도 있겠네요. 텔레비전이 황혼녘에 이른 이즈음, 흥미롭게도 영화 〈트루먼 쇼〉는 그 시선을 눈앞에 펼쳐질 새로운 미래가 아닌 이미 지나간 평범한 과거로 돌립니다. 당시 가장 주목받고 있던 인터넷이 아니라 어느새 올드 미디어가 되어 버린, 그래서 더 이상 특별한 것이라고는 남아 있지 않은 텔레비전을 겨냥한 겁니다. 그러고선 바로 그 텔레비전의 내적 논리를 깊게 파고들어 이를 가장 극적인 방식으로 드러내려고 하죠. 마치 미네르바의 올빼미 같다고나 할까요.

트루먼 쇼 The Truman Show
감독 피터 위어, 1998

　텔레비전이 이미 일상의 일부가 되어 더는 특별하게 보이지 않게 되었을 때, 그래서 아무도 그 존재와 작동에 대해 질문하지 않을 때, 〈트루먼 쇼〉는 돌연 '이것이 텔레비전이다!'라고 선언하면서 우리에게 이 당연한 것을 낯설게 바라보라고 요구하고 나선 겁니다. 그동안 당연하게 여겨졌던 것을 당연하지 않은 것으로 바꾸어 냄으로써, 즉 이미 일상화되어 보이지 않음(invisible)의 형태로만 존재하던 텔레비전을 돌연 보이게 만듦으로써, 영화는 순식간에 팽팽한 긴장감을 만들어 냅니다. 그리고 이 긴장을 통해 우리에게 모종의 사유와 질문을 강제하죠. 텔레비전이란 우리에게 대체 무엇인 것일까? 텔레비전이 보여주는 세계는 진짜인 걸까? 아니면 우리는 결국 텔레비전이 재현(re-presentation, 다시 보여주는)한 세계를 살아가고 있는 것일까?[1] 혹시 내가 트루먼인 것은 아닐까? 이런 질문들 말입니다.

　그런데 이 질문들은 외려 그로부터 사반세기가 지난 지금에야말로 더욱 현실감 있게 다가오는 듯합니다. 텔레비전이 보여준 문제적 가능성이 인터넷에서 완성되었다고나 할까요? 그때는 한낱 상상에 불과했던 영화 속 이야기가 이제는 인터넷이라는 기술적 조건에 힘입어 마치 그 최대의 현실성(actuality)을 얻은 것처럼 느껴지기도 합니다. 모두가 모두를 지켜보고 또 모두가 모두를 드러내는, 즉 모두가 시청자가 되고 또 모두가 트루먼이 되는, 이를테면 '트루먼화' 현상이 인터넷 시대에 이르러 그야말로 보편적인 일상이 되어 버렸기 때문입니다.[2] 유튜브나 인스타그램, 릴스만 떠올려 봐도 금방 이해가 되실 듯합니다. 그렇다면 질문은 한 번 더 반복되어야 합니다. 인터넷이란 우리에게 무엇일까? 인터넷이 우리 눈앞에 펼쳐 보이는 세계는 정말로 진짜 세계인 것일까? 아니면 인터넷은 진짜(진실)와는 무관한 세계를 매일 같이 새로 만들어 내고 있는 것일까? 우리는 지금도 여전히 트루먼인 것일까?

텔레비전에 이어 인터넷마저도 황혼녘에 이르렀다고 평가되는 지금, 즉 인터넷도 텔레비전과 마찬가지로 이미 일상의 일부가 되어 아무도 그 존재와 작동을 질문하지 않는 지금이야말로, 〈트루먼 쇼〉가 던졌던 질문을 차분하게 곱씹어 봐야 할 때가 아닌가 싶습니다. 그럴 때만이 우리는 트루먼이 그토록 희구했던 어떤 세계의 이상을, 그것의 가능 또는 불가능과는 무관하게, 다시 한 번 우리의 질문으로 가져올 수 있기 때문입니다. 그리고 때로 질문은 단지 질문에 그치지 않고 현재를 넘어서는 운동으로 확장되기도 하기 때문이죠.

지극히 자연스러운 세계 그리고 균열

트루먼(짐 캐리)은 텔레비전 프로그램인 '트루먼 쇼'의 주인공입니다. 220여 개의 나라 17억 명의 사람들이 그의 탄생을 지켜보고, 그가 첫걸음을 내디뎠을 때 환호하고, 첫 키스를 했을 때 함께 기뻐했다고 하니,

말 그대로 세계적인 스타라고 해도 과언이 아닐 듯합니다. 물론 자신이 스타라는 사실, 그러니까 자신의 삶 일거수일투족이 몰래카메라로 전 세계에 생중계되고 있다는 사실을 그가 모른다는 것만 빼면 말입니다. 자기가 주인공인 줄 모르는 주인공은 오늘도 평범한 일상을 살아갑니다. 여느 때와 같이 이웃과 인사를 나누고 출근하는 길이었네요. 갑자기 하늘에서 방송용 조명이 떨어지는 사고가 발생합니다. 마른하늘에서 방송용 조명이라니요? 트루먼은 뭔가 이상하다는 느낌을 받지만 그저 우연한 사고라 생각하고 넘겨 버립니다. 때마침 라디오에서는 비행기 사고가 났다는 보도가 나오네요.

그런데 이런 사고가 한 번이면 우연이지만 두 번, 세 번이면 그저 우연이라고만은 할 수 없지 않을까요? 이후로도 그의 주변에서 계속해서 이상한 사건이 발생하자 그는 조금씩 자신을 둘러싼 세계에 대해 의심을 하기 시작합니다. 무엇이 진짜이고 무엇이 가짜일까, 내가 사는 이 세계는 정말로 존재하는 것일까? 만약 이 세계가 가짜라면 나는 누구일까? 나도 가짜일까? 그는 이 세계를 도무지 믿을 수가 없습니다. 네, 맞습니다. 의심이야말로 지금까지 자연스러웠던 세계를 더는 자연스러운 것으로 받아들일 수 없게 만드는 최초의 불화입니다.

트루먼은 이 세계를 떠나고만 싶습니다. 아내에게 속마음을 털어놓지만, 집 대출금과 자동차 할부금 등 현실적인 문제들이 이렇게나 많은데 또 모험 타령이냐며 무시당하고 말죠. 할 수 없이 일상으로 돌아와 평소처럼 출근하던 길에 트루먼은 다시 한 번 인생이 요동치는 사건을 마주하게 됩니다. 그가 어렸을 때 물에 빠져 죽었던 아버지가 갑자기 노숙자 모습을 하고 그의 눈앞에 나타난 것이었습니다. 대관절 이게 무슨 일이란 말인가요? 그는 어안이 벙벙합니다. 겨우 눈앞의 현실을 인지하고 떨리는 목소리로 아버지를 부르는 순간, 어디선가 사람들이 나타나더니 아버지를 막무가내로 버스에 태워 데려가 버립니다. 트루먼은 아버지를 잡기 위해 길길이 날뛰는데, 이상하게도 주변 사람들은 마치 아무 일도 없다는 듯 평온하기만 하죠. 이 사건을 계기로 그의 의심은 더욱 커져만 가게 됩니다.

이제 세계가 달리 보이기 시작합니다. 예전이라면 무던하게 넘겼을 일들이 이제는 하나하나 낯설게만 느껴집니다. 트루먼은 도대체 무엇이 진짜이고 무엇이 가짜인지 알 수가 없어 혼란스럽기만 합니다. 그는 제일 친한 친구를 찾아가 이렇게 말합니다. "뭔가 음모가 있어. 그런 생각 안 해봤어? 벽에 둘러싸여 있다는 생각!"

보험 설계사와 탐험가

트루먼의 직업은 보험 설계사입니다. 직업에서도 알 수 있듯이 그는 그동안 사람들에게 예기치 못한 사고를 미리 대비하게 하는 보험 상품을 판매해 왔습니다. 사실 트루먼 자신도 사고에 대한 강박적인 두려움을 갖고 있습니다. 그는 어렸을 때 아버지와 함께 작은 보트를 타고 바다에 나간 적이 있는데, 이때 거센 폭풍우가 보트를 덮치면서 결국 아버지를 잃게 됩니다. 그 뒤로 그는 배를 타는 것은 고사하고 단지 물만 봐도 현기증을 느낄 정도로 극심한 물 공포증에 빠지게 되죠. 하필 트루먼이 사는 곳이 섬이었던 탓에, 그는 그 이후로 단 한 번도 섬 바깥으로 나가지 못하고 줄곧 마을 안에서만 살게 됩니다. 그리고 마치 자신의 처지를 반영이라도 하듯 현실의 안전을 최우선으로 삼는 소박한 보험 설계사가 되었던 겁니다.

그런 그가 꿈꾸는 것이 있었으니, 바로 평생을 살아왔던 이 섬을 떠나 피지라는 미지의 세계로 가는 겁니다. 보험 설계사가 탐험이라니 뭔가 어울리지 않는 조합이긴 합니다. 한데 여기에는 다 이유가 있습니다. 피지로 가려는 이유는 단 하나입니다. 그가 대학 시절 열렬히 사랑했던 여인 실비아(나타샤 맥켈혼)에게 가기 위해서죠. 그녀는 그의 첫 키스 상대이자 그가 결혼 후에도 여전히 잊지 못하는 첫사랑입니다. 비록 강제로 헤어지게 됐지만, 그는 패션잡지의 모델 사진을 군데군데 오려 붙여서 그녀와 비슷한 얼굴의 콜라주를 만들어 간직할 정도로 그녀를 그리워합니다.

아마도 트루먼에게 피지와 실비아 그리고 세계 바깥으로의 여행, 그러니까 자유는 사실상 하나인 것처럼 보입니다. 피지에 가려는 이유는 그곳에 실비아가 있다고 믿기 때문이고, 그런 그녀를 만나기 위해서는 이 답답한 세계를 떠나 자유를 향해 나아가야 하기 때문입니다. 트루먼을 살아가게 하는 것은 바로 이 이념입니다. 결코 쉽게 도달할 수 없지만 그것을 포기하는 순간 지금의 삶 전체가 무너지고 마는, 일종의 푯대와 같은 것 말이죠. 그는 이 이념을 위해 자신이 가진 모든 것을 포기할 각오가 되어 있습니다.

세계에 대한 의심은 어느새 확신이 되고 그 확신은 다시 그의 신념과 만납니다. 그리고 자유를 향한 이 신념은 그가 자신을 둘러싼 높디높은 벽을 넘어서게 만드는 동력이 되죠. 그는 마침내 탈출을 감행합니다. 평생을 괴롭혔던 물 공포증도 그의 결심을 막을 수가 없습니다. 물론 쉬울리 만무합니다. 거대한 폭풍우가 당장이라도 그를 집어삼킬 듯이 몰아닥칩니다. 폭풍과 파도가 더욱 거세지자 그는 이전의 삶으로 돌아가느니 차라리 죽는 게 더 낫다며 보트에 몸을 묶어 버리기까지 하죠. 그는 이토록 단호하고 결연합니다. 설령 물에 빠져 죽는다고 해도 그는 자유를 향한 이 신념을, 그 도전을 포기할 생각이 없습니다. 이 순간 트루먼은 그저 한 명의 인간이 아닌, 위대한 의지가 됩니다.

가짜 세계와 진짜 세계

앞에서도 말씀드렸지만, 사실 트루먼을 둘러싼 세계는 하나부터 열까지 철저히 텔레비전 프로그램의 제작 기획에 따라 만들어진 겁니다. 인물과 직업, 역할과 관계 등을 포함한 모든 게 방송국 제작진에 의해 기획되고 연출된 것이죠. 영화에서는 오직 트루먼만 진짜이고 나머지 인물들, 즉 그의 부모와 이웃, 친구와 직장 동료, 마을 사람들 모두가 전부 다 배우로, 그런 의미에서 가짜인 것으로 나옵니다. 가장 내밀한 관계인 아내도, 평생 우정을 나눈 친구도 마찬가지입니다. 물론 인물만이 아닙니다. 심지어 그의 삶에 깊은 트라우마를 남긴 아버지의 죽음도 각본에 따라 기획된 것입니다. 트루먼의 모험심을 없애기 위해, 일부러 익사 사고를 연출해서 그에게 물 공포심을 심어 넣었던 거죠.

단 하나의 예외가 바로 실비아입니다. 그녀는 처음에는 등장인물 중 하나로(즉 가짜로) 나오지만, 우연히 트루먼과 사랑에 빠지면서 그에게 이 세계가 하나부터 열까지 모두 가짜라는 것과 이 너머 어딘가에 진짜 세계가 있다는 것을 알려주죠. 그러면서 그곳으로 자기를 찾아오라고 말합니다. 트루먼이 피지로 가려는 이유가 바로 이 때문입니다. 그곳에 실비아가 있고 또 자유가 있다고 믿기 때문이죠. 영화는 이렇듯 가짜와 진짜라는 선명한 대립 구도를 바탕으로, 감시와 거짓의 세계를 떠나 자유와 진실의 세계를 찾아 나서는 한 인간의 극적인 자기 구원 서사를 보여줍니다. 죽음을 무릅쓰면서까지 자유와 진실을 찾아 나서는 한 인간의 모습은 그때나 지금이나 여전한 감동으로 다가옵니다.

다만 영화를 이렇게 개인적인 구원 서사로만 읽을 경우, 어쩌면 더 중요한 질문을 놓칠 수도 있겠다는 생각이 듭니다. 무슨 말일까요? 이 영화는 모두가 트루먼을 지켜보는 세계를 그려내지만, 역설적으로 이 세계에서는 단지 트루먼만 자신의 삶을 전시하는(또는 전시당하는) 게 아닙니다. 한 사람을 완벽히 속이기 위해서는 세계 전체가 공모해야 하는 법이죠.

보르헤스(Jorge Luis Borges)의 「과학의 엄밀함에 대하여」라는 단편을 보면[3], 한 지도 제작 길드가 가장 완벽한 지도를 제작하려다 결국 실제 영토와 꼭 같은 크기의 지도를 만들고야 말았다는 이야기가 나오는데요. '완벽한' 재현이란, 완벽이라는 말의 의미를 따르는 한, 실재 그 자체가 되어야만 했던 겁니다.* 〈트루먼 쇼〉의 작중 제작진도 저 지도 제작 길드처럼 한편으로는 완벽한 재현을 꿈꾼 듯합니다. 트루먼의 일생을 텔레비전 브라운관 위에 완벽히 재현하려고 했으니까요. 한데 트루먼의

---

* 보르헤스는 현실을 있는 그대로 재현하는 것(사실주의)의 불가능성을 말합니다. 완벽한 재현이란 실재 그 자체가 되어야 하기에, 그는 이렇듯 도달 불가능한 이상을 좇는 문학을 일종의 기만 혹은 환상이라고 비판하죠. 문학의 임무는 사실의 정확한 재현이 아니라 반대로 그 재현의 불가능성을 드러내고, 현실이 허구와 뒤섞이면서 만들어 내는 새로운 의미를 포착하는 데 있다는 것입니다.

일생 동안 그를 완벽히 속이고 또 그런 그의 삶을 지켜보는 것은, 당연하게도 그가 살아온 만큼의 시간적 개입이 요구될 수밖에 없습니다. 완벽한 재현은 그만큼의 실재성(reality)을 요구하는 법이지요.

여기에는 트루먼의 30년 인생을 연출한 제작진의 시간은 물론이거니와 그의 곁에서 평생 그를 속여 온 수많은 배우의 인생도, 그리고 그의 사소한 일상을 내내 지켜본 전 세계 시청자의 삶도 부지불식간에 포함될 수밖에 없습니다. 트루먼뿐만이 아니라 제작진과 배우, 시청자도 30년째 이 인기 쇼의 공모자가 되어 왔던 겁니다. 오직 트루먼 한 명을 속이는 쇼처럼 보일 때조차 사실은 세계 전체가 공모해야 했던 것이고 그런 한에서만 트루먼 쇼가 가능했던 것이죠.* 그렇게 해서 시청률에 목을 맨 텔레비전 산업이 전 세계 수많은 시청자의 시간을 저당 잡으면서 돌아갈 수 있었던 것이고, 또 더 크게는 그러한 시간 착취의 메커니즘을 바탕으로 전 지구적 자본주의가 작동할 수 있었던 것이고요. 텔레비전이란 정확히 이런 것이었던 겁니다.

---

* 본문에서는 완벽한 재현을 위해 필요한 대중의 공모 역할에 초점을 맞추었지만, 사실 그러한 공모에도 불구하고 재현은 실패할 수밖에 없습니다. 이는 〈트루먼 쇼〉의 제작진 또한 완벽한 재현을 시도했지만 오히려 그로 인해 역설적으로 그 불가능성을 폭로하고 말았다는 점에서도 드러납니다. 아무리 정교하게 연출을 해도 우리가 사는 이 현실을 조금의 가감도 없이 그대로 재현하는 것은 불가능합니다. 여기에는 필시 예측 불가능한 사건과 균열이 발생할 수밖에 없기 때문이죠. 실제로 트루먼이 세계를 탈출하려고 한 것도 결국 세계의 완벽한 재현이 실패했기 때문입니다. 완벽한 재현을 위해서는 대중의 공모가 필요하지만, 그러한 공모에도 불구하고 재현은 끝내 불가능하다는 겁니다. 물론 그 공모로 인해 자본주의가 돌아가는 것이겠고요.

이것이 바로 텔레비전이다!

그렇다면 이 영화는 트루먼의 일거수일투족을 지켜보는 (관음증과도 같은) 텔레비전의 한 예외적인 사례를 '고발'하는 것이라기보다는, 오히려 그것이 텔레비전의 작동 방식 그 자체임을 부지불식간에 '고백'하는 것이라고 할 수 있지 않을까요? 흥미롭게도 영화에서 전 세계 시청자들은 트루먼의 사생활을 지켜보는 것에 대해 그 누구도 죄책감을 갖지 않습니다. 오히려 모두가 웃고 울면서 마치 드라마 보듯 재밌게 '시청'할 뿐이죠. 왜일까요?

당연한 말이지만, 트루먼만으로도 제작진만으로도 텔레비전은 완성되지 않습니다. 보이고-보는 텔레비전의 문법을 일상으로 받아들이는 시청자가 있어야 게임은 완성될 수 있습니다. 텔레비전을 통해 '보이는' 트루먼과 텔레비전을 통해 '보는' 시청자는 사실상 하나로 연결되어 있는 것이고, 그렇기에 이 보이고-보는 행위란, 즉 관음이란, 또 시청이란, 어쩌면 예외가 아닌 상례라고 할 수 있는 게 아닐까 싶습니다.[4] 타인의 내밀한 삶을 지켜보는데도 불구하고 시청자들이 죄책감을 느끼지 않는 이유가 바로 이 때문이겠죠. 그것이 바로 텔레비전이 작동하는 원리 그 자체이니까요.

그래서 〈트루먼 쇼〉는 고발이 아니라 고백입니다. 비단 〈트루먼 쇼〉에만 국한되는 사항이 아닙니다. 지금도 계속 홍수처럼 쏟아지고 있는 리얼리티 관찰 프로그램만 봐도, 보이고-보는 것이 이미 우리의 현실이자 일상으로, 즉 상례로 굳게 자리 잡고 있음을 확인할 수 있습니다. 우리는 타인의 삶을 항상-이미 지켜보고 있는 것이고, 그것은 어떤 예외적인 상황도 아닌 텔레비전이 이 세계를 재현하는 방식 그 자체인 것이죠. 그리고 우리는 그렇게 재현된 세계를 하나의 자연스러운 세계로서 받아들이고 있는 것이고요.[5]

게다가 앞서 말씀드렸던 '속이다'를 '재현하다' 정도로 바꾸어 보면, 역시나 트루먼의 세계는 우리네 현실과도 크게 다르지 않다는 것을 알 수 있습니다. 영화는 극적인 전개를 위해 한 사람의 인생 전체를 속인다는 식의 설정을 도입하지만, 실로 텔레비전이 세계의 무엇을 어떻게 보여주느냐에 따라 세계에 대한 우리의 관점 자체가 달라질 수 있다는 점에서, '속이다'와 '재현하다'의 차이는 어쩌면 유무의 문제가 아니라 정도의 문제일 수도 있습니다.[*] 트루먼이나 우리나 텔레비전이 보여주는 세계만을 하나의 세계로서 인식할 수 있다는 점에서는 마찬가지라는 겁니다. 평생을 속은 트루먼이나 평생을 재현된 세계만 보는 우리나 크게 다르지는 않다는 것이죠. 가령 현재의 기후 위기만 해도 그 심각성을 보여주지 않으면 아예 없는 현실이 되기도 하지요. 반대로 없는 현실도 재현 방식에 따라 얼마든지 다르게 만들어 낼 수 있고요.

일부러 속일 의도가 없더라도 무엇을 어떻게 보여주는지에 따라(또는 안 보여주는지에 따라) 전혀 다른 세계의 표상이 가능하다고 한다면, '속

---

[*] 물론 자신의 이익을 위해 일부러 타인을 속이는 것과 사실의 일부를 선택적으로 재현하는 것은 구분할 필요가 있습니다. 이 둘의 차이가 없다고 말씀드리는 것은 아닙니다. 특히 지금처럼 가짜뉴스가 판을 치는 상황에서는 누군가를 속이려는 명백한 의도를 가지고 사실을 조작하는 것은 법적인 처벌을 받아야 하는 범죄 행위임이 분명합니다. 다만 저는 속이려는 의도 없이도 얼마든지 세계를 왜곡되게 보여줄 수 있으며, 특히 이는 그것이 초래하는 중차대한 결과에 비해 그리 심각하게 여겨지지 않는다는 점에서 더 큰 문제일 수 있다고도 생각합니다. 재현이 바로 그것입니다. 재현의 문제, 곧 무엇을 어떻게 보여줄 것인가가 일부러 속이는 것만큼이나 중요한 문제일 수 있다는 겁니다.

이다'와 '재현하다'의 차이는 그리 크지 않은지도 모릅니다. 어차피 텔레비전은 세계의 이모저모를 자신(방송국)의 이데올로기적 입장에 따라 선별해서 보여줄 수 있을 뿐이니까요. 물론 대놓고 속이는 것과 선별해서 보여주는 것은 분명 다르지만(구분해야 하지만), 그 본질에 있어서는 결국 이 모두가 텔레비전의 작동 원리를 보여준다고도 할 수 있다는 겁니다.

이렇게 본다면 텔레비전 앞에 앉아 있는 우리 모두가 사실상 트루먼이라고 해도 크게 틀린 말은 아닐 겁니다. 자신을 둘러싼 현실이 그저 진실이라고 믿으면서 별다른 의심 없이 살아왔던 초기의 트루먼 말이죠. 우리는 보이고-보는 문법에 따라 타인의 삶을 일상적으로 지켜봐왔던 것이고, 텔레비전이 재현하는 표상을 세계의 진짜 모습이라고 믿으면서 한 시대를 살아왔던 거예요. 어쩌면 이 영화는 무엇이 진짜이고 가짜인지에 앞서 오히려 그러한 구분 자체를 만들어 내는 텔레비전의 영향력을, 그 원리를, 그리고 그것이 지배적이었던 한 시대를 비판적으로 겨냥하고 있는 게 아닐까요? '이것이 바로 텔레비전이다!'라면서 말이죠.[6]

텔레비전에서 인터넷으로

그런데 이런 경향은 텔레비전 시대 이후 더욱 급속도로, 더욱 강도 높게 확대되고 있습니다. 짐작할 수 있듯이 바로 인터넷 때문입니다. 텔레비전이 '일대다(one-to-many)'의 형식이라면, 그래서 '트루먼 쇼'처럼 특정 개인을 압도적인 다수가 지켜보는 구조라면, 인터넷은 이와는 달리

'다대다(many-to-many)'의 형식입니다.[7] 모두가 모두에게 자신을 드러내고 또 모두가 모두를 지켜보는 구조죠. 이 인터넷과 함께 그야말로 모두가 트루먼이 되어 자신의 삶을 만인에게 전시하고, 또 동시에 관객이 되어 다른 모든 트루먼의 삶을 바라보는 시대가 활짝 열리게 됩니다. 앞에서 유튜브와 인스타그램, 릴스를 예로 들었는데요. 자신의 삶을 만인에게 드러내고 또 타인의 삶을 하루 종일 지켜보는 것이(특히 그 쌍방향성이) 지극히 평범한 일상의 문화로 자리 잡은 겁니다. 나 좀 봐달라고, '좋아요'와 '구독' 좀 눌러 달라고 아우성치는 문화 말이죠.[8] 이 또한 텔레비전과 마찬가지로 인터넷이 작동하는 기본적인 원리, 즉 상례라고 할 수 있습니다.

물론 이처럼 '보이고-보는' 방식의 대중화가 변화의 전부는 아닙니다. 양적인 확대만큼이나 질적인 변화도 있습니다. 우리는 전과 달리 더 이상 진짜와 가짜에 크게 연연하지 않는 듯합니다. 스스로를 더 멋지고 더 부유하고 더 대단한 모습으로 보여주기 위해, 또는 진실과는 상관없이 그저 내가 옳다고 생각하는 바를 주장하기 위해, 즉 우리가 원하는 현실을 우리 입맛대로 만들어 내기 위해, 우리는 지금까지 가짜나 거짓이라고 여겨왔던 것들과도 손쉽게 타협하기에 이르렀습니다.[9] 아니, 이제는 가짜나 거짓이라는 말 대신 수정이나 편집, 각색이라는 말을 쓰겠네요. 그러다 보니 가짜에 대한 거부감마저도 줄어들고 있는 듯합니다. 진짜 세계를 향한 트루먼의 불화와 투쟁은 가짜 세계라도 행복하면 괜찮다는 식의 만족과 위안으로 바뀌어 가고 있습니다.

그렇다면 트루먼 이후, 정확히는 인터넷의 등장 이후, 아마도 우리는 재현된 세계를 받아들이는 수준을 넘어 아예 세계를 적극적으로 재구성하는 데까지 나아가고 있는 게 아닌가 싶습니다. 〈돈 룩 업〉 강의에서 말씀드렸던 '탈진실(post-truth)'의 상황이 이와 관련되어 있다는 것도 쉽게 짐작할 수 있습니다.[10] 진실 따위보다는 나를 어떻게 드러내고 어떻게 보이게 할지가(그것이 가짜일지라도), 또 세계를 어떻게 내가 원하는 모습대로(그것이 가짜일지라도) 꾸며낼지가 훨씬 더 중요해진 시대인 겁니다.[11] 앞에서 말씀드렸던, 텔레비전이 보여준 문제적 가능성이 인터넷에 와서 그 최대치로 완성되었다는 말의 의미가 바로 이러합니다.

물론 이러한 변화들이 서로 긴밀하게 맞물려 과거의 텔레비전 시대만큼이나, 아니 그때보다 훨씬 더 거대하고 복잡한 플랫폼 자본주의 경제를 돌아가게 만들고 있다는 것도 지적해 둘 필요가 있을 듯합니다. '이것이 텔레비전이다!'라는 원리적 선언은 '이것이 인터넷이다!'라는 선언으로 적극 대체되고 있는 것이고, 또 동시에 자본주의 차원에서도 일국 차원이 아닌 전 지구적 차원으로까지 (그 원리가) 무한히 확장되고 있는 겁니다. 텔레비전이 국경과 언어의 한계에 묶여 있었다면, 인터넷은 그마저도 돌파하면서 전 지구적 자본주의의 네트워크, 곧 새로운 가치화 회로를 열어젖힌 것이죠.* 만인이 트루먼이 된 세계가 그렇게 새로운 자본주의의 가치화 회로와 함께 시나브로 우리 눈앞에 펼쳐지고 있는 것이고요.

그렇다면 다시 질문은, 이렇듯 인터넷이 지배적 미디어가 된 상황 속에서 우리는 여전히 과거의 〈트루먼 쇼〉가 제시한 해법을 따를 수 있는지, 즉 그 해법은 지금의 우리에게도 유효한지가 될 수밖에 없습니다.

---

* 이에 대해서는 3부 3장의 〈레디 플레이어 원〉 편에서 자세히 다룹니다.

그래서 어찌할 것인가?

트루먼은 폭풍우를 뚫고 결국 세계, 아니 세트장 끝에 도달하는 데 성공합니다. 그곳에서 그는 진짜 세계로 통하는 문을 열고 당당하게 걸어 나가죠. 언제 봐도 가슴 뭉클한, 인간 승리의 장면이 아닐 수 없습니다. 그런데 이 '바깥'이라는 설정은, 한편으로는 우리에게 자유와 진실에 대한 갈망을 불어넣고 또 그만큼 그 상징적인 의미를 부여하지만, 다른 한편으로는 진실(바깥)을 향한 개인의 의지와 결심만으로 문제적 상황을 봉합해 버린다는 점에서, 소박하고 낭만적이며, 심지어 시대착오적이기까지 한 게 사실입니다. 혹시 이때의 바깥은 텔레비전이 지배적이었던 당대의 기술적 조건에서만 가능했던 상상이 아닐까요? 텔레비전을 끄고 그 바깥의 현실을 살아가라는 해법은, 텔레비전과 무관한 생활세계가 어딘가에는 여전히 남아 있을 거라는 소박한 상상을 전제하고 있기 때문입니다.

정말 우리는 원하기만 하면 언제든지 텔레비전을 꺼버릴 수 있는 걸까요? 텔레비전이란 과연 그런 것인가요? 물론, 그럴 수 없습니다. 텔레비전은 결코 완전히 꺼버릴 수 없는 일종의 (역사적) 선험성이기 때문입니다.* 눈앞에 있는 텔레비전 단말기를 끌 수는 있어도 우리의 세계 감각('이것이 세계의 모습이다!')을 형성한 원인으로서의 텔레비전을 끌 수는 없는 법이죠.[12] 지금의 우리가 세계를 인식하고 감각하고 표상하는 방식 안에는 항상-이미 텔레비전이 그 작동 원리로 스며들어 있습니다. 현실이 그 자체로 이미 존재하고 그것이 텔레비전을 통해 있는 그대로 재현되기보다는, 반대로 텔레비전의 재현을 통해 비로소 현실이 우리에게 그와 같은 모습으로 표상되는, 일종의 역전된 도식이 작동하고 있는 겁니다.[13] 우리는 결국 텔레비전으로 매개된 세계를 봐 왔던 것이고 이를 통해 세계를 세계로서 받아들여 왔던 거예요. 그 위에서 우리 자신 또한 현재의 우리 모습으로 형성되어 왔던 것이고요. 여기에 (그 모든 미디어적 영향력으로부터 단절된) 순수한 바깥 따위는 없습니다.

그렇다면 여기서 한 발 더 나아가, 지금처럼 인터넷으로 모든 게 연결된 시대에도 바깥이 존재할까요? 즉 우리는 인터넷을 끌 수 있을까요? 2021년 발생한 KT 화재 사건은 인터넷 세계의 바깥이란 마치 파국과도 같음을 보여주었습니다.[14] 파국이라는 말은 과장이 아닌데요. 단지 인터넷만 안 되었던 게 아니라 인터넷으로 연결된 모든 게 멈춰 버렸기 때문입니다. 인터넷의 바깥이란 없으며, 혹 있더라도 그 바깥은 적어도

---

* 선험성(transcendentality)은 우리가 경험하는 세계에 앞서 그 성립을 가능케 하는 형식이 먼저 존재한다는 것을 의미하는 개념입니다. 시간과 공간, (양, 질, 관계, 양상 등의) 범주는 우리가 세계를 경험하기 이전부터 이미 주어져 있는 틀이자 조건인데요. 다시 말해, 우리가 세계를 경험하고 지각하기 위해서는 이러한 선험적 형식을 바탕으로, 그것에 의해 구성된 방식으로만 그렇게 할 수 있다는 것입니다. 예컨대 시간의 형식이 없다면 우리는 이전과 이후를 구분할 수 없을 것이고, 공간의 형식이 없다면 사물의 위치나 거리, 방향을 인식할 수 없을 겁니다. 여기에 '역사적'이라는 말을 덧붙인 것은, 이러한 선험성이 시대를 초월한 불변의 진리가 아니라 시공간적 맥락 속에서 변화할 수 있다고 보기 때문입니다. 선험적 형식은 여전히 유효하지만, 그것은 당대의 특정한 상황 속에서만 보편적일 수 있다는 것이죠. 그래서 역사적 선험성입니다. 본문에서는 텔레비전, 인터넷, 인공지능 등이 우리가 세계를 경험하고 지각하는 조건이자 틀이 되고 있음에 주목하면서, 이러한 미디어의 선험성 역시 시대에 따라 달라질 수밖에 없음을 드러내고자 했습니다. 즉 이 글에서 말하는 텔레비전은 단지 하나의 매체를 지칭하는 것이 아니라, 이후에 등장하는 컴퓨터, 인터넷, 스마트폰, 인공지능 등과 같은 일련의 미디어 기술을 은유하는 표현이라고도 할 수 있습니다. 이들 미디어는 각기 다른 시대의 역사적 선험성으로 작용하면서 우리가 세계를 경험하고 지각하는 방식을 재구성해 왔기 때문입니다. 선험성과 역사적 선험성은 각각 칸트(Immanuel Kant)와 푸코(Michel Foucault)가 제안한 개념이지만, 이를 미디어에 대해 적용한 논의로는 다음 책을 참고하시기 바랍니다. 오사와 마사치, 『전자 미디어, 신체 타자 권력』, 오석철, 이재민 옮김, 커뮤니케이션북스, 2013.

문명이 정지된 파국과도 같다는 것을 보여준 것이죠. 뒤집어 말하면 우리는 언제부터인가 우리의 선택과는 상관없이 항상-이미 인터넷으로 매개된 세계 안에 있게 된 것이고, 오직 그 안에서만 살아가고 소통하고 사회적 관계를 맺을 수 있게 된 겁니다.[15] 이를 인터넷이 돌연 멈춰 버린, 일종의 예외 상태를 통해 비로소 확인하게 된 것이지요. 텔레비전의 작동 원리가 과거의 우리를 구성하는 경험적 조건이 되었던 것처럼, 마찬가지로 인터넷 또한 현재의 우리를 과거와는 다른 우리로 규정하는 구성적 조건이 되고 있는 것입니다.

요컨대 우리가 소통하고 배우고 즐기고 마주하는 세계의 모든 것들이 사실상 인터넷이라는 매개적 조건을 바탕으로, 그 조건을 통해, 그 조건과 함께, 그렇게 구성된 것이라 할 수 있습니다.[16] 그러니 인터넷이 문제면 인터넷을 끄거나 그 바깥으로 나가면 된다는 식의 말은 무책임합니다. 낭만적인 말일 뿐이거든요. 단언컨대 바깥은 없습니다. 바깥이 있다는 상상이 있을 뿐이지요.

그렇다면 어떡할까요? 그냥 무비판적으로 '이게 세계의 순리다' 하고 안에 머물면 되는 걸까요? 그 안에서 행복과 만족, 위안을 찾으면 되는 것일까요? 그럴 수는 없습니다. 당연한 말처럼 들리겠지만, 결과가 아니라 그 결과에 이르는 과정을 강조할 수밖에 없습니다. 의심하고 의심하고 또 의심하라! 트루먼이 문을 열고 나가기까지의 그 지난한 과정, 즉 그가 세계를 낯설게 바라보고 끊임없이 고민하고 질문하고 분투했던 그 모든 순간에 기대를 걸 수밖에 없는 겁니다. 비록 그가 세트장 바깥으로 나가서 만나게 될 세계 또한 여전히 텔레비전을 통해 구성된 세계라 할지라도(즉 '진정한' 바깥은 없다고 하더라도), 그때의 그는 이미 과거의 그가 아니기 때문입니다. 트루먼은 자신이 주인공이었던 쇼에서 단지 몸만 빠져나온 게 아니라, 그 관음증적인 쇼가 자연스럽게 통용되던 세계 자체를 뒤흔들었던 것이고, 그렇게 세계에 개입해서 균열을 일으킬 만큼 그 스스로를 성장시켜 나갔던 것입니다. 바깥이 없는 세계 속에서 오직 자신의 의심과 질문, 도전과 저항만으로 그 변화를 일으켰던 것이죠. 자기 해방은 사회 변혁과 이렇게나 맞닿아 있습니다.

우리가 바로 트루먼입니다!

만화로도 비유해 볼 수 있습니다. 여정을 막 출발할 때의 주인공과, 모험을 하면서 친구를 만나고 또 그들과 수많은 난관을 극복한, 그리고 마침내 여정을 마치고 제자리에 돌아온 주인공은, 같으면서도 결코 같지 않습니다. 치열한 모험과 도전의 과정은 주인공을 이전과는 다른 존재로 성장하게 만들고, 이렇게 성장한 주인공은 다시 더 어려운 모험과 도전을 수행할 수 있게 되죠. 주인공은 완성된 상태로 미리 존재하는 게 아니라 끊임없는 도전과 응전의 과정 속에서 비로소 주인공이 되어 가는 겁니다. 물론 주인공만 성장하는 게 아니라 주인공을 둘러싼 세계도 바로 그만큼 변화해 간다고 할 수 있습니다. 주인공의 모험과 도전은 이미 그 자체로 세계에 대한 충실한 개입이자 세계 변혁의 행위이기 때문입니다. 바로 그 개입으로 인해 세계 또한 이전보다 조금이라도 더 나은 세계로 함께 변화해 가는 것이지요.*

개인의 해방과 세계(또는 사회)의 변혁은 이처럼 서로 연결되어 있습니다. 만화의 주인공이 그렇듯이, 또 트루먼 자신이 그의 삶을 통해 보여줬듯이, 자신의 삶을 혁명적으로 해방하는 것과 세계를 구조적으로 변혁하는 것은 사실상 하나의 운동 속에서 이루어지는 것인지도 모릅니다. 물론 여기서 오해가 생길 수도 있습니다. 저는 개인의 자기 해방이 곧 사회 변혁이라고 주장하는 게 아닙니다. 골방에 앉아 아무리 자기 해방을 주장해 봤자 세계는 1센티미터도 변하지 않습니다. 그 반대도 마찬가지죠. 거대한 변혁이 일어나도 한 개인의 오래된 습속과 편견은 좀처럼 변하지 않습니다. 개인의 완전한 해방이 이루어져야 사회 변혁이 가능해진다면, 또는 반대로 사회 구조가 먼저 변해야 개인이 바뀔 수 있다면, 각각의 선결 조건이 충족되지 않는 한 변화는 결코 오지 않을 겁니다. 그렇기에 저는 해방과 변혁이 단순한 인과관계가 아니라, 서로를 매개하면서 동시적으로 형성되고 변화해 가는 변증법적 관계라고 생각합니다. 또는 그러해야 한다고 생각합니다. 마치 핑퐁 게임 같다고 할까요? 개인이 사회의 변화를 촉진하고, 또 그렇게 변화된 사회가 다시 개인의 변화를 이끌어 내는, 말 그대로 상호작용적인 운동 속에서만 실제적인 변화가 가능한 것이죠.

다시 한 번 강조하고 싶은 것은, 이러한 변화가 세계의 바깥 어딘가에, 즉 초월적인 곳에 존재하는 게 아니라는 점입니다. 만화 속 주인공도, 트루먼도, 우리도 이 세계 안에 있습니다. 텔레비전이 문제니까 텔

---

* 그렇지 않다면 주인공의 도전은 나 홀로 운동에 불과한 것이 되고 말 겁니다. 엔딩과 함께 울려 퍼지는 에버 애프터(ever after)라는 말은, 주인공이 그 뒤로 쭉 행복하게 살았다는 의미의 상투적인 표현이지만, 동시에 그(녀)가 사는 세계 또한 이전과는 다른 세계가 되었다는 선언이기도 하죠. 이전 세계의 모순과 갈등, 위기가 해소되고 행복한 세계가 펼쳐졌다는 사실 자체가 그 증거입니다. 물론 이 행복은 이후의 모순으로 인해 다시 위기에 빠지고, 그로부터 주인공의 또 다른 모험이 시작되겠지만 말입니다. 주체와 세계의 변증법이라고나 할까요?

레비전 바깥으로 나가야 한다거나, 인터넷이 문제니까 인터넷 바깥으로 나가야 한다는 식의 처방은, 텔레비전과 인터넷의 세계가 가짜 세계니 그 너머에 있는 진짜 세계를 찾아야 한다는 논리를 함축하고 있습니다. 우리가 사는 이 세계가 가짜라는 설정을 도입하는 순간, 그 바깥 어딘가에 가짜와는 다른 진짜 세계를 상정할 수밖에 없는 겁니다. 정확히 〈트루먼 쇼〉가 견지하고 있는 논리죠. 세트장 바깥을, 목숨을 걸고 나가야 하는 진짜 세계로 그려내고 있으니까요.

그런데 이때 말하는 '진짜' 세계는 도대체 어디에 있을까요? 있기나 한 걸까요? 오히려 바깥 어딘가에 진짜 세계를 상정함으로써 우리가 발 딛고 있는 지금-여기의 현실 세계를 외면하게 만드는 것은 아닐까요? 이데아나 천국이 그렇듯이 말입니다. 저는 가짜 세계와 진짜 세계를 나눈 게 어쩌면 이 영화의 한계일 수도 있다고 생각합니다. 바깥을 상정하는 순간, 그 내부에서의 모든 저항은 (바깥으로 나가지 않는 한) 무의미해지거나 무력해지기 때문입니다.* 바깥이 없는 이 세계에서 아무리 바깥을 찾아봤자 그 바깥은 형이상학적인 상상으로만 존재할 뿐입니다. 그렇다면 중요한 것은 트루먼이 고군분투 끝에 도달한 세트장 바깥이 아

---

* 클라이맥스를 장식할 만한 극적인 전환이 필요했을 테지만, 영화는 가짜 세계와 진짜 세계를 선명하게 나눔으로써 오히려 자체의 문제설정을 플라톤(Plato)이 오래전 제시한 동굴의 우화로까지 후퇴시켜 버리는 듯합니다. 바깥이 있다고 한다면 그 바깥은 도대체 누가 어떻게 알 수 있을까요? 플라톤의 말대로 철학자만이 그 바깥을 알 수 있을까요? 그렇다면 우리와 마찬가지로 세계 안에 있는 철학자는 어떻게 그 바깥을 알 수 있는 것일까요? 그들이 안다는 바깥은 결국 또 다른 이데올로기가 아닐까요? 설령 철학자가 알 수 있다고 한다면, 우리는 무조건 그를 따라야 하는 걸까요? 이것은 구상과 실행, 지배와 복종의 오래된 구분을 한 번 더 반복하는 것은 아닐까요? 영화는 영화이기에 이렇게 일일이 다 따지고 들 필요는 없겠지만, 그래도 바깥이라는 영화의 설정은 마치 데우스 엑스 마키나처럼 편리한 탈출구로 보이는 게 사실입니다.

닙니다. 그곳에는 그가 사랑한 실비아가 있지만, 동시에 텔레비전도 있습니다. 그 세계에서 트루먼은 이제껏 '보여지던' 위치에서 단지 '보는' 위치로 전환될 뿐이죠. 그곳에서도 여전히 매개된 세계는 계속될 테니 말입니다.

그렇다면 〈트루먼 쇼〉가 보여주는 가능성은 지금까지 우리가 흔히 감동했던 지점과는 다른 곳에 있을지도 모릅니다. 진짜 세계를 향한 한 번의 '탈출'이 아니라 거기에 도달하기까지의 고되고도 치열한 '여정' 말이죠. 이 여정은(그는 모두에게 속임을 당하고 외면을 받아 왔습니다) 트루먼을 끊임없이 세계를 의심하고 모순에 저항하며 운명을 거스르는 존재로, 그리하여 마침내 그 익숙한 세계에 균열을 일으키는 존재로 만들었습니다. 트루먼은 단지 자신만을 해방시킨 것이 아닙니다. 그는 바로 이 여정을 통해, 즉 해방의 과정을 통해, 자신이 발 딛고 있는 세계를 변화시키는 데까지 이른 겁니다. 물론 거창한 변화는 아닙니다. 하지만 평생 자신을 속이던 쇼를 멈추고(그것은 동시에 텔레비전 산업의 일시정지이기도 합니다), 또 전 세계 시청자들이 그 멈춤의 시간을 함께 목격하게 한 것은, 분명 달리는 열차의 브레이크를 밟은 것이나 다름이 없습니다. 비록 세계는 계속되고 쇼는 재개되겠지만, 그 정지의 사건은 언제든 이 기만적인 시스템을 멈출 수 있다는 분명한 가능성으로 남아 있을 겁니다.

그리고 이것은 단지 영화적 서사(허구)가 아닙니다. 누차 말씀드렸듯이, 우리가 바로 트루먼입니다. 우리도 마찬가지라는 겁니다. 우리 또한 언제일지 모르는 해방의 순간을, 어디서부터 시작될지 모르는 변혁의 흐름을 그저 기다리고 있어서만은 안 됩니다. 텔레비전과 인터넷, 또는 인공지능의 바깥이 없다고 해서 변화의 가능성까지 모두 사라지는 것은 아닙니다. 오히려 바깥이 없기 때문에, 우리가 바라는 변화는 더욱더 지금-여기의 시공간 내에서 일어나야만 하는 것이죠. 그리고 이는 우리 스스로가 그 해방과 변혁의 주체가 되어야 한다는 것을 뜻하기도 합니다. 의심하고 질문하고 불화하고 저항하면서, 자신을 또 세계를 바꾸어 나가야 한다는 겁니다. 트루먼이 그러했듯이 말이죠.

바깥이 없는 세계라고 해도 달라지지 않는 게 있습니다. 바깥이 없는 세계에서, 그럼에도 불구하고 트루먼은, 만화의 주인공은, 그리고 우리는, 세계와 부단히 대결하고 갈등하고 또 그렇게 성장하면서 이 세계를 조금이라도 더 나은 곳으로 만들기 위해 계속해서 분투해 왔고 앞으로도 그러할 것이기 때문입니다. 바깥 어딘가에 있다고 여겨지는 진실을 찾아 나서기보다는 지금 우리가 사는 이 세계를 진실에 더 가깝게 만들기 위해 끊임없이 싸워 나갈 것이기 때문입니다. 바깥 없는 세계에서 안으로부터 저항하기! 트루먼처럼 세계와 불화하고 또 자신을 해방해 나가기! 저는 이 갈등과 분투, 저항이 세계를 조금씩 변화시킨다고 믿는 편입니다.* 지금까지 그러했듯이요. 제가 여전히 〈트루먼 쇼〉를, 그 한계에도 불구하고 좋아하는 이유입니다.

---

* 단적인 예로 2024년 12월 3일 이후의 한국 사회를 떠올려 볼 수 있습니다. 아시다시피 12·3 내란 이후, 수많은 시민이 거리로 쏟아져 나왔습니다. 광화문과 여의도, 남태령 등지에서 시민들은 위헌적이고 위법적인 쿠데타에 맞서 필사적인 저항을 이어갔습니다. 그것은 바깥 어딘가에 있을지 모를 이상향을 향한 몸짓이 아니라 오직 이 세계 안에서의 변화, 즉 지금-여기의 현실을 진실에 더 가깝게 만들기 위한 실천이었습니다. 세계 안에서 끝까지 버티고 싸우며 마침내 세계를 바꾸어 나가고자 했던 분투였죠. 세계와 타협하고 화해하기보다는 차라리 불화하기. 그럼으로써 세계를, 동시에 우리 자신을, 더 나은 세계와 우리로 만들어 나가기. 저는 트루먼이 영화 속 인물만은 아니라고 생각합니다. 바깥이 없는 세계에서도, 우리는 여전히 싸우고 있고, 또 싸워 나갈 것이기 때문입니다.

2장
1997년의 우리는
이전과는 다른 우리가 되어 가고 있었던 겁니다.
〈접속〉

신인류의 소통과 감각

아마도 다들 궁금해하실 것 같습니다. 왜 갑자기 영화 〈접속〉인지 말이죠. 이 영화는 그동안 다뤄 왔던 SF 영화도 아니고 기술을 전면에 내세운 영화도 아닙니다. 디스토피아나 유토피아를 다룬 영화도 아니고 상상력이 풍부한 영화도 아니죠. 이 모두가 아니라는 걸 부정하지 않습니다. 다들 아시겠지만(나이에 따라 모를 수도 있겠다는 생각이 드네요), 이 영화는 로맨스 영화입니다. 한석규와 전도연의 감수성 짙은 연기도 인상적이지만, 영화의 무대가 된 종로라는 독특한 장소성과 그 분위기, 그리고 1990년대라는 당대의 시간성이 뭔가 아련하게 다가오는 그런 영화죠. 쓸쓸하면서도 블루지(bluesy)한 느낌의 OST도 그렇고요.

그렇다면 기술과는 전혀 상관이 없는 영화일까요? 물론 그렇지는 않습니다. 오히려 이 영화는 당시에 막 시작된 어떤 기술적 변화가 우리

접속 The Contact
감독 장윤현, 1997

의 일상 속으로 조금씩 자리 잡아 나가는 과정을 '시각적 무의식(optical unconscious)'처럼 은은하게 담아내고 있습니다.* 게다가 그 변화가 어떻게 지금의 우리와 연결되어 있는지를 은연중에 드러내고 있기도 하죠. 그래서 어쩌면 사랑 이야기이면서 동시에 기술 이야기일 수도, 시대 이야기일 수도 있습니다.

당연한 말이지만 사랑은 두 사람만으로는 완성될 수 없습니다. 대화든 편지든 카카오톡이든, 둘 사이를 이어 주는 매개가 필요하죠.[1] 텔레파시로 사랑을 고백할 수는 없습니다. 아니, 텔레파시도 두 사람을 연결하는 일종의 전파가 필요하겠네요. 사랑은, 그것이 두 사람 사이의 관계인 이상, 결코 무매개적으로 이루어질 수는 없습니다. 바꿔 말하면, 사랑

---

* 벤야민이 말한 '시각적 무의식'은 사진과 영화 같은 기술적 복제가 이전까지 인간의 눈으로는 인식할 수 없었던 세계의 세부 요소들을 드러냄으로써 새로운 감각의 가능성을 열어 준다는 의미를 담고 있습니다. 카메라의 클로즈업이나 슬로 모션은 마치 무의식처럼 (보이지 않게) 존재하던 세계를 기술적으로 가시화하는데요. 이를 통해 우리는 기존의 감각을 확장하는 동시에 세계를 이전과는 다른 방식으로 재구성하게 됩니다. 본문에서는 우리가 1990년대의 영화를 통해 비록 지금은 잊혔지만 여전히 영화 안에 담겨 있는 당대의 세계를 감각할 수 있다는 의미로 이 개념을 사용했습니다. 발터 벤야민, 『기술복제시대의 예술작품』, 최성만 옮김, 길, 2007.

은 특정한 방식의 매개적 조건을 필수적으로 요청할 수밖에 없습니다.

그런데 재밌는 것은 이 매개의 방식이 도리어 사랑의 방식마저도 그에 맞게 재구성한다는 겁니다. 영화를 본 분들이라면 아마도 고개를 끄덕이실 텐데요. 영화 〈접속〉에서의 독특한 사랑은 사실상 PC 통신이라는 새로운 기술적 조건의 출현과 함께 비로소 그와 같은 모습으로 가능해졌기 때문입니다. 사랑은 이미 오래전부터 있었지만, 정확히 그런 방식의 사랑은 역사상 처음이었던 거죠. 편지와 전화가 사랑의 매개적 조건일 때가 있었던 것과 마찬가지로, 그래서 사랑 또한 손글씨와 대화라는 아날로그 방식에 맞게 표현되었던 것처럼, 1997년 당시의 우리는 돌연 다른 무엇이 아닌 컴퓨터로 사랑을 표현하기 시작했던 것이고, 바로 그것이 당시의 사랑을 이전과는 전혀 다른 형태로 새롭게 주조해 내었던 겁니다. 물론 그렇게 형성된 당대의 디지털 문화가 지금의 우리를 구성하는 희미한 원점이 되고 있는 것이기도 하고요.

요즘 세대는 카카오톡으로 사랑과 이별을 이야기한다고 하죠. 당연히 카카오톡이라는 매체의 특징, 예컨대 줄임말과 이모티콘, 짤(이미지)을 중심으로 한 즉각적이고도 감각적인 표현이 사랑의 방식을 이전과는 다르게 바꾸어 낼 수밖에 없습니다. 우리는 결국 우리를 둘러싼 특정한 미디어 안에서, 그 미디어를 통해, 그 미디어와 함께, 세계를 바라보고 감각하고 또 서로 소통하는 게 아닐까요?[2] 일종의 안경이라고 생각해도 좋을 듯합니다. 그렇다면 영화 〈접속〉은 어쩌면 컴퓨터 통신의 등장과 함께 막 등장한 신인류의 소통과 감각, 그리고 사랑을 보여주고자 했던 게 아닐까 싶기도 합니다. 이제 와 보건대, 1997년의 우리는, 그렇게 이전과는 다른 우리가 되어 가고 있었던 겁니다.

올드미디어에서 뉴미디어로, 시대적 감수성의 변화

〈접속〉이라는 제목에서도 알 수 있듯이, 이 영화는 PC 통신이라는, 당시로서는 최신의 커뮤니케이션 매체를 전면에 내세웁니다. '접속'이라는 말 자체가 이전에 없던 새로운 소통 방식을 뜻하죠. 앞서 〈트루먼 쇼〉에서도 살펴봤듯이, 일대다(one-to-many) 방식의 텔레비전은 그 일방향적인 특징 때문에 송출이나 시청, 또는 수용이라는 말과 더 잘 어울립니다. 반면 '접속'은 중앙 통제가 없는 다대다(many-to-many) 방식의 연결이고, 이는 수많은 사람이 각자의 욕망에 따라 이합집산하는 그물망 모양의 네트워크를 떠올리게 하죠.[3] 이미 영화의 제목부터가 그런 방향으로(즉 전자에서 후자로) 조금씩 바뀌어 가는 시대적 양상을 담아내고 있는 것처럼 보입니다.

물론 이러한 변화가 전적인 단절이자 대체의 관계로 그려지는 것은 아닙니다. 오히려 〈접속〉은 당시의 여러 미디어 정경(mediascape)을 교차시키면서 그 각각이 어떻게 당시의 시대적 감수성을 복합적으로 구성해 나가고 있는지를 서사 속에 긴밀하게 녹여 냅니다.[4] 말 그대로 과도기의 단계이고, 그만큼 옛것과 새것이 공존하던 상황이라 할 수 있습니다. 물론 그 주도권은 조금씩, 그러나 분명하게 후자 쪽으로 옮겨 가고 있었다는 것을 덧붙일 필요가 있겠네요.

그 한편에 라디오와 엘피(LP)로 대표되는 올드미디어의 감수성이 있다면, 그래서 거기에 동반되는 아련한 사랑의 감정과 지나간 것에 대한 그리움이 있다면, 다른 한편에는 전화 홈쇼핑과 PC 통신 등으로 상징되는 새로운 시대의 흐름이 있습니다. 후자는 더 세련되고 발전된 것으로 표상되는 뉴미디어의 감수성이며, 그렇기에 이전과는 전혀 다른 감각과 소통, 관계의 방식이 수반되고 또 요구될 수밖에 없습니다. 즉 전자에서 후자로의 점진적인 변화는, 표면적으로는 당대를 지배하는 미디어 정경의 변화이지만, 영화 서사적으로는 무엇보다 우리가 서로 소통하고 사랑하는 방식의 변화이기도 합니다. 그리고 이 둘은 서로 불가분하게 겹쳐 있죠. 전에 없던 익명성과 탈장소성, 그리고 이를 바탕으로 한 상호작용성이 새로운 시대적 감수성으로 우리 앞에 등장한 것이고, 그 결과 당시의 우리는 세계와 관계 맺고 타자와 소통하고 인생을 살아가는 방식 전체에서 시나브로 변화의 과정을 겪어 나가고 있었던 겁니다.[5] 그렇다면 올드미디어에서 뉴미디어로의 변화는 어쩌면 우리가 생각하는 것보다 더 근본적인 세계 변화의 계기라고도 할 수 있지 않을까요?

덧붙여서 영화는 이 둘 사이에 삐삐라는 과도기적 매체를 삽입합니다. 반복하자면, 변화는 우리의 삶이 그렇듯 단절적이지 않습니다. 전화와 인터넷(핸드폰) 사이에 아주 잠깐 존재했던 삐삐가 은유적으로 보여주듯이, 이 영화는 과거와 현재, 그리고 미래의 미디어가 어지러이 공존하는 당대의 상황을 배경으로 삼으면서, 바로 그 위에 그만큼이나 얽히고설켜 있는 로맨스의 서사를 그대로 포개어 냅니다. 올드미디어와 뉴미디어, 아날로그 감수성과 디지털 감수성, 그리고 한 사랑과 또 다른 사랑. 영화는 이러한 겹침이 당시를 수놓은 미디어의 복합적인 풍경이고 이 세계와 저 세계의 동시적인 공존임을, 그리고 우리의 삶은 (또 사랑은) 바로 그 중층의 세계를 무대로 삼을 수밖에 없음을 나지막하지만 정직하게 진술합니다.

라디오와 삐삐, 과거와 현재, 미디어와 삶

장면 하나. 라디오 음악 프로의 PD인 동현(한석규)은 자신을 떠난 옛 연인을 잊지 못합니다. 어느 날 그에게 벨벳 언더그라운드의 오래된 엘피 판이 배달되고 그는 과거의 연인이 보냈음을 직감하죠. 그의 삶은 다시 한 번 흔들립니다. 왜 그녀가 자신과의 추억이 담긴 엘피 판을 보냈을까? 다시 시작하자는 것일까? 아니면 자신을 잊으라는 것일까? 뿌연 담배 연기만큼이나 그의 마음은 복잡하기만 합니다. 그는 과거의 그녀에게 은밀히 메시지라도 보내듯, 또는 그녀를 향한 여전한 마음을 전하듯, 그가 담당하는 라디오 방송에 벨벳 언더그라운드(The Velvet Underground)의 노래 '페일 블루 아이즈(Pale Blue Eyes)'를 틉니다. 그리고 이 노래는 혼자 운전하면서 라디오를 듣던 수현(전도연)에게도 가닿게 되죠. 우연히도 말입니다.

사실 동현은 청취율에 영합해서 최신 곡을 틀기보다는 무려 20분짜리 옛날 노래를 틀면서까지 자기 프로그램의 색깔을 지키려고 하는 사람입니다. 그러니까 그는 현재를 살아가지만 과거에 매여 있는 사람인 거예요. 그에게 저 가수의 앨범은 사랑하는 연인과 함께했던 추억이 담겨 있는 것이기에 다른 앨범과는 대체가 불가능한 유일무이한 것이고, 마찬가지로 그녀와 함께한 과거의 시간이란 다시 돌아가고 싶어도 갈 수 없기에 그만큼 아름답고 또 간절한 것일 수밖에 없습니다. 그렇게 과거를 향하는 그이기에, 그는 현재 그에게 적극적으로 다가오는 은희(추상미)를 끝내 거부하고 맙니다.

그리고 보면 라디오와 엘피 그리고 동현, 이 모두는 묘하게 서로 닮아 있는 것처럼 보입니다. 라디오와 엘피가 시간성의 매체인 것처럼, 그래서 재생되고 나면 이내 과거로 흩어지고 마는 것처럼, 그 또한 현재를 살아가지만 그의 시선만큼은 언제나 과거를 향해 있죠. 이미 과거가 된 미디어, 과거로 흐르는 (과거의) 음악, 그리고 과거에 머문 그의 삶, 영화는 이 아날로지를 통해 미디어와 삶의 나란한 방향성을 암시합니다.

장면 둘. 수현(전도연)은 헤드셋을 끼고 개인용 컴퓨터 앞에 앉아 온라인으로 연결된 익명의 고객을 상대하는 중입니다. 짐작할 수 있듯이, 그녀의 직업은 홈쇼핑 텔레마케터입니다. 온라인 통신망의 보급과 함께 막 활성화되기 시작한 새로운 직업이죠. 마음에 드는 상품을 구매하기 위해 직접 발품을 팔아야 했던 면대면 오프라인 쇼핑 시대에서, 집에서 전화와 컴퓨터를 통해 더 싸고 간편하게 상품을 구매할 수 있는 비대면 온라인 쇼핑 시대로 막 넘어가던 때가 아닌가 싶습니다. 어쩌면 텔레마케터는 당시의 급속한 기술 변화와 그로 인한 사회적 풍경의 변화를 가장 잘 담아낸 직업이 아닐까 싶기도 합니다. 앞서 말씀드린 라디오 방송 PD와는 사뭇 다른 직업이죠. 라디오와 인터넷, 이 각각에서 미디어와 인물은 모종의 친화성을 갖습니다.

텔레마케터라는 직업이 상징하듯, 수현은 동현과는 달리 빠르게 변해 가는 시대 상황을 민감하게 받아들이면서 그 변화에 맞게 자신을 바꾸어 나가는 현재적 인간입니다. 사랑에 대해서도 마찬가지죠. 그녀는 친구의 남자친구인 기철(김태우)을 사랑합니다. 짝사랑이긴 하지만 과거의 누군가가 아닌 바로 눈앞에 있는 상대를 사랑한다는 점에서 지극히 현재적인 사랑입니다. 하필 그 상대가 친구의 남자친구여서 가까이 다가갈 수는 없지만, 눈앞에 있는 그를 볼 때마다 그를 향한 마음이 커져 가는 것을 막을 수는 없습니다. 스토리상 나중 이야기이긴 합니다만, 그런 그녀에게 동현은 쓸데없는 감정 때문에 진짜 사랑을 놓칠 수 있다고 충고합니다. 과거에 매몰된 그가 도리어 현재에 집중하라는 조언을 하다니 뭔가 아이러니하지만, 사실 이 말은 그 자신에게 하는 말이 아닐까 싶습니다.

이런 가운데 수현이 꽤나 자주 사용하는 미디어가 있습니다. 당시에 한동안 많이 사용했던 삐삐인데, 연령대에 따라 삐삐를 모를 수도 있겠다는 생각이 드네요. 유선전화와 핸드폰 중간쯤에 있는 매체라고 보면 될 듯합니다. 즉 상대방에게 전화를 달라고 메시지를 보낼 수 있는 장치입니다. 삐삐는 상대방을 호출할 수 있는 장치지만 딱 거기까지일 뿐 상대방의 응답을 자동으로 담보하지는 않죠. 송신자는 시간을 가로질러 수신자에게 갈 수 있지만, 수신자는 공간을 가로질러 송신자에게 올 수 없습니다. 삐삐란 시간을 극복한다는 점에서 동현과 수현의 차이를 보여주지만, 그래서 수현이 과거가 아닌 현재 속에 사는 인물임을 부각시키지만, 동시에 공간을 극복할 수는 없다는 점에서 수현 또한 나와 너 사이의 좁힐 수 없는 바로 그 거리에 여전히 속박되어 있음을 은유적으로 드러냅니다. 그녀와 기철의 관계가 바로 그렇지요. 여기서도 삐삐와 현재 그리고 수현은 아날로지를 이룹니다.

익명성과 탈장소성이라는 새로운 감수성의 탄생

장면 셋. 이런 동현과 수현은 PC 통신을 통해 서로에게 접속합니다. 발단은 이렇습니다. 동현이 선곡한 '페일 블루 아이즈'를 들은 수현은

PC 통신을 이용해 이 노래를 다시 신청하죠. 동현은 이것이 자신에 대한 응답이라고 생각하고, 혹시 이 신청자가 자신이 찾는 옛 연인이 아닐까 싶어 메시지를 보냅니다. 익명성의 장난일까요? 수현은 PC 통신의 익명성에 기대어 그가 원하는 답변을 내어 줍니다. 마치 그의 옛 연인인 것처럼 말이죠. 전화로는 불가능한 우연성과 거짓말, 그리고 마주침, 이는 분명 PC 통신이 갖고 있는 어떤 고유한 매체성 때문에 가능해진 것이기도 합니다. 이후 동현이 집요하게 캐묻자, 수현은 거짓말을 해서 미안하다는 손편지를 폴라로이드 사진기로 찍어서 보냅니다. 갑자기 손편지와 폴라로이드가 등장한 것도 참 재밌는데요. 손으로 직접 쓰고 필름 카메라로 찍어서 보낸다는 것은, 편집이 가능한 디지털과는 달리 거기에 오롯이 자신의 진심(또는 진실)을 담아냈다는 발상이라고나 할까요? 여전한 과도기의 모습이죠. 진심이 통했는지, 그 뒤로 둘은 점차 PC 통신을 통해 이런저런 대화를 마음 편히 나눌 정도로 친한 친구가 되어 갑니다.

동현은 현재 자신에게 다가오는 은희를 거부할 만큼 과거에 매몰되어 있지만 이상하게도 수현과는 속 깊은 이야기를 나눌 정도로 마음이 편합니다. 수현 또한 생면부지인 동현에게 친구의 연인을 향한 복잡미묘한 마음을 다 토로할 만큼 그가 가깝게 느껴지죠. 왜일까요? 아마도 여기에는 단지 둘만의 인간적 친화성으로는 설명할 수 없는 어떤 새로운 감수성, 그러니까 세계와 타자를 대하는 방식의 변화가 그 바탕에 놓여 있는 게 아닐까 싶습니다. 짐작할 수 있듯이, 동현과 수현의 이 독특한 커뮤니케이션은 PC 통신이라는 당대의 새로운 매개적 조건을 바탕으로 비로소 (그런 모양으로) 가능해질 수 있었습니다. 공간적으로 멀리 떨어져 있는 사람이 바로 옆에 있는 사람보다 훨씬 더 가깝게 느껴지는 감각, 상대방이 누군지 모르기 때문에 도리어 더 솔직하게(또는 완벽히 거짓으로) 자신을 드러낼 수 있는 (신세대) 감성, 그리고 이 모든 감각과 소통, 관계의 종합이자 그것이 연장된 것으로서의 세계 이해, 아마도 동현과 수현조차도 뚜렷이 인지하지 못했을 이런 재구성이야말로 PC 통신이 새롭게 열어젖힌 시대적 변화의 핵심이 아닐까 싶습니다.[6]

영화에서 동현과 수현은 비 오는 날의 피카디리 극장 앞에서, 엘피 상점의 좁은 계단에서, 지하철의 건너편 객석에서 우연히 마주치지만, 오히려 이 실제적인 마주침은 아무런 사건이 되지 못합니다. 역설적이게도 파란색 모니터 화면에 명멸하는 닉네임 '해피엔드'와 '여자 2'의 존재가 그들에게는 더 중요한 의미로 다가오죠. 시간과 공간의 격차를 가로지르면서(즉 라디오와 삐삐로는 결코 달성할 수 없는) 언제든 자유롭게 타자와 연결될 수 있는 세계, 실제의 나를 밝히지 않아도 되기에 더없이 편안하고 부담 없는 세계가 하나의 생활 감각으로 우리 눈앞에 당도하고 있었던 겁니다. 그리고 우리의 감각과 소통과 관계의 양식을 새롭게 주조해 내고 있었던 거예요. 동현과 수현은 그러한 변화를 온몸으로 마주한 첫 인물이었던 것이고 말이죠.

장면 넷. 수현은 호주로 이민을 떠나려는 동현을 하염없이 기다리다가 마지막으로 전화를 겁니다. 그리고 전화 응답기에 이런 말을 남기죠. "당신을 본 적은 없지만 난 당신이 어떤 사람인지 다 알 것 같았는데, 그걸 느끼지 못하고 그냥 가는군요." 이들은 지나간 시대의 마지막 인간이기도 했기에, 디지털 세계에서의 전자적 접속을 아날로그 세계의 신체적 접촉으로 기어이 전환하기를 바란 듯합니다. 디지털만으로는 결코 충분치 않다는 것을 직감했는지도 모릅니다. 결국 그 둘은 피카디리 극장 앞에서 만나 서로의 얼굴을 바라봅니다. 처음 본 그(녀)의 얼굴, 침묵과 떨림, 어색한 웃음, 마주 선 두 사람. 영화는 디지털 감성으로의 변화를 거스를 수 없는 시대적 흐름으로 인정하면서도, 돌연 그 끝자락에서 아날로그 감성으로의 회귀를 감행합니다. 마치 사랑이 거기 있으니까라고 반문하듯 말이지요. 디지털이든 아날로그든, 결국 사랑이라는 보편으로 다 통한다는 말일까요? 그런데 잠깐만요. 그때는 아직 과거로의 회귀가 가능했군요! 아날로그와 디지털 사이에서, 세계는 여전히 이리저리 유동 중이었던 겁니다.

이해는 우리가 할 수 있는 최초의 개입이다

앞에서 저는 신인류의 '탄생'이 아니라 '등장'이라고 했습니다. 의도적인 표현인데, 눈치 채셨나 모르겠습니다. 저는 새로운 세대가 어느 날 갑자기 뽕! 하고 태어난다고 생각하지 않습니다. 인간은 사회적, 문화적 조건에 의해 역사적으로 구성되는 존재이며, 그렇기에 텔레비전 시대와 인터넷 시대 그리고 스마트폰 시대의 인간은, 같은 인간이라 할지라도 그 감각에 있어서는 서로 다를 수밖에 없습니다. 제가 좋아하는 문장인데요. 마르크스는 이런 말을 했습니다. "인간은 자신의 역사를 만들어 가지만, 그들이 바라는 꼭 그대로 만드는 것은 아니다. 인간은 스스로 선택한 환경 속에서가 아니라 이미 존재하는, 주어진, 물려받은 환경 속에서 역사를 만들어 가는 것이다."[7] 물론 마르크스의 이 말이 미디어 환경을 직접 겨냥한 것은 아니지만, 역사적 환경의 규정성을 말하면서 동시에 그 안에 속해 있는 인간의 수행성을 강조한다는 점에서, 우리의 논의와도 별 무리 없이 연결될 수 있을 듯합니다. 동현과 수현은 당대의 환경 속에서, 그 물려받은 환경 속에서, 그들 나름의 역사를 만들어 나가고 있었던 것이겠지요. 그런 점에서는 당연히 지금의 우리도 마찬가지겠고요.

1997년의 〈접속〉에 주목하는 이유는, 이 영화가 인터넷으로의 매체적 이동이 시작되던 바로 그 순간을, 그러니까 새로운 미디어 환경이 우리 인류를 이전과는 다른 형태로 재구성해 나가던 그 순간을, 감각과 소통, 관계와 사랑이라는 생활 감각의 변화와 함께 담아냈기 때문입니다. 1995년의 〈공각기동대〉와 1999년의 〈매트릭스〉가 미래에 대한 급진적인 상상에 집중한 나머지, 반대로 현재라는 일상 감각의 변화에 대해서는 과감하게 침묵했다면, 1997년의 〈접속〉은 도리어 시선을 당대의 한가운데로 돌려 도대체 우리에게 어떤 변화가 어떻게 시작되고 있는지를 특유의 감각적 시선으로 포착해 내었던 것이죠. 〈공각기동대〉와 〈매트릭스〉의 현란한 미래 상상력이 담아내지 못한 우리네 삶의 모습과 그 소소한 행위, 실천, 언어 등을, 마치 이것이 지금-여기의 우리 세계이자 그것이 변화해 가는 모습이라고 꾸밈없이 담백하게 그려냈던 겁니다. 저도 그 시절에 유년기를 보냈기에 그런 고백이 특히나 더욱 아련하게 다가왔던 것이겠고요.

그러나 이제는 동현과 수현도 이미 오래전 세대가 되어 버렸습니다. 그때와는 또 다른 환경이 우리를 둘러싸고 있죠. 당연히 지금의 우리 또한 그때와는 또 다른 인간으로 재구성되어 가고 있습니다. 우리의 감각과 소통, 관계의 방식도 그때만큼이나, 또는 그때보다 훨씬 더 크게 바뀌고 있는 듯합니다. 모든 것이 인터넷으로 연결된 세계, 시공간을 한껏 압축해 버린 스마트폰 문화, 리얼리티 세계를 마침내 대체해 버린 유튜브, 단박에 시선을 사로잡는 OTT 드라마, 빨리 감기로 영화를 보는 세대 문화, 줄임말과 이모티콘으로 가득한 대화창, 읽고 쓰고 말하는 인공지능의 등장 등, 1990년대부터 시작된 변화는 미래를 향해 전력 질주하듯 변화의 속도를 한껏 높이고 있습니다.[8] 힘내서 뒤쫓아 가도 따라잡기 힘들 정도입니다.

게다가 그 변화의 범위 또한 일상의 모든 영역으로 끝 간 데 없이 밀어붙여지고 있습니다. 1997년의 〈접속〉은 아날로그 감수성으로의 회귀를 선택할 여지라도 있었지만, 이제는 그마저도 낭만적인 옛이야기로 들릴 뿐이죠. 한석규는 그 유명한 핸드폰 광고에서 "또 다른 세상을 만날 때는 잠시 꺼두셔도 좋습니다"라고 말했지만(아마 이 광고를 모르시는 분들이 더 많을 것 같습니다), 이제 그런 세계는 더 이상 존재하지 않습니다. 우린 1997년보다 한참을 더 멀리 나와 있는지도 모릅니다.

그렇다면 지금 당장 인터넷 접속을 끊고 아날로그 세계로 돌아가라는 식의 불가능한 처방을 내리기보다는, 또는 도둑맞은 집중력을 회복해야 한다고 스스로를 내몰기보다는[9], 영화 〈접속〉이 변화의 한복판에서 그 변화를 응시하면서 가장 동시대적인 질문을 던졌던 것처럼, 오히려 그때의 문제의식을 지금-여기 우리의 사유로 충실히 (하지만 차이와 함께) 반복해야 하는 게 아닐까 싶습니다. 즉 그때 당시의 '우리'(동현과 수현)가 그랬던 것처럼 지금 이 시대의 새로운 매체적 감수성을, 그 생활 감각을 정확히 이해하는 게 필요하고, 이 변화가 과연 어떤 세계를 만들어 가고 있는지, 그 안에서 우리는 어떤 존재로 새롭게 구성되고 있는지, 그 결과 우리는 이전과 달리 어떻게 서로 소통하고 감각하고 사랑하게 되었는지를 먼저 물어야 한다는 겁니다.

지금 이 시대의 새로운 동현과 수현인 '우리'가 위치해 있는 "이미 존재하는, 주어진, 물려받은 환경"이 정확히 무엇인지를 알아야, 그다음 단계의 과업인 "역사를 만들어 가는 것"이 비로소 가능해집니다. 새로운 역사를 만들기 위해서라도 우리가 발 딛고 있는 현재의 위치와 지형을 정확히 이해할 필요가 있는 겁니다. 우리가 그 역사를 "바라는 꼭 그대로" 만들 수는 없다고 해도 말입니다. 물론 저는 오직 '이해'만이 새로운 역사의 가능성을 불러온다고 생각하지는 않습니다. 이해(또는 앎)를 초과하는 '공통감각(정동)'도 있고 우연과 마주침으로 가득한 '사건'도 있으니까요.[10] 하지만 이해 없이 새로운 가능성을 불러일으킬 수 있다고 생각하지도 않습니다. 이해는, 어쩌면 우리가 할 수 있는 최초의 개입일 수 있습니다.

3장
미래는 이미 시작됐습니다.
다만 아직 결정되지 않았을 뿐입니다.
〈레디 플레이어 원〉

미래로 향하는 분기점

2007년이었습니다. 스티브 잡스(Steven Jobs)는 여느 때처럼 검정색 터틀넥에 청바지, 운동화 차림으로 발표를 시작했습니다. 모두가 숨을 죽인 채 그의 손에 들려 있는 무언가를 바라봤습니다. 그는 그 작고 귀여운 무언가가, 우리가 이미 사용하고 있던 아이팟과 핸드폰 그리고 인터넷을 하나로 합친 것이라고 말했습니다. 그러면서 그것을 아이폰이라고 불렀죠. 이 작은 핸드폰 하나로 음악도 듣고 사진도 찍고 인터넷도 하고, 뭐든 다 할 수 있다고 했습니다. 저는 '그것이 가능해?'라는 질문보다는 '왜 그래야 하는데?'라고 반문했던 기억이 납니다. 핸드폰의 용법을 단지 전화 정도로만 한정했던 것이었습니다. 그런데 이제 와 뒤돌아 생각해보면, 아마도 이때가 핸드폰이 스마트폰으로 재발명된 순간이었고, 좀 더 극적으로 표현하자면 스마트폰 혁명이 시작된 순간이 아니었나 싶

레디 플레이어 원 Ready Player One
감독 스티븐 스필버그, 2018

습니다. 당시로서는 그 누구도 이 스마트폰이 이후의 인류 역사를 (긍정적이든 부정적이든) 새롭게 써 내려갈 거라는 사실을 짐작조차 하지 못했죠. 그냥 비싸고 멋진 신상 핸드폰의 등장 정도로 이해했던 겁니다.

하지만 변화는 실로 거대하고도 심원했습니다. 2007년 스마트폰의 등장 이후 어떤 일이 일어났을까요? 몇몇 중요한 변화를 뽑아보면 대략 다음과 같습니다. 미국산 소고기 수입을 둘러싼 한국의 촛불 집회(2008년), 금융 위기로 인해 촉발된 미국의 월스트리트 점거 운동(2008년), 중동 지역을 민주화 열기로 뜨겁게 달군 아랍의 봄(2010년), 〈강남 스타일〉을 필두로 한 유튜브 문화의 전 세계적 유행(2012년), 트럼프 당선을 중심으로 전면화된 탈진실 현상(2016년), 코로나 이후 전 세계적으로 확장된 온라인 중심의 일상(2020년), 빅데이터와 인공지능의 자원으로 흡수되는 사용자 데이터(2022년) 등, 굵직굵직한 변화의 한복판에는 언제나 스마트폰이 직간접적인 계기로 자리 잡고 있었습니다. 스마트폰 때문이라고는 할 수 없겠지만, 그래도 스마트폰이 이 모든 변화에 큰 영향을 미쳤다는 것만큼은 분명해 보입니다.

그리고 2023년, 애플은 또 다른 미디어 혁신을 전 세계에 선보입니다. 비전 프로(vision pro)라는 이름의 메타버스 장치입니다. 개인용 컴퓨터와 스마트폰에 이은 새로운 미디어의 탄생이라고 합니다. 개인용 컴퓨터와 스마트폰이 각각 3차 산업혁명과 스마트폰 혁명의 기폭제가 되었던 것처럼, 이제는 다시 메타버스 장치를 통한 가상 세계로의 진입이 또 다른 혁명의 시작점이 된다고 하네요. 애플은 이를 이른바 공간 컴퓨팅(spatial computing)의 시작이라고 소개합니다.[1] 이 말대로라면 스마트폰이 열어젖힌 미래 이후, 지금의 우리는 또 다른 미래로 향하는 분기점 앞에 놓여 있는 듯합니다. 이 장치(공간 컴퓨팅 또는 가상현실)가 성공하느냐 실패하느냐의 분기점도 있겠지만, 그보다 더 근본적으로는 우리 앞에 펼쳐질 미래를 누가, 어떻게, 어떤 식으로 만들어 갈 것인가 하는 분기점 말입니다.

그렇다면 질문은 반복될 수밖에 없습니다. 우리 앞의 미래는 어떤 방향을 향해 나아갈까요? 그 미래는 기업이 만든(즉 그들이 자신의 이익을 위해 구상한) 미래일까요, 아니면 우리가 만들어 갈 수 있는 미래일까요? 만들어 갈 수 있다면 우리는 무엇을 해야만 하는 걸까요? 또는 무엇을 해서는 안 되는 걸까요? 그런데 우리는 무언가를 할 수 있는 역량을 갖고는 있는 걸까요? 미래는 그저 오지 않기에, 오늘의 질문은 우리가 원하는 미래를 만들어 가기 위한 최초의 개입일 수도 있습니다.

로그인하는 순간, 모든 것이 현실이 된다

영화 〈레디 플레이어 원〉은 그렇게 도래할 미래의 한 가지 가능성을 앞질러 보여줍니다. 영화는 식량 부족과 빈곤, 노동 착취와 환경 오염 등의 문제로 어둡고 척박해진 미래 세계를 배경으로 합니다. 많은 SF 영화가 이미 보여줬던 바로 그 디스토피아의 모습이죠. 하지만 영화는 이런 암울한 풍경과는 정반대의 세계, 그러니까 화려하고 풍요롭고 자유로운 가상현실의 세계를 마치 동전의 양면처럼 함께 제시합니다. 아니, 이 말은 수정이 좀 필요해 보이네요. 동전의 양면이라는 비유는 두 세계의 분리 불가능성을 환기시키는 장점이 있지만, 이 두 세계가 마치 균등하게 존재하는 것처럼 착각하게 만든다는 단점도 있습니다. 두 세계가 나란히 존재한다고 말하는 것만으로는 부족합니다. 앞면과 뒷면이 어떤 관계를 맺고 또 역사적으로 어떻게 경합해 왔는지, 그 결과 각각의 위상이 어떻게 달라져 왔는지를 함께 물어야겠죠.

영화는 이렇게 묻습니다. 그야말로 모든 이들이 가상현실 속에서 소통하고 경험하고 배우고 즐긴다면, 심지어 여기서 돈을 벌고 이 경제 규모가 훨씬 더 크기까지 하다면, 그래서 현실보다 더 많은 시간을 이 세계 안에서 보낸다면, 이때의 가상현실은 단순한 가상(또는 허상)이 아니라 이미 그 자체로 또 다른 현실이라고 할 수 있지 않을까? "로그인하는 순간, 모든 것이 현실이 된다"는 영화 카피는 바로 이 지점을 겨냥합니다. 영화는 현실과 가상이 이 세계를 이루는 서로 다른 두 계기임을 인정하는 한편, 여기서 더 나아가 도리어 가상이 현실을 압도해 버린 새로운 세계 구성의 모습을 우리 눈앞에 펼쳐 보이죠.[2] 현실과 가상이 5:5인 것도 이미 급진적인데, 이 영화는 급기야 3:7 또는 2:8로 역전된 세계가 우리의 미래 모습이라고 선언하고 있는 겁니다.

세계의 위상 변화에 대한 선언과 함께, 영화는 그렇다면 현실과 가상 모두에 속해 있는 우리 '이중의 시민'은 과연 그 세계에서 어떻게 살아가야 하는지에 대해서도 질문을 던집니다. 이중의 시민, 즉 미래의 언젠가 우리는 현실 속의 '개인'이면서 동시에 가상현실 속의 '플레이어'이기도 한, 말 그대로 두 세계의 시민이 된다는 것이고, 심지어 후자가 우리를 구성하는 더 중요한 정체성이 된다는 겁니다.[3] 아직 잘 와 닿지 않으신다고요? 논의를 위해 다시 영화로 돌아가 보죠.

주인공 웨이드 와츠(타이 셰리던)는 어릴 적 부모를 잃고 컨테이너 빈민촌에서 이모와 함께 어렵게 살고 있습니다. 현실은 이모의 햅틱 장갑을 몰래 썼다고 이모의 백수 남자 친구에게 얻어맞을 만큼 우울하고 절망적입니다. 이런 눈칫밥도 모자라 덜컹거리는 세탁기 위에 매트리스를 깔고 자야 할 만큼 열악한 상황에 처해 있죠. 하지만 그에게도 꿈이 있습니다. 물론 현실 속 꿈이 아닙니다. 세계 최대의 가상현실 플랫폼 오아시스(OASIS)에서는 그도 잘나가는 플레이어이며, 그렇기에 빛이라고는 도무지 보이지 않는 현실과 달리 오히려 이곳에서는 자신의 처지를 극복하기 위한 여러 모험과 도전을 시도해 볼 수도 있죠. 현실에서는 꿈도 희망도 갖기 어려웠지만 도리어 가상현실에서는 그게 가능했던 겁니다. 그는 현실을 역전하기 위해 (역설적이게도) 현실이 아닌 가상현실에 뛰어듭니다.

마침 오아시스에는 전설의 미션이 있습니다. 오아시스의 창시자인 제임스 할리데이(마크 라이런스)가 오아시스 곳곳에 숨겨둔 세 가지 임무를 완수하고 이로부터 세 개의 열쇠를 받아 할리데이의 이스터 에그(easter egg)를 찾는 미션입니다. 이 미션을 최초로 달성한 유저에게는 그 보상으로 오아시스의 운영권과 함께 5천억 달러가 넘는 할리데이의 회사 지분을 준다고 합니다. 할리데이가 유언으로 남긴 미션과 상금입니다. 바로 이 미션을 가장 먼저 달성하는 것이 웨이드 와츠, 아니 오아시스의 플레이어인 퍼시발이 꾸는 원대한 꿈입니다. 그는 세 개의 열쇠를 찾아 엄청난 상금을 받기 위해, 그래서 이 시궁창과도 같은 현실에서 탈출하기 위해 야심에 찬 모험에 나섭니다.

당연한 말이지만 주인공 퍼시발만 열쇠를 찾아 나선 것은 아닙니다. 오아시스 플랫폼에서 활동하는 대다수 유저가 이미 오래전부터 열쇠를 찾아 헤맸지만, 아직 첫 번째 열쇠조차 얻지 못한 상황이었지요. 게다가 이 플랫폼 생태계를 지배하는 거대 기업 IOI 또한 수많은 유저(비정규직 일회용 노동자)를 고용하고 각종 자원과 아이템 등의 물량 공세를 퍼부으면서 필사적으로 이스터 에그 사냥에 나서고 있는 상황이었습니다. IOI가 고용한 이 유저들은 식서(sixer)라고 불리는데, 그 흔한 유저 닉네임조차 얻지 못한 채 그저 여섯 자리 숫자로만 식별되기 때문에 붙여진 이름이었습니다.

네, 맞습니다. 가상현실이라고 꿈과 희망만 가득한 것은 아니었습니다. 가상의 세계에서도 빈부격차는 여전히 계속되었고, 착취와 수탈 또한 현실과 마찬가지로, 하지만 마치 그렇지 않은 듯, 더욱 교묘하게 반복되고 있었습니다.[4] 할리데이가 처음 이 세계를 만들면서 구상했던 자유와 평등, 민주 등의 가치는 어느새 신화와도 같은, 즉 누구도 그 실현 가능성을 믿지 않는 옛날이야기로만 남게 된 겁니다. 철저하게 자본화, 독점화, 양극화된 가상의 세계가 거꾸로 실제의 현실을 압도하면서 이 세계의 주인이 되어 버린 상황이었습니다.

이런 가운데 주인공 퍼시발은 서로 신뢰할 수 있는 동료를 만들고 또 그들과 힘을 합해서 차근차근 미션을 해결해 갑니다. 이 과정에서 그는 가상현실의 모순, 즉 착취와 수탈, 억압의 구조를 조금씩 깨닫게 되고, 결국 이 세계를 어떻게 변혁할 것인가라는 더 큰 문제의식과 마주하게 됩니다. 모험에서 투쟁으로의 전환이 이렇게 시작되죠.

"당신과 똑같은 실수를 저지르지 않겠다"

그 전환의 중심에 바로 사만다 쿡(올리비아 쿡), 오아시스 닉네임 아르테미스가 있습니다. 그녀는 첫 번째 열쇠를 찾는 레이싱 경기 중 퍼시발의 도움을 받으면서 그와 가까워집니다. 어느 영화나 그렇지만, 역시나 타자와의 만남은 새로운 변화를 만들어 내는 촉매제가 되죠. 그녀는 이후의 모험을 통해 퍼시발을 조금씩, 그러나 근본적으로 변화시켜 가고, 이 과정에서 둘은 서로 갈등을 반복하다가 으레 그렇듯 결국 사랑에 빠집니다. 그런데, 사실 그녀는 단지 우승 상금을 타기 위해 이 모험에 참여한 게 아니었습니다. 오히려 진짜 목적은 열쇠를 모두 찾으면 얻을 수 있는 오아시스 운영권을 바탕으로 IOI의 독점적인 질서를 무너뜨리고, 지금까지 그 세계에서 착취당해 온 사람들을 구해내는 데 있었죠. 그녀는 모험가가 아니라 투쟁가였던 겁니다.

앞에서도 말씀드렸듯이, 오아시스 생태계는 할리데이가 처음 설계했던 모습과는 달리 더 많이 가진 자가 더 좋은 아이템을 바탕으로 더 많은 부를 얻을 수 있는 구조로 변질되고 말았습니다. 자본주의와는 다른 새로운 세계를 꿈꾸었는데, 반대로 철저히 자본주의적인 세계가 되어 버린 겁니다.[5] 이렇게 역전된 세계 속에서 사람들은 현실의 삶을 저당 잡히면서까지 가상현실의 아바타에 계속 투자해야 하는 상황으로 내몰리게 됐고, 가상현실의 양적 확대 및 질적 심화(일상화)와 함께 이러한 빚의 순환 또한 점점 더 크게 증폭되어 갔습니다. 사만다의 아버지도 이 과정에서 생긴 빚을 갚지 못해 IOI의 로열티 부서에 끌려갔고, 거기서 평생을 노동 착취에 시달리다가 결국 과로로 죽고 말았죠. 이에 사만다는 한편으로는 IOI에 대항하는 현실 속 반군 조직에 참여하고, 다른 한편으로는 가상현실의 아르테미스가 되어 열쇠를 찾아 나서는 식의 이중 전략을 통해 IOI 독점 체제에 대한 투쟁을 계속해 왔던 겁니다.

아르테미스가 가상현실의 모순과 그에 대한 투쟁의 필요성을 일깨워 줬다면, 할리데이는 퍼시발에게 투쟁의 방향성을 알려줬다고 할 수 있습니다. 아니, 할리데이는 이미 죽었으니, 할리데이가 생전에 남긴 데이터와 홀로그램 영상이라고 해야 정확하겠네요. 또한 알려줬다기보다는 퍼시발 스스로 깨우치게 했다는 말이 더 정확해 보입니다. 세 개의 임무를 달성하기 위해서는 다른 무엇보다도 그 문제를 출제한 할리데이의 관점에서 생각해야만 했는데, 이 과정에서 퍼시발은 알게 모르게 할리데이 그 자신이 되어 갈 수밖에 없었던 겁니다. 할리데이의 출제 의도를 고민하면 할수록 그는 할리데이의 꿈을 이해하고 공감하게 됐으며, 마침내 그 꿈을 대신 이루기 위해 자기 자신을 세계에 던지게 됩니다.

할리데이의 꿈과 이상을 이어받은 퍼시발은 나 홀로 부자가 되는 것보다 더 중요한 무언가가 있다는 것을 조금씩 깨닫습니다. 그리고 세계를 바꾸기 위한 투쟁을 시작하죠. IOI의 독점 체제에 맞서 싸우기 위해 전 세계 유저들에게 연대와 저항을 호소하는 순간, 그리고 수많은 유저들이 그 호소에 응답해 가상현실 속 전쟁에 뛰어드는 순간, 퍼시발의 개인적인 모험은 세계를 더 나은 곳으로 바꾸어 내기 위한 공동체적 혁명으로 전환되기에 이릅니다. 모험에서 투쟁으로의 전환, 그리고 이에 동참하는 연대의 물결, 조금은 상투적이지만 그래도 여전히 중요한 서사가 아닐까 싶습니다.

천신만고 끝에 드디어 세 번째 열쇠를 찾은 퍼시발, 그는 할리데이의 아바타가 건네준 오아시스의 운영권 이전 서류에 사인을 하기 위해 펜을 듭니다. 사인만 하면 저 거대한 오아시스가 자신의 것이 되는 순간이었죠. 잠시 망설이던 그는, 이내 펜을 던지면서 할리데이의 아바타에게 이렇게 말합니다. "당신과 똑같은 실수를 저지르지 않겠다"고 말이에요. 기존의 지배 구조를 그대로 유지한 채 그에 대한 소유주만 바꾸기보다는, 도리어 소유주가 되기를 포기함으로써 독점적인 지배 구조 자체를 철폐하는 것[6], 그럼으로써 오아시스를 사영화(privatization)된 공간에서 대중, 곧 만인의 공간으로 되돌리는 것, 그것이 바로 할리데이가 못다 이룬 꿈이자 퍼시발이 이어받은 꿈이었던 겁니다. 착취와 수탈, 억압의 구조를 반복하지 않겠다는 것이었죠. 영화는 나지막하지만 분명하게 말합니다. 혁명이란 피지배 계층이 지배 계층을 끌어내리고 새로운 지배자의 자리에 올라서는 게 아니라, 피지배와 지배의 분할선 자체를 폭파시키는 것이라고요(〈엘리시움〉의 결론이 떠오르기도 하네요).[7] 그리고 이 꿈은 현실이 됩니다. 적어도 영화에서는 말이죠.

현실과 영화의 겹침

그러나 영화는, 어쨌든 영화일 뿐입니다. 운명을 건 한판 승부로 세상이 180도 바뀔 리 없습니다. 영화가 보여주는 상상력에 입이 떡 벌어지더라도, 그리고 그 원대한 이상에 공감하더라도, 결국 엔딩 크레딧이 올라가는 순간 우리는 엉덩이를 붙이고 있는 이 단단한 현실로 돌아와야 합니다. 그리고 영화적 상상력과 그것이 보여주는 이상을 바탕으로, 이 요지부동인 현실을 새롭게 읽어 나가야 하죠. 그럴 때야 현실을 변화시킬 아주 작은 틈이 보일지도 모릅니다.

흥미롭게도 〈레디 플레이어 원〉은 지금까지의 인터넷 역사 30년을 그대로 압축, 반복해서 보여줍니다. 흔히들 사용하는 웹 1.0, 웹 2.0, 웹 3.0은 단지 시대를 구분하기 위한 용어만은 아닙니다. 이 구분은 우리를 둘러싼 인터넷 환경이 '자유'에서 '독점'으로, 그리고 다시 '자유'로 (또는 다시 '독점'으로?) 변화해 나가는 과정을 숫자로 압축해서 표현하고 있죠.[8] 즉 그것은 시대 구분이면서 동시에 정체성 구분이기도 합니다. 앞서 영화의 줄거리를 소개하면서 할리데이의 꿈과 이상이 어떻게 좌절되었는지를 말씀드렸는데요. 또 퍼시발이 그의 꿈을 이어받아 오아시스를 모두의 것으로 되돌려줬다고도 말씀드렸고요. 짐작하셨겠지만, 이렇게 '이상'에서 '좌절', 그리고 '계승'으로 이어지는 흐름은 단지 영화적 상상인 것만이 아닙니다. 이 흐름은 공교롭게도 현실 세계의 인터넷이 어떻게 자유의 공간에서 독점적인 공간으로 변모해 갔는지, 그리고 이 공간을 두고 다시 어떤 투쟁이 벌어지고 있는지를, 마치 영화와 현실이 교호하듯 그대로 겹쳐서 보여주고 있기도 합니다. 왜 그러냐고요? 하나씩 살펴보죠.

잘 알려져 있듯 인터넷은 처음 도입된 1990년대 당시부터 이미 억압적이고 폭력적인 국가 권력에 반대되는 자유의 공간으로 자리매김되어 왔습니다. 단연 인터넷(네트워크의 네트워크)의 수평적인 특징 때문이었죠. 이 특징으로 인해 인터넷은 중앙 집중적인 통제가 불가능하고 모두에게 평등하게 열려 있으며 누구나 자유롭게 사용할 수 있는 공간, 즉 민주와 평등, 자유의 공간이 될 수 있었습니다.[9] 물론 이는 인터넷에 담긴 내용이 저항적이어서가 아니라 내용과는 무관한 형식 그 자체가 철저히 탈중앙화된 수평적 네트워크로 이루어져 있기 때문이었습니다. 인터넷이 현실 민주주의 정치를 촉진할 것이라는 당시의 기대는 바로 이런 수평적인 형식을 근거로 삼고 있었던 겁니다. 오픈 소스 운동, 자유 소프트웨어 운동, 커먼즈 운동 등이 펼쳐진 것도 그러한 바탕 위에서였죠.[10]

문제는 수익성이었습니다. 수평적인 네트워크만으로는 수익을 낼 수 없었던 겁니다. 빅테크 기업들이 지구 전체에 수많은 해저 케이블을 설치해 놨지만, 마땅한 수익 모델이 없었던 탓에 이들 기업은 결국 얼마 못가 경제 위기에 빠지고 맙니다.[11] 망을 깔아 놨는데 정작 콘텐츠가 없었던 것이죠. 8차선 고속도로를 만들어 놨는데 정작 그 위를 달리는 자동차와 여행객이 없었다고나 할까요? 웹 1.0은 원리상 자유와 평등의 공간이긴 했지만 사용자가 그리 많지 않았고, 또 그 공간에서 무엇을 어떻게 해야 하는지, 즉 인터넷을 어떻게 사용해야 하는지에 대한 대중적인 필요와 욕구, 용법 등이 아직 구체화되지는 않은 상태였던 겁니다. 처음 등장한 인터넷 세계는, 신기하기만 할 뿐 필수적이지는 않았던 것이죠. 웹 1.0을 이끌던 많은 기업이 닷컴 버블의 붕괴와 함께 경제적 위기에 처하자, 몇몇 기업들은 오히려 이 기회를 틈타 웹 1.0에서 웹 2.0으로의 화려한 변신과 함께, 개방과 공유, 참여라는 일견 멋진 슬로건을 들고 나옵니다.[12] 간단히 말해, 기업이 콘텐츠를 생산하던 기존의 방식에서 반대로 사용자(곧 대중)가 콘텐츠를 생산하는 방식으로 획기적인 전환을 감행했던 겁니다.

자유에서 독점으로, 그리고 다시?

당시의 위기 속에서 몇몇 기업들은 이전과는 다른 용법을 창안했습니다. 인터넷 생태계를 일방적인 '읽기'에서 상호작용적인 '쓰기'가 가능한 형태로 바꾸어 나가는 작업이었습니다. 그래서 웹 2.0입니다. 상호작용적인 '쓰기'가 가능하다는 것은 누구든지 마음만 먹으면 자신의 생각과 감정, 일상 등을, 그것이 아무리 사소한 것이라도, 다양한 방식으로 콘텐츠화할 수 있다는 것을 뜻합니다. 웹 2.0은 기존에 부재했던 콘텐츠를 만들되, 그것을 소수의 기업이 아닌 전 세계의 수많은 사용자가 스스로 만들게 한 것이죠. 그 결과 말 그대로 모두가 생산자가 되면서 (동시에 소비자이기도 하죠) 역사상 유례없는 콘텐츠 대폭발의 시대가 열리게 됩니다. 구글, 페이스북, 유튜브, 네이버 등이 지배하고 있는 지금의 인터넷 세계가 처음으로 그 모습을 갖추게 된 겁니다.[13]

그런데 문제는 이 웹 2.0의 세계가 외양상으로는 과거와 마찬가지로 여전히 자유로워 보이지만, 사실상 근본적으로는 플랫폼 기업들의 독과점을 통해 지탱되고 있다는 겁니다.* 이들 플랫폼의 매개가 없다면, 역설적이게도 인터넷 세계의 자유로움을 누릴 수조차 없습니다. 그렇지 않나요? 인터넷 세계를 자유롭게 탐험하기 위해서라도, 세계 곳곳의 친구들과 소통하고 관계를 맺기 위해서라도, 내가 만든 각종 콘텐츠를 공유하고 다른 이의 것을 감상하기 위해서라도, 우리는 빅테크 기업들이 만든 관문을 필수적으로 거쳐야만 합니다.[14]

게다가 여기에는 다 돈이 들죠. 유튜브에 올라온 엄청난 양의 콘텐츠는 유튜브 직원이 아니라 전 세계의 사용자 대중인 '우리'가 만들었지만 정작 '우리'는 그 콘텐츠를 보기 위해서라도 10~30초의 시간(광고 시청)이나 그에 해당하는 돈(구독료)을 지불해야 합니다. 구글도 페이스북도 네이버도 마찬가지입니다. 어느 순간부터 인터넷의 수평적인 네트워크 곳곳에는 통행료를 요구하는 플랫폼이 우후죽순 들어서기 시작했습니다. 영화가 묘사한 것처럼 인터넷은 더 이상 우리의 것이 아니게 된 겁니다. 개방과 공유, 참여는 더 많은 사용자의 공유와 참여를 이끌어 내기 위해 인터넷 공간을 개방한, 말 그대로 기업들의 '전략'이기도 했던 셈이죠.[15]

그래서 웹 3.0의 핵심은 다시 탈중앙화입니다. '읽기'와 '쓰기'에 이어 이제는 '소유'를 가능케 함으로써 대중의 몫을 다시 대중에게 돌려줘야 한다는 것입니다. 블록체인(block chain)의 분산원장(distributed ledger)을 기반으로 이전의 탈중앙화된 인터넷 환경을 회복해야 한다는 목소리나, NFT(Non-Fungible Token)를 통해 (대중이 제작한) 디지털 콘텐츠에 대한 대중의 소유권을 보장해야 한다는 목소리가 나오는 것도 이러한 맥락에서입니다.[16] 현실과 동등한 가상세계로서의 메타버스, 탈중앙화된 인

---

* 물론 플랫폼이 가져다주는 편리와 이익을 부정하는 것은 아닙니다. 다만 중국집에 직접 전화해서 짜장면을 시키는 것과 독과점 플랫폼을 통해서 시키는 것 사이에서, 우리가 누리는 편리와 이익이 과연 얼마나 큰 차이가 있는가가 궁금한 겁니다. 특히 우리가 더는 전자를 선택할 수 없게 되었을 때, 그래서 일상의 모든 행위가 거대 플랫폼을 통하지 않고서는 불가능해질 때, 아마도 그때 판매자(자영업자)와 소비자 그리고 배달원은, 그러니까 우리 모두는 너나 할 것 없이 거대 플랫폼 기업에게 골고루 착취를 당한다고밖에 말할 수 없는 게 아닐까요? 범위를 넓혀서 그런 플랫폼이 사회 전체를 지배한다면, 그리고 심지어 가상세계까지 지배한다면, 그때의 우리 사회는 도대체 누구를 위해서 존재한다고 할 수 있을까요?

터넷 환경을 지탱하는 블록체인, 그리고 가상세계 안에서의 경제 활동을 가능케 하는 NFT, 이 세 조합이 웹 3.0의 핵심으로 등장한 것은 그저 우연이 아닙니다.[17] 여기에는 웹 2.0의 세계가 철저히 중앙화되고 독점화된 데 대한 비판이 담겨 있는 것이고, 그렇기에 다시금 탈중앙화(분산화)와 민주화라는 반대 방향의 작용을 통해 이전의 자유 공간을 되찾으려는 의지가 각각의 방식으로 표출되고 있는 것이기도 합니다.* 할리데이의 좌절된 꿈을 실현하기 위한 퍼시발의 노력이, 영화만이 아닌 현실에서도 전개되고 있는 겁니다. 예컨대 '탈중앙화된 자율조직(Decentralized Autonomous Organization, DAO)'**을 구현하려는 현실적인 노력을 떠올려 볼 수도 있겠네요.

과연 우리가 메타버스와 블록체인, 그리고 NFT의 이러한 상호보완적인 기술 조건을 바탕으로, 영화의 결말에서처럼 다시 한 번 자유와 평등, 그리고 소유의 인터넷 세계를 만들어 낼 수 있을까요?*** 우리 대중

---

* 트위터(현 X)의 창업자인 잭 도시(Jack Dorsey)는 웹 3.0이 진정한 탈중앙화가 아니라 반대로 소수의 벤처 캐피털이 지배하는 또 다른 형태의 중앙집중화라고 비판합니다. 그는 웹 3.0이 그 이상과는 달리 철저히 기업의 이익을 위한 독점 구조로 귀결될 것이라고 회의적인 태도를 보이는데요. 웹 3.0이 탈중앙화를 위한 새로운 혁신이 될지 아니면 중앙화로 회귀하기 위한 마케팅 전략이 될지는 아직 불확실해 보입니다.
** 탈중앙화된 자율조직(DAO)은 중앙된 관리자 없이 분산된 네트워크를 통해 작동하는 조직입니다. 모든 결정과 정보는 블록체인에 기록되고 공개되며, 위변조가 불가능하기 때문에 무신뢰성에 기반을 둔 신뢰 시스템을 구축할 수 있습니다. 또한 블록체인의 토큰을 보유한 사람들에 의한 참여 민주주의가 가능하다는 장점도 있습니다. 다만 법적 문제, 보안 취약점 등 해결해야 할 여러 문제가 과제로 남아 있기도 합니다.
*** 아마도 비트코인과 NFT를 둘러싼 전 세계적인 투기 열풍을 보면서 이미 게임이 끝났다고 느끼시는 분들도 많으실 것 같습니다. 저는 다만 원리와 현상이 반드시 일치하는 것은 아니며, 그 이상적 원리를 원리대로 구현하는 것은 여전히 열려 있다고 말씀드리고 싶습니다. 블록체인과 NFT를 둘러싼 실험은 여전히 현재 진행 중이고 그것을 어떻게 민주적인 기술로 전유할 것인가는 아직 우리의 몫으로 남아 있다는 것입니다.

이 주인이 된 인터넷 세계를 만들 수 있을까요? 아직은 미지수입니다. 낙관적이지도 않죠. 하지만 분명한 것은, 변화는, 특히 그것이 현재의 질서를 거부하는 것이라면, 결코 저절로 오지 않는다는 겁니다. 영화에서처럼 인터넷을 둘러싼 새로운 전선은 이미 형성되었습니다. 그 전선 위에서 "당신과 똑같은 실수를 저지르지" 않기 위해, 우리는 무엇을 해야 할까요?

질문은 반복되어야 한다

물론 빅테크 기업들의 반격 또한 만만치 않습니다. 페이스북은 사명을 메타로 바꾸면서까지 웹 3.0에 대한 야망을 숨기지 않고 있습니다. 메타버스, 곧 가상세계에 대한 야망 말이죠. 애플도 야심 찬 출사표를 던졌습니다. 앞서 말씀드린 공간 컴퓨팅이 바로 그겁니다. 스마트폰 시장에서 이뤘던 대성공을 가상세계로까지 밀어붙일 계획인 듯합니다. 코로나19가 진정되면서 메타버스 열풍이 한풀 꺾인 것도 사실이지만, 지금까지는 기술적 가능성을 확인한 정도이고 이후 인공지능의 일상화와 함께 다시 2차 흐름이 도래할 거라고 합니다. 실제로도 생성형 인공지능은 가상세계를 구동하는 또 다른 엔진이 되고 있기도 하죠.[18]

지금처럼 웹 2.0 세계의 수익률이 떨어지고 신규 사용자의 유입이 줄어들수록, 아마도 웹 3.0 세계를 향한 기업들의 파상공세는 더욱 거세질 겁니다. 여기에는 웹 2.0에 이어 웹 3.0에서도 현재의 독과점 구조와 중앙집중화를 계속 이어 나가겠다는 빅테크 기업들의 의지와 욕망이 한가득 녹아들어 있습니다. 그러지 않으면 웹 2.0으로의 전환에 실패한 야후(Yahoo)처럼 순식간에 사라져 버릴 테니, 어쩌면 이 의지는 선택이 불가능한 옵션일 수도 있겠네요.[19] 자본주의의 지상명령을 어기는 것은 곧 퇴출을 감수하는 것이나 다름이 없으니 말입니다.

아직은 웹 1.0 때와 마찬가지로 수익 모델이 잘 보이지 않지만, 그때도 그랬듯이 빅테크 기업들은 조만간 가상현실과 인공지능을 지금의 인터넷과 스마트폰처럼 일상적인 기술로 정착시키면서 우리의 필요와 욕망도 그에 맞게 새롭게 주조해 낼 겁니다. 핸드폰에 카메라를 장착하면서 (이전에 없던) 셀카에 대한 대중의 욕망을 만들어 냈던 것처럼 말이지요. 지금의 우리가 인터넷과 스마트폰 없는 세계를 상상할 수 없듯이 (즉 그 생태계 안에 자연스레 머물러 있듯이), 미래의 우리 또한 가상현실과 인공지능이 없는 세계를 상상할 수 없게 만들려고 할 겁니다.[20] 당연히 이를 통해 막대한 이윤을 창출할 거고요. 음모론을 제기하는 게 아닙니다. 그게 기업의 논리이고 기술의 본성이며 자본주의의 운동이라는 것이죠.[21]

그렇다면 이런 상황 앞에서 우리는 무엇을 어떻게 해야 할까요? 빅테크 기업들이 친절히 물어다 주는 스펙터클한 미래 세계를 가만히 앉아서, 그냥 지갑을 열고 받아들이기만 하면 될까요? 그래서 영화에서는 IOI가 이룩했고 현실에서는 페이스북과 애플, 구글이 이룩할 독점적인 플랫폼 세계를 그저 편안히 즐기면 되는 걸까요? 착취고 수탈이고 뭐고 상관없이, 나만 안 당하면(물론 그럴 수는 없습니다) 괜찮은 걸까요? 아니면, 비록 이전에는 실패했지만 그럼에도 우리가 계속해서 바라왔던 이상을, 즉 적어도 가상세계만큼은 탈중앙화되고 민주화된 세계를 만들고자 했던 우리의 꿈을 다시 한 번 무대에 올려야 하는 걸까요? 그리하여 단지 이 독점 기업을 저 기업으로 대체하는 게 아니라 아예 독점적인 지배 자체를 불가능하게 만들어야 하는 걸까요? 너무 이상적(낭만적)이라고요? 아닙니다. 생각해 보세요. 우리가 지금 누리고 있는 민주주의는 거저 얻은 게 아닙니다. 우리는 독재와 반민주에 대항해 치열하게 싸웠고 그 결과로 지금의 민주주의를 쟁취한 겁니다. 현실 정치에 대한 개입이 지극히 상식적이라면, 마찬가지로 가상세계에 대한 개입도 전혀 이상적(낭만적)이지 않습니다.

현실을 더 나은 곳으로 만들기 위한 대중의 비판과 개입, 투쟁이 필요한 것과 꼭 마찬가지로 가상세계에 대해서도 그러한 저항의 실천이 필요합니다.[22] 앞에서 저는 '이중의 시민'이라는 말을 썼는데요. 인터넷 가상세계가 이 세계를 이루는 중요한 축이라면, 응당 우리는 현실 속의 시민인 만큼 가상세계 속의 시민이 될 수밖에 없습니다. 그리고 우리가 가상세계의 시민이기도 하다면, 현실과 마찬가지로 이 세계에 대한 적극적인 시민성이 요청된다고도 할 수 있죠. 저는 이를 '기술적 시민성(technological civility)'이라고 부르고 싶은데요.* 간단히 말해 현실의 민주주의

---

* 기술적 시민성이라는 개념은 헤겔의 인륜(Sittlichkeit) 개념에서 착안한 것입니다. 인륜이라는 말이 좀 낯설게 느껴질 수 있어 기술적 시민성으로 다르게 표현해 보았는데, 기술 윤리나 기술 시민인륜 등으로 표현할 수도 있을 듯합니다. 헤겔에 따르면 자유는 단지 개인적 차원에서만 존재하는 게 아니라, 오히려 정치·사회적 제도와 공동체 속에서 실현될 때 비로소 의미를 갖습니다. 즉 그는 가족, 시민사회, 국가라는 점진적인 발전의 과정 속에서 자유가 구체적으로 실현되며, 특히 국가라는 공동체 속에서 개인의 자유와 보편적 질서가 조화를 이룬다고 보았습니다. 이러한 시민성(또는 윤리)을 기술에 적용할 경우, 기술 윤리는 단지 개인이 디지털 기술을 자유롭게 사용하는 것에 국한되지 않습니다. 가상세계의 시민이기도 한 우리는, 이 세계 속에서도 현실과 마찬가지로 비판과 개입을 통해 자유와 민주주의의 가능성을 탐구하고 실현해 나가야 합니다. 결국 기술적 시민성이란 개인의 디지털 윤리가 추상적 자유나 주관적 도덕성을 넘어 정치·사회적 제도와 공공선을 통해 실천되고 형성되어야 함을 의미합니다.

를 지키기 위해 필요한 시민으로서의 자질과 덕성, 의식과 행동 등이 가상세계의 민주주의를 구현하기 위해서도 필요하고 또 요구된다는 겁니다. 탈중앙화와 민주화의 가능성을, 그리고 자유와 평등의 이상을, 현실만이 아닌 가상세계 속에서도 계속해서 묻고 실험하고 만들어 나가야 한다는 말입니다.

미래는 이미 시작됐습니다. 다만 아직 결정되지 않았을 뿐이죠. 전선은 만들어졌고 우리는 원하든 원하지 않든 이미 그 위에 서 있습니다. 하지만 영화에서처럼 우리가 승리할 거라는 보장은 없습니다. 우리에게 보장된 것은, 우리가 우리의 미래를 위해 싸워야 한다는 것이고 또 우리는 싸울 수 있다는 것입니다. 질문은 계속됩니다. 어떤 미래를 만들 것인가? 기업에 우리의 미래를 맡길 것인가? 아니면 우리가 원하는 미래를 우리 스스로 만들어 갈 것인가? 그러기 위해 우리는 무엇을 해야 하는가? Ready player? 그래, 거기 당신!

4장
우리는 어떻게 세계의 우연과 마주칠 수 있을까요?
우리는 어떻게 인간이 될 수 있을까요?
〈월-E〉

인간의 기계화? 인간의 동물화?

　미래의 언젠가 우리는 아마도 현재의 인간을 넘어서는 새로운 인간이 될지도 모릅니다. 어렸을 때 봤던 〈600만 불의 사나이〉나 〈로보캅〉의 주인공이 그런 것처럼, 아니면 영화 〈매트릭스〉의 네오나 〈아이언맨〉의 토니 스타크가 그런 것처럼, 근육과 힘을 강화할 수도, 두뇌와 지능을 업그레이드할 수도 있겠네요. 질병과 노화, 죽음이라는 육체적인 한계를 극복하기 위한 인류의 노력은 기술 발전이라는 구세주를 만나 마침내 인간 개조(강화, 증강)의 쾌거를 이룰지도 모릅니다. 인간의 오랜 약점을 극복하고 더 강한 인간으로 넘어설 수 있다니 뭔가 대단해 보이는 것도 사실입니다.
　인간 강화의 가능성을 상상하기 위해 굳이 먼 미래까지 갈 것도 없습니다. 스마트폰과 접속한 인간은 전 지구적인 네트워크를 이루면서 인

월-E WALL-E
감독 앤드루 스탠튼, 2008

간 신체의 한계를 뛰어넘었고, 이제 다시 인공지능과의 접속을 통해 인간 지능의 한계마저 뛰어넘으려 하고 있죠. 정도의 차이야 있겠지만 이미 인간은 계속해서 이전의 인간을 뛰어넘어 왔던 것이고, 특히 기계와의 다양한 접속을 통해 점점 더 그 가능성을 확대해 왔던 겁니다. 앞으로 더욱 그 속도와 강도를 높여 갈 것이고요. 아마도 미래의 언젠가 우리는 바로 그 기계화를 통해 인간에게 주어진 자연적인 속성을 벗어날 수 있을지도 모릅니다.[1]

물론 인간의 미래가 이렇게 화려한 것만은 아닙니다. 이번 강의에서 다룰 〈월-E〉는 우리에게 이와는 또 다른 미래 인간의 모습을 그려 보입니다. '인간의 기계화'만큼이나, 아니 어쩌면 그보다 더 현실적인 미래상으로서의 '인간의 동물화'가 바로 그것입니다.[2] 넘치는 풍요 속에서 오로지 먹고 자고 싸는 존재로만 남게 된 인간의 모습, 타자와의 상호인정과 그에 대한 투쟁 없이 오직 자기 앞의 모니터 세계에만 갇혀 있는 외톨이의 모습, 역사도 목적도 이념도 없이 하루하루를 그저 본능에 따라 살아가는 동물적인 삶의 모습, 인간 강화의 서사를 한순간 무너뜨리는 이 인간 잉여의 모습이 우리의 또 다른 미래상인 것은 아닐까요? 영화는 이렇게 묻습니다.

우리는 흔히 미래의 첨단 기술이 인간을 노동으로부터 자유롭게 해 줄 거라고 생각하지만, 정작 그렇게 해서 생긴 시간과 에너지를 어디에 어떻게 투여할 것인지에 대해서는 아직 진지하게 고민하지 않는 듯합니다. 노동이 단순히 생존을 위한 고역이 아니라 인간이 자신의 주체성을 인식하는 과정이자 또 자연과 상호작용하는 통로이기도 하다면, 그 노동의 사라짐을 과연 어떻게 이해해야 할까요? 시기상조의 질문일까요? 생성형 인공지능이 벌써부터 우리의 역량과 역할, 일과 직업 등을 조금씩 대체해 나가고 있는데요? 더 나아가 인공지능이 앞으로 기존의 정규직 일자리 3억 개를 대체한다고 하는데요?[3] 이런 변화가 계속 누적되어 언젠가 완전한 자유(또는 실업)의 시대가 도래할 때, 우리는 과연 어떤 다른 인간이 되어 있을까요? 지금의 인간을 넘어선 기계적 인간(트랜스휴먼)이 되어 있을까요? 아니면 도리어 인간 이전으로 회귀한 동물적 인간이 되어 있을까요? 인간 강화가 가능하다면 동시에 인간 잉여도 가능한 게 아닐까요?[4] 영화 〈월-E〉는 진지하지만 유쾌한 방식으로 우리에게 질문합니다.

자본주의의 종말인가 지구의 종말인가

영화 〈월-E〉의 도입부부터 보죠. 한눈에 봐도 지구는 오염되고 병들었습니다. 오염 물질로 가득 찬 대기는 한 치 앞이 보이지 않을 정도로 누렇고 탁합니다. 강과 바다에는 더 이상 생명이 약동하지 않고 땅과 하늘에도 살아 있는 것이라곤 찾아볼 수가 없습니다. 사막화가 진행되면서 도시 한복판에도 시시때때로 모래 폭풍이 들이닥치는 상황입니다. 남아 있는 것은 오직 문명의 잔해, 즉 폐허와 쓰레기뿐이죠. 영화 〈엘리시움〉과 〈핀치〉에서 봤던 그 황폐한 지구의 모습과 너무나도 닮아 있습니다. 풀 한 포기 자랄 수 없이 망가져 버린 지구 말입니다.

그런데 가만 보니, 산처럼 높이 쌓인 저 쓰레기 빌딩 사이를 경쾌한 음악 소리를 내며 질주하는 작은 로봇이 있습니다. 그는(저는 일부러 이 로봇을 '그'로 칭했습니다) 쓰레기 처리 임무를 수행하는 청소 로봇, '월-E'입니다. 그는 뭐가 그렇게 신이 나는 걸까요? 아니, 그 전에 왜 지구에 혼자 남아 청소를 하고 있는 걸까요? 그리고 이 지구에는 도대체 어떤 일이 벌어진 걸까요? 폐허 속에서도 여전히 홀로 반짝이는 홀로그램 광고는 자본주의의 무한 확장이 결국 지구의 종말을 초래했음을 보여주는 걸까요? 아니면 그 반대로 지구의 종말 이후에도 살아남은 자본주의의 망령을 뜻하는 걸까요? "자본주의의 종말보다 세계의 종말을 상상하는 것이 더 쉽다"는 프레드릭 제임슨의 말이 한 번 더 증명되는 것일 수도 있겠네요.[5] 지구는 망했어도 자본주의는 여전히 살아 있으니까 말이죠.

사정은 이렇습니다. 미래의 자본주의는 눈부신 기술 발전을 동력 삼아 역사상 유례없는 풍요를 이룩하는 데 성공합니다. 하지만 이렇게 풍요와 번영이 계속될수록 역설적으로 자본주의는 상품의 거대한 집적만큼이나(또는 그보다 더) 많은 쓰레기를 만들어 내게 되죠. 상품의 집적이란 곧 쓰레기의 집적이기도 한 겁니다.[*] 넘치는 풍요가 도리어 종말의 씨앗을 품고 있었던 거예요. 〈엘리시움〉 강의에서도 말씀드렸듯이 기술 발전이 아무리 지수함수적으로 이루어져도 결국 엔트로피(사용할 수 없는 에너지)와 각종 폐기물은 증가할 수밖에 없습니다. 상품 생산이 늘어날수록 생산과 유통, 소비의 전 과정에서 발생하는 각종 부산물과 오염물 또한 덩달아 늘어나게 되죠. 결국 지구 전체가 쓰레기로 뒤덮이게 되고 앞서 묘사한 것처럼 지구는 더 이상 사람이 살 수 없는 곳이 되고 맙니다.

상황이 이렇게 되자 이 문제의 주된 원인이기도 한 세계 최대 기업 BnL사는 그 해결책으로 최고급 유람선 액시엄 호에 인간을 태워 우주로 보내는 대규모 이주 프로그램을 실행합니다. 자본주의의 풍요로움을 포기하기보다는 지구를 포기하기로 선택한 겁니다. 그러고 보니 여기서도 지구를 탈출하는 수직분할의 사례를 찾아볼 수 있네요(〈엘리시움〉 강의를 참고해 주세요). BnL사는 인류가 우주선에서도 호화로운 생활을 영위할 수 있도록 조치하는 한편, 그렇게 인류가 우주를 유랑하는 사이에 수만 대의 쓰레기 청소 로봇 월-E를 통해 지구의 쓰레기를 처리하는 계획을 세웁니다. 월-E가 청소를 완료하면 다시 지구로 돌아갈 계획이었던 거죠. 인간이 살 만한 환경이 되었는지를 조사하기 위해 지구에 주기적으로 생명 탐지 로봇을 보내는 것도 계획의 일환이었습니다. 물론 계획대로 착착 진행될 거라면 애초에 지구가 종말을 맞지도 않았

---

* 『자본론』의 첫 문장은 이렇게 시작합니다. "자본주의적 생산양식이 지배하는 사회의 부는 '상품의 방대한 집적'으로 나타나며, 개개의 상품은 이러한 부의 기본형태로 나타난다." 마르크스, 『자본론』, 김수행 옮김, 비봉출판사, 2009, 43쪽. 영화는 상품의 풍요가 필연적으로 쓰레기의 과잉을 동반할 수밖에 없음을 암시하면서, 상품의 집적과 쓰레기의 집적을 유비적으로 연결합니다. 자본주의를 이해하기 위해서는 상품 분석만큼이나 쓰레기 분석이 필요한 게 아닐까요? 이에 대해서는 후지하라 다쓰시의 책을 참고하시기 바랍니다. 후지하라 다쓰시, 『분해의 철학』, 박성관 옮김, 사월의책, 2022.

을 겁니다. 지구 청소 계획은 실패로 돌아가고 인류가 지구를 떠난 지도 어언 700년이 지났습니다.

종말의 세계, 그러나 여전한 세계

홀로 남은 주인공 월-E는 700년째 지구를 청소하는 중입니다. 그는 정직하게 노동합니다. 우직하다는 말이 더 맞겠네요. 자신의 네모난 몸 안으로 쓰레기를 밀어 넣고 있는 힘껏 압축해서 정육면체 모양의 블록으로 만듭니다. 그리고 이걸 차곡차곡 쌓아 올려서 거대한 빌딩을 만들죠. 감시하는 사람이 없어도 매일 같이 고된 노동을 반복합니다. 도시를 가득 메운 쓰레기 빌딩의 저 웅장한 스카이라인은 그 노동의 결실이자 그의 작품이죠. 쓰레기를 치우라는 프로그래밍 명령에 따른 것이지만 그것을 어떻게 어떤 모양으로 치울지는 순전히 그의 의지고 자유입니다. 그는 노동하는 사이사이에 예쁘고 신기한 과거의 유물을 수집하는 취미가 있는데요. 이 또한 그가 단지 알고리즘 명령으로 환원되지 않는 의지와 자발성을 갖고 있음을 보여주죠.

그의 노동은 먹고 살기 위해 어쩔 수 없이 해야 하는 임금 노동도 아니고, 같은 일을 아무런 의미도 없이 반복해야 하는 시시포스의 노동도 아닙니다. 비록 매일 쓰레기를 치울 뿐이지만 그는 모든 게 무너진 세계 위에 다시 그만의 질서를 세워 나간다는 점에서 이 세계에 남은 유일한 조물주라 할 수 있습니다. 마찬가지로 그의 노동 또한 그만의 독특성과 탁월성을 보여주는 세계 창조의 행위라 할 수 있죠. 지난 700년 동안 그는 그렇게 세계를 더 나은 곳으로 만들어 왔던 겁니다.

그런 그에게 어느 날 액시엄 호가 파견한 생명 탐지 로봇 '이브'가 다가옵니다. 아니, 그는 우연히(!) 이브를 마주칩니다. 이브라는 이름도 상징적인데요. 최초의 인간인 아담과 이브를 떠올리게 하죠. 그렇습니다. 월-E는 인류가 사라진 지구 위에서 그 스스로 아담이 되어 새로운 창세기의 역사를 써 내려갔던 겁니다. 그런 그가 700년 동안의 외로움 끝에 드디어 이브라는 타자를 마주한 거고요. 짐작할 수 있듯이 그는 이브를 보자마자 첫눈에 사랑에 빠집니다. 하지만 이브는 그에게는 도통 관심이 없죠. 오직 지구 어딘가에 있을지 모를 생명체의 흔적을 찾는 데만 분주할 뿐입니다. 프로그래밍된 명령이 절대적으로 우선인 겁니다. 게다가 이브는 무시무시한 플라즈마 캐논을 무기로 장착하고 있기까지 하죠. 여차하면 큰 선박조차도 통째로 날려버릴 수 있는 강력한 무기입니다. 완전히 다른 세계, 다른 목적, 다른 존재가 이렇게 우연히 마주칩니다.

월-E는 무서움에 벌벌 떨면서도 그녀의 뒤를 졸졸 따라다닙니다. 생사를 건 인정투쟁입니다. 그녀에게 자신의 존재를 인정받고 싶고, 더 나아가 이 외롭고 고단한 세계를 그녀와 함께 살아가고 싶어 합니다. 그는 그녀를 자기의 세계로 조심스럽게 초대합니다. 그녀가 무엇을 좋아할지 몰라 지금까지 모은 온갖 신기한 것들을 이것저것 꺼내 보이면서 환심을 사려 하죠. 뮤지컬 영화를 보여주면서 달콤한 세레나데를 흉내 내 보이기도 하고요. 그는 정말이지 마음을 다합니다. 그러던 중 그녀에게 선물로 건넨 작은 새싹 화분, 얼마 전 그가 폐허 속에서 발견한 최초의 생명입니다. 그 순간 생명 탐지라는 이브의 임무가 발동되고 그녀는 이 식물을 몸 안에 봉인한 채 깊은 잠에 빠지고 맙니다. 그리고 그런 그녀를 데려가기 위해 액시엄 호가 보낸 우주선이 지구에 오죠. 하지만 그는 그녀를 절대 포기할 수가 없습니다. 그녀는 이미 그의 전부가 되어 버렸기 때문입니다. 그는 마치 지옥에라도 따라가겠다는 듯 이브를 데리러 온 우주선에 필사적으로 올라탑니다.

인간의 동물화, 노동과 타자가 사라진 세계

월-E가 도착한 우주선 내부, 영화의 분위기는 여기서 반전됩니다. 황폐하고 메마른 지구의 풍경 대신 아마도 종말 전의 지구가 꼭 그랬을 듯한 총천연색 소비 천국의 모습이 화려하게 펼쳐집니다. 디스토피아에서 유토피아로의 전환일까요? 인간은 지구에서 탈출해서 마침내 모두가 바라는 이상향의 사회를 건설한 걸까요? 아직 판단은 이릅니다. 좀 더 살펴보죠.

자세히 보니 어딘가 이상해 보입니다. 모두가 똑같은 색깔의 옷을 입고 공중부양 의자에 앉아 눈앞에 놓인 단말기 화면만을 뚫어져라 바라보고 있습니다. 게다가 어쩐지 모두가 고도비만 체형입니다. 이들이 끊임없이 먹고 있는 것도 전부 소화가 쉬운 패스트푸드 형태의 음료고요. 아마도 우주선의 중력 문제 때문에 다들 걷지를 않아서(또는 못해서) 비만이 된 게 아닐까 싶습니다. 또 그렇게 운동량이 부족해진 탓에 소화가 쉬운 음료 형태의 음식만 먹는 게 아닌가 싶기도 하네요. 이들은 마치 컨베이어 벨트가 돌아가듯, 공중부양 의자에 앉아 우주선 내부의 각종 상점과 편의시설을 유랑하면서 그저 먹고 소비하고 떠들어 댈 뿐입니다.

놀라운 것은 이뿐만이 아닙니다. 많은 사람들이 의자에 반쯤 누워서 이 소비 회로를 끝없이 돌고 있지만 어느 누구도 옆 사람과 얼굴을 마주 보지 않습니다. 월-E가 온몸으로 부딪치면서 이브에게 자신의 존재를 인정받고자 했던 것과는 너무나 대조적입니다. 이들은 바로 옆에 있는 사람과도 단말기 영상을 통해서만 대화를 나눌 뿐, 실제로 바로 옆에 있는 타자의 얼굴을 직접 마주하지 않습니다. 이들은 오직 디지털화된 이미지 기호로서만 서로를 대하며, 그렇기에 이들의 세계는 우주를 떠도는 우주선만큼이나 이미지 위에서 가벼이 부유하고 맙니다.

어찌 된 일일까요? 아마도 이런 연유일 겁니다. 기술 발전은 인간이 더 이상 힘들게 일하지 않아도 되는 세계를 만들었습니다. 온갖 인공지능 로봇이 상품 생산에서부터 교육과 청소, 미용까지, 심지어 칫솔질까지도 대신해 주니, 한편으로 인간은 이 모든 고된 노동으로부터 자유를 얻었지만 동시에 그것을 할 수 있는 능력으로부터도 자유를 얻었습니다. '이중의 자유'입니다.[*] 진보였지만 또한 퇴보였죠. 로봇의 도움이 없이는 아무것도 할 수 없는 인간, 어느새 인간은 마치 사육되는 동물처럼 오로지 욕구로만 가득 찬 존재가 되어 버렸습니다.[6] 자동화된 시스템에 몸을 맡기기만 하면 먹고 자고 싸는 모든 게 해결되니 굳이 땀을 흘려 노동할 필요도, 힘을 들여 무언가를 성취할 필요도 없어져 버린 겁니다. 우주선의 낮은 중력 탓에 골격이 약해진 데다가 로봇의 도움으로 운동량마저 줄어든 까닭에 점차 비만 체형으로 변해 가는 것은 당연지사였죠. 노동 시간이 없어진 만큼 자유 시간이 늘어났지만, 그 시간은 단지 눈앞에 펼쳐진 화려한 디지털 이미지를 좇는 것으로 채워질 뿐이었습

---

[*] 1부에서도 언급했던 개념인데요. 자세한 내용은 73쪽 각주를 참고하시기 바랍니다.

니다. 마치 그것이 유일한 자유인 것처럼 말이지요.

　기술이 한 치의 오차도 없이 정교하게 맞물려 돌아가는 세계는, 달리 말하면 우연이 제거된 세계이기도 합니다. 어제와 오늘이 같고 오늘이 내일과 같을 때, 사람들은 자신을 둘러싼 세계와 맞서 싸우면서 그 세계를 더 나은 세계로 만들어 나가기 위한 노력을 포기하게 됩니다.[7] 이 세계에는 오늘과 다른 내일이 없고, 변화가 없으며, 그렇기에 역사가 없습니다. 이미 유토피아에 도달했으니 나아갈 방향으로서의 이념 또한 사라지고 말죠. 기술 발전은 지구의 종말로부터 인류를 구원했지만, 그렇게 해서 도래한 세계는 배고픈 소크라테스가 결코 존재할 수 없는 배부른 돼지만의 세계였던 겁니다.

　당연히 이곳에서는 타자의 존재 또한 무의미해집니다. 타자란 나와는 다른 미지의 존재이자 결코 움켜쥘 수 없는 낯섦 그 자체일 텐데[8], 알고리즘에 따라 익숙한 것만을 보여주는 세계에서는 나와 다른 타자와의 우연한 마주침 자체가 불가능하기 때문입니다. 이렇게 타자가 사라진 곳에서는 놀랍게도 자아마저 희미해지고 말죠. '나'라는 존재는 미리 완성된 채로 존재하는 게 아니라 항상-이미 타자와의 관계 속에서, 그 타자와의 차이를 통해 비로소 만들어지는 것이기 때문입니다.[9] 노동과 역사, 타자가 사라진 세계, 이 세계는 권태롭다 못해 절망적입니다.

마주침의 우연성, 세계는 그렇게 변화하고

　이렇게 꽉 막힌 세계에 월-E가 도착한 겁니다. 전적인 우연입니다. 그가 새싹을 발견한 것도 우연이고(물론 700년 동안의 청소가 그 바탕이 되었겠죠), 이브를 만난 것도 그녀와 사랑에 빠진 것도 우연이며, 필사적으로 그녀를 좇아 액시엄 호에 오게 된 것도 물론 우연입니다. 우연은 필연의 질서를 벗어났을 때만 가능해질 수 있습니다. 그리고 이 벗어남은 한 번에 그치지 않는 연쇄 작용을 일으킵니다. 월-E가 이브를 급히 따라가다가 우연히 부딪힌 남자 존은 그 마주침으로 인해 고정된 선로에서 생애 최초로 벗어나게 됩니다. 존은 자신을 둘러싼 세계를 갑자기 낯설게 느끼게 되죠. 우연한 어긋남이 시작된 겁니다. 이어서 월-E는 메리라는 여자에게 말을 걸고, 그녀 역시 이 마주침으로 인해 처음으로 단말기 화면에서 눈을 떼고 주위를 둘러보게 됩니다. 그녀는 말하죠. "수영장이 여기에 있는 줄 몰랐네!" 자신을 둘러싼 환경이라는 요소가 비로소 그녀의 눈에 들어옵니다. 드디어 세계를 마주하게 됐다고도 말할 수 있겠네요. 세계 안에 있는 존재로서의 나, 너, 우리를 말이죠.

월-E라는 우연성의 요소는 우주선 전체를 우연과의 마주침으로 강하게 휘감습니다. 그의 손을 잡은 우주선 선장 맥크리는 처음으로 흙이라는 물질을 보게 되죠. 이게 뭐냐고 인공지능에게 묻자 인공지능 컴퓨터는 그에게 땅(earth)이라는 대답을 내놓습니다. 그 순간 지구(Earth)라는 까마득하게 잊힌 세계가 비로소 하나의 질문이자 가능성으로 떠오릅니다. 700년 동안이나 잊고 있었던 바로 그 지구 말입니다. 그는 재차 묻습니다. 그럼 바다는? 댄스는? 이건? 저건? 그에게 드디어 '욕구'가 아닌 '욕망'이 생기기 시작합니다. 먹고 자고 싸는 데에만 충실했던 동물적 인간은 이제야 나 아닌 다른 사람, 다른 세계, 다른 가능성에 대한 욕망을 갖기 시작합니다.[10]

우연은 필연의 세계에 균열을 일으키고, 이 균열은 마치 도미노처럼 또 다른 우연을 만듭니다. 고장 또는 불량 판정을 받은 로봇들은 이 세계의 자동성과 필연성을 저해하는 위험 요소입니다. 로봇의 돌발적인 행동이, 정교하게 맞물려 돌아가는 세계에 혼란을 일으킬 수도 있기 때문이죠. 한데 월-E와의 마주침은 이들 고장난 로봇으로 하여금 자신을 고장으로 판정한 기존 질서에 함께 맞서게 만듭니다. 기계 로봇의 저항이라니요? 불과 얼마 전까지만 해도 상상조차 못할 일이었습니다.

사건은 계속 이어집니다. 지구로의 귀환을 결정한 선장과 이를 막으려는 인공지능의 한판 대결은 지금까지 공중부양 의자에 누워만 있던 뚱뚱한 승객들을 일으켜 세우는 극적인 계기가 됩니다. 이 또한 우연입니다. 이들은 힘없이 떨리는 다리에도 불구하고 서로의 손을 잡아 서로를 구합니다. 연대와 협력, 또는 그렇게 거창하게 말하지는 않더라도 다분히 인간적인 손 내밂과 손 잡음이 돌연 이들을 서로의 얼굴을 마주보는 '인간'이게 만듭니다. 인간은 언제 동물이 되고 언제 인간이 될까요? 영화는 우리에게 줄곧 같은 질문을 던졌던 겁니다.

그리고 이어지는 월-E의 희생. 아마도 예수였던가요. 사람이 친구를 위해 죽는 것보다 더 큰 사랑이 없다고 말했던 이가요? 제가 월-E를 '그것'이 아닌 '그'라고 부르는 이유가 바로 여기에 있습니다. 그는 이 세계에서 홀로 노동하고 사랑하고, 끝내 자신을 희생했던 겁니다. '기계'인 그가 말입니다. 인간에 가까운 기계와 동물에 가까운 인간, 어쩌면 이 영화는 이 연속성의 스펙트럼을 통해 기계가 인간보다 더 인간적일 수 있는 만큼 인간 또한 동물보다 더 동물적일 수 있음을, 그러니까 인간이란 그저 인간으로 태어나는 게 아니라 끊임없이 인간이 되어 가야 하는 미완결의 존재임을 말하고자 했던 게 아닐까요.

인간의 기계화, 인간의 동물화, 그리고?

액시엄 호의 인간들은 마침내 지구에 도착합니다. 당장의 안락함과 욕구에 만족하기보다는 비록 황폐한 땅일지언정 지구를 더 나은 세계로 만들어 나가겠다는 단호한 결심입니다. 배부른 동물로 남기보다는 배고픈 인간이 되겠다는 선언이자 그에 대한 욕망이기도 하죠. 그래서 어떻게 됐을까요? 영화는 여기서 끝나지만 재밌게도 지구에 도착한 인간들의 이후 이야기를 엔딩 크레딧과 함께 빠르게 펼쳐 보여줍니다. 홀로 노동하고 사랑하던 월-E의 모습은 이제 지구의 인간들을 통해 다시 한 번 반복됩니다. 월-E가 그랬던 것처럼 사람들은 정직한 노동을 통해 이 황폐한 땅을 부지런히 일구어 나가고, 옆에 있는 타자와 얼굴을 직접 마주하면서 이야기하고, 또 서로 사랑하고 아이를 낳아 기르면서, 그렇게 세계를 더 나은 곳으로 바꾸어 갑니다.

변화는 극적입니다. 옥수수가 자라고 포도가 열리더니 이내 강과 바다에 물고기가 돌아옵니다. 사람들은 모든 게 무너진 땅 위에 다시 건물을 짓고 도시를 건설하고, 그렇게 문명을 처음부터 새로 일구어 갑니다. 여전히 황폐한 땅이지만, 전과 다른 점이 있다면 이제는 인간이 스스로 역사를 써 내려가기 시작했다는 점입니다. 아마도 이 문명은 지구를 떠나기 이전의 문명과는 완전히 다를 겁니다. 더 나은 세계를 향한 인류(인간 존재)의 역사와 목적, 이념이 새롭게 시작되겠죠. 옥수수와 물고기는 물론이고 월-E와 이브라는 로봇도, 즉 비인간 존재들도 함께 말입니다. 새로 도래할 세계는 이렇듯 인간의 것만도 아니고, 동식물과 기계의 것만도 아닌, 인간과 비인간 존재의 공생과 협력으로 채워질 것 같습니다.[11]

그런데 말입니다. 공생과 협력이라는 새로운 인간의 모습은 앞에서 말씀드렸던 두 가지 유형, 즉 인간의 기계화와 인간의 동물화 중 어디에도 속하지 않는 듯합니다. 그렇다면 기계도 동물도 아닌, 또는 그 모두와의 공생과 협력이 가능하다는 것일까요? 또 다른 인간의 모습도 가능하다는 걸까요?

영화 말미에 〈월-E〉는 인간의 미래가 SF 영화에서 흔히 제시하는 인간의 기계화로 귀결되는 것만도 아니고, 또 반대로 이 영화가 보여준 것처럼 인간의 동물화로 귀결되는 것만도 아니라고 말합니다. 그러고는 어쩌면 그 사이에 있을지 모를 또 다른 가능성에 대해 말하죠. 어떤 가능성일까요? 영화가 보여주는 엔딩 이후의 결말로부터 유추해 보면 이렇습니다. 아마도 미래의 언젠가 우리는 인간이라는 존재의 경계를 넘어 비인간 존재와 공생 관계를 이루며 살게 될지도 모릅니다.[12] 〈가디언즈 오브 갤럭시〉에서처럼 라쿤과 나무와도 친구가 되고 〈스타트랙〉에서처럼 외계인과 함께 모험을 떠날 수도 있겠네요. 로봇과 동물의 공존을 다룬 〈와일드 로봇〉의 귀여운 로봇도 있습니다.* 무엇보다 월-E가

---

* 이들 영화는 비인간 존재를 전면에 내세우면서도 이들이 모두 인간의 언어를 사용하는 것으로 그려낸다는 점에서 여전히 인간 중심적인 특징을 갖고 있는 게 사실입니다. 하지만 한편으로는 그렇지 않으면 비인간 존재의 서사 자체가 불가능하다는 점에서, 비인간 존재의 의인화는 불가피한 전략일지도 모릅니다. 『생동하는 물질』의 저자 제인 베넷(Jane Bennett)은 이렇게 말합니다. "결국 우리는 의인화를 통해 존재론적으로 구별되는 존재 범주(주체와 객체)로 가득한 세계가 아닌, 다양하게 구성되어 연합을 형성하는 물질성의 세계를 발견해낼 수 있는 감수성을 키울 수 있게 된다." 제인 베넷, 『생동하는 물질』, 문성재 옮김, 현실문화, 2020, 246쪽. 의인화를 통해 비인간 존재에 대한 감수성을 키울 수 있다는 것인데요. 하지만 다른 한편으로는, 이러한 의인화 전략이 결국 비인간 존재의 독자성을 인간의 의미망 안으로 편입시킴으로써 오히려 인간 중심적인 사고를 더욱 강화한다는 비판도 제기되는 듯합니다. 고민이 필요한 지점입니다.

단적인 예일 겁니다.

　이 모두에서 공통적인 것은 이 가운데 인간이란 더 이상 특별한 존재로 그려지지 않는다는 것입니다. 인간은 다른 비인간들과 상호의존적인 관계를 맺으면서 이 세계를 구성해 나가는, 말 그대로 동등한 존재자로 자리매김될 뿐이죠. 인간 중심적인 관점을 벗어난다는 점에서 탈인간주의 또는 '인간의 탈인간화'라고도 할 수 있을 듯합니다. 앞에서 언급했던 인간의 기계화(트랜스휴머니즘, transhumanism)가 여전히 인간 중심적인 관점에서 인간의 개조와 강화를 말한다면, 그래서 인간의 정체성을 유지하면서도 인간을 극복한 더 강한 인간 존재를 추구한다면, 인간의 탈인간화(포스트휴머니즘, posthumanism)는 반대로 인간 중심적인 사고방식을 의문에 부치면서 인간과 비인간 존재들(동식물, 기계, 생태계 등) 사이의 새로운 관계를 모색하고 또 그에 맞는 공생의 윤리를 제시한다고 할 수 있습니다.* 언뜻 보기에는 비슷해 보이지만 전혀 다른 방향을 향하고 있죠. 〈월-E〉는 후자야말로 인류의 무너진 역사와 목적, 이념을 다시 세울 새로운 지향점임을 암시합니다.

　그렇다면 인간의 동물화를 넘어서기 위한 방법은 과거의 인간성을 회복해서 다시금 본래의 인간으로 되돌아가는 것도, 또는 인간을 강화하고 개조해서 더욱 강한 인간으로 진화해 나가는 것도 아닐 겁니다. 두 경우 모두 여전한 인간중심주의(anthropocentrism)를 바탕으로 삼기 때문이고, 바로 이 인간중심주의가 세계 파국의 원인이 됐기 때문이죠. 반

---

* 야니나 로(Janina Loh)는 이를 '비판적 포스트휴머니즘'이라고 명명합니다. 야니나 로, 『트랜스휴머니즘과 포스트휴머니즘』, 조창오 옮김, 부산대학교출판문화원, 2021.

면, 〈월-E〉는 동물화도 기계화도 아닌 또 다른 미래의 가능성을 그리면서, 그 미래를 인간이 자신의 중심성을 극복해 나가는 모습으로, 더 나아가 인간이 비인간 존재와 공생 공존해 나가는 모습으로 그려냅니다. 앞서 말씀드린 탈인간화의 모습입니다.

이렇게 (재)탄생한 인간은 지구를 착취하고 오염시킨 이전 시대의 인간과는 전적으로 다른 인간일 수밖에 없습니다. 이 인간은 동식물과 기계, 생태계와 지구를 한낱 대상이나 도구가 아니라 복수의 존재자들(곧 행위자)로 인정한다는 점에서, 동시에 이들과 긴밀한 네트워크를 이루면서 지구라는 행성에서의 공동체적 관계를 만들어 나간다는 점에서[13], 이전의 인간 중심적인 인간을 넘어선 '인간 이후의 인간', 곧 포스트휴먼이라고 할 수 있죠. 여기에는 분명한 질적 전환이 있습니다. 같은 인간이지만 동시에 다른 인간이기도 한 겁니다. 영화는 인간의 동물화를 벗어날 수 있는 가능성으로, 또 세계의 파국을 이겨낼 수 있는 가능성으로, 흔히 예상할 수 있는 인간 존재의 개체 강화를 제시하지 않습니다. 오히려 그 반대입니다. 영화는 인간이 과거의 인간 중심성을 벗어나서 다양한 비인간 존재들과 종간 연합을 강화해 나갈 때, 즉 비인간 존재를 동등한 존재로 받아들일 때, 비로소 그 모든 가능성을 현실화할 수 있다고 말합니다.[14] '기계'인 월-E가 우리에게 보여준 것은 어쩌면 그러한 동맹의 필요성이자 그 구체적인 방법일지도 모릅니다.

영화가 은유하는 것

그런데 아직 말씀드리지 않은 게 있습니다. 저 우주선에서의 무한정한 소비 생활, 그러니까 끊임없이 먹고 마시면서 온라인 세계에만 빠져 있는 인간의 모습이란 결국 현재의 우리를 (비판적으로) 은유하고 있다는 사실 말입니다. 인간의 동물화는 영화 속 이야기만이 아닙니다. 하루에 몇 시간씩 핸드폰 화면만 바라보고, 누가 더 많이 먹고 어디가 맛집인지 등 온통 먹는 것에만 관심을 기울이며, 모니터 위의 영상만으로(알고리즘의 인도만으로) 세계의 우연성과 복잡성을 손쉽게 대체해 버리는 지금-여기의 우리 이야기이기도 하죠.[15] 질문은 영화에서 현실로 곧장 안착합니다. 우리는 어떻게 세계의 우연과 마주칠 수 있을까요? 처음부터 인간으로 태어나는 게 아니라면, 우리는 어떻게 인간이 될 수 있을까요? 우리가 지금 써 내려가는 역사는, 정말 이전보다 조금이라도 더 나은 역사일까요? 우리는 인간인 우리 자신을 극복할 수 있을까요? 우리는 어떻게 비인간 존재들과 공생하면서 이 세계를 더 나은 세계로 만들어 갈 수 있을까요? 월-E의 질문은 여전히 계속됩니다.

5장
인간 없는 세계를 사유하는 한에서만 인간 없는 세계를 유예시킬 수 있습니다.
〈나는 전설이다〉

인간 없는 세상

지구에서 인간이 모두 사라진다면 어떤 일이 벌어질까요? 『인간 없는 세상』의 저자 앨런 와이즈먼(Alan Weisman)은 우회 전략을 씁니다.[1] 기후 위기가 언젠가 인류의 종말을 초래할 거라고 경고의 메시지를 보내기보다는(지금까지 이 방법은 전혀 통하지 않았죠), 차라리 지구라는 행성 차원에서 볼 때 인류의 종말은 정말이지 아무것도 아님을 마치 해탈한 듯 보여주기로 한 겁니다. 그는 인류의 종말이란 단지 지구에 사는 여러 생명체 중 하나의 멸종일 뿐 지구 자체의 종말은 아니라고 말하면서, 마치 인류의 종말이 곧 지구의 종말인 것처럼 호들갑 떨면서 확대 해석하는 그 자체가 여전한 인간중심주의의 태도를 보여준다고 비판합니다. 인간중심주의로 인해 종말을 맞지만, 그 종말조차도 여전히 인간중심주의로 해석하고 마는 인간 종의 필연적인 자기중심성을 비판하는 걸까요?

나는 전설이다 I Am Legend
감독 프랜시스 로렌스, 2007

　그에 따르면 인간이 사라진 바로 그날부터 자연에는 말 그대로 대청소가 시작됩니다. 그가 제시한 대청소의 시간표는 꽤나 구체적인데요. 전기가 끊겨서 2일 만에 뉴욕 지하철역이 침수되는 것을 시작으로, 고압전선의 전류가 차단되어 1년 후에는 온갖 새들이 번성하고, 10년 후에는 목조 건물이 붕괴되고, 20년 후에는 인간이 개량한 작물이 다시 야생의 상태로 돌아가는 등 인간이 사라져 버린 지구는 조금씩 원래의 모습을 되찾아 가기 시작합니다. 기후 위기의 원인인 이산화탄소도 단지 시간이 오래 걸릴 뿐 언젠가는 인류가 출현하기 이전의 수준으로 줄어든다고 합니다. 그의 말처럼, 인간이 이룩한 문명은 그것이 아무리 위대한 것이든 자연과 시간의 연합 앞에서 무력할 수밖에 없습니다. 맥락은 조금 다르지만 "견고한 모든 것은 대기 속으로 사라진다(All that is solid melts into air)"는 말은 여기서도 참인 듯합니다.[2] 자연은 그렇게 인간의 흔적을, 그 견고한 토대를, 조금씩, 그러나 분명하게 지워 나갑니다. 그리고 인간이 사라진 그 자리를 수많은 새들과 무성한 식물, 그리고 다시 돌아온 각종 동물로 채워 나가죠. 마치 원래 그 자리의 주인공이었던 것처럼 말입니다.

영화 〈나는 전설이다〉는 이렇게 인간이 모두 사라져 버리고 난 뒤의 상황을 배경으로 삼습니다. 아니, 약간의 정정이 필요합니다. 인간은 사라진 게 아닙니다. 바이러스에 감염되어 흡사 '괴물'과도 같은 비인간 존재가 되었다고 말하는 편이 더 정확할 듯합니다. 영화는 오직 한 명의 인간만이 살아남은 세계의 모습을 그려내면서, 역설적으로 본래 이 세계란 인간과는 상관없이 그 자체로 존재해 왔음을, 그리하여 인간이 있든 없든 여전히(영원히) 지속될 수밖에 없음을, 마치 당연한 진실처럼 우리 앞에 툭 하고 던져 놓습니다. 가만 생각해 보면 정말 그렇지 않나요? 인간은 지구 위에 잠시 머물렀다 갈 뿐인 수많은 생명체 중 하나일 뿐이니까요. 실제로 약 45억 년의 지구 역사 중에 인간(호모 사피엔스)이 출현한 시간은 고작 20만 년에 불과하다고 합니다.[3] 그 외의 모든 시간 속에서, 지구는 철저히 비인간 존재들의 세계였던 겁니다.

    그런데 인간 없는 세계를 우리 인간이 어떻게 사유할 수 있을까요? 인간 중심적인 사유가 아니라면 도대체 어떤 사유가 가능한 걸까요? 우리는 태생적으로 인간인데 말이죠. 프롤로그에서도 말씀드렸지만, SF를 '사변적 우화'로 보자는 제안은 여기서도 유효합니다.[4] 사변적이라고 하니까 이게 또 어렵게 느껴질 수도 있는데요. 프롤로그에서도 말씀드렸듯이 저는 그냥 상상의 나래를 펼친다는 정도로 이해하곤 합니다. SF처럼 상상의 이야기를 통해, 지금의 우리 존재가 어떤 필연성(신이 인간을 만물의 주인으로 창조했다는 식의) 때문이 아니라 그야말로 어쩌다가 이런 모습으로 출현한 것에 불과하다는 사실을, 즉 전적인 우연성 때문임을 비로소 상상해 볼 수 있거든요. 인간이 아니라 개나 원숭이가 지배종인 세계도 상상해 볼 수 있는 거죠. 실제로 영화 〈혹성탈출〉이 그런 상상력을 발휘하기도 했고요. 와이즈먼처럼 인간 없는 세상을 상상해 봄으로써, 또는 〈나는 전설이다〉처럼 비인간 존재가 지배하는 세계를 상상해 봄으로써, 역으로 인간이 더는 주인/중심이 아닌 세계의 가능성을 '사변적으로나마' 사유해 볼 수도 있다는 겁니다. 어쩌면 이런 사변적 시도를 통해 우리의 인간 중심적인 관점을 조금이나마 덜어낼 수 있지 않을까요?

 이번 강의는 다른 때보다 영화 줄거리 소개가 많은데요. 이유는 단순합니다. 영화의 줄거리 자체가 우리에게 비인간 존재에 대한 사유를 요청하는 긴 초대장이기 때문입니다. 뒤집어 말하면 긴 서사, 곧 긴 사유 없이는 (우리가 너무나 인간적이기에) 비인간 존재를 사유하는 자체가 몹시나 어렵기 때문이기도 합니다. 비인간 존재에 대한 긴 사변적 우화가 아니고서는(비록 그것이 말도 안 된다고 할지라도) 이 견고한 인간 중심적 세계를 인간 이외의 존재들로 충만한 또 다른 세계로 상상하는 게 불가능할지도 모릅니다. 〈나는 전설이다〉는 인간 없는 세계의 가능성을 미리 열어 보임으로써 우리로 하여금 그 경험 불가능한 영역으로 한 발자국 더 내딛게 만듭니다. 물론 이 한 발자국이 사유의 진보이기도 하죠.

사건의 발단, 구원과 파멸의 동시성

 역시나 사건은 과학기술의 눈부신 발전으로부터 비롯됩니다. 인류는 유전자 조작 기술을 이용해 기존의 홍역 바이러스를 암 치료 백신으로 개조하는 데 성공합니다. 10,900명 임상 실험에 10,900명 완치라는 경이로운 기록을 세우죠. 인류가 드디어 암을 정복한 것이고, 무엇보다 기술이 그 정복의 주인공이 된 겁니다. 하지만 기쁨도 잠시, 영화는 갑자기 3년 후라는 자막과 함께 아무도 살지 않아 폐허가 되어 버린 거대 도시 뉴욕의 모습을 비추어 줍니다. 앞서 말한 인간 없는 세계의 모습이고 황량하기 이를 데 없는 폐허의 모습입니다. 도대체 무슨 일이 일어난 걸까요? 관객은 어리둥절할 수밖에 없습니다.

바로 그때, 적막한 폐허 사이를 빨간색 스포츠카 한 대가 거침없이 질주합니다. 문명이 사라진 세계는 모든 인위적인 소리가 사라진 고요의 세계이고 모든 화려한 색감이 빛을 잃은 회색의 세계입니다. 그 고요와 회색의 세계 사이를 빨간색 자동차가 거친 엔진 소리를 내면서 가로지른다고 생각해 보세요. 이만한 어색함이 또 없을 겁니다. 영화는 어느새 지구의 이방인이 되어 버린 인간의 등장을 이렇게 묘사합니다. 종말 이후에도 여전히 시끄럽고 오만하고 자기중심적인 종(species)으로 말이지요. 그러고 보면 인간이란 참 한결같은 종인 것 같기도 합니다.

주인공 로버트 네빌(윌 스미스)과 그의 반려견 샘은 이 요란한 스포츠카를 타고 사슴 무리를 쫓는 중입니다. 하지만 인간이 사라진 세계는 더 이상 인간만의 것이 아닙니다. 그곳은 무성한 수풀의 세계고 먹이를 찾아 몰려온 사슴의 세계며, 또한 그 사슴을 따라온 사자의 세계이기도 하죠. 그 누구의 것도 아닌 세계이기에, 특히 인간의 세계는 더더욱 아니기에, 네빌은 자신이 쫓던 사슴을 사자에게 순순히 양보할 수밖에 없습니다. 아마도 이 장면은 인간이 더는 지구의 지배종이 아니게 된 상황을 에둘러 보여주고 있는 듯합니다. 이제 인간은 다른 종과의 경쟁을 통해 먹이를 구해야 하는, 이를테면 석기 시대와 다를 바 없는 시대를 살아가게 된 겁니다.

구원과 파멸은 때론 같은 얼굴을 하고 있습니다. 특히 그것이 기술에 의한 것이라면 더욱 그렇습니다. 다시 3년 전으로 돌아가 보죠. 암 치료를 위해 투여한 바이러스 백신이 임상 시험자 내부에서 갑작스레 변이를 일으키기 시작했습니다. 처음에는 임상 시험자들에게 광견병 유사한 증세가 나타나더니 곧이어 사람을 물어뜯는 증상이 나타났고, 이 현상이 기하급수적으로 퍼져 나가면서 이내 뉴욕은 아비규환으로 변해 갔습니다. 급기야 이 바이러스가 공기 감염이 가능한 형태로 자체 진화하면서 감염은 단지 뉴욕을 물리적으로 봉쇄하는 정도로는 막을 수 없는 지경에 이르게 됩니다. 바이러스는 공항을 통해 전 세계로 걷잡을 수 없이 퍼져 나갔고, 여기에 감염된 모든 인간을 그저 피에 굶주린 비인간 존재, 즉 일종의 '괴물'로 만들어 버렸습니다. 이렇게 인류는 어떤 대비도 하지 못한 채, 구원의 메시지와 함께 파멸을 맞게 됩니다. 바이러스에 대해 면역을 갖고 있었던 네빌과 샘만이 이 재난에서 빗겨날 수 있었죠.

인간 없는 세계에서 살아가기

하지만 이 세계에서 홀로 살아가야 한다는 것은 분명 또 다른 재난입니다. 네빌은 아내와 딸을 비롯해 인류의 생존을 지키지 못했다는 죄책감과 자기도 언제든 죽을 수 있다는 두려움 때문에 밤새 뒤척입니다. 주인공 네빌은 사실 미국 육군의 화생방 장교이자 타임지 표지에 실릴 만큼 뛰어난 과학자이기도 한데요. 그런 능력을 바탕으로 그는 자기 집 지하에 각종 연구 시설을 설치하고 지난 3년 동안 백신을 개발하기 위해 감염된 쥐를 대상으로 계속해서 생체 실험을 진행해 왔습니다. 백신을 만들어 인류를 구하는 것만이 그의 죄책감과 두려움을 없앨 유일한 방도였으니까요(영화는 어딘가에 남아 있을지 모를 인류를 상정합니다). 지금까지는 실패의 연속이었지만 어느 날 어떤 쥐가 다른 쥐와는 달리 공격성이 많이 줄어든 것을 보고 그는 일말의 희망을 발견합니다. 그러나 백신을 개발하기 위해서는 쥐가 아니라 진짜 감염자의 신체, 즉 '괴물'의 신체가 필요했습니다.

네빌과 샘은 다시 사슴을 추격합니다. 아마도 부족한 식량 때문이겠죠. 근처 상점에서 구한 통조림도 이제 바닥이 났습니다. 조급해집니다. 둘은 사슴을 쫓던 중에 감염자 무리의 소굴을 발견하고, 네빌은 이때다 싶었는지 감염자를 포획하기로 결심합니다. 그는 함정을 설치하고 자기 피로 미끼를 만들어 드디어 감염자를 낚아채는 데 성공합니다. 그 순간 남성으로 보이는 다른 감염자가 햇빛에 피부가 타들어 가는 것도 아랑곳하지 않고 네빌을 향해 실로 거대한 분노를 내지르며 달려듭니다. 마치 자신의 연인이라도 납치된 것처럼 말이죠. 바이러스에 감염되면 이성을 포함한 모든 인간적인 특징이 사라지고 오직 피를 향한 동물적인 갈망만 남는 게 아니었나요? 더 이상 인간이 아닌 게 아니었나요? 네빌은 이상함을 느낍니다.

여기서 잠깐 흥미로운 에피소드를 짚고 넘어가야 하겠네요. 네빌은 반려견 샘을 비롯해 다양한 사물과 대화를 나눕니다. 그는 샘과 온종일 대화하는 것도 모자라 상점 앞에 서 있는 마네킹 마지와 프레드에게도 반갑게 인사를 나누죠. 마네킹들의 이름도 물론 그가 지었습니다. 여자 마네킹에게는 장난스럽게 추파를 던지면서 이성적 관심을 표현하기도 합니다. 혼자 살다 보니 심심해서 그러는 걸까요? 물론 그럴 수도 있습니다. 혼자라는 것은 분명 심연과도 같은 외로움일 테니까 말이죠. 하지만 그게 다일까요? 단지 대화 상대를 그리워하는 것뿐일까요? 아니면 인간이 부과한 목적으로부터 벗어난 존재'들'의 가능성, 즉 존재한다는 점에서는 인간과 동등할 수밖에 없는 사물의 세계를[5], 그 가능성을, 인간이 모두 사라진 후에야(즉 비인간 존재가 세계에 전면화됐을 때에야) 비로소 포착할 수 있게 된 걸까요? 일단은 질문부터 확인하기로 하죠. 질문이 사유를 촉발하는 법이니까요.

누가 '괴물'인가?

네빌은 포획한 여성 감염자에게 자기가 개발한 백신을 투여합니다. 하지만 계속되는 실패 앞에서 또 한 번 실망하고 말죠. 경과를 더 지켜보기로 하고 다시 도시 여기저기를 탐색하던 중, 네빌은 한 건물 앞에 마네킹 프레드가 서 있는 것을 발견합니다. 아니, 그런데 저 마네킹은 상점 앞에 있던 바로 그 마네킹이 아니던가요! 네빌은 아연실색합니다. 이 세계에 자기 말고 다른 누가 있단 말인가? 도무지 이해가 가지 않아 말문이 막히기까지 합니다. 네빌은 겨우 정신을 차리고 주위를 둘러보지만, 혼란스러운 탓에 경계심을 잃었던지 그 순간 발을 낚아채는 올무에 걸리고 맙니다. 앞에서 네빌이 설치했던 함정과 꼭 같은 방식의 함정입니다. 도대체 누구의 짓일까요? 함정을 설치할 정도의 이성을 가진 존재라면, 단연코 인간밖에 없지 않은가요? 그런데 이 세계에는 다른 인간이 없단 말입니다!

짐작할 수 있듯이, 이 함정을 설치한 존재는 앞서 '괴물'이라고 칭했던 감염자들입니다. 영화 내내 그들은 이성과 사회성을 상실한 채 그저 피에 대한 욕구만을 가진, 마치 '괴물'과도 같은 존재로 그려지죠. 좀비를 닮은 모습만 봐도 딱 그렇습니다. 그런데 영화는 돌연 그들이 동료(또는 연인)의 납치에 대해 분노할 뿐만 아니라 인간이 고안한 함정의 원리를 정확히 이해하고 이를 모방할 수 있는 존재라고 말합니다. 이들이 나름의 사회성과 이성을 가진 존재라니! 네빌만큼이나 관객 또한 놀랄 수밖에 없습니다. 영화는 이 지점에서 인간과 비인간을 선명하게 나누어 왔던 바로 그 이성이라는 특징을 의문에 부칩니다. 이성이 더 이상 인간과 비인간을 가르는 근본적인 차이가 아니게 될 때, 그 이성의 유무를 전제로 내렸던 모든 인간 중심적인 판단은 근거를 잃게 되죠.[6]

아마도 네빌은 이렇게 판단했을 겁니다. 감염자 무리는 인류의 종말을 초래한 적이자 악이며, 더욱이 이성도 의식도 없는 존재이기에(즉 욕망으로 가득한 동물적 신체에 불과하기에) 말 그대로 '괴물'이나 다름없다고. 그렇기에 그들을 납치하고 죽이는 것은 죄책감이 필요 없는 선이자 인류를 구원하기 위한 의라고 말이죠. 그런데 이 논리는 묘하게도 세계 각지의 원주민을 학살했던 유럽 식민주의자의 논리와도 닮아 있습니다.[7] 상대가 괴물(악)이라면, 이성(영혼)이 없다면, 또는 그렇게 규정할 수 있다면, 얼마든지 죽여도 된다는 논리. 이 논리는 인간과 동물, 인간과 인간, 인간과 비인간 사이를 가로지르면서 역사상 수많은 배제와 죽음을 만들어 왔습니다.[8] 심지어 지금도 지구 한편에서는 같은 일이 반복되고 있죠.[9]

그런데 사실 이러한 논리에는 어떤 명확한 근거 대신, 단지 그럴 것이라는, 또는 그래야만 한다는 편견과 억견이 깔려 있을 뿐입니다. 영화는 이러한 논리가 사실상 '근거 없음'을 근거로 삼고 있으며(즉 논리는 믿음에 기반해 있으며) 우리 또한 그 논리에 스며들어 있음을, 그리하여 우리는 곧 네빌과 다르지 않음을, 완곡하지만 분명하게 말합니다.

놀라움은 여기서 그치지 않습니다. 영화는 한 발 더 나아가죠. 대체 누가 '괴물'이냐고 묻는 겁니다. 네빌은 이전에 납치한 감염자의 상태를 확인하기 위해 지하 연구소로 내려갑니다. 여성 감염자는 가쁜 숨을 몰아쉬며 누워 있습니다. 그리고 이때 살짝 비치는 연구소의 벽, 거기에는 최소 수십 명의 피실험자 사진이 빼곡히 붙어 있습니다. 모두가 감염자들이고 생체 실험을 하기 위해 납치한 자들입니다. 어쩌면 감염자들에게는 네빌이야말로 어느 순간 불쑥 찾아와 자신의 동료와 연인을 납치해 가는 '괴물'이 아니었을까요? 괴물이라는 표현에 계속 작은따옴표를 붙인 이유가 여기 있는데요. 괴물이란 어딘가에 숨어 있는 악하고 흉측한 무엇, 그러니까 이미 그 자체로 악한 존재가 아니라 자신의 신념을 절대화하면서 타자의 삶을 부정하는 그 누구라도 될 수 있는 존재이기 때문입니다.[10]

나는 전설이다. 그런데 어떤 전설인가?

결국 감염자들은 네빌의 은신처를 습격합니다. 한바탕 접전 끝에 감염자 무리의 대장으로 보이는 남자와 네빌이 강화 유리를 사이에 두고 완강히 맞서게 되죠. 여기서 영화는 극장판과 감독판이라는 두 가지 결말을 준비합니다. 먼저 극장판의 결말은 네빌이 또 다른 인간 생존자 안나에게 치료가 가능한 혈액 샘플을 건네준 뒤 수류탄을 터트려서 그곳에 있던 모든 감염자들과 함께 죽는 것으로 마무리됩니다. 안나는 이 혈액을 생존자 캠프에 건네주고, 그렇게 해서 네빌은 치료제를 만든 '전설'이 되죠. 악에 대항하여 끝까지 싸우다가 마침내 인류를 구원하고 산화하는 메시아의 모습, 〈나는 전설이다〉의 극장판은 '전설'의 의미를 이렇게 묘사합니다. 감동적일지는 모르지만 퇴보한 결말이에요. 그렇게 해서 도래할 세계는 인간중심주의라는 이전의 세계와 꼭 같기 때문이고, 결국 네빌은 그 답 없는 세계를 한 뼘 더 연장한 인물로 남을 수밖에 없기 때문입니다.

감독판은 사뭇 다른 결말을 보여줍니다. 감독판은 극장판의 결말을 완전히 뒤집어 버립니다. 인간이 만든 영화이기에(주인공도 관객도 인간이기에) 어쩔 수 없이 남아 있던 인간 중심적인 서사마저도 버리려 하죠. 어떤 점에서 그럴까요? 극장판이나 감독판이나 감염자들이 네빌을 공격하러 온다는 점에서는 같습니다. 한데 감독판은 수류탄을 터트렸던 극장판의 결말과는 전혀 다른 길을 제시하죠. 네빌은 이들 감염자 무리가 자신이 납치했던 여성 감염자를 구하러 왔다는 것을 눈치채고, 결국 그녀를 순순히 넘겨줍니다. 감염자의 존재를 처음으로 인정하는 장면이 아닌가 싶습니다.

그 순간 대장 감염자와 그녀는 마치 사랑하는 연인처럼 서로를 애틋하게 바라보고 보듬고 어루만집니다. 감염자도 서로 사랑을 했던 겁니다. 인간이 최고선으로 치는 바로 그 사랑 말입니다. 네빌은 멈칫합니다. 그리고 비로소 깨닫죠. 오히려 자신이야말로 '전설' 속 괴물이었음을 말이에요. 감염자가 지배종이 된 이 세계에서는 네빌이야말로 귀신처럼 나타나 그들을 몰래 납치하고 고문하고 죽이는 괴물이었던 겁니다. 이 전도(inversion)! 영화는 이를 통해 이전의 모든 서사를 일순간 무너뜨립니다. 네빌의 정당성, 그의 의지, 주장, 실천 등 모든 것을요. 그러고서 묻습니다. 이 세계는 누구의 것인가 하고 말이죠. 때로 질문은 주장만큼이나 강한 법입니다.

감염자 무리는 마치 이것으로 됐다는 듯 되돌아가고, 네빌과 안나는 다음 날 다른 생존자를 찾아 먼 길을 떠납니다. 인간과 비인간은 그렇게 각자의 길을 향해 걸어갑니다. 여기에는 감동 대신 어떤 깨달음이 있습니다. 인간만큼이나 비인간 또한 이 세계를 살아갈 권리가 있는 게 아닐까요? 사실은 인간도 이 행성에 잠깐 머물다 갈 뿐인 여러 생명체 중 하나일 뿐이니 말입니다. 인간이 더는 자신의 특별함을 주장할 수 없는 세계, 인간과 비인간이 공존해야만 하는 세계가 이렇게 하나의 가능성으로 다가옵니다.

모든 것은 존재한다는 점에서 동등하다

아마도 이 강의 내용에 몇몇 분은 의문을 가질 수도 있을 듯합니다. 인류를 구하기 위한 네빌의 행위가 여전히 옳다고 생각할 수도 있어요. 아무리 그래도 감염자는 인류 종말을 초래한 괴물이 아니냐고, 그러니 좀비를 죽이듯이 죽여야 하는 게 아니냐고 되물을 수도 있습니다. 하지만 감염과 종말이라는 영화상의 극단적인 설정을 걷어 내고 나면 핵심은 의외로 간단해 보입니다. 어쩌면 이 영화는 인간이 주인공이었던 세계가 사라졌을 때, 또는 세계 속에서 인간이 더는 특별한 존재가 아니게 되었을 때, 그때 세계의 모든 존재는 적어도 존재한다는 점에서만큼은 동등할 수밖에 없다는 것을 말하고자 했던 게 아닐까요? 영화는 묻습니다. 모든 인간이 감염자가 되었을 때, 그래서 도리어 인간 종이 소수가 되었을 때, 그때도 인간은 단지 자신이 인간이라는 이유만으로 이 세계를 독점할 권리를 주장할 수 있을까 하고 말입니다.

이건 단지 극단적인 상상일 뿐이라고요? 상상을 근거로 현실을 비판할 수는 없다고요? 아닙니다. 종의 개체 수만 놓고 봐도 인간은 언제나 소수였습니다.[11] 소수일 뿐인 인간이 지구 전체의 모든 존재들에 대해 월권을 행사해 왔던 것이고, 그 월권을 바탕으로 지구를 이 지경이 되도록 망가트려 왔던 것입니다. 소수인 인간이 다수의 권리를 요구하면서 지구의 비인간 존재를 지배하고 착취해 왔다면, 그리고 이 논리를 우리가 아무런 의심도 없이 그저 정당하다고 받아들여 왔다면, 역으로 영화에서처럼 비인간 존재가 다수가 된 세계에서는 응당 인간에 대한 지배가 정당화될 수밖에 없습니다. 그렇지 않나요?

물론 영화는 영화일 뿐이기에 그런 일은 현실에서는 일어나지 않을 겁니다. 하지만 SF, 곧 사변적 우화는 이처럼 비현실적인 이야기를 통해 우리가 사는 이 현실의 자명성을 깨트리는 한편, 그러한 수행성의 효과로 우리에게 지금까지와는 전혀 다른 생각의 가능성을 제안하기도 합니다.[12] 일부러 비인간 존재를 상상함으로써, 그리고 그들이 중심이 된 세계를 상정함으로써, 인간인 우리가 너무나 당연하게 여겨 왔던 인간중심주의를 낯설게 바라보게 만드는 겁니다. 그리고 인간이 통제할 수 없는 이 세계의 고유성과 능동성을 부득불 받아들이게 만드는 것이죠.

앞에서 저는 네빌이 마네킹과 대화하는 이유가 단순한 그리움 때문만은 아니라고 말했는데요. 이는 이 세계가 네빌의 세계인 만큼이나 반려견 샘의 세계이고 마네킹 프레드의 세계이며 비인간 존재인 감염자들의 세계이기도 하기 때문입니다. 그러고 보면 이 세계는 인간과 동물, 사물 그리고 비인간 존재자들의 네트워크로 맺어진 세계가 아닌가 하는 생각이 들기도 합니다.[13] 이 세계에서는 생명이 있든 없든, 이성이 있든 없든, 또는 인간이든 아니든, 모든 존재는 서로 작용하고 반작용하면서 전체 세계의 일부를 이루어 가거든요. 동물과 식물은 말할 것도 없고 각종 물질들, 예컨대 방사능 물질, 미세 플라스틱, 쓰레기 등이 이미 그 자체로, 우리가 인정하든 않든, 이 세계에 널리 존재하면서 우리에게 하나의 행위자로서 영향을 미치고 있습니다. 그렇지 않나요? 실로 이 비인간 존재들은 인간의 의지와 통제 바깥에서, 인간만큼이나 이 지구 환경과 상호작용하면서, 한 세계의 일부를 이루어 가고 있죠.[14]

그렇지 않다면, 즉 비인간 존재가 우리에게 아무런 영향도 미칠 수 없다면, 우리는 회를 먹을 때마다 방사능을 걱정할 필요도 없고, 봄마다 불어오는 미세먼지를 염려할 필요도 없을 겁니다. 바꿔 말해서 우리가 두려워하는 것은 이들 물질이 그저 수동적으로만 존재하는 게 아니라 자체의 역량에 따라 (방사능으로서, 미세먼지로서) 무엇을 '한다'는 것이고 그 무엇을 통해 우리에게 어떤 식으로든 분명한 작용을 가하고 있다는 것이죠.[15] 그것이 주체적인지 의지가 있는지는 그다지 중요하지 않습니다. 주체적이지 않더라도 그 효과는 달라지지 않기 때문입니다. 영화의 마네킹(사물 존재)도 마찬가지입니다. 마네킹은 외로웠던 네빌에게 분명 하나의 역량 있는 행위자로 다가왔던 겁니다. 네빌은 인간이 사라진 세계 속에서야 비로소 그 비인간 존재를 느끼고 그를 하나의 존재자로 받아들인 게 아닐까요?

바꿔 말하자면, 세계는 인간으로만 이루어져 있지 않습니다. 이 평범하면서도 놀라운 사실을 어떻게 받아들일 건가요? 이를 어떻게 현재의 세계 감각으로, 즉 우리의 이 오래된 인간중심주의를 되돌아보게 만드는 반성적 계기로, 또 일상의 실천으로 가져올 수 있을까요?[16] 앞서 말씀드렸듯이『인간 없는 세상』과〈나는 전설이다〉는 인간 없는 세계라는 가정을 공유합니다. 이런 극단적인 가정이 필요한 이유는, 우리가 너무나 인간적이기에 인류의 종말을 가정하지 않으면 도무지 존재의 동등성을 받아들일 수 없기 때문입니다. 인간이 더는 특별하지 않다는 사실을 결코 받아들이지 않기 때문이죠. 인간 없는 세계라는 가정 위에서만 그나마 인간중심주의를 비판적으로 바라볼 수 있다면, 이 책과 이 영화는 우리로 하여금 그런 가정을 미리 앞질러 사유하게 함으로써 현재의 인간중심주의를 조금이나마 반성하게 만드는 일종의 죽비가 될 수도 있습니다.[17] 인간 없는 세계를 사유하는 한에서만 인간 없는 세계를 유예시킬 수 있습니다. 이것이 우리 인간에게 남겨진, 어쩌면 마지막 임무일 수도 있습니다.

6장
책은 사라질 것입니다.
그러나 세계는 계속되어야 합니다.[1]
〈일라이〉

마지막 강의

'책은 사라질 것이다.' 도발적인 제목입니다. 마지막 강의의 제목치고는 꽤나 도전적이어서, 또 꽤나 회의적이어서 아마도 조금은 의아해하실 듯도 합니다. 책을 쓰면서, 또 이 책이 읽히길 바라면서, 동시에 책의 종말을 말한다는 것은, 어쩌면 그 자체가 모순처럼 느껴질 수도 있을 것 같습니다. 약간의 눈치를 무릅쓰면서 결론부터 말하자면,(이 쉼표는 뜸 들임의 표시입니다) 언젠가 책은 사라질 겁니다. 하지만 그때 사라지는 것은 단지 책만이 아닐 것입니다. 책과 함께 하나의 세계가 사라질 것이고, 그 세계를 만든 인간, 그러니까 책을 통해 사유하고 반성하고 소통하던 바로 그 인간도 함께 사라질 겁니다. 슬퍼하길 바라는 것도, 과거로 돌아가길 바라는 것도 아닙니다. 단지, 그렇다는 것이죠. 우리는 책의 사라짐 앞에서, 즉 한 세계와 한 인간의 사라짐 앞에서, 그저 담담히

일라이 The Book of Eli
감독 휴스 형제, 2010

우리에게 남은 질문을 던질 수 있을 뿐입니다. 그 사라짐을 어떻게 마주할 것인가라는 질문 말이죠.

폐허가 된 세계, 책을 찾아라

영화 〈일라이〉는 포스트 아포칼립스를 배경으로 한 액션 영화입니다. 모든 게 폐허로 변해 버린 잿빛 세계, 이 세계는 최소한의 윤리도 인간성도 남아 있지 않은 그야말로 야만의 세계입니다. 바꿔 말하면 오직 힘과 폭력만이 유일한 원칙이 되어 버린 세계이기도 하죠. 이 세계의 한 구역을 지배하는 카네기(게리 올드만)는 특이하게도 책을 모읍니다. 그냥 모으는 게 아니라 힘과 폭력을 동원해서 닥치는 대로 모아들입니다. 왜일까요? 야만으로 돌아간 시대에 책이 도대체 무슨 소용이 있다는 것일까요? 영화의 설정에 갸웃거리기 십상입니다.

물론 답은 이내 드러납니다. 그는 책이 단지 종이 묶음이 아니라는 것을 알고 있었던 겁니다. 그에게 책은 권위이자 권력이었고, 무너진 세계를 다시 일으킬 수 있는 상징이자 중심이었습니다. 힘과 폭력이 전부인 세계 속에서, 즉 힘의 우위에 따라 그때그때 지배-종속 관계가 달라질 수 있는 세계 속에서, 책은 정보를 독점하고 조직하여 다시금 일원화된 권력 체계를 재건할 수 있는, 다시 말해 지배를 영속화할 수 있는 핵심 요소였던 것이죠.

그는 단 한 권의 책을 찾고 있습니다. 책 중의 책이자 모든 책을 가능케 한 책, 짐작할 수 있듯이, 바로 성경입니다. 폭압적인 지배자가 책을 찾는 것도 모자라 그렇게나 열심히 찾는 책이 다른 무엇도 아닌 성경이라니, 조금은 이상하게 다가올 수도 있을 듯합니다. 설마 그동안의 잘못을 회개하려는 것일까요? 물론, 아닙니다. 소설 『장미의 이름』을 떠올려 보면 이해가 쉽지 않을까 싶습니다.² 중세의 권력 체계를 근저에서부터 지탱하던 수도원과 그 수도원에서 행해졌던 필사(筆寫)의 작업, 권력과 책은 그 이질적인 외양과는 달리 사실상 이렇게나 가까웠던 겁니다. 지식과 정보를 독점하는 것이야말로 중앙 집중적인 권력 체계를 안정적으로 유지해 나가기 위한 중핵이었던 것이죠. 게다가 성경은 바로 그 위계적인 권력 체계를 정당화하면서 그것이 곧 신의 뜻이자 세계의 원리라고 내면화하게 하는, 일종의 이데올로기적 장치였던 것이고요. 카네기는 이를 잘 알고 있었던 게 아닐까 싶습니다.

다시 영화로 돌아가 보죠. 세계의 종말이 눈앞에 다가오자 사람들은 마치 희생양이라도 찾듯 그 원인을 종교로 돌려 성경을 불태우기 시작했습니다. 아마도 여러 종교 간의 갈등과 분쟁이 전 지구적인 파국의 시작점으로 작용한 듯합니다. 하지만 종교가 사라지자 역설적이게도 세계는 종교(신앙과 믿음)가 사라진 바로 그만큼 더욱더 종말로 몰아쳐 갔습니다. 종교는 인간을 인간이게 하는 마지막 문지방이었던 것이죠. 그 문지방이 사라지자 인간은 마치 어떠한 제약도 없다는 듯 인간 이하의 존재로 마구 후퇴하기 시작했습니다. 그렇게 문지방이 사라져 버린 세계 위에, 즉 인간을 인간이게끔 만드는 어떤 마지노선도 남아 있지 않은 세계 위에, 카네기는 다시금 성경이라는 단단한 중심을 세우고 또 그것을 독점함으로써 중세의 그 위계화된 권력 체계를 재건하고자 했던 겁니다. 그 자신이 교황이 된 세계를 만들기 위해서 말이죠.

한편, 이런 암울한 세계를 떠도는 한 방랑자가 있습니다. 사람이 사람을 잡아먹는 시대에, 그는 마지막까지 인간으로 살아남기 위해 고군분투하는 유일한 인간입니다. 그는 의미도, 신념도, 목적도 사라진 이 세계 위에서 끊임없이 삶의 의미를 찾으려 하고 자신의 신념을 지키기 위해 분투하며, 마침내 목적을 향해 걸어 나가고자 하는 그런 인물입니다. 게다가 인간과 종교의 근원적인 관계를 증명이라도 하듯, 그는 '일라이'(덴젤 워싱턴)라는 이름대로(Eli는 '나의 하느님'이라는 뜻입니다) 종교적인 인물이기도 하죠. 예상할 수 있듯이, 그는 이 세계에 남은 마지막 한 권의 성경을 갖고 있습니다. 그는 자신의 목숨만큼 소중한 성경을 간직한 채, 이 책이 마땅히 있어야 할 마지막 처소를 찾아 세계를 떠도는 중입니다.

카네기는 그런 일라이를 추격합니다. 성경을 뺏기 위해서입니다. 자신의 모든 부하와 무기를 동원해 집요하게 따라붙고 공격하고 죽이려 듭니다. 몇 번의 치열한 접전 끝에 결국 그에게서 성경을 뺏는 데 성공하죠. 반짝이는 눈동자와 떨리는 손, 가쁜 호흡, 카네기는 성경 앞에서 전율합니다. 그러나 그것도 잠시, 성경을 펼쳐 든 그는 이내 분노하고 맙니다. 쓰여 있지만 읽을 수 없는 책, 충만하지만 동시에 텅 비어 있는 책, 내용이 아닌 물성으로서만 존재하는 책, 놀랍게도 이 성경은 점자로 쓰여 있었던 겁니다. 절반의 책이자 결여의 책, 또는 공백의 책, 성경은 마치 존재 그 자체가 의미라는 듯 내용에 대한 일체의 독해도 허락하지 않은 채 그저 거기에 있을 뿐입니다. 카네기는 자신이 가진 모든 것을 쏟아부어서 이 책 한 권을 얻는 데 성공하지만, 결국 그 대가로 그가 가진 모든 것을 잃고 맙니다.

무엇이 인간을 인간으로 만드는가?

성경을 빼앗긴 일라이는 그럼에도 의연하게 제 갈 길을 갑니다. 그가 도착한 곳은 마지막 남은 인간들이 인류 문명의 정수를 조금이나마 되살리기 위해 만든 최후의 보루 같은 곳입니다. 여기서 일라이는 자신의 머릿속에 담긴 성경 구절을 받아 적게 해서 성경을 복원합니다. 놀랍게도 그는 성경 전체를 외우고 있었던 겁니다. 어떻게 그런 일이 가능하냐고 묻지는 않겠습니다. 영화 전체가 사변적 우화이니 말입니다. 다만 다른 관점의 질문을 던져야 합니다. 이 영화에서 성경 또는 이를 더 확장하여 책이란 과연 무엇일까요? 무엇이 책을 책으로 만들고 또 무엇이 인간을 인간으로 만드는 걸까요? 하여 책이 없는 인간이란, 또 책이 없는 세계란, 어떻게 또 어떤 모습으로 존재할 수 있을까요? 이런 질문 말입니다.

하나 짚고 넘어갈 것은, 이 영화는 기독교의 초월적인 성격을 강조하기 위해 책을 성경으로 특정했지만, 각자의 관점에 따라 이를 다른 책으로도 확장할 수 있다는 겁니다. 또는 책 일반으로 볼 수도 있을 듯합니다. 결국 핵심은 세계의 가치를 담고 있는, 책이라는 존재 그 자체일 수 있으니 말이죠. 이 강의에서는 성경에 국한하기보다는 책 일반으로까지 논의를 확장해 보고자 합니다.

위의 질문에 답하려면 일단 원인과 결과의 순서에 주목할 필요가 있습니다. 우리는 '사람이 책을 읽는다'는 것을 하나의 상식으로 받아들입니다. 그렇습니다. 당연하게도 사람이 책을 읽습니다. 여기서 사람은 주체이자 주어이고 책은 대상이자 목적어입니다. 원인이 결과에 선행하듯, 주체이자 원인인 사람이 책이라는 결과에 선행해서 그 자체를 발생시킵니다. 이 논리에 따르면 사람은 자기의 취향과 목적 또는 효용에 따라 책을 선택하는 주체가 되며, 당연히 책이 아닌 다른 것을 선택한다고 해도 사람이 주체이자 원인인 이상 그 위상에는 변함이 없습니다. 책을 읽어도 사람이고 안 읽어도 사람인 겁니다.

그런데 영화 〈일라이〉는 이 원인과 결과의 순서를 바꾸어 버립니다. 일라이는 이미 완성된 주체의 자리에서 성경을 읽는 게 아닙니다. 반대로 성경이라는 책이 일라이를 바로 그와 같은 모습으로 만들어 내지요. 모든 게 망가진 세계 속에서 오직 일라이만이 목적과 신념을 가질 수 있었던 것이 그가 원래부터 그런 모습으로 태어났기 때문이 아닙니다. 당연하게도 그 또한 시대의 자식일 수밖에 없습니다. 그가 최후의 인간으로 살아남을 수 있었던 것은, 그가 그렇게 태어났기 때문이 아니라 평생에 걸쳐 암송해 온 성경이 그에게 그런 삶을 살아가도록 강제했기 때문입니다. 그는 다만 사후적 존재일 뿐인 겁니다.

이를 '구성적 외부(constitutive outside)'라고 해도 좋을 듯합니다. 말 그대로 주체의 외부에 있는 무엇인가가 주체를 주체로서 구성한다는 뜻입니다. 주체의 바깥에 있는 책이, 그 묵직한 질료로서의 책이 그의 존재를 끊임없이 침식하고 변형시키면서 그렇게 그를 조금씩 구성해 왔던 것입니다.* 다시 말해 주체는 단연코 그저 태어나는 게 아니라 특정한 형태로 만들어지는 겁니다. 그렇다면 일라이의 반대편에 있는 카네기도 사실상 책이라는 구성적 외부에 의해 그렇게 만들어진 존재라고 할 수 있지 않을까요? 책에 대한 욕망이, 그 지배와 권력의 욕망이 저절로 생겨날 수는 없기 때문입니다. 그 또한 책에 의해 그런 존재로 만들어졌던 겁니다.**

하나의 순환 논리, 그러나 진실이기도 한

영화는 여기서 한 걸음 더 나아갑니다. 일라이를 야만적 세계에 맞서 싸우는 투사(즉 주체)로 만든 저 책이란, 사실 점자로 쓰인 책, 그러니까 결여의 책이자 공백의 책이라는 것입니다. 물론 이때의 결여와 공백이란 점자를 읽을 수 없는 일반인의 눈으로 볼 때 그렇다는 의미입니다. 앞서 말씀드렸듯이 카네기는 성경을 빼앗는 데 성공하지만, 점자를 한

---

* 영화의 성경을 책 일반으로 확장해 본다면, 우리 바깥의 책'들'은 항상-이미 그 비동일성과 복수성, 우연성으로 말미암아 구성적 외부'들'로서 존재할 수밖에 없습니다. 이렇게 구성적 외부'들'로 존재하는 책에 의해 우리는 그만큼이나 다양한 존재'들'로 구성된다고(되어 왔다고) 할 수 있습니다.
** 일라이와 카네기는 둘 다 책에 의해 구성된 인물이면서 동시에 극단적으로 다른 인물이라는 점에서 흥미롭습니다. 사실 이는 너무나 당연한 결과인데요. 책이 구성적 외부라면 그 외부'들'에 의해 구성된 주체 또한 일원적일 수는 없기 때문입니다. 다만 이들은 책과는 무관한 다른 사람들과는 달리 지식에 의해 주체화되었다는 점에서는 공통적이기도 합니다. 어떻게 살아야 할지, 어떤 세상을 만들어야 할지를 고민하는 두 명의 주체, 그러나 전혀 다른 성격의 주체로서 말입니다.

글자도 읽을 수 없었기에 그에게 성경은 단지 무거운 종이 뭉치가 되고 말죠. 함의는 분명합니다. 오직 그 책을 '읽을 수 있는' 자만이 책에 의해 구성되는 존재가 될 수 있다는 겁니다. 일라이에게는 의미로 충만한 책이지만 카네기에게는 결여의 책 또는 종이 뭉치가 될 수밖에 없었던 것은, 모든 책이 그 자체로 누구에게나 동일한 의미를 생산하지는 않음을, 즉 앞서 말한 존재 구성이 결코 자동적이지도 인과적이지도 않음을 보여줍니다. 같은 책이라 하더라도 그 책을 읽을 수 있는지, 또 어떻게 읽는지에 따라 전혀 다른 결과를 산출할 수도 있다는 것이죠. 쉽게 말해 책을 읽을 수 있는 사람이 따로 있다는 겁니다.

아마도 눈치가 빠른 분들은 이미 알아차리셨을 것 같습니다만, 위의 두 문단은 사실상 모순된 의미를 담고 있습니다. 앞에서 저는 주체가 먼저 존재하는 게 아니라고 말했습니다. 반복하자면 구성적 외부로서의 책이 나라는 존재를 특정한 주체로 만들어 낸다는 것이었습니다. 주체는 원인이 아니라 결과라는 것이었죠. 한데 다음 문단에서는 돌연 책을 '읽을 수 있는' 주체가 마치 책에 앞서서 먼저 존재하는 것처럼 말하지 않았나요? 주체가 책에 선행해서 책의 가치를 판별하는, 여전한 주어의 자리에 있는 것처럼 말하지 않았나요? 일라이는 카네기와 달리 책(성경)을 읽을 수 있는(그런 능력이 있는) 사람이라고 했으니 말입니다. 그렇다면 결국 기존의 통념대로 사람, 곧 주체가 책이라는 대상을 읽는다는 것일까요? 도대체 무엇이 먼저라는 말일까요?

재밌게도 여기에는 하나의 순환논법이 있습니다. '상호규정성'이라는 말을 들어 보셨는지 모르겠는데요. 주거니 받거니 하는 식으로 서로가 서로를 규정한다는 말이고, 이런 관계가 지속적인 순환을 이루면서 마치 나선형의 계단처럼 서로를 상승시켜 나간다는 의미입니다. 요컨대 책이 사람을 만들고 또 그 사람이 책을 읽는다는 것이죠. 이 과정이 반복되면서 책을 통해 사유하고 반성하고 소통하는 인간이 만들어지는 것이고, 또 이런 인간이 다시 새로운 책을 쓰고 읽으면서, 세계의 현재성을 만들어 가는 겁니다. 무엇이 먼저인가라는 원인과 결과의 관점에서 본다면 모순일 수 있지만, 저는 어쩌면 이 '순환'이야말로 진실에 가장 가까울 수도 있다는 생각이 듭니다. '동시성'이라고 해도 좋을 듯합니다.

다시 일라이를 보죠. 그는 성경에 충실한(즉 성경의 가르침에 의해 구성된) 주체이지만 동시에 성경 전체를 암송할 정도의 부단한 개입을 통해 성경을 재구성하는 주체이기도 합니다. 성경이 점자로 이루어져 있다는 것은 그에게도 그 의미가 고정된 채로 다가올 수는 없음을 뜻합니다. 점자책은 시각성이 결여된 감각의 매체이기에 금세 휘발될 수밖에 없습니다. 어디에 무슨 말이 있는지 휘리릭 찾기도 어렵죠. 그렇기에 그는 성경을 외울 수밖에 없었을 겁니다. 그리고 외운다는 것은 인간이 컴퓨터가 아닌 이상 필연적으로 텍스트의 재구성을 함축하기 마련입니다.

물론 이것이 성경을 제멋대로 각색했다는 말은 아닙니다. 하지만 성경을 외우기 위해서라도 그는 자신만의 암기법으로 책의 내용을 재구성해야 하며, 이 과정은 필시 그의 생각과 태도에 깊은 흔적을 아로새길 수밖에 없습니다. 즉 이 과정은 거저 이루어지는 게 아니라 그의 필사적인 개입을 통해서만 가능해지는 거예요. 일라이는 책에 의해 구성되고 또 책을 구성하면서, 그러한 동시적인 순환을 통해 지금의 그 자신이 되어 왔던 겁니다. 그리고 그렇게 자신을 온전히 지켜냄으로써 이 망가진 세계가 더 망가지지 않게 (아주 조금이라도) 붙들고 있었던 것이고요. 책에 의한 일라이와 일라이에 의한 책, 그 동시성, 영화의 원제인 '일라이의 책(The Book of Eli)'을 이런 식으로 이해할 수 있지 않을까 싶기도 합니다. 여기서 'of'란 동격의 의미, 그러니까 일라이가 곧 책이고, 또 책이 곧 일라이인, 그렇게 서로를 규정하는 상호규정성의 의미를 담고 있는 것이겠고요.

책을 읽는 인간, 인간을 먹지 않는 인간

그렇다면 우리는요? 우리 또한 책이 우리를 만들고 우리가 책을 만들면서 그렇게 상호규정적으로 현재의 우리가 되었다고 할 수 있지 않을까요? 우리는 책이 없어도 여전히 우리가 이전의 우리와 같을 거라고 생각하지만(신체적으로는 같을 겁니다), 어쩌면 이때의 우리는 책과 상호규정했던 이전의 우리와는 전혀 다른 우리로서 존재하게 되는 게 아닐까요? 마찬가지로 우리가 책과 상호규정했던 세계와는 전혀 다른 세계가 (이전 세계의) 여집합으로 존재하게 되는 것은 아닐까요? 즉 인간이 책과 상호규정하는 세계가 있다면 그 반대의 세계도 가능한 게 아닐까요? 책이 없는 세계, 있어도 읽지 않는 세계, 책이 없어도 된다고 말하는 세계, 더 나아가 책을 불태우는 세계가 있을 수 있다는 것이고, 그때의 세계는 마치 여집합의 다이어그램처럼 이전의 세계와는 전적으로 다를 수밖에 없다는 것이죠. 영화가 그리는 미래의 세계가 바로 그러합니다.

이때 굳이 '우리'라는 인칭대명사를 쓴 이유가 있습니다. 개인 차원에서는 책을 많이 읽는다고 해서, 또는 반대로 책을 안 읽는다고 해서, 그것이 곧장 개인의 사람됨으로까지 이어지지는 않을 겁니다. 책을 많이 읽어야 좋은 사람이 된다는 말은, 또는 책을 안 읽어서 나쁜 사람이 된다는 말은, 무수히 많은 반증 사례에 의해 손쉽게 반박될 수밖에 없죠. 히틀러도 독서광이었다고 하고, 영화의 카네기도 그러하니 말입니다. 납작한 주장이라는 겁니다. 그런데 개인이 아니라 그 층위를 우리 또는 사회로 확장하면 조금은 다른 이야기가 가능합니다. 문해력 저하라는 사회적 차원의 문제를 제기할 수도 있겠지만, 또 그게 전부인 것만도 아닙니다. 그것은 차라리 나중 문제일 수 있지요. 그보다 더 근본적인 것은, 앞서 말씀드렸듯이 나라는 존재를 구성하는 상호규정성으로서의 조건이 약화되거나 사라졌을 때, 즉 구성적 외부로서의 책이 더 이상 작동하지 않게 되었을 때, 우리는 어떻게 우리 자신으로 형성될 수 있느냐 하는 문제일 수 있습니다. 영화는 한결같이 이 문제를 둘러싸고 맴돕니다.

물론 이때의 구성적 역할이 곧 책의 기능적 쓸모를 뜻하는 것은 아닙니다. 책이란 이러저러한 쓸모가 있기 때문에 중요하다는 식의 주장은, 그 기능을 대체할 수 있는 수많은 다른 매체의 등장으로 인해 금세 무력해질 수밖에 없죠. 오히려 이 영화가 말하는 책의 쓸모는(쓸모라는 말을 굳이 쓴다면) 인간이냐 동물이냐를 가르는 기준 같은 것으로서, 아마도 우리가 생각할 수 있는 쓸모 중 가장 근원적인 게 아닐까 싶습니다. 즉 책은 (그 존재로 인해) 동물적 존재가 인간으로 상승하게 되는 시작점이자 또 동시에 (그 부재로 인해) 인간이 동물적 존재로 추락하게 되는 마지노선일 수 있다는 겁니다. 다시 말해 영화는 인간이란 무엇이며 또 무엇이 아닌가라는 질문을 던지면서 그 중심에 다른 무엇이 아닌 책을 위치시키고 있는 것이죠.

예컨대 〈일라이〉에는 인육을 먹는 인간이 나오는데요. 이들이 글자를 모르는 존재로 묘사되고 있는 것은, 그런즉 의미심장합니다. 물론 글자를 모른다는 것은 단지 글자를 판독할 줄 모른다는 의미라기보다는, 인간을(즉 자신을) 구성하는 비동일성으로서의 외부를 갖지 못한다는 의미에 더 가깝습니다. 그렇기에 이들은 인간이지만 동시에 인간이 아닙니다. 이들은 스스로를 성찰하지도, 타자의 존재를 인정하지도, 더 나은 세계를 상상하지도 못합니다. 오직 약육강식 세계를 불변의 질서로 받아들이면서 자기라는 동일성을, 그 닫힌 회로를 무한히 반복해 나갈 뿐이죠. 그저 빼앗고 죽이고 먹고 살아갈 뿐입니다. 그래서 동물입니다.

바로 이 파국의 세계 속에, 즉 인간이 더는 인간으로 남아 있을 수 없는 세계 속에, 일라이는 인간을 먹지 않는 인간이자 동시에 책을 읽는 인간으로, 그러니까 최후의 인간으로 등장한 겁니다. 아니, 순서를 바꿔서 말해야겠네요. 그는 책을 읽는 인간이기에 인간을 먹지 않는 인간으로 나옵니다. 자신을 성찰하고 타자를 존중하며 세계를 바꾸기 위해 싸우는 바로 그 인간 말입니다. 무엇이 이런 차이를 만든 걸까요?

책이 사라지는 시대, 어떻게 마주할 것인가

영화는 책 외에는 다른 어떤 매체도 남아 있지 않은 종말의 시대를 배경으로 삼습니다. 그러다 보니 책과 인간의 관계는 비교적 선명하게 드러나지만, 아마도 현실의 독자라면 영화의 이런 설정 앞에서 그렇다면 텔레비전은? 인터넷은? 인공지능은? 이렇게 되물을 수도 있을 듯합니다. 맞는 말입니다. 현재로서는 주체를 구성하는 실로 다양한 매체가 있으니 말입니다. 우리는 책보다는 텔레비전과 인터넷, 스마트폰을 더 많이 보고 더 많이 사용하기에, 영화가 상정한 책의 과잉 결정성이 자못 시대착오적인 발상처럼 다가올 수도 있을 것 같습니다. 책에만 과중한 의미를 부여하는 것은, 책이 그런 위상을 차지했던 시대를 살아온 이전 세대의 경로 의존적인 편견일 수도 있는 것이지요. 어쩌면 그런 시대가 계속해서 지속되길 바라는 식자층의 욕망일 수도 있고요. 저 또한 그 세대에 속하기에 이를 부정할 수는 없을 듯합니다.

하지만 저 멀리 근원의 자리에도 텔레비전이, 인터넷이, 인공지능이 존재할까요? 영화는 복수성 대신 근원성을 문제 삼습니다. 지금의 우리, 곧 근대적인 인간을 구성하는 원점을 질문하는 겁니다. 이런 의미에선 아마도 책이야말로 구텐베르크 혁명부터 지금까지의 우리 인간(즉 근대적 인간)을 특징짓는 가장 근원적인 매체가 아닐까 싶습니다. 뒤집어 말하면 그 근원적인 자리로서의 책이 사라졌을 때(다 태워 버렸을 때), 그 위에서 그것과 '함께' 상호규정적으로 형성된 시대적인 인간 또한 더불어 사라질 수밖에 없는 것이겠죠. 영화는 인간성이 사라진 종말의 시대를 부러 상정하면서, 그 연원의 자리에 책의 소멸을 위치시킵니다. 마치 책의 소멸이 인간성의 상실을 가져오고 결국 세계의 파국을 초래했다는 듯이 말입니다.

물론 앞서 말씀드렸듯이 한 개인의 차원에서는 책을 읽지 않는다고 해도 얼마든지 자신을 성찰하고 타자를 이해하고 더 나은 세계를 꿈꿀 수 있을 겁니다. 그런데 만약 한 개인이 아닌, 사회 구성원 대다수가 책을 읽지 않는다면, 더 나아가 그 역할과 필요, 의미를 부정한다면, 그래서 자신을 구성하는 외부로서의 조건을 스스로 말소해 버린다면, 그때의 우리는 어떻게 성찰과 반성, 인정과 공감, 소통과 참여의 주체가 될 수 있을까요? 즉 인간이 될 수 있을까요? 거울을 와장창 깨버리고 나서 어떻게 우리 자신의 얼굴을 볼 수 있겠느냐는 말입니다. 묻지 않을 수 없습니다.

단지 영화적인 상상력일까요? 그럴 수도 있습니다. 하지만 한국 국민 중 1년에 책을 한 권도 읽지 않는다고 응답한 비율이 60%에 달한다는 기사를 본 순간, 저는 무서워졌습니다.[3] 한 세계가 이렇게 저물어 가고 있다는 생각이 들었던 것일까요? 물론 책을 안 읽는다고 세계가 망하지는 않을 겁니다. 망한다면 환경 오염과 기후 위기, 전쟁 때문이겠지 설마 책 때문에 그럴 리야 있겠나요? 그런데, 그렇다고 정말 아무런 일도 일어나지 않는 것은 또 아닐 겁니다. 분명 세계는 이전과 조금씩, 그러나 분명하게 달라지고 있는 것도 사실이기 때문입니다. 일상의 대부분을 차지한 스마트폰, 레거시 미디어를 대체해 버린 유튜브, 영화와 드라마를 흡수한 OTT 플랫폼, 짧은 동영상으로 승부하는 숏폼(short-form) 콘텐츠, 만능 답변을 내어주는 생성형 인공지능 등 이런 매체들이 이 세계의 새로운 풍경을 채워 나가고 있습니다.[4] 정확히 그와 반비례해서, 과거의 책이 만들어 냈던 과거의 세계 풍경은 그만큼 역사의 뒤안길로 사라져 가고 있죠.

외양만이 아닙니다. 검증되지 않은 자의적 정보의 무한 재생산, 내 편이 아니면 적이라는 식의 극단적인 양극화, 우연성을 거부하는 알고리즘과 그로 인한 확증 편향, 온갖 갈등과 혐오, 조작과 선동이 난무하는 인터넷 공간, 진실과는 상관없이 오직 자신의 신념만을 외치는 탈진실

상황, 즉각적이고 말초적인 쾌락만을 좇는 콘텐츠 시장, 읽기와 쓰기라는 지난한 과정을 프롬프팅 하나로 대체할 수 있다고 믿는 기술 만능주의 등이 지금 이 세계의 내실을 이루고 있습니다.[5] 여기에는 그 어떤 자기 성찰도 타자 이해도 세계 변혁도 존재하지 않죠. 대화와 토론, 합의의 과정도 마찬가지고요. 그저 자기 관심사만을 향한 클릭의 욕망이 있을 뿐이고, 자기주장과 과시, 합리화와 편향의 되먹임 논리가 있을 뿐입니다. 책이 있어도 안 읽는 세계, 책이 없어도 된다고 말하는 세계, 또는 책보다 유튜브를 믿는 세계가 이렇게 우리 눈앞에 이미 당도한 겁니다.[6]

즉 우리 바깥에서 우리를 구성하는 비동일성(우연성)으로서의 외부가 점차 사라지고 있는 한편, 그 자리를 대신해서 점점 더 자기 반영적인 (편향적인) 순환 회로가 만들어지고 있는 상황이죠. 인간이란 무엇이고 무엇을 위해 살아가야 하는지, 또 이 사회는, 세계는 어떤 방향으로 나아가야 하는지 등의 질문은, 이제는 아무도 하지도 듣지도 않는 고리타분한 것이 되어 버린 듯합니다. 하지만 이렇게 망가져 버린 세계를, 그럼에도 불구하고 꾸준히 살아내는 게 어쩌면 지금-여기의 우리 몫으로 오롯이 남겨져 있는 것은 아닐까요? 그렇다면 우리는 무엇을 해야 할까요? 우리는 어떻게 동물이 아닌 인간으로 살아남을 수 있을까요?

다시, 무엇을 할 것인가

이런 세계 속에서 아직도 책이라니, 한가한 소리일지도 모릅니다. 변화는 점점 더 빠르고 거세게 몰아치고 있지만, 지금의 이 변화를 막아낼 힘이 책에는 더 이상 남아 있지 않습니다. 그래서, 아마도 책은 언젠가 사라질 겁니다.* 물론 책만 사라지는 것이 아닙니다. 앞에서도 말씀드렸듯이, 책과 함께 하나의 세계가 사라질 것이고, 그 세계를 만든 인간, 그러니까 책을 통해 사유하고 반성하고 소통하던 바로 그 (과거의) 인간도 함께 사라질 겁니다. 하지만 이렇게 책이 사라진 세계가 영화에서 묘사하는 것처럼 파국과도 같다고 말씀드리려는 것은 아닙니다. 영화의 상상력은 사유를 촉발하는 단초일 뿐, 이를 구체적인 현실에 그대로 대입할 수는 없기 때문입니다. 즉 책이 사라진 세계가 어떤 모습일지 우리는 아직 잘 모릅니다. 다만 그렇게 도래할 세계가 이전의 세계와는 전혀 다를 것임을, 또는 그럴 수밖에 없음을 짐작만 할 수 있을 뿐이죠. 그리고 그 짐작을 바탕으로 지금의 우리, 곧 저와 여러분이 무엇을 해야 할지를 고민해 볼 수 있을 뿐입니다.

다시 〈일라이〉로 돌아가 보죠. 영화의 마지막 장면, 일라이는 책이 사라진 세계 속에서 홀로 책을 씁니다. 아니, 직접 쓴다기보다는 그가 평생 외운 성경 구절 전체를 받아 적게 하죠. 결과적으로는 한 세계 속에 한 권의 책을 내놓는다는 점에서 크게 다르지는 않은 듯합니다. 그런데 정작 책을 쓴 그조차도 이 책 한 권이 세계를 바꿀 수 있을 거라고 생각하지는 않습니다. 훗날 누가 이 책을 읽을지 알 수는 없지만, 또 그럼으로써 어떤 변화가 촉발될지 지금은 알 수 없지만, 그와 무관하게 일라이는 다만 그의 목숨이 다할 때까지 온 힘을 다해 책을 써 내려갈 뿐입니다. 영화 또한 이 책이 이후로 어떤 대단한 구원의 계기가 될지 자세히 묘사하지 않죠. 오히려 영화는 책을 마치 당연히 있어야 할 것이 그 자

---

* 물리적으로 완전히 사라진다는 의미보다는 그 영향력이 퇴색될 거라는 의미에 더 가깝습니다.

리에 있는 것처럼 건조하게 조망할 뿐입니다. 단지 그뿐입니다.

일라이는 써야만 하기에 쓰고, 쓰지 않을 수 없어서 씁니다. 그 외에 다른 이유는 없습니다. 하나의 이유, 하지만 전부인 이유입니다. 그것이 바로 그가 세계에 저항하는 방식이고, 또 세계에 개입하는 방식입니다. 영화도 마찬가지입니다. 거대한 반전도 낙관적인 결말도 제시하지 않습니다. 헛된 희망을 주기보다는 차분한 비관으로 일관하죠. 그런데 놀랍게도 영화는 바로 여기서 희미하게 반짝이는 어떤 가능성을 제시합니다. 잠깐이지만 영화는 말미에 일라이의 삶과 사유를 이어 가려는 한 인물을 조명하죠. 영화 내내 성적으로 대상화되기만 했던, 그러나 마침내 한 명의 '인간'으로 살아남기로 다짐한 여성, 솔라라(밀라 쿠니스)입니다.

일라이가 죽은 뒤 그의 삶과 사유는 솔라라를 통해 계승되고, 이렇게 그의 개입은 마치 이어달리기처럼 다음 세대로 그 명맥을 이어 나갑니다. 그는 죽지만, 동시에 살아납니다. 그의 외로운 저항과 개입이 결코 무의미하지만은 않은 이유입니다. 영화는 여기서 끝이 나지만, 그래서 하나의 가능성으로만 남을 뿐이지만, 아마도 그 이후를 상상해 볼 수도 있지 않을까 싶습니다. 아주 작은 하나의 씨앗이 뿌려진 세계를 말이죠. 이 씨앗이 새의 먹이가 될지 아니면 큰 나무가 될지는 아직 아무도 모릅니다. 하지만 어떤 미래가 됐든 결국 씨앗이 뿌려져야만 가능해질 수 있는 법이지요. 단순하지만, 분명한 진실입니다.

책이 사라진 시대에 책 쓰기

일라이와 마찬가지로 저 또한 제가 쓴 책이 세계를 바꿀 수 있다고 생각하지 않습니다. 혹 그렇게 생각한다면 그것은 아마도 흔한 먹물의 헛된 망상이거나 비대한 자아 때문이겠죠. 그렇다면 왜 쓰는 걸까요? 한 번 더 일라이와 마찬가지로, 저 또한 써야만 하기에 쓸 뿐이고 또 쓰지 않을 수 없어서 쓸 뿐입니다. 그것이 제가 이 세계에 저항하는 방식이고 이 세계에 개입하는 방식입니다. 언어를 벼리고 생각을 조직하고 의견을 나누고, 또 타인의 말을 듣고 다시 생각하고 자신을 반성하고, 그렇게 반복함으로써 아주 조금씩이라도 저 스스로를 계속해서 갱신해 나갈 수 있기를 바랄 뿐입니다. 또 그럼으로써 언제까지나 인간으로 살아갈 수 있기를 바랄 뿐입니다. 저에게 책이란, 또 집필이란 그런 것입니다. 누가 읽을지 모르지만, 심지어 아무도 안 읽을지 모르지만, 그래서 어떤 변화도 만들어 내지 못할 수도 있지만, 그것은 나중 문제일 수 있지요. 일라이와 마찬가지로 자신의 개입을 통해 일단은 씨앗을 뿌리는 겁니다.

물론 씨앗만 뿌린다고 끝나는 것은 아닙니다. 다시 비유하자면, 땅을 고르고 햇볕을 쬐이고 물을 주는 식으로 잘 보살펴야 하겠죠. 이 세계에 한 발 개입했다고 모든 할 일이 다 끝난 것은 아니라는 겁니다. 씨앗이 자라서 나무가 되고, 다시 그 나무가 다른 나무와 더불어 숲을 이루게 만들어야 합니다. 요컨대 개인의 개입을 공동의 개입으로 상승시켜 나가야 합니다. 저의 개입이 다른 이들의 개입으로 이어질 수 있도록, 즉 함께 읽고 쓰고 생각을 발전시키고, 더 나아가 지금까지와는 다르게 생각하고 또 다르게 행동할 수 있도록, 그리하여 저마다의 씨앗을 남길 수 있도록, 이어달리기의 가능성을 확장시켜 나가야 한다고 생각합니다. 책이 사라지는 시대에, 굳이 다시금 책을 쓰는 이유가 바로 여기에 있습니다. 또 프롤로그에서도 말씀드렸듯이, 굳이 '캣츠랩'이라는 '함께' 모여서 공부하는 단체를 만든 이유가 바로 여기에 있습니다. 저의 개입이자, 우리의 개입이기 때문입니다.

하지만 그렇다고 섣부른 희망을 말하고자 하는 것은 아닙니다. 대책 없는 낙관을 전파하려는 것도 아닙니다. 오히려 상황은 그 반대입니다. 우리가 사는 이 세계는 영화 〈돈 룩 업〉에서 비관적으로 묘사한 바로 그 절망의 상황으로 조금씩 더 가까이 가고 있는 듯 보입니다. 많은 이들이 이 세계는 이미 늦었다고, 어떤 변화도 의미가 없다고, 지금 뭔가를 해봐야 아무 소용이 없다고 말하곤 합니다.[7] 냉소와 체념이 안개처럼 편만해 있고 비관은 마치 팬데믹처럼 전염되고 있죠. 이런 와중에 책을 읽고 쓰는 것은, 또 그 중요성을 말하는 것은, 비현실적인 대처라는 비판은 물론이고 먹물의 고답적인 대처라는 비아냥을 받을 수도 있을 듯합니다.

그런데 정말 그럴까요? 영화 〈일라이〉는 역설적이게도 책으로 돌아가야 한다고 말합니다. 책이 사라짐으로써 오히려 세계가 그만큼 더 쉽게 파국으로 몰아쳐 갔다고 진단하기 때문입니다. 단순히 물리적인 책이 필요하다는 게 아니라, 우리를 인간으로 남게 만드는 저 바깥의 구성적 외부를 재건해야 한다는 것이고, 그럼으로써 자신의 삶을 돌아보고 타자의 존재를 이해하게 만드는, 더 나아가 이 사회와 세계를 지탱하게 만드는 '최저선'을 굳게 세워야 한다는 것입니다.[8]

작가 한강의 노벨상 수상 소감도 이와 같은 맥락에서 이해할 수 있지 않을까 싶습니다. 그녀는 이렇게 말합니다. "우리가 이 세계에 잠시 머무는 의미는 무엇일까요? 이 세계에서 우리가 끝끝내 인간으로 남는다는 건 얼마나 어려운 일일까요? (중략) 끝끝내 우리를 연결하는 언어를 다루는 문학에는 필연적으로 체온이 깃들어 있습니다. 그렇게 필연적으로, 문학을 읽고 쓰는 일은 생명을 파괴하는 행위들의 반대편에 서 있습니다."[9] 문학은, 또 책은, 어떻게 우리를 인간으로 남게 하는 것일까요? 또 어떻게 이 세계를 생명으로 지속하게 만드는 것일까요? 그렇다면, 책은 우리에게, 세계에 무엇이 될 수 있을까요? 또 되어야만 할까요?

  오해가 없기를 바랍니다. 책이 만병통치약이라는 말이 아닙니다. 책만 읽으면 자동으로 인간이 되고 더 나은 세계가 된다는 말이 아닙니다. 책은 최대치가 아니라 최소치에 가깝습니다. 그것은 충분조건이 아니라 필요조건입니다. 세계를 더 나은 곳으로 만들지는 못하더라도 최소한 파국을 초래하는 어리석음을 범하지는 않게 만드는, 반성과 성찰의 계기가 될 뿐입니다. 그마저도 가능성이고 씨앗으로 존재할 뿐입니다. 그렇기에 이 파국의 시대에, 저는 여전히 그 작은 가능성을 믿고 책을 쓸 수밖에 없는 것입니다. 씨앗을 뿌릴 수밖에 없는 겁니다. 희망은 저절로 생기는 것이 아니라, 우리가 최선을 다해 개입할 때에야 비로소 아주 작게나마 그 가능성이 열리는 것이라고 믿습니다. 희망을 꿈꾸지 않으면, 그 작은 가능성을 상상하지 않으면, 세계는 우리가 포기한 바로 그만큼 더 비관적이게 될 거라고 생각합니다. 이 파국의 시대에, 여전히 책을 쓰고, 또 여전히 '함께'할 동료들을 만드는 이유가 바로 여기에 있습니다. 책이 사라진 시대, 그러나 세계는 계속되어야 하기 때문입니다.

  그러니 계속 묻습니다. 우리는, 아니, 당신은 책의 사라짐을 어떻게 마주할 것인가요? 정말, 책이 없어도 되는 걸까요? 당신은 한 세계의 사라짐을 어떻게 대면하고 또 그 세계를 어떻게 살아낼 건가요? 어떤 씨앗을 뿌릴 건가요? 답변보다는 이 질문을 간직해 주길 바랄 뿐입니다. 이 책을 '읽은' 여러분께 던지는 질문입니다. 이것이 저의 씨앗이니까요.

에필로그

끝날 때까진
끝난 게 아닙니다

> "위험이 있는 곳에는 그러나
> 구원의 힘도 함께 자라네"
> —프리드리히 횔덜린[1]

우스꽝스러운 믿음과 아무 소용이 없다는 관점

다시 도나 해러웨이의 말을 들어보겠습니다.

> 인류세와 자본세가 불러일으키는 공포와 관련해 너무나 자주 접하는 두 가지 반응이 있다. '트러블과 함께하기'라는 아이디어를 내놓은 나로서는 이것을 정말 참을 수가 없다. 첫 번째 것은 설명하기 쉽고 무시하기도 쉽다고 생각하는데, 세속적이든 종교적이든 간에 기술적 해법에 대한 우스꽝스러운 믿음이다. 기술은 버릇없지만 매우 영리한 자손들을 어떻게든 구하러 올 테고, 신은 반항적이지만 더없이 희망에 찬 자손들을 구하러 온다는 것이다. (중략) 두 번째 반응은 무시하기가 더 어렵고 어쩌면 더 파괴적이다. 바로 게임 종료라거나, 너무 늦었다거나, 상황을 개선하려는 어떤 행위도 의미가 없다거나, 혹은 적어도

세계의 부활을 위해 일과 놀이를 함에 있어서 서로를 깊이 신뢰해봐야 아무 소용이 없다는 관점이다.[2]

해러웨이는 지금의 전 지구적 위기가 두 가지 상반된 반응을 불러일으킨다고 말합니다. 그 하나는 "기술적 해법에 대한 우스꽝스러운 믿음"으로, 기술이 언젠가 우리를 구하러 올 것이라는 '근거 없는', 그렇기에 '우스꽝스러운' 믿음을 뜻합니다. 이러한 믿음이 이미 우리 강의에서 다루었던 기술 최대주의와 크게 다르지 않음을 짐작하기란 그리 어렵지 않습니다(1부의 〈아바타 2〉 편을 참고해 주세요). 당장 불타는 집 앞에서 미래의 기술이 그 불을 꺼주길 기다리는 기술 최대주의적 태도를, 해러웨이는 우스꽝스러운 믿음이라고 보고 있는 것이죠.

또 다른 하나는 이와는 정반대되는 반응인데요. 이미 게임은 끝났다고 보면서 이제는 그 어떤 (작은) 변화도 아무런 소용이 없다는 식의 반응이 바로 그것입니다. 여기에는 우스꽝스러운 믿음도 남아 있지 않죠. 낙담과 절망이 있을 뿐이고 그만큼의 냉소와 자조가 있을 뿐입니다. 지금 당장 자본주의를 멈출 수 있는 게 아니라면, 즉 그만한 정도의 압도적인 변화를 일으키는 게 불가능하다면, "상황을 개선하려는 어떤 행위도 의미가 없다"는 것입니다. 전부가 아니면 의미가 없다고 보기에, 이러한 반응은 너무나 손쉽게도 (아무것도 할 수 없다는) 무기력함이나 (어떤 것도 의미가 없다는) 냉소주의로 귀결되고 맙니다.

특히 후자는, 그 결과에 주목할 경우 앞의 강의에서 다루었던 기술 최소주의와도 일정 부분 연결될 수 있을 듯합니다(마찬가지로 1부의 〈아바타 2〉 편을 참고해 주세요). 최소주의와 완전히 같지는 않지만 결과론 차원에서는 유사한 측면이 있다고나 할까요?* 이미 말씀드렸듯이 최소주의는 지금 당장 탈성장과 탈자본주의가 필요하다고 말하면서, 그만큼 급진적인 해법이 아니라면 지금의 이 위기로부터 벗어날 수 없다고 힘주어 말합니다. 그 취지에는 십분 동의하지만, 문제는 그 급진성과 극단성이 도리어 일상적인 작은 변화들을 왜소하게 만들 수도 있다는 것입니다. 우리 앞에 다가오는 위기의 거대함과 급박함에 비한다면 우리가 할 수 있는 실천이란 '고작' 이 정도밖에 안 되기에, 바로 이 격차로부터 "너무 늦었다거나", "어떤 행위도 의미가 없다거나", "서로를 신뢰해봐야 아무 소용이 없다"는 식의 반응이 나타날 수도 있기 때문입니다. 탄소발자국을 줄이기 위해 이런저런 작은 노력을 해봤자, 탐욕적인 자본주의가 내뿜는 거대한 이산화탄소 앞에서는 아무런 소용이 없다는 식의 냉소가 나올 수도 있는 것이죠. 해러웨이는 이런 반응이 전자, 곧 최대주의만큼이나 "무시하기가 더 어렵고 어쩌면 더 파괴적"이라고까지 말합니다.

뒤집어 보자면 아마도 우리 앞에는 희망과 절망이라는 선택지가 가장 평범한(즉 가장 자연스러운) 선택지로 놓여 있는 듯합니다. 우리는 "우스꽝스러운 믿음"과 "아무 소용이 없다는 관점"을 왔다 갔다 하면서 그저 웃고 울기를 반복할 뿐이죠. 다른 선택이란 없는 것처럼 말입니다. 하지만 해러웨이는 그러한 이분법이야말로 우리가 무엇인가를 할 수 있는 여지를, 의지를, 역량을, 상상력을 제한한다고 말합니다. 희망도 절망도, 지금-여기의 우리가 무엇을 해야 하는지를 가르쳐 주지는 않

---

* 물론 해러웨이의 저 지적이 최소주의에 대한 전면적인 부정을 함의하는 것은 아닙니다. 엄밀히 말하자면 해러웨이는 인류세와 자본세를 비판하면서 새로운 (급진적인) 대안을 모색한다는 점에서 오히려 최소주의에 더 가까운 입장이죠. 해러웨이는 최소주의 자체를 부정하는 게 아니라 최소주의의 한 결과로 제기될 수 있는 냉소주의를 경계하는 것으로 보입니다.

는다는 겁니다. 그녀의 선택은 그래서 희망과 절망의 '사이'를 비집고 들어가 그 사이-공간의 폭을 조금씩 넓혀 나가는 데 집중됩니다. 또 그럴 때에야 비로소 보이는 (작은) 실천의 전략을 찾고 묻고 궁리하는 데 집중되죠. 그녀가 반려종과 실뜨기 하는 세계를 꿈꾸는 것도, (인간만이 아닌) 기이한 친척을 만들어야 한다고 주장하는 것도, 더 나아가 트러블과 함께 살아가는 세계를 지향하는 것도 이러한 전략의 일환이지 않을까 싶습니다. 저는 이러한 선택과 전략을 줄곧 '개입'이라고 표현해 왔습니다. 최대와 최소 사이에서의 개입 말입니다.

> 우리는 각자의 전문 지식과 경험에 갇혀 너무 많이 알 뿐만 아니라 너무 적게 안다. 그래서 희망이나 절망에 굴복하는데, 어느 쪽도 현명한 태도가 아니다. 희망도 절망도 의미에, 알아차리는 일에, 물질적 기호론에, 지구에서 두텁게 공존하며 살아가는 필멸의 존재들에 맞추어져 있지 않다. 희망도 절망도, 이 책의 첫 장의 제목인 '반려종과 실뜨기 하기'를 우리에게 어떻게 가르쳐야 하는지 알지 못한다.[3]

아마도 강의를 열심히 들으신 분들이라면 앞의 강의에서도 이와 비슷한 말을 했다고 느끼셨을 텐데요. 앞의 강의(1부 2장)에서 저는 이렇게 말했습니다. 조금 길지만 마무리하는 시점이니 복습을 위해 다시 한 번 환기해 보겠습니다.

도달 불가능한 이상을 꿈꾸기보다는 지금 여기의 현실에 전략적으로 개입하면서 그 현실을 조금씩 바꾸어 나가는 것, 그럼으로써 인간의 개입 지점을 늘리고 또 바로 그만큼 저항의 가능성을 넓혀 나가는 것, 이것이 바로 개입주의의 기획이자 목표입니다. 이런 입장에서 본다면, 중요한 것은 최소와 최대 중 어느 한쪽에만 매달리는 게 아니라, 이 둘 모두의 한계와 오류를 정확히 파악하면서 그 부정성을 계속해서 줄여 나가는 것이라 할 수 있습니다. 또한 동시에 각각이 가진 긍정성을 조금씩 늘려 나가는 것이기도 하겠죠. 이를 위해서는 기술만을 외치거나 반대로 기술을 아예 부정하는 것이 아닌, 기술에 대한 통제와 제어의 필요성을, 또 그러한 역량을, 이 사회 안에 단단히 새겨 넣을 수 있도록 (위로부터는) 제도와 정치를 발명하고 (아래로부터는) 시민성을 양성해 나갈 필요가 있습니다. 즉 새로운 기술을 개발하고 도입하고 확산시켜 나가는 모든 과정에서 인간의 개입력을, 그리고 그 인간을 둘러싼 사회의 개입력을 높여 나가야 하는 겁니다. 말 그대로 '이중의 개입'입니다. 탈정치(최대주의)와 과정치(최소주의) 사이에서 인간과 기술, 사회의 삼각동맹을 만들고 그 교두보를 계속해서 확대해 나가야 하는 것이지요. 그게 다른 두 입장보다 무조건 옳기 때문이 아니라 지금-여기의 우리가 할 수 있는 최선이기 때문입니다.

강의를 마무리하는 지점에서야 이 말이 의미하는 바가 조금 더 명확해진 듯합니다. 한마디로 정리하자면 "우리는 우리가 처한 상황 속에서 다만 우리가 할 수 있는 일을 최선을 다해" 해야 한다는 것입니다. 희망도 절망도 아닌 지점에서 "반려종과 실뜨기하기"를 배워야 한다는 것이고, 바로 그 사이 공간에 "전략적으로 개입하면서 그 현실을 조금씩 바꾸어 나가"야 한다는 것이죠. 너무 당연한 사실이라 아마 조금은 김이 빠진다고 느끼는 분들도 있을 듯합니다. 한데, 여기에는 잘 보이지 않지만 이른바 나선형의 계단 구조가 숨겨져 있습니다. 그게 핵심이죠. 그런데 그것은 무엇일까요?

변증법의 나선형 운동

지금까지 살펴본 영화를 다시 정리하면서, 또 그로부터 우리가 가야 할 길의 작은 실마리를 찾아보면서 강의를 마무리해 볼까 합니다. 우리는 지금까지 많은 주인공을 만나 왔습니다. 〈터미네이터 2〉의 존 코너부터 〈엘리시움〉의 맥스, 〈돈 룩 업〉의 민디, 〈트랜센던스〉의 맥스, 〈아이, 로봇〉의 스푸너, 〈오펜하이머〉의 오펜하이머, 〈펀치〉의 펀치, 〈트루먼 쇼〉의 트루먼, 〈레디플레이어원〉의 퍼시발, 〈월-E〉의 월-E, 〈나는 전설이다〉의 네빌, 그리고 〈일라이〉의 일라이까지, 이들은 모두 희망과 절망 사이에, 그 작은 '틈'에 존재하는 인물이라는 점에서 공통적입니다. 아니, 그 틈을 기어코 만들어 낸 인물이라고 하는 편이 더 정확하겠네요.

이들은 파국의 상황이 저절로 물러가기를 무작정 기다리지 않습니다. 그렇다고 파국 앞에서 우린 이제 끝났다고 주저앉아 울지도 않죠. "우스꽝스러운 믿음"과 "아무 소용이 없다는 관점" 대신, 즉 희망과 절망의 손쉬운 선택 대신, 이들은 끊임없이 개입 가능한 틈을 만들어 냅니다. "지금 여기의 현실에 전략적으로 개입하면서 그 현실을 조금씩 바꾸어 나가는 것, 그럼으로써 인간의 개입 지점을 늘리고 또 바로 그만큼 저항의 가능성을 넓혀 나가는 것", 이것이 바로 이들의 목표이자 임무입니다. 세계를 구하겠다는 대단한 책임감이나 사명감 때문이 아닙니다. 단지 작은 씨앗을 뿌리는 것이고 그 씨앗이 자랄 수 있게 물을 주는 것이고, 또 그 나무를 함께 키울 수 있는 동료를 모으는 것이죠. 그렇게 세계는 조금씩 더 나아질 거라고 믿고 있는 것이겠고요.

오해가 없기를 바랍니다. 영화에서나 가능할 법한 일을 말씀드리려는 것은 아닙니다. 영화니까 가능한 서사임을 저도 모르지 않습니다. 하지만 영화를 단지 영화로서만 내버려 둔다면, 우리는 영원히 현실에 구속될 수밖에 없을지도 모릅니다. 너무나 현실적이기에 도리어 현실 바깥으로는 한 발자국도 나가지 못하고 또 어떤 상상도 할 수 없는, 지극히 일차원적인 사고의 틀 안에 갇혀 버릴 수도 있는 것이죠. 프롤로그에서도 강조했습니다만, 저는 '사변'이 필요한 이유가 바로 여기에 있고 그 사변을 촉발할 계기가 바로 영화(특히 SF 영화)에 있다고 생각합니다.

제가 하이데거와 라투르의 우려를 반복하지 않아야 한다고 말하면서도, 도리어 기술 철학책이 아닌 기술을 다룬 SF 영화를 선택한 이유가 또한 바로 여기에 있습니다. SF 영화 또는 사변적 우화를 통해 지금의 세계와는 다른 세계를 상상할 수 있고, 또 역으로 그 세계의 존재를 통해 지금 우리의 현실을 낯설게 되돌아볼 수 있기 때문이죠. 철학자만이 아닌, 말 그대로 '우리 대중' 모두가 말입니다. 그렇다면 영화 속 주인공들이 만들어 낸 '틈'은, 또 '씨앗'은, 단지 극적인 서사 장치가 아니라 우리가 발 딛고 사는 이 단단한 현실 속에서도 개입의 가능성을 꿈꾸도록 이끄는 작은 실마리가 될 수 있지 않을까 싶습니다.

그렇다면 우리는 어디에서 어떻게 그 틈을, 씨앗을 만들 수 있을까요? 즉 개입할 수 있을까요? 사변을 하고 SF 영화만 보면 되는 것일까요? 물론 세상은 그렇게 낭만적이지 않습니다. 다른 세계를 상상하는 것은 필수적이지만, 그 상상이 현실을 변화시키기 위해서는 반드시 모종의 실천이 동반되어야 합니다. 혼자 방에 앉아 상상만 한다고 해서 세계가 변하지는 않기 때문이죠. 오히려 중요한 것은, 상상과 실천을 단순히 순서대로 나열하거나 이어 붙이는 것이 아니라, 두 요소가 끊임없이 서로를 매개하면서 상호작용하도록 만들고, 또 그 상호작용 자체가 하나의 운동이 되게 만드는 것일 수 있습니다.

아마도 기억이 나실 텐데요. 3부의 〈트루먼 쇼〉 강의에서 저는 "자신의 삶을 혁명적으로 해방하는 것과 세계를 구조적으로 변혁하는 것은 사실상 하나의 운동 속에서 이루어"진다고 말씀드렸습니다. 또 〈일라이〉에서는 "서로가 서로를 규정"하는 "관계가 지속적인 순환을 이루면서 마치 나선형의 계단처럼 서로를 상승시켜" 나가야 한다고도 말씀드렸지요. 두 문장을 연결해 보면, 해방과 변혁의 나선형 계단이라는 공식을 도출할 수 있습니다. 마찬가지로, 주체와 우리(사회)의 나선형 계단을 만들 수도 있지요. 저는 이것이 곧 변증법이라고 생각합니다.

흔히들 말하는 변증법이란 결코 어려운 게 아닙니다. 변증법이란 상상과 실천, 해방과 변혁, 주체와 사회 등이 서로를 매개하면서 상승해 나가는 운동을 뜻합니다. 물론 이것은 단순히 일직선으로 상승하는 과정이 아닙니다. 오히려 두 항이 서로에 대한 모순과 갈등, 긴장을 통해 끊임없이 도전하고 응전하는, 그럼으로써 서로를 변형시켜 가는 과정이며, 그 결과 이전과는 질적으로 다른 새로운 국면이 형성되는 과정이죠. 그래서 나선형의 계단 운동입니다. 주거니 받거니 하는 식의 긴장 가득한 운동이라는 뜻입니다. 그렇다면 진리는 이미 완성된 채로 어딘가에 존재하는 것이 아니라, 이러한 변증법적 운동을 통해 스스로를 갱신하고 또 새롭게 구성됨으로써 비로소 형성되는 것이라고 할 수 있을 듯합니다. 앞서 말씀드렸던 상상과 실천도, 해방과 변혁도, 주체와 사회도, 이미 주어진 개별 항이 아니라 서로에 대한 긴장과 갈등, 투쟁을 통해 비로소 생성되는, 하나의 운동이자 과정인 것이겠고요.

제3의 항, 곧 매개적 조건으로서의 기술

다만 여기서 우리는 다시 한 가지 중요한 질문을 던져야 합니다. 상상과 실천, 해방과 변혁, 주체와 사회 사이의 변증법적 긴장과 상호작용을 강조하더라도, 그것을 둘 사이의 이항적 관계로만 사고한다면, 이는 결국 변증법을 형해화(形骸化)하는 것이나 다름이 없기 때문입니다. 내용 없이 뼈대만 남겨 두게 된다는 것이죠. 즉 변증법을 단순히 대립과 통일이라는 고전적인 구조로만 이해하면, 이들 사이를 끊임없이 매개하면서 부단한 운동을 생성해 내는, 하지만 동시에 좀처럼 인식되지 않는 어떤 결정적인 '무엇'인가를 놓치게 됩니다.

그렇다면 그것은 무엇일까요? 저는 두 항 사이를 엮어 내면서 변증법의 운동 자체를 가능케 하는 어떤 매개적 조건이 있다고 생각합니다. 단언컨대, 무매개적인 관계란 존재하지 않기 때문이죠. 바로 이 지점에서, 저는 변증법의 관계 속에, 또 운동 속에, 늘 작동해 왔지만 줄곧 간과되어 온 제3의 항, 곧 매개적 조건으로서의 '기술'에 주목하게 됩니다. 네, 맞습니다. 이자 관계가 아닌 삼자 관계를, 더 정확히는 두 항을 연결해서 (마침내) 운동을 촉발하는 특정 매개의 조건을 살펴봐야 한다는 것입니다.

앞서 살펴봤던 모든 영화에는 하나의 공통점이 있습니다. 짐작하셨 겠지만, 영화 속 모든 주인공들은 특정한 매개적 조건(또는 관계) 속에 놓여 있습니다. 미디어라고 해도 좋고 기술이라고 해도 좋을 듯합니다. 퍼시발의 상상은 가상현실이라는 매개 조건을 통해 저항적 실천으로 구체화되죠. 트루먼의 자기 해방은 텔레비전이라는 공통의 경험 조건 을 통해 세계 변혁의 가능성으로 이어집니다. 또 일라이는 책 읽기를 통 해, 그 상호동시적인 행위를 통해, 모든 게 무너져 버린 파국의 세계 속 에 작은 씨앗을 뿌립니다. 뒤집어서 말할 수도 있겠네요. 이들에게 가상 현실이, 텔레비전이, 책이 없었다면 이들의 투쟁과 분투는 아마도 훨씬 더 미약했거나 고립되었거나, 또는 아예 불가능했을 수도 있습니다.

다른 인물들도 마찬가지입니다. 존 코너, 맥스, 민디, 스푸너, 오펜하 이머, 핀치, 월-E, 네빌 모두, 문자와 책, 라디오와 텔레비전, 인터넷과 가상현실, 인공지능과 로봇 등, 그러니까 특정한 기술적 매개를 통해 세 계와 만나고 그 세계에 개입합니다. 또 그렇게 세계를 차근차근 변화시 켜 나가죠. 이들 중 어느 누구도 결코 맨몸으로 세계를 마주하지도, 분 투하지도, 개입하지도 않습니다. 이들은 실로 기술이라는 조건 '안에 서', 기술을 '통해', 기술과 '함께' 세계에 개입해 나갔던 겁니다.

물론 이들만의 이야기가 아닙니다. 우리도 마찬가지입니다. 우리는 단 한 번도 기술 바깥으로 나가본 적이 없습니다. 그렇지 않나요? 스마 트폰 중독처럼 하루 종일 미디어에 푹 빠져 있게 된 현실을 말씀드리는 게 아닙니다. 상황은 더 근본적인데요. 우리는 실로 기술이 '조건으로서 의 규정성'이 되어 버린 시대를(과거나 현재나) 살고 있기 때문입니다. 달리 말하자면, 우리는 마치 어항 속 금붕어처럼 기술이라는 수조 안에서만 살 수 있다는 것이죠. 혹 육체적 생존은 가능하지 않냐고 되물으신다면, 이미 우리가 입고 있는 옷도, 먹는 음식도, 살고 있는 집도, 심지어 언어도 기술, 곧 매개적 조건의 산물이라고 답변드릴 수 있겠네요.[4] 인간이 사회적 인간인 한, 기술이라는 매개 형식 없는 관계는 존재할 수 없습니다.

그러고 보면, 인간은 항상-이미 기술을 통해 세상을 인식·지각·경험해 왔고, 기술을 통해 타자와 관계를 맺어 왔으며, 나아가 기술을 통해 이런저런 사회적 실천을 수행해 왔습니다. 예컨대 상상이 단지 한 개인의 머릿속에만 머물러 있다면, 그것은 아무도 알 수 없는 추상적인 관념에 그칠 뿐입니다. 상상이 언어나 글, 이미지, 영상, 코드 등으로 구체화될 수 있어야, 나만의 관념이 아닌 공통의 경험으로 또 우리의 실천으로 이어질 수 있는 것이죠. 여기에는 항상-이미 기술이라는 '사라지는 매개자(vanishing mediator)'가 있습니다.[5]

해방과 변혁 사이에도 기술이 있습니다. 어떤 개인적인 변화의 실천도 그 실천이 표현되고 전파되고 공유되고 조직되는 특정한 기술적 조건이 수반되지 않는다면, 결코 개인의 차원을 넘어서는 더 큰 변화로 이어지지 않을 것입니다. 물론 그 역도 마찬가지죠. 주체와 사회 사이에도 기술이 있습니다. 우리가 타인과 소통을 하고 관계를 맺고 나아가 사회라는 구조에 참여할 수 있는 것은 기술이라는 매개를 통해서만, 그 조건 안에서만 가능합니다. 과거에도 그랬지만 모든 것이 연결된 지금은 더더욱 그럴 수밖에 없죠. 인간들만으로 이루어진 순수한 관계는 불가능한 겁니다.

앞에서 저는 "두 요소가 끊임없이 서로를 매개하면서 상호작용하도록 만들고 또 그 상호작용 자체가 하나의 운동이 되게 만"들어야 한다고 말씀드렸는데요. 약간의 수정 또는 보완이 필요할 듯합니다. 상상과 실천이 결코 무매개적으로 또는 자동적으로 연결되지는 않을 것이기 때문입니다. 마찬가지로 해방과 변혁, 주체와 사회 또한 그렇지 않을 것이기 때문이죠. 각각의 중요성을 강조하고 또 그 변증법적인 운동(나선형의 계단)을 지향하는 것은 너무나 중요하고 필요한 일이지만, 여기서 한 발 더 나아가, 이 둘 사이의 긴장과 갈등, 투쟁을 '어떻게' 연결할 것인지, 즉 서로 다른 두 층위의 항을 어떤 공통 지반 위에서 어떻게 매개하고 촉발할 것인지에 대해서도 더욱 구체적인 고민을 이어 나가야 합니다. A와 B 사이에 있는 '와'에 대한 사유와 질문이 필요한 것이죠. 저 두 항 사이에, 변증법적 모델 '내부'에, 기술이라는 구성적 외부를 또렷이 새겨 넣고 또 분명히 드러내야 하는 겁니다. 기술 없이는 그 어떤 관계와 운동도 필시 제한적일 수밖에 없기 때문입니다. 변증법의 운동을 하나의 가능성으로 받아들이기, 동시에 그것을 지금의 기술적(매개적) 조건 위에서 현행적으로 작동시키기, 그럼으로써 지금과는 다른 세계의 가능성을 발명해 나가기, 어쩌면 이것이 우리에게 남겨진 숙제가 아닐까요?

한 발 더 나아가기

물론 우리의 역할과 임무가 여기서 끝나는 것은 아닙니다. 다시 이 강의의 화두인 개입주의로 돌아가 보죠. 이미 말씀드렸듯이, 개입이란 인간 주체가 어떠한 기술적 매개도 없이 사회에 홀로 작용을 가한다는 뜻이 아닙니다. 이는 현실에서도, 영화에서도 불가능하죠. 오히려 개입은 주체가 항상-이미 특정한 기술적 조건 위에서, 그 기술과의 연대와 동맹을 통해, 또 그에 대한 비판적 관계 맺기를 통해, 자신을 둘러싼 인식과 감각, 경험의 장을, 그 총체로서의 세계를 재구성해 나가는 과정에 가깝습니다.

한 번 더 〈터미네이터 2〉의 존 코너를 떠올려 보시면 좋겠네요. 그는 희망과 절망이라는 편리한 선택지 앞에 스스로를 놓아 버리는 대신, 자신을 둘러싼 기술적 조건에 대한 창조적인 응답을 통해, 그리고 그 조건에 대한 치열한 개입과 분투를 통해 자신과 세계 사이의 관계를 다시 써 내려갔습니다. 그가 일으킨 변증법적 나선 운동은 사실상 제3항, 곧 기술이라는 매개를 통해, 또 그것과 '함께' 가능해진 것이기도 하죠. 그에게 기술은 상상과 실천을, 해방과 변혁을, 주체와 사회를 연결하는 매개이자, 이 두 항의 부단한 운동을 이끌어 내는 촉매였던 것입니다. 그는 자신이 마주한 기술적(매개적) 조건 위에서, 그 기술과 함께 변증법의 저 치열한 운동을 현행적으로 작동시켰던 거예요.

하지만 여기서 그는 한 발 더 나아갑니다. 그는 기술과 '함께' 현재에 개입하고 기술과 '함께' 운명에 저항하면서도, 또한 동시에 그 기술에 '대한' 통제와 제어, 비판과 투쟁도 멈추지 않죠. 이것이 극히 중요합니다. 그는 "기술만을 외치거나 반대로 기술을 아예 부정하는 것이 아닌, 기술에 대한 통제와 제어의 필요성을, 또 그러한 역량을, 이 사회 안에 단단히 새겨" 넣었던 겁니다. 그는 변증법의 내부에 기술을 기입하는 한편, 여기에 그치지 않고 오히려 그러한 운동 자체를 반성하고 갱신해 나가려 했던 거예요. 즉 그에게 개입이란, 단지 고전적인 변증법을 그대로 반복하는 것이 아니라, 그 가운데 운동의 조건을 이루는 구성적 외부로서의 기술을 (현행적으로) 함께 작동시키면서, 한 번 더, 그러나 계속해서, 그 기술적 조건 자체를 다시 묻고 반성하고 재구성해 나가는 이중의 실천(즉 개입에 대한 개입)이었던 것이죠. 기술은 개입의 조건이면서 동시에 개입의 대상이기도 했던 겁니다. 저는 바로 이 지점에 개입주의의 윤리적 긴장과 정치적 가능성이 놓여 있다고 생각합니다. 결국 개입이란, 한편으로는 기술을 통해 세계에 접속하면서도, 다른 한편으로는 그 기술적 조건을 계속해서 반성하고 비판적으로 갱신함으로써 더 나은 접속의 방식, 그러니까 인간과 기술, 사회의 관계를 이전보다 더 책임 있게, 더 지속 가능하게 재구성해 나가려는 윤리적, 정치적 실천이기 때문입니다.

  물론 영화는 영화이기에 우리는 막이 내려오는 순간 다시 현실로 돌아와야 합니다. 하지만 현실로 돌아온 우리는 결코 빈손이 아닙니다. 우리는 영화의 주인공들이 보여준바, 상상과 실천의 끈질긴 상호작용, 자기 해방과 세계 변혁의 나선 운동, 그리고 희망과 절망 사이를 파고든 개입의 실천을 뚜렷이 기억하고 있습니다. 비록 이 모든 것이 영화에서는 사변적 서사로 구현되었다고 해도, 그 원리만큼은 우리가 사는 이 현실 세계와 크게 다르지 않음을 우리는 잘 알고 있죠. 영화에서나 현실에서나 변화의 가능성은 그저 허공에서 떨어지지 않는다는 사실을 말입니다. 또한 그 변화를 만들어 내기 위해서는 단단한 현실에 틈을 내고 씨앗을 뿌리고 물을 주는 등 말 그대로 부단한 개입이 필요하다는 사실을 말이죠. 무엇보다 혼자가 아닌 우리(우리 대중)의 힘이 절실히 필요하다는 사실을 우리는 잘 알고 있습니다. 어쩌면 이런 것들이야말로 영화의 주인공이 우리에게 건네준 바통일지 모릅니다.

이제 질문은 다시 우리 자신을 향합니다. 우리는 어떻게 이 바통을 이어받아 우리만의 이어달리기를 할 수 있을까요? 즉 어떻게 우리가 사는 이 현실에 개입할 수 있을까요? 영화 속 주인공들과, 그들이 전해준 바통을 이어받은(이어받을) 우리를 교차해서 읽어 본다면, 앞서 이야기했던 "우리는 우리가 처한 상황 속에서 다만 우리가 할 수 있는 일을 최선을 다해"야 한다는 말의 의미가 더욱 분명하게 다가올 듯합니다. 그들이 그러했듯 우리도 그러해야 한다는 것이고, 또 충분히 그럴 수 있다는 것이지요. 중요한 것은 이미 완성된 주체가 변화를 일으키는 게 아니라, 언제나 불완전하고 불안한 주체가 주어진 사회적, 기술적 조건 속에서, 다시금 그 조건을 능동적으로 매개하고 비판적으로 응답하면서, 자신과 세계를 동시에, 조금씩, 꾸준히 변화시켜 나간다는 것입니다.

반복하지만, "우리를 위기에서 구원하는 것은 (외부의 어떤 힘이 아니라) 우리 자신, 곧 우리 자신의 부단한 개입과 실천이자 이를 통한 현실의 변혁일 수밖에" 없습니다. 영화든 현실이든, 이 점은 다르지 않습니다. 그렇기에 주인공들이 뛰어든 저 치열한 운동이란, 곧 우리가 뛰어들어야 할 우리의 운동이기도 한 것입니다. 희망과 절망, 최대와 최소 사이에 작은 틈을 내는 것, 그 틈에 씨앗을 뿌리고 함께 물을 주는 것, 그리하여 작지만 깊은 균열을 만들어 가는 것, 더 나아가 이 모든 과정 속에서 기술과 '함께' 현재에 개입하고 또 그 기술에 '대해'서도 비판적으로 개입해 나가는 것, 이것이 우리가 이어받은 바통이며, 우리가 함께 뛰어야 할 우리의 운동입니다. 그 가능성이 열려 있는 한, 미래는 아직 결정되지 않았습니다.

그렇다면 우리는 프롤로그 첫 문장에 응답해야 합니다. 어쩌면 '망했다'라는 말에서 시작한 이 강의는, 바로 이 말을 하기 위해 이토록 먼 길을 돌아왔는지도 모르겠습니다. 우리 앞에 놓인 위기의 현실을 마주하고, 사변하고, 분석하고, 개입하는 과정을 거쳐, 마침내 도달한 한마디. 우리는 이렇게 말할 수 있어야 합니다.

'아, 망했다.'
하지만,
'끝날 때까진 끝난 게 아니야!'

우리 강의는 여기까지입니다.
수고 많으셨습니다.
감사합니다.

| 주 |

프롤로그: 영화로 기술 읽기, 기술로 영화 읽기

1   베네딕투스 데 스피노자, 『에티카』, 황태연 옮김, 비홍, 2024. 336쪽.
2   케이트 크로퍼드, 『AI 지도책』, 노승영 옮김, 소소의책, 2022, 245쪽.
3   홍아름, 「연으로 전기 만들고 바닷물로 탄소 포집…기후변화 대응하는 신기술」, 『조선일보』, 2024.12.28.
4   이종현, 「머스크가 1억달러 내건 탄소제거대회…최후 20팀 남았다」, 『조선일보』, 2024.7.5.
5   홍아름, 「바다에서 태양까지…기후위기 해결사 '지구공학'이 온다」, 『조선일보』, 2025.1.3.
6   권영희, 「구체화되는 머스크의 꿈…2029년 화성 정복」, 『YTN사이언스』, 2024.10.2.
7   로빈 맥케이, 아르멘 아바네시안 엮음, 『#가속하라』, 김효진 옮김, 갈무리, 2023.
8   브뤼노 라투르, 『존재양식의 탐구』, 황장진 옮김, 사월의책, 2023, 313쪽.
9   박승일(2022), 「'매개 안에 있음(Being-in-Mediation)'이란 무엇인가」, 『커뮤니케이션 이론』, 18(4), 75쪽.
10 마르틴 하이데거, 『기술과 전향』, 이기상 옮김, 서광사, 1993.
11 도나 해러웨이, 『트러블과 함께하기』, 최유미 옮김, 마농지, 2021, 23쪽.
12 위의 책, 29쪽.
13 박승일, 『기계, 권력, 사회』, 사월의책, 2021, 30쪽.

1부 최대주의, 최소주의, 개입주의

서론

1   에리히 프롬, 『희망의 혁명』, 김성훈 옮김, 문예출판사, 2023, 20쪽.
2   발터 벤야민, 『기술복제시대의 예술작품』, 최성만 옮김, 길, 2007.
3   테오도르 아도르노, 막스 호르크하이머, 『계몽의 변증법』, 김유동 옮김, 문학과지성사, 2001.
4   미셸 푸코, 『담론의 질서』, 허경 옮김, 세창출판사, 2020.
5   위의 책.
6   스튜어트 홀, 『문화연구 1983』, 김용규 옮김, 현실문화, 2021.

1장 〈아바타 2〉 최대주의가 맹목적이라면 최소주의는 공허합니다.

1 기후 시계(climate clock)는 다음 사이트에서 볼 수 있습니다. https://climateclock.world.
2 낸시 프레이저, 『좌파의 길』, 장석준 옮김, 서해문집, 2023.
3 로빈 맥케이, 아르멘 아바네시안 엮음, 『#가속하라』, 김효진 옮김, 갈무리, 2023.
4 이미나, 「'꿈의 물질' 상온 초전도체 개발? 사실이면 노벨상도 가능」, 『한국경제신문』, 2023.8.3.
5 로빈 맥케이, 아르멘 아바네시안 엮음, 『#가속하라』, 김효진 옮김, 갈무리, 2023; 미치오 카쿠, 『인류의 미래』, 박병철 옮김, 김영사, 2019; 아론 바스타니, 『완전히 자동화된 화려한 공산주의』, 김민수, 윤종은 옮김, 황소걸음, 2020.
6 Srnicek, N., & Williams, A. (2015). Inventing the future. Verso Books.
7 사이토 고헤이, 『지속 불가능 자본주의』, 김영현 옮김, 다다서재, 2021.
8 위의 책.
9 로리 파슨스, 『재앙의 지리학』, 추선영 옮김, 오월의봄, 2024.
10 싯다르트 카라, 『코발트 레드』, 조미현 옮김, 에코리브르, 2024.
11 안지석, 「왜 1.5℃인가?」, 한국에너지기술연구원, 2021; World Meteorological Organization, "Global temperature is likely to exceed 1.5℃ above pre-industrial level temporarily in next 5 years", 2024.6.5.
12 김기범, 「빠르면 올해 지구기온 상승폭 1.5도 넘는다… 5년 안에 사상 최악 더위 찾아올 가능성 86%」, 『경향신문』, 2024.6.5.
13 안드레아스 말름, 『코로나, 기후, 오래된 비상사태』, 우석영, 장석준 옮김, 마농지, 2021.
14 미셸 푸코, 『생명관리정치의 탄생』, 오트르망, 심세광, 전혜리, 조성은 옮김, 난장, 2012.
15 안드레아스 말름, 『화석 자본』, 위대현 옮김, 두번째테제, 2023.
16 양정우, 김정진, 「'아바타2' 헛되지 않은 13년의 기다림…화려한 영상미의 향연」, 『연합뉴스』, 2022.12.14.
17 최윤필, 「화약 불이 아니라 물이 없어 타들어가는 땅」, 『한국일보』, 2024.8.6.
18 그레타 툰베리, 『기후 책』, 이순희 옮김, 김영사, 2023.

2장 〈터미네이터 2〉 우리는 우리가 처한 상황 속에서 다만 우리가 할 수 있는 일을 최선을 다해 할 뿐입니다.

1 마크 코켈버그, 『인공지능은 왜 정치적일 수밖에 없는가』, 배현석 옮김, 생각이음, 2023.
2 브뤼노 라투르, 『우리는 결코 근대인이었던 적이 없다』, 홍철기 옮김, 갈무리, 2009.
3 웬델 월러치, 콜린 알렌, 『왜 로봇의 도덕인가』, 노태복 옮김, 메디치미디어, 2014.
4 브뤼노 라투르 외, 『인간·사물·동맹』, 홍성욱 엮음, 이음, 2010.
5 쉴라 재서노프, 『테크놀로지의 정치』, 김명진 옮김, 창비, 2022.
6 랭던 위너, 『길을 묻는 테크놀로지』, 손화철 옮김, CIR, 2010.

3장 〈엘리시움〉 기술적 해법의 가능성만큼이나 그 불가능성에 대한 사유와 성찰이 필요합니다.

1 박용하,「명화에 수프 뿌리고, 상점서 우유 테러… 환경운동은 왜 거칠어졌나」,『경향신문』, 2022.10.16.
2 지그문트 바우만,『지구화, 야누스의 두 얼굴』, 김동택 옮김, 한길사, 2003.
3 낸시 프레이저,『좌파의 길』, 장석준 옮김, 서해문집, 2023.
4 루이스 멈포드,『기술과 문명』, 문종만 옮김, 책세상, 2013.
5 이영호,「우주여행 성공한 베이조스, 목표는 '우주 식민지 건설'」,『한국경제』, 2021.7.21.
6 서유진,「스페이스X 화성탐사선 '3전4기'…지구궤도 비행후 성공 귀환」,『중앙일보』, 2024.6.7.
7 이정호,"화성·목성 사이에 초대형 우주식민지 띄울 수 있다",『경향신문』, 2021.1.24.
8 로빈 맥케이, 아르멘 아바네시안 엮음,『#가속하라』, 김효진 옮김, 갈무리, 2023.
9 미치오 카쿠,『인류의 미래』, 박병철 옮김, 김영사, 2019; 아론 바스타니,『완전히 자동화된 화려한 공산주의』, 김민수, 윤종은 옮김, 황소걸음, 2020.
10 사이토 고헤이,『지속 불가능 자본주의』, 김영현 옮김, 다다서재, 2021.
11 위의 책, 69쪽.
12 위의 책, 76쪽.
13 이하의 내용은 다음 책을 참고했습니다. 김명석,『엔트로피』, 학아재, 2024; 스티븐 블런델,『열 물리학』, 북스힐, 2014; 스티븐 베리,『열역학』, 신석민 옮김, 김영사, 2021.
14 조지 카펜치스,『피와 불의 문자들』, 서창현 옮김, 갈무리, 2018; 주철현,「죽음이란 연결에너지의 소멸이다」,『한겨레』, 2024.5.7.
15 주철현,「인간은 어떤 '계'에 속한 존재인가」,『한겨레』, 2024.5.28.
16 김지윤 외,「친환경 연료 만든다며 동남아 환경 파괴…공급망 추적」,『뉴스타파』, 2023.3.2.
17 김정수,「"탄소포집 프로젝트 13개 중 10개 실패…석유 사용만 늘려"」,『한겨레』, 2022.9.12.
18 버지니아 유뱅크스,『자동화된 불평등』, 김영선 옮김, 북트리거, 2018.
19 마틴 리스,『과학이 우리를 구원한다면』, 김아림 옮김, 서해문집, 2023.

4장 〈노 임팩트 맨〉 기술 거부가 답이라고 믿는 기술 최소주의 또한 낭만적인 것은 매한가지입니다.

1 장찬주,「되돌리기 힘든 '기후 티핑포인트' 이미 5곳에서 위험 신호」,『국민일보』, 2024.3.26.
2 박정연,「화석연료 계속 쓰면… '6번째 대멸종' 현실이 될 수도」,『동아일보』, 2024.3.11.
3 카트린 하르트만,『위장환경주의』, 이미옥 옮김, 에코리브르, 2018.
4 클라이브 해밀턴,『인류세』, 정서진 옮김, 이상북스, 2018.

5   스테이시 얼라이모, 『말, 살, 흙』, 윤준, 김종갑 옮김, 그린비, 2018.
6   데이비드 월러스 웰즈, 『2050 거주불능 지구』, 김재경 옮김, 추수밭, 2020.
7   안드레아스 말름, 『코로나, 기후, 오래된 비상사태』, 우석영, 장석준 옮김, 마농지, 2021.
8   롭 라이히, 메흐란 사하미, 제러미 와인스타인, 『시스템 에러』, 이영래 옮김, 어크로스, 2022.
9   마크 피셔, 『자본주의 리얼리즘』, 박진철 옮김, 리시올, 2018.
10 사카키바라 에이스케, 미즈노 가즈오, 『자본주의의 종말, 그 너머의 세계』, 김정연 옮김, 테이크원, 2017.
11 안드레아스 말름, 『코로나, 기후, 오래된 비상사태』, 우석영, 장석준 옮김, 마농지, 2021.
12 로버트 라이시, 『로버트 라이시의 자본주의를 구하라』, 안기순 옮김, 김영사, 2016.
13 페터 슬로터다이크, 『냉소적 이성 비판』, 이진우 옮김, 에코리브르, 2005.

5장 〈돈 룩 업〉 그렇다면 비판은 개입주의 자체에 대해서도 행해져야 합니다.

1   천진우, 「멸망」, 『굴다리』, 아토엔터테인먼트, 2022.
2   해리 G. 프랭크퍼트, 『개소리에 대하여』, 이윤 옮김, 필로소픽, 2023.
3   리 매킨타이어, 『포스트 트루스』, 김재경 옮김, 두리반, 2019; 미치코 가쿠타니, 『진실 따위는 중요하지 않다』, 김영선 옮김, 돌베개, 2019.
4   대런 아세모글루, 사이먼 존슨, 『권력과 진보』, 김승진 옮김, 생각의힘, 2023.
5   스티븐 레비츠키, 대니얼 지블랫, 『어떻게 극단적 소수가 다수를 지배하는가』, 박세연 옮김, 어크로스, 2024.
6   수전 제이코비, 『반지성주의 시대』, 박광호 옮김, 오월의봄, 2020.

2부 인공지능, 인간, 로봇

서론

1. 케이트 크로퍼드, 『AI 지도책』, 노승영 옮김, 소소의책, 2022, 253쪽.
2. 블레즈 파스칼, 『팡세』, 이환 옮김, 민음사, 2003, 194-195쪽.
3. 한상기, 「AI는… "우리보다 더 똑똑한 사물"(힌턴) vs. "고양이보다 멍청"(르쿤)」, 『슬로우뉴스』, 2024.10.14.
4. 문세영, "'30년 내 인간 멸종 확률 10~20%…AI가 원인'", 『동아사이언스』, 2024.12.30.
5. 위의 기사.
6. 이병철, 「AI 4대 석학」 얀 르쿤 "지금 AI는 10살짜리 아이보다 못 해…개방·협력으로 키워야"」, 『조선일보』, 2024.12.11.

1장 〈트랜센던스〉 진짜 문제란 무엇일까요? 인간의 개입이 점점 더 불가능해지고 있다는 겁니다.

1. 레이 커즈와일, 『특이점이 온다』, 장시형, 김명남 옮김, 김영사, 2007.
2. 위의 책.
3. 톰 거켄, 「빌 게이츠 'AI 기술은 지난 수십 년을 통틀어 가장 중요한 진보'」, 『BBC NEWS 코리아』, 2023.3.22.
4. 닉 보스트롬, 『슈퍼 인텔리전스』, 조성진 옮김, 까치, 2017.
5. 폴 처칠랜드, 『물질과 의식』, 석봉래 옮김, 서광사, 1992.
6. 테드 창, 「테드 창 "예술은 무수한 선택의 결과…AI, 인간 예술 대체 못 해"」, 『한겨레』, 2024.7.10.
7. 곽노필, 「인공지능, "충격적 속도"로 인간을 앞서고 있다」, 『한겨레』, 2024.6.29.
8. 곽수근, 윤진호, 「알파고 쇼크 10년… AI, 세상의 판을 쥐다」, 『조선일보』, 2025.1.2.
9. 사이토 가즈노리, 『AI가 인간을 초월하면 어떻게 될까?』, 이정환 옮김, 마일스톤, 2017.
10. 에릭 브린욜프슨, 앤드루 맥아피, 『제2의 기계 시대』, 이한음 옮김, 청림출판, 2014.
11. 문화과학 편집위원회, 『문화과학 57호: GNR 시대의 도래와 문화변동』, 문화과학사, 2009.
12. 미치오 카쿠, 『인류의 미래』, 박병철 옮김, 김영사, 2019.
13. 조너선 닐, 『기후위기와 자본주의』, 김종환 옮김, 책갈피, 2019.
14. 아론 바스타니, 『완전히 자동화된 화려한 공산주의』, 김민수, 윤종은 옮김, 황소걸음, 2020.
15. 임대준, 「머스크 vs 저커버그, '캐릭터닷AI' 두고 파트너십 경쟁」, 『AI 타임스』, 2024.5.28; 남혜정, 「위즈니악 "AI개발 6개월 중단을"… 빌 게이츠 "문제 해결책 아냐"」, 『동아일보』, 2023.4.7.
16. 뽈 망뚜, 『산업혁명사-상』, 『산업혁명사-하』, 김종철, 정윤형 옮김, 창비, 1987; 칼 베네딕

트 프레이, 『테크놀로지의 덫』, 조미현 옮김, 에코리브르, 2019.

17 클라우스 슈밥, 『클라우스 슈밥의 제4차 산업혁명』, 송경진 옮김, 메가스터디북스, 2016.
18 마틴 포드, 『로봇의 지배』, 이윤진 옮김, 시크릿하우스, 2022.
19 고바야시 마사카즈, 『인공지능이 인간을 죽이는 날』, 한진아 옮김, 새로운제안, 2018.
20 제임스 R. 베니거, 『컨트롤 레벌루션』, 윤원화 옮김, 현실문화, 2009.
21 에릭 브린욜프슨, 앤드루 맥아피, 『기계와의 경쟁』, 정지훈, 류현정 옮김, 틔움출판, 2013.
22 권동중, 「삼성전자, 세계 최초 반도체 패키징 무인화 라인 가동」, 『전자신문』, 2023.8.30.
23 고바야시 마사카즈, 『인공지능이 인간을 죽이는 날』, 한진아 옮김, 새로운제안, 2018.
24 임지선, 「MS발 먹통 대란에 "빙산의 일각"…취약성 노출한 '초연결 세계'」, 『한겨레』, 2024.7.22.
25 이채린, 「노벨상 2024 자신이 토대 닦은 AI 위험성 경고한 '딥러닝 대부' 힌턴」, 『동아사이언스』, 2024.10.8.
26 이관수, 「왜 그렇게 판단했지? 궁금한 '인공지능 블랙박스'」, 『한겨레』, 2024.3.30.
27 프랭크 파스쿠알레, 『블랙박스 사회』, 이시은 옮김, 안티고네, 2016.
28 김희권, 「'인간 배제' AI가 가져온 디스토피아의 냄새」, 『시사저널』, 2017.8.2.
29 주하은, 「인류는 인공지능을 통제할 수 있을까?」, 『시사HN』, 2023.12.20.
30 케이트 크로퍼드, 『AI 지도책』, 노승영 옮김, 소소의책, 2022.

2장 〈아이, 로봇〉 인공지능은 의식을 가질 수 있나요? "바보야, 문제는 의식이 아니라 개입이야!"라고 말해야 합니다.

1 아이작 아시모프, 『아이, 로봇』, 김옥수 옮김, 우리교육, 2008, 6쪽.
2 김미향, 「AI 드론 '집요한 성취욕'…가상훈련서 조종사 방해되자 공격」, 『한겨레』, 2023.6.3.
3 Hayden Field, "OpenAI quietly removes ban on military use of its AI tools", *CNBC*, 2024.1.16.
4 마크 코켈버그, 『AI 윤리에 대한 모든 것』, 신상규, 석기용 옮김, 아카넷, 2023.
5 한스 모라벡, 『마음의 아이들』, 박우석, 김영사, 2011.
6 잭 코플랜드, 『계산하는 기계는 생각하는 기계가 될 수 있을까?』, 박영대 옮김, 에디토리얼, 2020.
7 Dreyfus, H. L. (1972). *What computers can't do: A critique of artificial reason*. MIT Press.
8 Bender, E. M., Gebru, T., McMillan-Major, A., & Shmitchell, S. (2021, March). On the dangers of stochastic parrots: Can language models be too big? In *Proceedings of the 2021 ACM conference on fairness, accountability, and transparency* (pp. 610-623). https://doi.org/10.1145/3442188.3445922.
9 테드 창, 「테드 창 "예술은 무수한 선택의 결과…AI, 인간 예술 대체 못 해"」, 『한겨레』, 2024.7.10.

10 대니얼 데닛, 『의식의 수수께끼를 풀다』, 유지화 옮김, 옥당, 2013; 프랜시스 크릭, 『놀라운 가설』, 김동광 옮김, 궁리, 2015; Blackmore, S. (2017). *Consciousness: A very short introduction*. Oxford University Press.

11 앨릭스 코브, 『우울할 땐 뇌 과학』, 정지인 옮김, 심심, 2018.

12 존 로저스 설, 『마인드』, 정승현 옮김, 까치, 2007; Nagel, T. (1974). What is it like to be a bat? *Philosophical Review*, 83(4), 435-450. https://doi.org/10.2307/2183914.

13 Chalmers, D. J. (1996). *The conscious mind: In search of a fundamental theory*. Oxford University Press.

14 승현준, 『커넥톰, 뇌의 지도』, 신상규 옮김, 김영사, 2014.

15 김재권, 『심리철학』, 권홍우, 원치욱, 이선형 옮김, 필로소픽, 2023.

16 Searle, J. R. (1980). Minds, brains, and programs. *Behavioral and Brain Sciences*, 3(3), 417-457. doi: 10.1017/S0140525X00005756.

17 Vaswani, A., Shazeer, N., Parmar, N., Uszkoreit, J., Jones, L., Gomez, A. N., Kaiser, L., & Polosukhin, I. (2017). Attention is all you need. *Advances in Neural Information Processing Systems*, 30. https://arxiv.org/abs/1706.03762.

18 존 로저스 설, 『마인드』, 정승현 옮김, 까치, 2007.

19 움베르토 R. 마뚜라나, 프란시스코 J. 바렐라, 『자기생성과 인지』, 정현주 옮김, 갈무리, 2023; 프란시스코 J. 바렐라, 에반 톰슨, 엘리노어 로쉬, 『몸의 인지과학』, 석봉래 옮김, 김영사, 2013.

20 앤디 클락, 『수퍼사이징 더 마인드』, 윤초희, 정현천 옮김, 교육과학사, 2018.

21 박승일(2024), 「'언어적 전회'에서 '인공적 전회'로: 합성곱 신경망과 오토인코더를 중심으로」, 『커뮤니케이션 이론』, 20(2), 48-102쪽; Harnad, S. (1990). The symbol grounding problem. *Physica D: Nonlinear Phenomena*, 42(1-3), 335-346.

22 장 폴 사르트르, 『존재와 무』, 변광배 옮김, 민음사, 2024.

23 게리 마커스, 어니스트 데이비스, 『2029 기계가 멈추는 날』, 이영래 옮김, 비즈니스북스, 2021.

24 닉 보스트롬, 『슈퍼 인텔리전스』, 조성진 옮김, 까치, 2017.

25 레이 커즈와일, 『특이점이 온다』, 장시형, 김명남 옮김, 김영사, 2007.

26 이상은, 「우크라이나전에 투입된 '신의 한 수'…게임체인저 된 'AI 사령관'」, 『한국경제』, 2024.6.19.

27 최윤정, 「우크라군, '우버앱' 방식으로 공격개시 시간 20분→1분 단축」, 『연합뉴스』, 2022.5.14.

28 라파엘 카푸로, 미카엘 나겐보르그, 『로봇윤리』, 변순용, 송선영 옮김, 어문학사, 2013.

29 마틴 포드, 『로봇의 지배』, 이윤진 옮김, 시크릿하우스, 2022; 토비 월시, 『생각하는 기계』, 이기동 옮김, 프리뷰, 2018.

3장 〈오펜하이머〉 원자폭탄이 그러했듯 인공지능이야말로 현재의 시작점이며 우리는 그때와 똑같이 실패해서는 안 됩니다.

1   세르히 플로히, 『핵전쟁 위기』, 허승철 옮김, 삼인, 2022.
2   C. 라이트 밀즈, 『사회학적 상상력』, 강희경, 이해찬 옮김, 돌베개, 2004.
3   카이 버드, 마틴 셔윈, 『아메리칸 프로메테우스』, 최형섭 옮김, 사이언스북스, 2023.
4   리처드 로즈, 『원자 폭탄 만들기 1』, 문신행 옮김, 사이언스북스, 2003.
5   Tavernise, S., "The Godfather of A.I. Has Some Regrets", *The New York Times*, 2023.5.30.
6   Baktash, J. A., & Dawodi, M. (2023). Gpt-4: A review on advancements and opportunities in natural language processing. *arXiv preprint arXiv:2305.03595*.
7   테런스 J. 세즈노스키, 『딥러닝 레볼루션』, 안진환 옮김, 한국경제신문, 2019.
8   스튜어트 러셀, 피터 노빅, 『인공지능 1, 2』, 류광 옮김, 제이펍, 2021; 오렐리앙 제롱, 『핸즈 온 머신러닝』, 박해선 옮김, 한빛미디어, 2018; 이안 굿펠로, 요슈아 벤지오, 에런 쿠빌, 『심층 학습』, 류광 옮김, 제이펍, 2018.
9   양승갑, 「과정 모르는 'AI 블랙박스'…해결 아닌 해석 필요한 이유」, 『테크월드뉴스』, 2024.4.18.
10 Hoffman, R. R., Mueller, S. T., Klein, G., & Litman, J. (2018). Metrics for explainable AI: Challenges and prospects. *arXiv preprint arXiv:1812.04608*; 아제이 탐피, 『해석 가능한 AI』, 최영재 옮김, 에이콘출판, 2024.
11 홍진수, 「2천억개 넘어 100조개까지…초거대 AI, 인간 뇌를 따라잡아라」, 『경향신문』, 2021.5.23.
12 권유진, 「AI '쩐의 전쟁'…MS 이어 구글도 "1000억 달러 투자할 것"」, 『중앙일보』, 2024.4.18.
13 카타리나 츠바이크, 『무자비한 알고리즘』, 유영미 옮김, 니케북스, 2021.
14 임지선, 「MS '인공지능 윤리팀' 전원 해고, 왜?」, 『한겨레』, 2023.3.16.
15 김성민, 「"AI 개발 6개월 중단하라" VS "과도한 우려"… 쪼개진 실리콘밸리」, 『조선일보』, 2023.4.10.
16 최정규, 『이타적 인간의 출현』, 뿌리와이파리, 2009.
17 방은주, 『AI기본법 어떤 내용 담았나…고영향AI 11개 분야로 포괄 규정』, 『지디넷코리아』, 2024.12.26.
18 김종대, 「미국은 '바다의 피라미드'를 왜 한국에 보내려 할까: 한반도와 미국의 3차 상쇄전략」, 『한겨레』, 2019.10.19.
19 케이트 크로퍼드, 『AI 지도책』, 노승영 옮김, 소소의책, 2022.
20 김주완, 「'전쟁 AI' 안 만든다더니…슬쩍 레드라인 넘은 빅테크」, 『한국경제신문』, 2024.11.13.
21 최민영, 「구글 떠난 AI 대부 "내 일생 후회한다…킬러로봇 탄생할 수도"」, 『한겨레』, 2023.5.3.
22 대니얼 리 클라인맨, 『과학, 기술, 민주주의』, 김명진 외 옮김, 갈무리, 2012.

23 쉴라 재서노프, 『테크놀로지의 정치』, 김명진 옮김, 창비, 2022.
24 마티아스 리스, 『AI 시대의 정치이론』, 박성진 옮김, 그린비, 2024.
25 김종영, 『지민의 탄생』, 휴머니스트, 2017; 이영희, 『전문가주의를 넘어』, 한울, 2021; 도다야마 가즈히사, 『과학자에게 이의를 제기합니다』, 전화윤 옮김, 플루토, 2019.
26 박효목, 김기윤, 「"AI가 내 것 뺏어가" 할리우드 배우-작가, 63년만에 동반파업」, 『동아일보』, 2023.7.15.
27 김세원, 「다시 혜화역 뒤덮은 분노의 목소리… "딥페이크 성범죄 가담자 모조리 처벌하라"」, 『여성신문』, 2024.9.21.

4장 〈핀치〉 인공지능의 지능이 아무리 높아져도 그것으로 사회성을 대체할 수는 없습니다.

1 스튜어트 러셀, 『어떻게 인간과 공존하는 인공지능을 만들 것인가』, 이한음 옮김, 김영사, 2021.
2 다이고쿠 다케히코, 『정보사회의 철학』, 최승현 옮김, 박영스토리, 2021.
3 라파엘 카푸로, 미카엘 나겐보르그, 『로봇 윤리』, 변순용, 송선영 옮김, 어문학사, 2013; 월터 시넛 암스트롱, 재나 셰익 보그 외, 『도덕적인 AI』, 박초월 옮김, 김영사, 2025.
4 이언 보고스트, 『에일리언 현상학, 혹은 사물의 경험은 어떠한 것인가』, 김효진 옮김, 갈무리, 2022.
5 브뤼노 라투르, 『인간·사물·동맹』, 홍성욱 엮음, 이음, 2010.
6 프란시스코 J. 바렐라, 에반 톰슨 외, 『몸의 인지과학』, 석봉래 옮김, 김영사, 2013; Clark, A., & Chalmers, D. (1998). The extended mind. *Analysis*, 58(1), 7-19. https://doi.org/10.1093/analys/58.1.7; Pfeifer, R., & Bongard, J. (2007). *How the body shapes the way we think: A new view of intelligence*. MIT Press.
7 이진경, 장병탁, 김재아, 『선을 넘는 인공지능』, 김영사, 2023; 로드니 A. 브룩스, 『로드니 브룩스의 로봇 만들기』, 박우석 옮김, 바다출판사, 2005.
8 국립국어원, 「중력」, 『표준국어대사전』, https://stdict.korean.go.kr.
9 앤디 클락, 『슈퍼사이징 더 마인드』, 윤초희, 정현천 옮김, 교육과학사, 2018.
10 서동욱, 『타자철학』, 반비, 2022; 캐스린 슐츠, 『오류의 인문학』, 안은주 옮김, 지식의날개, 2014.
11 한나 아렌트, 『인간의 조건』, 이진우 옮김, 한길사, 2002.
12 에마누엘 레비나스, 『시간과 타자』, 강영안 옮김, 문예출판사, 1996.
13 장 자크 루소, 『사회계약론』, 김영욱 옮김, 후마니타스, 2022.
14 Christian, B. (2020). *The alignment problem: Machine learning and human values*. W. W. Norton & Company.
15 Nagel, T. (1974). What is it like to be a bat? *Philosophical Review*, 83(4), 435-450. https://doi.org/10.2307/2183914.
16 웬델 월러치, 콜린 알렌, 『왜 로봇의 도덕인가』, 노태복 옮김, 메디치미디어, 2014.

17 마크 코켈버그,『AI 윤리에 대한 모든 것』, 신상규, 석기용 옮김, 아카넷, 2023.
18 다이고쿠 다케히코,『정보사회의 철학』, 최승현 옮김, 박영스토리, 2021.
19 토마스 렘케,『사물의 통치』, 김효진 옮김, 갈무리, 2024.
20 이언 보고스트,『에일리언 현상학, 혹은 사물의 경험은 어떠한 것인가』, 김효진 옮김, 갈무리, 2022; 레비 R. 브라이언트,『존재의 지도』, 김효진 옮김, 갈무리, 2020.
21 캐시 오닐,『대량살상 수학무기』, 김정혜 옮김, 흐름출판, 2017; 케이트 크로퍼드,『AI 지도책』, 노승영 옮김, 소소의책, 2022.
22 마크 코켈버그,『인공지능은 왜 정치적일 수밖에 없는가』, 배현석 옮김, 생각이음, 2023.
23 월터 시넛 암스트롱, 재나 셰익 보그 외,『도덕적인 AI』, 박초월 옮김, 김영사, 2025.

5장 인공지능 삼각동맹도 지구라는 터전 없이는 아무런 의미가 없습니다.

1 이 글은『황해문화』125호(2024년 겨울호)에 실렸던 글을 수정, 보완한 것입니다.
2 대런 애쓰모글루, 사이먼 존슨,『권력과 진보』, 김승진 옮김, 생각의힘, 2023.
3 문화과학 편집위원회,『문화과학』105호(인공지능 자본주의), 문화과학사, 2021.
4 김상범,「주가 무너뜨린 'AI 거품론', 진짜일까?」,『경향신문』, 2024.8.6.
5 김민정,「오픈AI도 2029년까지 적자… AI는 밑 빠진 독에 물 붓기?」,『중앙일보』, 2024.10.11.
6 이덕주,「AI 과잉투자론 확산… 월가 "인간 노동 대체하기엔 너무 비싸"」,『매일경제』, 2024.7.31.
7 이유진,「메타버스는 환상인가, 미래인가…"지금은 거품, 미래 가능성은 유효"」,『경향신문』, 2021.11.23.
8 더그 헨우드, 윌리엄 K. 텝 외,『신경제의 신화와 현실』, 국제연대정책정보센터 옮김, 이후, 2001.
9 마누엘 카스텔,『네트워크 사회의 도래』, 박행웅, 오은주 외 옮김, 한울, 2003.
10 박승일,『기계, 권력, 사회』, 사월의책, 2021.
11 케이트 크로퍼드,『AI 지도책』, 노승영 옮김, 소소의책, 2022.
12 카를 마르크스,『경제학·철학초고/자본론/공산당선언/철학의 빈곤』, 김문현 옮김, 동서문화사, 2008.
13 칼 베네딕트 프레이,『테크놀로지의 덫』, 조미현 옮김, 에코리브르, 2019.
14 테런스 J. 세즈노스키,『딥러닝 레볼루션』, 안진환 옮김, 한국경제신문, 2019.
15 마쓰오 유타카,『인공지능과 딥러닝』, 박기원 옮김, 동아엠엔비, 2015.
16 테런스 J. 세즈노스키,『딥러닝 레볼루션』, 안진환 옮김, 한국경제신문, 2019.
17 박승일(2024),「'언어적 전회'에서 '인공적 전회'로: 합성곱 신경망과 오토인코더를 중심으로」,『커뮤니케이션 이론』, 20(2). 48-102.
18 주영재,「알파고에 100전 100승 거둔 '알파고 제로' 등장…인간 지식 없이 스스로 학습해

창의성 발휘」,『경향신문』, 2017.10.19.
19 사이버네틱스에 대한 간략한 설명은 172쪽 각주를 참고하시기 바랍니다.
20 레이 커즈와일,『특이점이 온다』, 장시형, 김명남 옮김, 김영사, 2007.
21 마틴 포드,『로봇의 부상』, 이창희 옮김, 세종, 2016.
22 카를 마르크스,『자본론 3-상』, 김수행 옮김, 비봉출판사, 2008.
23 위의 책, 제13장.
24 카를 마르크스,『정치경제학 비판 요강 2』, 김호균 옮김, 그린비, 2007, 374쪽.
25 칼 베네딕트 프레이,『테크놀로지의 덫』, 조미현 옮김, 에코리브르, 2019.
26 위의 책.
27 손화철, 이광석 외,『4차산업혁명이라는 거짓말』, 북바이북, 2017.
28 마누엘 카스텔,『네트워크 사회의 도래』, 박행웅, 오은주 외 옮김, 한울, 2003.
29 폴 메이슨,『포스트자본주의 새로운 시작』, 안진이 옮김, 더퀘스트, 2017.
30 닉 서르닉,『플랫폼 자본주의』, 심성보 옮김, 킹콩북, 2020.
31 케빈 켈리,『기술의 충격』, 이한음 옮김, 민음사, 2011; 헨리 A. 키신저, 에릭 슈밋, 대니얼 허튼로커,『AI 이후의 세계』, 김고명 옮김, 월북, 2023.
32 김재성,「AI, 자동차 제조 확 바꿨다…'고효율·저비용' 혁명」,『지디넷코리아』, 2024.5.2.
33 조창현,「전산업 AI 접목 확산… "AI, 경제·사회 전반 혁신 이끌게 될 것"」,『인더스트리뉴스』, 2023.9.14.
34 이안 굿펠로, 요슈아 벤지오, 에런 쿠빌,『심층 학습』, 류광 옮김, 제이펍, 2018.
35 마크 코켈버그,『뉴 로맨틱 사이보그』, 김동환, 최영호 옮김, 컬처북스, 2022.
36 박찬,「아마존도 올해 145.6조 투자…빅테크 4곳 AI 투자, 지난해 국내 정부 예산 3분의 2에 달할 듯」,『AI타임스』, 2025.2.8.
37 베르너 좀바르트,『전쟁과 자본주의』, 이상률 옮김, 문예출판사, 2019, 22쪽.
38 강석률,「미국의 3차 상쇄전략 추진 동향과 시사점」, 한국국방연구원, 2021.
39 케이트 크로퍼드,『AI 지도책』, 노승영 옮김, 소소의책, 2022.
40 위의 보고서.
41 크리스 밀러,『칩 워, 누가 반도체 전쟁의 최후 승자가 될 것인가』, 노정태 옮김, 부키, 2023.
42 임경업,「美 빅테크 독점 막아라… 'AI 주권' 전쟁 시작됐다」,『조선일보』, 2024.10.8.
43 케네스 포메란츠,『대분기』, 김규태 외 옮김, 에코리브르, 2016.
44 변종국,「"우리의 언어-문화로"… 세계는 '소버린 AI' 개발 붐」,『동아일보』, 2024.7.8.
45 이상덕 외,「한국 AI 실력 미국 대비 47%… "GPU·인재 확보 절실"」,『매일경제』, 2024.2.18.
46 김규남,「'전기 먹는 하마' AI, 지구 생태계 '방전'시키진 않을까」,『한겨레』, 2025.2.19.
47 선담은,「AI 개발 경쟁이 부른 미 빅테크 '원전 딜레마'」,『한겨레』, 2024.10.17.
48 한귀영,「AI, 큰 것이 아름답다고? 기후를 망치고 있다」,『한겨레』, 2024.4.1.

49 조성미, 「빅테크 운명 가른 AI…세계 각국 사활 걸고 주도권 경쟁」, 『연합뉴스』, 2024.12.17.
50 윤수현, 「챗GPT 대화하면 물 500ml 날아간다… AI가 온실가스 주범?」, 『미디어오늘』, 2024.8.24.
51 김계환, 「'AI 열풍'에…구글 온실가스 배출량, 5년새 48% 급증」, 『연합뉴스』, 2024.7.3.
52 안드레아스 말름, 『화석 자본』, 위대현 옮김, 두번째테제, 2023.
53 미치오 카쿠, 『인류의 미래』, 박병철 옮김, 김영사, 2019; 아론 바스타니, 『완전히 자동화된 화려한 공산주의』, 김민수, 윤종은 옮김, 황소걸음, 2020.
54 리처드 하인버그, 『제로 성장 시대가 온다』, 노승영 옮김, 부키, 2013.
55 Chiang, T. "Will A.I. Become the New McKinsey?", *The New Yorker*, 2023.5.4.
56 박기용, 「트럼프, 두 번째 파리협정 탈퇴…유엔 기후협약도 떠날까」, 『한겨레』, 2025.1.21.
57 서혜림, 「트럼프 취임, 바이든의 'AI 안전규제' 폐기…"개발기업에 간섭 않을 듯"」, 『연합뉴스』, 2025.1.21.
58 선담은, 「중국 개발 '가성비 최강' AI 등장에…미국 빅테크 '패닉'」, 『한겨레』, 2025.1.26.
59 최현준, 「중국, 트럼프에 맞대응…미국산 석탄·석유에 15% 보복 관세」, 『한겨레』, 2025.2.5.

3부 (비)인간, 기술, 사회

서론

1 앙드레 콩트 스퐁빌, 『자본주의는 윤리적인가?』, 이현웅 옮김, 생각의나무, 2010, 73쪽.
2 박승일, 『기계, 권력, 사회』, 사월의책, 2021.
3 위의 책, 15쪽.
4 박승일(2022), 「'매개 안에 있음(Being-in-Mediation)'이란 무엇인가」, 『커뮤니케이션 이론』, 18(4). 53-101.
5 김희진, 「'데이터센터 화재' 카카오 서비스 마비···일상도 '멘붕'」, 『경향신문』, 2022.10.15.
6 율리아 에브너, 『한낮의 어둠』, 김하현 옮김, 한겨레출판, 2021.
7 카를 마르크스, 『임노동과 자본』, 남상일 옮김, 백산서당, 1993.
8 심우삼, 「극우 유튜브에 빠진 윤석열 '내란의 기원'」, 『한겨레』, 2024.12.24.
9 현혜선, 「"尹 계엄령, 유튜브가 만든 세계 최초의 내란사태…알고리즘 덫 걸렸다"」, 『서울경제』, 2025.1.6.

1장 〈트루먼 쇼〉 바깥 없는 세계에서 안으로부터 저항하기, 이 저항의 가능성을 믿습니다.

1 존 피스크, 『텔레비전 문화』, 곽한주 옮김, 컬처룩, 2017.
2 이길호, 『우리는 디씨』, 이매진, 2012; 한스 게오르크 묄러, 폴 J. 담브로시오, 『프로필 사회』, 김한슬기 옮김, 생각이음, 2022.
3 호르헤 루이스 보르헤스, 『작가』, 우석균 옮김, 민음사, 2021.
4 Mulvey, L. (1975). Visual pleasure and narrative cinema. *Screen*, 16(3), 6-18. https://doi.org/10.1093/screen/16.3.6.
5 레이먼드 윌리암스, 『텔레비전론』, 박효숙 옮김, 현대미학사, 1996.
6 레이먼드 윌리암스, 『텔레비전론』, 박효숙 옮김, 현대미학사, 1996.
7 다이고쿠 다케히코, 『가상사회의 철학』, 최승현 옮김, 산지니, 2022.
8 정연욱, 『구독, 좋아요, 알림설정까지』, 천년의상상, 2021.
9 미치코 가쿠타니, 『진실 따위는 중요하지 않다』, 김영선 옮김, 돌베개, 2019.
10 리 매킨타이어, 『포스트 트루스』, 김재경 옮김, 두리반, 2019.
11 올리비아 얄롭, 『인플루언서 탐구』, 김지선 옮김, 소소의책, 2024.
12 W. 테런스 고든, 허버트 마셜 매클루언, 『미디어의 이해』, 김상호 옮김, 커뮤니케이션북스, 2011.
13 장 보드리야르, 『시뮬라시옹』, 하태환 옮김, 민음사, 2001.
14 송주용, 「불 한 번에 멈춘 '카카오 연결 사회'…"분노 넘어 공포로"」, 『한국일보』, 2022.10.17.
15 박승일(2022), 「'매개 안에 있음(Being-in-Mediation)'이란 무엇인가」, 『커뮤니케이션 이론』, 18(4). 53-101.
16 박승일, 『기계, 권력, 사회』, 사월의책, 2021.

2장 〈접속〉 1997년의 우리는 이전과는 다른 우리가 되어 가고 있었던 겁니다.

1 오사와 마사치, 『전자 미디어, 신체 타자 권력』, 오석철, 이재민 옮김, 커뮤니케이션북스, 2013.
2 미즈코시 신, 요시미 슌야 외, 『전화의 재발견』, 오석철, 황조희 옮김, 커뮤니케이션북스, 2005.
3 다이고쿠 다케히코, 『가상사회의 철학』, 최승현 옮김, 산지니, 2022.
4 아르준 아파두라이, 『고삐 풀린 현대성』, 채호석, 차원현, 배개화 옮김, 현실문화, 2004.
5 마누엘 카스텔, 『인터넷 갤럭시』, 박행웅 옮김, 한울, 2004.
6 요시미 슌야, 『미디어 문화론』, 안미라 옮김, 커뮤니케이션북스, 2006.
7 카를 마르크스, 『루이 보나빠르뜨의 브뤼메르 18일』, 『프랑스 혁명사 3부작』, 임지현, 이종훈 옮김, 소나무, 1991, 162쪽.
8 척 클로스터만, 『90년대』, 임경은 옮김, 온워드, 2023.
9 요한 하리, 『도둑맞은 집중력』, 김하현 옮김, 어크로스, 2023.
10 알랭 바디우, 『철학을 위한 선언』, 서용순 옮김, 길, 2010.

3장 〈레디 플레이어 원〉 미래는 이미 시작됐습니다. 다만 아직 결정되지 않았을 뿐입니다.

1 신동형, 「모바일 컴퓨팅에서 공간 컴퓨팅으로의 진화 시사하는 '애플 비전 프로'」, 『MIT 테크놀로지 리뷰』, 2024.2.8.
2 장 보드리야르, 『시뮬라시옹』, 하태환 옮김, 민음사, 2001.
3 하워드 라인골드, 『참여 군중』, 이운경 옮김, 황금가지, 2003.
4 알렉 맥길리스, 『아마존 디스토피아』, 김승진 옮김, 사월의책, 2024.
5 Morozov, E. (2012). *The net delusion: How not to liberate the world*. Penguin.
6 카를 마르크스, 프리드리히 엥겔스, 『공산당 선언』, 강유원 옮김, 이론과실천, 2008.
7 카를 마르크스, 『자본론 1-하』, 김수행 옮김, 비봉출판사, 2009.
8 윤준탁, 『웹 3.0 레볼루션』, 와이즈맵, 2022.
9 Castells, M. (1996). *The rise of the network society* (Vol. 1). Blackwell.
10 리누스 토발즈, 팀 오라일리 외, 『오픈소스』, 이만용 외 옮김, 한빛미디어, 2000.
11 더그 헨우드, 『신경제 이후』, 이강국 옮김, 필맥, 2004.
12 O'Reilly, T. (2005, September 30). *What is Web 2.0?* O'Reilly Media. https://www.oreilly.com/pub/a/web2/archive/what-is-web-20.html.
13 우메다 모치오, 『웹 진화론』, 이우광 옮김, 재인, 2006.
14 닉 서르닉, 『플랫폼 자본주의』, 심성보 옮김, 킹콩북, 2020.
15 드미트리 클라이너, 『텔레코뮤니스트 선언』, 권범철 옮김, 갈무리, 2014.
16 돈 탭스콧, 알렉스 탭스콧, 『블록체인 혁명』, 박지훈 옮김, 을유문화사, 2017.
17 크리스 딕슨, 『읽고 쓰고 소유하다』, 김의석 옮김, 어크로스, 2024.
18 이주현, 「한물간 메타버스, AI로 리모델링한다」, 『한국경제신문』, 2024.9.27.
19 김익현, 「'인터넷 원조' 야후는 왜 실패했나」, 『지디넷코리아』, 2015.12.10.
20 마르타 페이라노, 『우리의 적들은 시스템을 알고 있다』, 최사라 옮김, 시대의창, 2021.
21 소샤나 주보프, 『감시 자본주의 시대』, 김보영 옮김, 문학사상사, 2021.
22 마누엘 카스텔, 『분노와 희망의 네트워크』, 김양욱 옮김, 한울, 2015.

4장 〈월-E〉 우리는 어떻게 세계의 우연과 마주칠 수 있을까요? 우리는 어떻게 인간이 될 수 있을까요?

1 마크 오코널, 『트랜스휴머니즘』, 노승영 옮김, 문학동네, 2018.
2 아즈마 히로키, 『동물화하는 포스트모던』, 이은미 옮김, 문학동네, 2007.
3 정의길, 「AI가 일자리 3억개 대체한다…그래도 사람 손 필요한 직업은」, 『한겨레』, 2024.7.21.
4 김진석, 『강한 인공지능과 인간』, 글항아리, 2019.
5 1부 125쪽의 각주를 참고하시기 바랍니다.

6 아즈마 히로키, 『동물화하는 포스트모던』, 이은미 옮김, 문학동네, 2007.
7 헤르베르트 마르쿠제, 『일차원적 인간』, 박병진 옮김, 한마음사, 1993.
8 에마뉘엘 레비나스, 『시간과 타자』, 강영안 옮김, 문예출판사, 1996.
9 이졸데 카림, 『나와 타자들』, 이승희 옮김, 민음사, 2019.
10 스가쓰케 마사노부, 『동물과 기계에서 벗어나』, 현선 옮김, 항해, 2021.
11 도나 해러웨이, 『트러블과 함께하기』, 최유미 옮김, 마농지, 2021.
12 티모시 모턴, 『인류』, 김용규 옮김, 부산대학교출판문화원, 2021.
13 디페시 차크라바르티, 『하나의 행성, 서로 다른 세계』, 이신철 옮김, 에코리브르, 2024.
14 에두아르도 콘, 『숲은 생각한다』, 차은정 옮김, 사월의책, 2018.
15 마크 안드레예비치, 『미디어 알고리즘의 욕망』, 이희은 옮김, 컬처룩, 2021.

5장 〈나는 전설이다〉 인간 없는 세계를 사유하는 한에서만 인간 없는 세계를 유예시킬 수 있습니다.

1 앨런 와이즈먼, 『인간 없는 세상』, 이한중 옮김, 알에이치코리아, 2020.
2 Marx, K., & Engels, F. (1848). *The communist manifesto* (Chapter 1: Bourgeois and Proletarians). Marxists internet archive. Retrieved February 7, 2025, from https://www.marxists.org/archive/marx/works/1848/communist-manifesto/ch01.htm.
3 허진석, 「인류-지구-우주의 나이 무엇으로 알까」, 『동아일보』, 2010.2.13.
4 도나 J. 해러웨이, 『트러블과 함께하기』, 최유미 옮김, 마농지, 2021.
5 레비 브라이언트, 『객체들의 민주주의』, 김효진 옮김, 갈무리, 2021; 마누엘 데란다, 『새로운 사회철학』, 김영범 옮김, 그린비, 2019.
6 스티븐 샤비로, 『탈인지』, 안호성 옮김, 갈무리, 2022.
7 아미타브 고시, 『육두구의 저주』, 김홍옥 옮김, 에코리브르, 2021.
8 피터 싱어, 『우리 시대의 동물 해방』, 김성한 옮김, 연암서가, 2024; Stannard, D. E. (1992). *American holocaust: The conquest of the New World*. Oxford University Press.
9 질베르 아슈카르, 『이스라엘의 가자 학살』, 팔레스타인 평화 연대 옮김, 리시울, 2024.
10 리처드 카니, 『이방인, 신, 괴물』, 이지영 옮김, 개마고원, 2004.
11 조홍섭, 「세계 생물 1500만 종, 더불어 함께 산다」, 『한겨레』, 2019.10.19.
12 스티븐 샤비로, 『탈인지』, 안호성 옮김, 갈무리, 2022.
13 이언 보고스트, 『에일리언 현상학, 혹은 사물의 경험은 어떠한 것인가』, 김효진 옮김, 갈무리, 2022; 에두아르도 콘, 『숲은 생각한다』, 차은정 옮김, 사월의책, 2018; Grusin, R. (2015). Introduction. In R. Grusin (Ed.), *The nonhuman turn* (pp. 1-14). University of Minnesota Press.
14 릭 돌피언, 『지구와 물질의 철학』, 우석영 옮김, 산현재, 2023.
15 제인 베넷, 『생동하는 물질』, 문성재 옮김, 현실문화, 2020.

16 그레이엄 하먼,『쿼드러플 오브젝트』, 주대중 옮김, 현실문화, 2019.
17 시노하라 마사타케,『인간 이후의 철학』, 최승현 옮김, 이비, 2023.

6장 〈일라이〉 책은 사라질 것입니다. 그러나 세계는 계속되어야 합니다.

1 이 글은『출판문화』698호(2024.3.)에 실렸던 글을 수정, 보완한 것입니다.
2 움베르토 에코,『장미의 이름』, 이윤기 옮김, 열린책들, 2001.
3 양선아, 「10명 중 6명은 책 한 권도 안 읽는 사회…"독서정책 콘트롤 타워 없다"」,『한겨레』, 2024.5.24.
4 이나다 도요시,『영화를 빨리 감기로 보는 사람들』, 황미숙 옮김, 현대지성, 2022.
5 김성우,『인공지능은 나의 읽기-쓰기를 어떻게 바꿀까』, 유유, 2024; 제임스 볼,『개소리는 어떻게 세상을 정복했는가』, 김선영 옮김, 다산초당, 2020.
6 니콜라스 카,『생각하지 않는 사람들』, 최지향 옮김, 청림출판, 2020.
7 다카쿠와 가즈미,『철학으로 저항하다』, 노수경 옮김, 사계절, 2023.
8 사사키 아타루,『잘라라, 기도하는 그 손을』, 송태욱 옮김, 자음과모음, 2012.
9 장예지, 「한강 "문학을 읽고 쓰는 일은 생명 파괴 행위의 반대"」,『한겨레』, 2024.12.12.

에필로그: 끝날 때까진 끝난 게 아닙니다.

1 마르틴 하이데거,『기술과 전향』, 이기상 옮김, 서광사, 1993, 77쪽.
2 도나 해러웨이,『트러블과 함께 하기』, 최유미 옮김, 마농지, 2021, 11쪽.
3 도나 해러웨이,『트러블과 함께 하기』, 최유미 옮김, 마농지, 2021, 13쪽. 번역은 인용자의 수정.
4 자크 데리다,『그라마톨로지』, 김성도 옮김, 민음사, 2010.
5 슬라보예 지젝,『그들은 자기가 하는 일을 알지 못하나이다』, 박정수 옮김, 인간사랑, 2004.

| 찾아보기 |

용어 찾아보기

ㄱ

가속주의, 가속하라, 가속화 12, 17, 49, 55, 57, 68, 79, 93, 97, 107, 122, 145, 164, 288, 435-437
개입주의 28, 45, 54, 66, 74, 80-86, 94, 137, 145-148, 153, 299, 300, 423, 430, 432, 435, 438
거대 언어 모델(LLM) 161, 203, 210, 244, 268, 270, 280, 288
경제 성장의 함정 96, 107
공간 컴퓨팅 345, 357, 448
공통감각 또는 정동 132-135, 342
과대화, 과장된(hype) 174, 191
과정치 82, 423
관찰자 효과 233
구문론 201
구성적 외부 108, 400-402, 405, 413, 430, 432
구원 11-13, 28-30, 50, 52, 55, 58, 59, 74, 79, 91, 92, 98, 105, 109, 111, 112, 123, 141, 145, 152, 154, 177, 215, 217, 218, 275, 278, 279, 290, 291, 314, 370, 382, 384, 387, 389, 410, 419, 433, 437
국가주의 219, 263, 286, 288, 289, 291-293, 296
기반 기술, 기반구조적 기술 180, 266
기술 만능주의, 기술주의, 기술 맹목주의 49, 50, 76, 146, 182, 235, 292, 296, 409

기술 세례 175
기술 최대주의, 최대주의 28, 29, 45, 47- 66, 76, 78-83, 85, 86, 94, 107, 116, 123, 145, 146, 148, 153, 178, 186, 299, 420, 421, 423, 435, 436
기술 최소주의, 최소주의 28, 45, 47, 54-57, 59-66, 68, 74, 75, 78, 79, 81-83, 85, 86, 113-135, 146, 153, 186, 299, 420, 421, 423, 435-437
기술적 관성 216
기술적 시민성 187, 359
기술적 역량 235
기술적 위기 146, 220-222
기술적 해법 50, 55, 56, 82, 85, 94, 101, 106-108, 110, 112, 220, 419, 420, 437
기호주의 269
기호지세 281, 286

ㄴ

녹색 성장 93-96, 98

ㄷ

닭달 18, 19
담론 28, 29, 41-45, 50, 53, 54, 60, 63-65, 157, 235, 294, 299, 300, 305, 435
대분기 286, 287, 445
디스토피아 28, 52, 87, 94, 103, 104, 107,

451

157, 177-179, 185, 186, 191, 238, 239, 251, 256, 263, 329, 346, 368, 440, 448
디커플링, 탈동조화 59, 96, 98
딥러닝 163, 200, 223, 230, 268-270, 440, 442, 444

ㄹ

러다이트 운동 64
로봇 3원칙 189, 190, 193, 206, 207, 242

ㅁ

매개적 조건 323, 331, 337, 427-429
메가머신 92
메타 기술 175, 279-281, 285
메타버스 29, 38, 143, 266, 300, 345, 355-357, 444, 448
모라벡의 역설 192
무신뢰성 193, 356
물리주의 199, 200, 202

ㅂ

반기술주의 109, 170, 171
변증법, 변증법의 운동, 나선형 계단 41, 73, 134, 325, 424, 426, 427, 430-432, 435
(불)가능성 89, 94, 106, 108-110, 112, 192, 264
블랙박스 문제 183, 225, 258
블록체인 193, 300, 355, 356, 448
비인간 행위자 78, 79, 262
비인간, 비인간 존재 23, 24, 26, 29, 78, 79, 248, 262, 373-377, 381, 382, 384, 386, 387, 390-392

ㅅ

사라지는 매개자 429

사물 19, 29, 181, 185, 203, 211, 222, 245, 248, 251, 301, 322, 385, 386, 392, 436, 439, 443, 444, 449
사변적 우화 22-24, 26, 27, 381, 382, 391, 399, 425
사이-공간 254, 255, 257. 422
사이버네틱스 172, 445
사회의 개입 가능성, 소사이어티 인 더 루프 184, 187
사회학적 상상력 213-215, 221, 442
산업혁명 56, 59, 64, 99, 145, 173, 177, 179-182, 185, 220, 264, 268, 275-278, 279, 282, 286, 345, 439, 440, 445
삼각동맹 83, 263, 296, 423, 444
상호규정성 402, 404, 405
생성형 인공지능 28, 70, 72, 173, 178, 186, 200, 210, 212, 246, 256, 257, 259, 266, 270, 271, 279, 288, 293, 357, 363, 408
설명 가능한 인공지능 225
세계 짓기, 세계성(worlding) 23, 267
소버린 AI, 인공지능 주권 282, 285, 286, 445
수행적 모순 62, 63
수확 가속의 법칙 169
쉬운 문제 199
시각적 무의식 330
신뢰재 183

ㅇ

아래로부터의 개입 235
악마의 맷돌 229
알고리즘 70, 73, 200, 203, 244, 280, 296, 301, 302, 304, 305, 366, 370, 377, 408, 442, 446, 449
어려운 문제 199

엔트로피 98-107, 364, 437
연결주의 269
열역학 제2법칙 99-103, 106, 437
우리 대중 21, 44, 182, 234, 356, 425, 432
우연성 24, 190, 302, 337, 370, 371, 377, 381, 401, 408, 409
웹 1.0, 웹 2.0, 웹 3.0 266, 352-358, 448
위로부터의 개입 235
유토피아 28, 52, 58, 87, 92, 94, 104, 157, 177-179, 184, 185, 191, 239, 256, 263, 329, 368, 370
윤리적 전회, 전회 76, 218, 441, 444
의미론 201, 301
이데올로기 30, 56, 62, 63, 131, 146, 147, 170, 182, 287, 288, 290, 318, 326, 397
이윤율 저하, 이윤율 하락 271, 274, 275, 277
이종 동맹 242, 261
이중의 개입 82, 149, 187, 188, 423
이중의 시민 346, 347, 359
이중의 자유 73, 369
인간 피드백 강화학습(RLHF) 226
인간의 개입 가능성, 휴먼 인 더 루프 180, 184, 185, 187
인간의 기계화 361, 362, 373-375
인간의 동물화 361, 362, 368, 373-377
인간이 배제된 제어 시스템, 휴먼 아웃 오브 더 루프 185, 187
인간중심주의 194, 196, 248, 375, 379, 389, 391, 393
인공지능 사회성, 사회성, 사회적 존재 40, 78, 82, 164, 237, 239, 250, 251, 254-256, 262, 387, 443
인공지능 정치경제학 292, 293
인류세 121, 419, 421, 437

일대다, 다대다 318, 319, 332

ㅈ
자기조정 시장 228
자본의 유기적 구성 273, 274
자본주의 12, 20, 28, 49, 50, 56-58, 60, 61, 73, 90, 95, 106, 116, 117, 120-131, 134, 145-147, 164, 179, 181, 182, 227, 234, 263, 267, 268, 272, 274-279, 282-292, 296, 315, 320, 349, 358, 363-365, 420, 421, 436-439, 444-446, 448
자본주의 리얼리즘 125, 126, 291, 438
접지 205, 244, 249
정신관리권력 300-303
제국적 생활양식 56
제번스의 역설 97, 106
종이 클립 최대화 208
죄수의 딜레마 228
주관적인 경험, 주관적 체험(qualia) 198, 199, 201, 211,
주인과 노예의 변증법 73
지수함수 168, 169, 173-175, 177, 185, 210, 285, 364

ㅊ
챗GPT 173, 191, 201, 224, 227, 246, 265, 270, 271, 288, 446
체화된 인지 246, 251
초지능, 인공일반지능, 강인공지능 171, 172, 174, 191, 193, 195, 203, 210, 221, 244

ㅋ
카니발 자본주의, 제 살 깎아먹기 49, 90
커넥톰 지도 199

ㅌ
탈성장 57, 60-62, 64, 68, 93, 116, 122, 421
탈자본주의 57, 60, 61, 116, 122, 421
탈정치 82, 423
탈중앙화 353, 355, 356, 358, 360
탈중앙화된 자율조직(DAO) 356
탈진실 141, 144, 146, 148, 320, 344, 408
테크노 파시즘 296
테크노크라시 65
트랜스휴머니즘 375, 448
특이점 168, 169, 174, 177, 192, 291, 439, 441, 445

ㅍ
파라미터 184, 224-226, 281
팍스 아메리카나 219
편위 77, 81, 232

평평한 존재론 248
포스트휴머니즘, 포스트휴먼 195, 375, 376

ㅎ
행위자 77-79, 228, 242, 243, 253, 255, 258, 259, 262, 376, 392
헛소리(hallucination) 226
확률적 앵무새 196, 210
환경관리권력 300-303

기타
1차 상쇄전략 230, 284
2차 상쇄전략 230, 284
3차 상쇄전략 230, 264, 282, 283, 285, 295, 442, 445
GNR 혁명 177, 178, 271
NFT 355, 356

인명 찾아보기

니체, 프리드리히 32
데카르트, 르네 202, 246
라투르, 브뤼노 13, 15-21, 24-26, 425, 435, 436, 443
로, 야니나 375
르쿤, 얀 159-163, 439
마르크스, 카를 73, 268, 273-275, 304, 339, 365, 444-448
머스크, 일론 12, 92, 287, 435, 439
모라벡, 한스 192, 193, 440
무어, 고든 168
바이든, 조 229, 295, 446
베넷, 제인 374, 449
베이조스, 제프 92, 437
벤야민, 발터 39, 40, 130, 330, 435
보르헤스, 호르헤 루이스 314, 447
보스트롬, 닉 208, 439, 441
스피노자, 베네딕투스 데 11, 12, 435
시몽동, 질베르 206
아메드, 사라 135
아시모프, 아이작 189, 190, 440
아인슈타인, 알버트 232
와이즈먼, 앨런 379, 382, 449
위너, 노버트 172
잡스, 스티브 343
제임슨, 프레드릭 125, 364
좀바르트, 베르너 283, 284, 445
지젝, 슬라보예 131, 450
창, 테드 196, 202, 292, 439, 440
칸, 리나 147
칸트, 이마누엘 322
커즈와일, 레이 439, 441, 445
툰베리, 그레타 64, 436
트럼프, 도널드 144, 229, 295, 344, 446
파스칼, 블레즈 119, 120, 157-163, 178, 292, 299, 439
폴라니, 칼 228, 229
푸코, 미셸 32, 194, 322, 435, 436
프레이저, 낸시 90, 213, 436, 437
플라톤 326
피케티, 토마 278
하버마스, 위르겐 134
하이데거, 마르틴 17-21, 24-26, 425, 435, 450
해러웨이, 도나 23-26, 419-421, 435, 449, 450
헤겔, 게오르크 빌헬름 프리드리히 73, 359
횔덜린, 프리드리히 19, 419
힌턴, 제프리 159-163, 183, 219, 231, 232, 236, 439, 440